2025

핵심 부가가치세 연습

김완섭 · 이성구 공저

도서출판 어울림
www.aubook.co.kr

2025년 개정판을 내면서...

2025년 개정판을 준비하면서, 이 책은 학습하는 사용자 측면을 고려하여 내용의 범위를 설정하는데 많은 시간을 할애하였다. 2025년 개정판에서는 취사선택을 통해 본문 및 정리문제 중 수정하여야 할 부분을 반영하였다. 이 책은 세무실무자격증을 준비하는 학습자 뿐만 아니라 사회에 첫발을 내딛으며 부가가치세 업무를 공부하려는 이들에게도 많은 도움을 줄 것으로 기대한다.

2025년 부가가치세법은 상대적으로 개정 · 신설사항이 적었고, 주요내용을 살펴보면 다음과 같다.

첫째, 동물 치료를 지원하기 위하여 질병 치료 목적의 동물 혈액을 면세대상에 추가하였다.
둘째, 조세회피 방지 목적으로 명의위장 사업자에 대한 가산세율을 2%(간이과세자는 1%)로 상향하였다.
셋째, 조세를 포탈할 우려가 있는 사업자에 대한 수시부과규정을 신설하였다.

저자들 나름대로 많은 노력을 기울였지만 여전히 부족한 점들이 마음속으로 부담으로 자리잡고 있다. 끝으로 책의 내용에 대해 아낌없는 조언과 충고를 해 주신 여러 교수님들에게 머리 숙여 감사를 드리고 출간의 바쁜 일정 속에서도 묵묵히 지켜봐 주시고 저자들을 지원해 주신 도서출판 '어울림'의 허병관 사장님과 직원 여러분들께도 감사의 마음을 전하는 바입니다.

2025년 8월
김완섭 · 이성구

머리말

부가가치세법은 그동안 매년 부분 개정을 해 오다가 납세자의 입장에서 법령을 쉽게 이해할 수 있도록 법령체계를 개편하고 하위법령에 규정된 주요사항을 법률에서 규정함으로써 납세자의 이해편의를 도모하기 위해 2013년 6월에 전면 개정되어 시행되고 있다.

2014년에 개정된 부가가치세법의 주요내용은 사업의 포괄 양도시 양수자의 부가가치세 대리납부 제도 도입, 간이과세와 일반과세의 적용시기 조정, 전자세금계산서 발급에 따른 세액공제 적용기한의 연장, 간이과세 포기 대상자 범위의 확대, 명의위장사업자의 범위 명확화, 미용목적의 진료용역에 대한 부가가치세 과세의 확대, 의제매입세액 공제한도의 설정 등이다.

본서를 저술하게 된 이유는 저자가 대학에서 여러 해에 걸쳐 부가가치세를 최초로 학습하는 학생들을 대상으로 기존에 출간되어 있는 많은 부가가치세법 교재를 사용하여 강의를 하고, 그 후에 학생들로부터 의견을 청취한 결과, 부가가치세법의 체계를 잡는 데 많은 어려움을 겪고 있었고, 법 내용을 이해하고 연습하는 데 한계가 있다는 의견을 대다수의 학습자에게 들을 수 있었다. 또한 세무실무자들을 대상으로 신입직원들에게 필요한 내용에 대한 의견을 청취한 결과, 법체계에 대한 정리와 법조문에 대한 이해를 바탕으로 한 전산세무처리가 필요한데, 이러한 부분들이 부족해서 어려움을 겪고 있다는 내용을 들을 수 있었다. 본서는 나름대로 학생들의 애로사항과 세무실무자로서 신입직원들에게 요구하는 내용을 반영하여 저술하려고 노력하였다.

본서는 부가가치세를 처음 공부하는 학생들과 부가가치세 업무를 처음 접하는 실무자들에게 초점을 맞추었기 때문에 복잡한 계산내용보다는 부가가치세법에서 규정하고 있는 내용의 이해를 바탕으로 가능한 한 연습을 많이 할 수 있도록 저술되었다.

본서의 특징은 다음과 같다.

첫째, 법 체계의 정리를 위해 본문의 내용들은 저자의 강의용 자료를 바탕으로 가능한 표로 간략히 정리하고자 하였다.

둘째, 법 조문의 이해를 위해 반드시 필요한 부분들은 포함을 시켰으나 세부적인 내용들은 강의자의 몫으로 돌렸다. 이렇게 하는 것이 저자의 다년간의 경험에 비추어 볼 때 학습자들이 수강하는 동안 집중해서 청취하고 기록할 수 있기 때문이다.

셋째, 수강생들이 수강 후에 연습을 할 수 있도록 세무회계 검정시험용 기출객관식 문제들을 많이 반영하였다. 이러한 문제들을 통해 학습자 본인이 스스로 학습 정도를 측정할 수 있게 하기 위함이다.

나름대로 저자가 생각한 대로 집필하려고 노력했지만 부족함이 많이 있으며, 향후에 계속해서 수정・보완해 나가야 하기 때문에 무거운 책임감도 함께 느끼며 집필을 마무리하였다.

본서를 집필하는 동안 많은 분들의 도움을 받았다. 특히 저자가 근무하고 있는 경인여자대학교 세무회계과 교수님들과 평소에 많은 조언과 격려를 해주시는 타 대학의 교수님들과 경리실무자분들께도 감사의 마음을 전한다. 그리고 어려운 대학교재 출판환경 속에서도 항상 저자를 독려하고 도움을 주신 도서출판 "어울림" 허병관 대표님과 직원들에게도 감사를 전한다.

2014년 8월

저 자

목 차

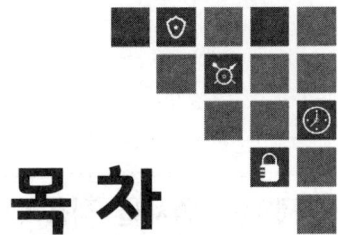

제1장 부가가치세 총칙

제2장 과세거래

제3장 영세율 적용과 면세

제4장 거래징수와 세금계산서 등

제5장 과세표준과 매출세액

제6장 매입세액과 차가감납부세액

제7장 부가가치세의 신고와 납부 등

제8장 간이과세

제1장 부가가치세 총칙

① 부가가치세의 기초

1-1 부가가치세의 의의

부가가치 (Value Added, VA)	재화 또는 용역이 생산·유통되는 과정에서 새로이 창출된 가치의 증가분
부가가치세 (Value Added Tax, VAT)	재화 또는 용역이 생산·유통되는 과정에서 창출된 모든 부가가치에 대하여 과세하는 조세

1-2 부가가치의 계산방법

가산법	부가가치 = 임금 + 지대 + 이자 + 이윤
공제법	부가가치 = 매출액 - 매입액

1-3 우리나라의 부가가치세 납부세액 계산방법(전단계세액공제법)

납부세액 = 부가가치 × 세율
= (매출액 - 매입액) × 세율 · · · · · · · · · · · · · · · · · 전단계거래액공제법
= (매출액 × 세율) - (매입액 × 세율)
= 매출세액 - 매입세액 · · · 전단계세액공제법(∴ 우리나라에서 채택하고 있는 방법)

㈜ **전단계세액공제법에 대한 보충설명**

- '매출세액'은 '과세표준(공급가액의 합계액) × 세율'을 의미
- '매입세액'(전단계세액)은 '매입시 발급받은 세금계산서에 의해 확인되는 매입세액' 및 '그 밖의 공제 매입세액(신용카드매출전표 등 수령명세서 제출분, 의제매입세액 등)'을 의미
- '전단계세액공제법'은 세금계산서를 통한 근거과세와 과세관청의 관리편의성 측면에서 장점을 가지기 때문에 부가가치세를 채택하고 있는 대다수의 국가들에서 적용

사례

유통단계	부가가치	납부세액	국가세금수입
씨앗 ↓↑ <u>0</u>			
<u>농장사업자(납세의무자)</u>	2,000	~~(2,000−0)×10%=200~~ 200−0=200	
사탕수수↓↑ <u>2,200</u> (과세대상가정) : 2,000(공급가액)+200(거래징수) =2,200(공급대가)			
<u>설탕공장사업자(납세의무자)</u>	1,200	~~(3,200−2,000)×10%=120~~ 320−200=120	450
설탕 ↓↑ <u>3,520</u> : 3,200(공급가액)+320(거래징수)=3,520(공급대가)			
<u>쿠키공장사업자(납세의무자)</u>	1,300	~~(4,500−3,200)×10%=130~~ 450−320=130	
쿠키 ↓↑ <u>4,950</u> : 4,500(공급가액)+450(거래징수)=4,950(공급대가)			
<u>최종소비자</u>			

㈜ **사례에 대한 해설**

- 현행 부가가치세법에서는 부가가치를 직접 산출하여 과세하지 않고 전단계세액공제법에 따라 재화 또는 용역의 공급, 재화의 수입에 대하여 부가가치세를 과세
- 부가가치세법상 납부세액을 계산함에 있어 매출세액에서 매입세액을 공제하는 이유는 이전 거래단계에서 창출된 부가가치에 대한 중복과세를 회피하기 위한 것
- 부가가치세법상 과세표준인 재화 또는 용역의 공급에 대한 공급가액은 해당 거래단계까지 창출된 부가가치의 누적액을 의미
- 전단계세액공제법에서 전단계세액은 부가가치세법상 매입세액에 해당
- 각 단계에서 납부한 부가가치세 납부세액의 누적액(국가세금수입)은 결국 최종소비자가 부담하는 것임
  ➡ 간접세
- 쿠키공장사업자의 매입시, 매출시, 부가가치세 납부시 회계처리

매입시	(차) 매 입 3,200 부가가치세대급금 320 (또는 부가가치세 매입세액)	(대) 현 금 3,520
매출시	(차) 현 금 4,950	(대) 매 출 4,500 부가가치세예수금 450 (또는 부가가치세 매출세액)
납부시	(차) 부가가치세예수금 450	(대) 부가가치세대급금 320 현 금 130

1-4 부가가치세의 특징

구 분	내 용
소비형부가가치세	납부세액계산에 있어서 중간재 매입액 뿐만 아니라 자본재 매입액에 대한 매입세액도 공제 ➠ 공제받지 못할 매입세액을 제외한 모든 매입에 대한 매입세액을 공제
전단계세액공제법	매출세액에서 세금계산서 등에 의하여 확인되는 매입세액을 공제
국 세	국가가 과세주체 ↔ 지방세 : 지방자치단체가 과세주체 (예 : 취득세, 재산세 등)
간접세	납세의무자(사업자)≠담세자(최종소비자) ➠ 사업자에게 부과된 조세부담이 최종소비자에게 전가 ↔ 직접세 : 납세의무자＝담세자 (예 : 소득세, 법인세 등)
일반소비세	모든 재화·용역(면세대상 제외)의 소비에 대하여 과세 ↔ 개별소비세 : 특정한 재화·용역에 대해서만 과세 (예 : 개별소비세, 주세 등)
다단계거래세	모든 거래단계마다 과세 ↔ 단단계거래세 : 단 1회만 과세(예 : 개별소비세의 경우는 반출시 단 1회 과세)
소비지국과세원칙 채택	• 수출하는 재화 : 영세율 적용 • 수입하는 재화 : 내국물품과 동일하게 과세대상으로 규정하여 부가가치세 과세

㈜ **국경세조정 : 생산지국 과세원칙과 소비지국 과세원칙**

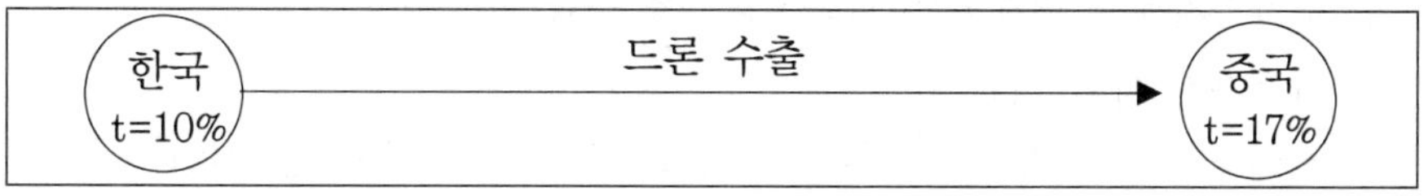

【생산지국 과세원칙】

수출한 드론		수입한 드론		중국의 드론	
매출가격	2,000	수입가격	2,200	매출가격	2,000
부가가치세(10%)	200	부가가치세	-	부가가치세(17%)	340
수출가격	2,200	소비자가격	2,200	소비자가격	2,340

└── 국제거래 왜곡 ○──┘

【소비지국 과세원칙】

수출한 드론		수입한 드론		중국의 드론	
매출가격	2,000	수입가격	2,000	매출가격	2,000
부가가치세(0%)	0	부가가치세(17%)	340	부가가치세(17%)	340
수출가격	2,000	소비자가격	2,340	소비자가격	2,340

└── 국제거래 왜곡 ×──┘

※ 우리나라에서 소비지국 과세원칙을 구현하기 위한 규정
① 수출하는 재화 : 영세율 적용
② 수입하는 재화 : 과세대상으로 규정하여 자국에서 공급되는 재화 등과 동일하게 과세

2 부가가치세법의 목적 및 용어의 정의

2-1 부가가치세법의 목적

> 부가가치세의 과세요건 및 절차를 규정함으로써 ① 부가가치세의 공정한 과세 ② 납세의무의 적정한 이행 확보 ③ 재정수입의 원활한 조달에 이바지

2-2 용어의 정의

재화	재산 가치가 있는 물건 및 권리 ① 물건 : 상품, 제품, 원료, 기계, 건물 등 모든 유체물 및 전기, 가스, 열 등 관리할 수 있는 자연력 ② 권리 : 광업권, 특허권, 저작권 등 물건 외에 재산적 가치가 있는 모든 것
용역	재화 외에 재산가치가 있는 모든 역무와 그 밖의 행위
사업자	사업목적이 영리이든 비영리이든 관계없이 사업상 독립적으로 재화·용역을 공급하는 자
간이과세자	직전 연도의 공급대가의 합계액이 1억 4백만원에 미달하는 사업자로서, 간편한 절차로 부가가치세를 신고·납부하는 개인사업자
일반과세자	간이과세자가 아닌 사업자
과세사업	부가가치세가 과세되는 재화·용역을 공급하는 사업
면세사업	부가가치세가 면제되는 재화·용역을 공급하는 사업
비거주자	거주자가 아닌 개인 ↔ 거주자 : 국내에 주소를 두거나 183일 이상 거소를 둔 개인
외국법인	외국에 본점 또는 주사무소를 둔 단체(국내에 사업의 실질적 관리장소가 소재하지 아니하는 경우만 해당)

③ 납세의무자

3-1 납세의무자

> ① 사업자 또는 ② 재화를 수입하는 자로서 개인, 법인(국가 · 지방자치단체와 지방자치단체조합을 포함), 법인격없는 사단 · 재단 또는 그 밖의 단체
>
> ➡ 국가 · 지방자치단체 · 지방자치단체조합 등이 공급하는 재화 · 용역은 대부분이 면세(일부는 과세)이므로 실제로 국가 등이 납세의무를 지는 경우는 거의 없음

3-2 사업자

사업자의 정의	사업 목적이 영리이든 비영리이든 관계없이 사업상 독립적으로 재화 또는 용역을 공급하는 자
영리이든 비영리이든 관계없이	부가가치세는 세부담을 최종소비자에게 전가하는 간접세이므로, 영리목적의 사업자만을 전제할 필요가 없음
사업상	부가가치를 창출해 낼 수 있는 정도의 사업형태를 갖추고 계속적 · 반복적 의사로 재화 · 용역을 공급 ➡ 사업자등록 · 거래징수 여부 불문 ➡ 거래징수 : 사업자가 재화 또는 용역을 공급하는 경우에 공급가액에 세율을 적용하여 계산한 부가가치세를 재화 또는 용역을 공급받는 자로부터 징수하는 것
독립적	인적 독립성(자기계산과 자기 책임) · 물적 독립성(독립된 사업)을 의미 ➡ 근로자의 근로제공(인적 독립성 없음) : 근로자는 납세의무 없음
재화 또는 용역을 공급하는 자	과세대상인 재화 · 용역을 공급하는 과세사업자(일반과세자, 간이과세자, 영세율적용사업자, 겸영사업자)만 납세의무자에 해당 ➡ 면세대상인 재화 · 용역을 공급하는 자(면세사업자)는 납세의무자가 아님

3-3 사업자의 구분

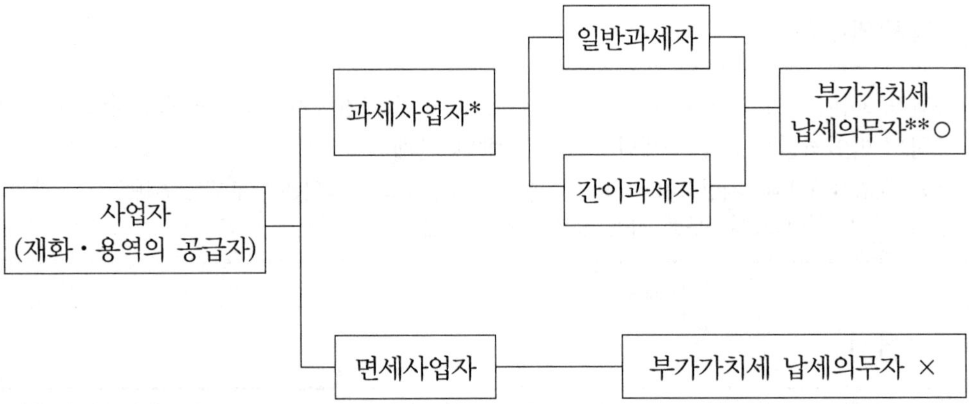

* 영세율적용사업자도 과세사업자에 포함

** 과세사업과 면세사업을 함께하는 겸영사업자도 납세의무자에 해당

3-4 재화를 수입하는 자

과세대상이 되는 재화를 수입하는 자는 사업자인지 여부와 수입재화의 용도・목적에 관계없이 부가가치세 납세의무가 있음

㊟ 납세의무자 여부 판단

① 부가가치세법상 사업자가 아닌 개인 또는 면세사업자가 우발적・일시적으로 재화 또는 용역을 공급하는 경우에는 부가가치세 납세의무자에 해당하지 않음

② 청산 중에 있는 내국법인은 상법에 따른 계속등기 여부에 불구하고 사실상 사업을 계속하는 경우에는 납세의무가 있음

③ 농민이 자기농지의 확장 또는 농지개량작업에서 생긴 토사석을 일시적으로 판매하는 경우에는 납세의무가 없음

④ 새마을금고법에 따라 설립된 새마을금고가 사업상 독립적으로 부가가치세가 과세되는 재화를 공급하는 경우에는 납세의무가 있음

⑤ 사업자가 아닌 자가 부가가치세가 과세되는 재화를 개인적인 용도로 사용하기 위해 수입하는 경우 부가가치세 납세의무가 있음

④ 과세기간

4-1 일반과세자의 과세기간

구 분	제1기 과세기간(1.1~6.30)		제2기 과세기간(7.1~12.31)	
	예정신고기간	확정신고기간	예정신고기간	확정신고기간
과세기간	1. 1 ~ 3. 31	4. 1 ~ 6. 30	7. 1 ~ 9. 30	10. 1 ~ 12.31
신고·납부 기한	4. 25	7. 25	10. 25	다음 연도 1. 25

㈜ 일반과세자의 신고와 납부

구분		제1기 과세기간	제2기 과세기간
법 인 사업자	예정신고와 납부	예정신고기간이 끝난 후 25일 이내 신고·납부(1월~3월분)	예정신고기간이 끝난 후 25일 이내 신고·납부(7월~9월분)
	확정신고와 납부	과세기간이 끝난 후 25일(폐업의 경우 폐업일이 속한 달의 다음 달 25일) 이내 신고·납부(4월~6월분)	과세기간이 끝난 후 25일(폐업의 경우 폐업일이 속한 달의 다음 달 25일) 이내 신고·납부(10월~12월분)
개 인 사업자 및 영 세 법 인 사업자	예정고지와 납부	세무서장이 예정신고기간의 납부세액을 결정(직전 과세기간 납부세액의 50%)하여 고지 후 예정신고기한까지 징수(예정신고·납부 가능한 예외조항 존재)	세무서장이 예정신고기간의 납부세액을 결정(직전 과세기간 납부세액의 50%)하여 고지 후 예정신고기한까지 징수(예정신고·납부 가능한 예외조항 존재)
	확정신고와 납부	과세기간이 끝난 후 25일(폐업의 경우 폐업일이 속한 달의 다음 달 25일) 이내 신고·납부(1월~6월분)	과세기간이 끝난 후 25일(폐업의 경우 폐업일이 속한 달의 다음 달 25일) 이내 신고·납부(7월~12월분)

* 영세법인사업자 : 직전 과세기간 공급가액의 합계액이 1억 5천만원 미만인 법인사업자

4-2 간이과세자의 과세기간

1월 1일 ~ 12월 31일(제1기 과세기간과 제2기 과세기간 구분 없음)

➡ 간이과세자란 직전 연도의 공급대가의 합계액이 1억 4백만원에 미달하는 사업자로서, 일반과세자에 비해 간편한 절차로 부가가치세를 신고·납부하는 개인사업자

㈜ 간이과세자의 신고와 납부

구분	과세기간
예정부과와 납부	세무서장이 예정부과기간(1.1~6.30)의 납부세액을 결정(직전 과세기간 납부세액의 50%)하여 부과 후 예정부과기한(예정부과기간이 끝난 후 25일 이내)까지 징수(예정신고·납부 가능하거나 예정신고·납부해야 하는 예외조항 존재)
확정신고와 납부	과세기간이 끝난 후 25일(폐업의 경우 폐업일이 속한 달의 다음 달 25일) 이내 신고·납부(1월~12월분)

4-3 신규사업개시자 등의 과세기간

구분	과세기간
신규사업개시자 최초 과세기간	사업개시일 또는 사업자등록 신청일 중 빠른 날 ~ 과세기간 종료일
폐업자 최종 과세기간	과세기간 개시일 ~ 폐업일
과세유형 변경시 간이과세자 과세기간	• 일반과세자가 간이과세자로 변경되는 경우 그 변경되는 해의 간이과세자 과세기간 : 그 변경 이후 7월 1일 ~ 12월 31일 • 간이과세자가 일반과세자로 변경되는 경우 그 변경되는 해의 간이과세자 과세기간 : 그 변경 이전 1월 1일 ~ 6월 30일
간이과세포기자 과세기간	• 과세기간 개시일 ~ 간이과세포기신고일이 속하는 달의 마지막 날 : 간이과세자의 과세기간 • 간이과세포기신고일이 속하는 달의 다음달 1일 ~ 과세기간 종료일 : 일반과세자의 과세기간

주 1. 사업개시일의 기준

사업개시일의 기준은 다음과 같다. 다만, 해당 사업이 법령의 개정 등으로 면세사업에서 과세사업으로 전환되는 경우에는 그 과세전환일을 사업개시일로 함

① 제조업 : 제조장별로 재화의 제조를 시작하는 날
② 광업 : 사업장별로 광물의 채취 · 채광을 시작하는 날
③ 그 밖의 사업 : 재화 또는 용역의 공급을 시작하는 날

주 2. 폐업일의 기준

폐업일의 기준은 다음과 같다

① 일반적인 경우 : 사업장별로 그 사업을 실질적으로 폐업하는 날. 다만, 폐업한 날이 분명하지 아니한 경우에는 폐업신고서의 접수일
② 합병으로 인한 소멸법인의 경우 : 합병법인의 변경등기일 또는 설립등기일(존속법인의 과세기간은 변동 없음)
③ 분할로 인하여 사업을 폐업하는 경우 : 분할법인의 분할변경등기일(분할법인이 소멸한 경우에는 분할신설법인의 설립등기일)
④ 해산으로 청산 중인 내국법인 또는 회생절차진행 중인 내국법인이 사업을 실질적으로 폐업한 날부터 25일 이내에 납세지 관할 세무서장에게 신고하여 승인을 받은 경우 : 잔여재산가액 확정일(해산일부터 365일이 되는 날까지 잔여재산가액이 확정되지 아니한 경우에는 그 해산일부터 365일이 되는 날)을 폐업일로 할 수 있음
⑤ 사업개시일 전에 사업자등록을 한 자로서 사업자등록을 한 날부터 6개월이 되는 날까지 재화와 용역의 공급실적이 없는 자 : 그 6개월이 되는 날을 폐업일로 봄(다만, 사업장의 설치기간이 6개월 이상이거나 그 밖의 정당한 사유로 인하여 사업개시가 지연되는 경우에는 그러하지 아니함)

5 납세지와 과세관할

5-1 의의

납세지	• 과세관청의 조세부과징수에 관한 권리행사와 납세의무자의 납세의무 및 협력의무 이행을 위한 장소 • 부가가치세법상 사업자의 납세지는 각 사업장 소재지

5-2 납세의무자별 납세지

구 분		납세지
사업자	원칙	각 사업장 소재지 : 사업장 단위 신고·납부 ➠ 2 이상의 사업장을 가진 사업자도 사업장 단위로 신고·납부
	특례	• 주사업장 총괄 납부제도 ➠ 주사업장에서 납부(환급)만 총괄 • 사업자 단위 과세제도 ➠ 사업자의 본점 또는 주사무소에서 모든 의무 총괄
재화를 수입하는 자		관세법에 따라 수입을 신고하는 세관의 소재지

5-3 납세의무자별 과세관할

구 분	과세관할
사업자	사업자의 납세지를 관할하는 세무서장 또는 지방국세청장
재화를 수입하는 자	재화를 수입하는 자의 납세지를 관할하는 세관장

5-4 사업장의 범위

사업장	• 사업자가 사업을 하기 위하여 거래의 전부 또는 일부를 하는 고정된 장소(아래의 사업형태별 사업장 외의 장소도 사업자의 신청에 따라 추가로 사업장으로 등록 가능 ➠ 무인자동판매기를 통하여 재화·용역을 공급하는 사업의 경우에는 신청에 의해 다른 장소를 사업장으로 등록할 수 없음)

사 업	사 업 장
① 광업	• 광업사무소의 소재지
② 제조업	• 최종제품을 완성하는 장소 ➠ 따로 제품 포장만 하거나 용기에 충전만 하는 장소, 개별소비세법에 따른 저유소 제외
③ 건설업·운수업·부동산매매업	• 법인 : 법인의 등기부상 소재지(등기부상 지점소재지 포함) • 개인 : 사업에 관한 업무총괄장소 • 법인의 명의로 등록된 차량을 개인이 운용하는 경우 : 법인의 등기부상 소재지(등기부상 지점 소재지 포함) • 개인의 명의로 등록된 차량을 다른 개인이 운용하는 경우 : 그 등록된 개인이 업무를 총괄하는 장소

사 업	사 업 장
④ 부동산임대업	• 부동산의 등기부상 소재지 ➠ 부동산상의 권리만을 대여하는 경우와 한국자산관리공사 등이 부동산을 임대하는 경우 : 그 사업에 관한 업무를 총괄하는 장소
⑤ 무인자동판매기를 통해 재화·용역을 공급하는 사업	• 사업에 관한 업무를 총괄하는 장소 ➠ 무인자동판매기 설치장소가 아님
⑥ 다단계판매원이 재화·용역을 공급하는 사업	• 해당 다단계판매원이 등록한 다단계판매업자의 주된 사업장의 소재지 ➠ 다단계판매원이 상시 주재하여 거래의 전부 또는 일부를 행하는 별도의 장소가 있는 경우 : 그 장소
⑦ 비거주자·외국법인	• 비거주자·외국법인의 국내사업장
⑧ 사업장을 설치하지 아니한 경우	• 사업자의 주소 또는 거소 ➠ 사업장을 설치하지 아니하고 사업자등록도 하지 아니한 경우 : 과세표준 및 세액을 결정하거나 경정할 당시의 사업자의 주소 또는 거소

5-5 직매장·하치장·임시사업장

구 분	내 용	사업장 여부	사업자의 의무
직매장	자기의 사업과 관련하여 생산하거나 취득한 재화를 직접 판매하기 위하여 특별히 판매시설을 갖춘 장소	사업장 ○	• 사업자등록을 포함한 제반의무
하치장	재화를 보관하고 관리할 수 있는 시설만 갖춘 장소(거래의 전부 또는 일부가 이루어지지 아니하는 장소)	사업장 ×	• 하치장설치신고서를 하치장 관할 세무서장에게 제출 (하치장 둔 날~10일 이내) • 하치장 관할 세무서장은 납세지 관할 세무서장에게 통보 (하치장 설치신고를 받은 날~10일 이내)
임 시 사업장	각종 경기대회나 박람회 등 행사가 개최되는 장소에 개설한 임시사업장	별도사업장 × (기존사업장에 포함)	• 임시사업장 관할 세무서장에게 개설·폐쇄신고(임시사업장 사업개시일~10일 이내 개설신고, 폐쇄일~10일 이내 폐쇄신고) ➠ 설치기간 10일 이내이면 개설신고 생략 가능

5-6 주사업장 총괄납부

주사업장총괄납부	• 사업자에게 2 이상의 사업장이 있는 경우(사업자의 사업장이 하나이나 추가로 사업장을 개설하려는 경우 포함) 신청에 의하여 각 사업장의 납부세액 및 환급세액을 총괄하여 주사업장의 관할 세무서장에게 총괄하여 납부·환급할 수 있도록 한 제도 ➡ 사업자의 자금압박문제 해소 목적

구분	내용
총괄납부 사업자	2 이상의 사업장을 경영하는 사업자(사업장이 하나이나 추가로 사업장을 개설하려는 사업자 포함) ➡ 법인·개인사업자 모두 가능(개인사업자의 경우는 일반과세자만 가능)
주사업장	• 법인 : 본점(주사무소 포함) 또는 지점(분사무소 포함) ➡ 선택 가능 • 개인 : 주사무소 ➡ 분사무소 선택 불가
신청 ➡ 승인규정 없음	• 계속사업자 : 총괄납부하려는 과세기간 개시 20일 전(제1과세기간의 경우는 12월 11일까지, 제2과세기간의 경우는 6월 10일까지)에 주사업장 관할 세무서장에게 신청(신청일이 속하는 과세기간의 다음 과세기간부터 총괄하여 납부) ➡ 다만, 사업장이 하나이나 추가사업장을 개설하려는 자는 추가사업장의 사업개시일이 속하는 과세기간부터 총괄납부하려는 경우에는 추가사업장의 사업개시일부터 20일 이내(추가사업장의 사업개시일이 속하는 과세기간 이내로 한정)에 총괄납부를 신청하여야 함(신청일이 속하는 과세기간부터 총괄하여 납부) • 신규사업자 : 주사업장의 사업자등록증을 받은 날부터 20일 이내에 주사업장 관할 세무서장에게 신청(신청일이 속하는 과세기간부터 총괄하여 납부)
효력	• 납부(환급)만 총괄 ➡ 사업자등록·세금계산서수수·세액계산·신고·수정신고·경정청구 등 나머지 의무는 사업장별로 이행, 결정·경정의 관할기관 판정기준도 각 사업장 기준 • 판매목적으로 다른 사업장 반출시 재화의 공급으로 보지 않음 ➡ 주사업장총괄납부사업자가 판매할 목적으로 자기의 다른 사업장에 재화를 반출한 데 대하여 세금계산서를 발급하고 관할 세무서장에게 신고한 경우는 재화의 공급에 해당

<table>
<tr><th>구분</th><th>내용</th></tr>
<tr><td>변경
신청
➠
승인규정
없음</td><td>• 변경사유 발생시 변경신청 필요
<table>
<tr><th>변경사유</th><th>변경신청서 제출 관할 세무서장</th></tr>
<tr><td>종사업장 신설하는 경우</td><td>그 신설하는 종사업장 관할 세무서장</td></tr>
<tr><td>종사업장을 주사업장으로 변경하려는 경우</td><td>주사업장으로 변경하고자 하는 사업장 관할 세무서장</td></tr>
<tr><td>사업자등록정정사유 발생의 경우</td><td>그 정정사유가 발생한 사업장 관할 세무서장
(대표자 변경의 경우는 주사업장 관할 세무서장)</td></tr>
<tr><td>일부 종사업장을 총괄납부대상 사업장에서 제외하려는 경우</td><td>주사업장 관할 세무서장</td></tr>
<tr><td>기존 사업장을 총괄납부대상 사업장에 추가하려는 경우</td><td>주사업장 관할 세무서장</td></tr>
</table>
• 변경신청서를 제출한 날이 속하는 과세기간부터 총괄하여 납부</td></tr>
<tr><td>적용
제외</td><td>• 주사업장 관할 세무서장은 총괄납부사업자가 다음 중 어느 하나에 해당하는 경우에는 총괄납부를 적용하지 아니할 수 있음
① 사업내용이 변경되어 총괄납부가 부적당하다고 인정되는 경우
② 주사업장의 이동이 빈번한 경우
③ 그 밖의 사정 변경으로 인하여 총괄납부가 적당하지 아니하게 된 경우
• 적용을 하지 아니하게 된 날이 속하는 과세기간의 다음 과세기간부터 각 사업장에서 납부</td></tr>
<tr><td>포기
➠
승인필요
없음</td><td>• 각 사업장에서 납부하려는 과세기간 개시 20일 전(제1과세기간의 경우는 12월 11일까지, 제2과세기간의 경우는 6월 10일까지)까지 주사업장 관할 세무서장에게 포기신고
• 포기한 날이 속하는 과세기간의 다음 과세기간부터 각 사업장에서 납부</td></tr>
</table>

5-7 사업자 단위 과세

사업자 단위 과세	• 사업자에게 2 이상의 사업장이 있는 경우(사업자의 사업장이 하나이나 추가로 사업장을 개설하려는 경우 포함) 사업장이 아닌 사업자단위로 모든 납세의무를 이행할 수 있도록 한 제도 ➡ 사업자의 납세편의 도모 목적

구분	내용
사업자 단위 과세 사업자	2 이상의 사업장을 경영하는 사업자 또는 사업장이 하나이나 추가로 사업장을 개설하려는 사업자 ➡ 법인·개인사업자 모두 가능(간이과세자 포함, 면세사업자 제외)
주사업장	• 법인 : 본점(주사무소 포함) ➡ 지점(분사무소) 선택 불가 • 개인 : 주사무소 ➡ 분사무소 선택 불가
신청	• 사업장 단위로 등록한 사업자가 사업자 단위로 변경하려는 경우 : 사업자 단위 과세 사업자로 적용받으려는 과세기간 개시 20일 전까지 사업자의 본점 또는 주사무소 관할 세무서장에게 변경등록 신청(신청일이 속하는 과세기간의 다음 과세기간부터 사업자단위과세 적용) ➡ 다만, 사업장이 하나인 사업자가 추가사업장을 개설하면서 추가사업장의 사업개시일이 속하는 과세기간부터 사업자단위과세사업자로 적용받으려는 경우에는 추가사업장의 사업개시일부터 20일 이내(추가사업장의 사업개시일이 속하는 과세기간 이내로 한정)에 변경등록 신청하여야 함(신청일이 속하는 과세기간부터 사업자단위과세 적용) • 신규사업자 : 사업개시일로부터 20일 이내 사업자단위로 사업자의 본점 또는 주사무소 관할 세무서장에게 사업자등록 신청(신청일이 속하는 과세기간부터 사업자단위과세 적용)
효력	• 모든 의무 총괄 ➡ 사업자등록·세금계산서수수·세액계산·신고·수정신고·경정청구 등 모든 의무를 총괄, 결정·경정의 관할기관 판정기준도 본점·주사무소임 • 판매목적으로 다른 사업장 반출시 재화의 공급으로 보지 않음
변경신청	• 사업자등록정정사유 발생시 사업자등록정정신고를 해야 함
적용제외	• 적용제외 규정 없음
포기 ➡ 승인필요 없음	• 사업자단위과세사업자가 각 사업장별로 신고·납부하거나 주사업장총괄납부를 하려는 경우 : 그 납부하려는 과세기간 개시 20일 전에 사업자단위과세 적용사업장 관할 세무서장에게 포기신고 • 그 포기한 날이 속하는 과세기간의 다음 과세기간부터 포기신고한 내용에 따라 각 사업장별로 신고·납부하거나 주사업장 총괄납부하여야 함

6 사업자등록

6-1 의의

사업자등록	• 부가가치세 업무의 효율적 운영을 위해 납세의무자의 사업에 관련된 일련의 사항을 세무관서의 공부에 등재하는 것 • 사업자등록증의 발급이 사업자에게 사업을 허용하거나 사업경영을 할 권리를 인정하는 것은 아님

사업자	부가가치세법상 사업자등록의무	소득세법 · 법인세법상 사업자등록의무
과세사업자	○	
면세사업자		○
과세 · 면세 겸영사업자	○	

6-2 사업자등록 절차 등

구 분	내 용
등록 신청	• 원칙 : 사업장 단위 등록 ➡ 사업장마다 사업 개시일부터 20일 이내에 세무서장(사업장 관할세무서장 또는 그 밖의 세무서장 중 어느 한 세무서장)에게 사업자등록을 신청(사업자등록신청서 제출, 국세정보통신망에 의한 제출도 가능) ➡ 신규로 사업을 시작하려는 자는 사업 개시일 이전이라도 사업자등록을 신청 가능 • 특례 : 사업자 단위 등록 ➡ 사업장이 2 이상인 사업자(사업장이 하나이나 추가로 사업장을 개설하려는 사업자 포함)는 사업자 단위로 해당 사업자의 본점 또는 주사무소(사업자단위과세 적용사업장) 관할 세무서장에게 등록을 신청할 수 있음(사업자 단위로 등록한 사업자를 '사업자단위과세 사업자'라 함) • 변경등록 ➡ 사업장 단위로 등록한 사업자가 사업자단위과세 사업자로 변경하려면 사업자단위과세 사업자로 적용받으려는 과세기간 개시 20일 전까지(제1과세기간의 경우에는 12월 11일까지, 제2과세기간의 경우에는 6월 10일까지) 사업자의 본점 또는 주사무소 관할 세무서장에게 변경등록을 신청하여야 함(사업자단위과세 사업자가 사업장 단위로 등록을 하려는 경우에도 동일) ➡ 다만, 사업장이 하나인 사업자가 추가로 사업장을 개설하면서 추가 사업장의 사업개시일이 속하는 과세기간부터 사업자단위과세 사업자로 적용받으려는 경우에는 추가 사업장의 사업개시일부터 20일 이내(추가 사업장의 사업개시일이 속하는 과세기간 이내로 한정)에 사업자의 본점 또는 주사무소 관할 세무서장에게 변경등록을 신청하여야 함 • 직권등록 ➡ 사업자가 사업자등록을 하지 않거나 국외사업자가 간편사업자등록을 하지 않은 경우에는 납세지 관할 세무서장이 조사하여 등록할 수 있음

<table>
<tr><th>구 분</th><th>내 용</th></tr>
<tr><td>등록증 발 급</td><td>
• 신청을 받은 사업장 관할 세무서장(사업자단위 등록의 경우는 본점 또는 주사무소 관할 세무서장)은 신청일부터 2일(토・공휴일・근로자의 날 제외) 이내 사업자등록증 발급
➡ 사업장시설, 사업현황을 확인하기 위하여 국세청장이 필요하다고 인정하는 경우 5일(토・일・근로자의 날 제외) 이내에서 연장하고 조사한 사실에 따라 발급할 수 있음
➡ 신청내용을 보정할 필요가 있다고 인정되는 때에는 10일 이내 기간 보정요구할 수 있음 (이 경우 해당 보정기간은 위의 2일 및 5일의 기간에 산입되지 않음)
• 등록번호
➡ 사업자등록번호는 사업장마다 관할 세무서장이 부여
➡ 사업자 단위로 등록신청을 한 경우에는 사업자단위과세 적용사업장에 한 개의 등록번호 부여
• 등록거부 : 사업자의 사업 개시일 이전에 사업자등록의 신청을 받은 사업장 관할 세무서장은 신청자가 사업을 사실상 시작하지 아니할 것이라고 인정될 때에는 등록을 거부할 수 있음(이미 사업을 개시한 경우에는 등록거부를 하지 못함)
</td></tr>
<tr><td>등록 정정 신고 및 재발급</td><td>
• 등록정정사유 발생시 지체없이 세무서장(사업장 관할세무서장 또는 그 밖의 세무서장 중 어느 한 세무서장)에게 정정신고(사업자등록 정정신고서제출, 국세정보통신망에 의한 제출 포함)
• 등록정정사유와 등록증 재발급기한
<table>
<tr><th>정정사유</th><th>재발급기한</th></tr>
<tr><td>상호를 변경시</td><td rowspan="2">신청일 당일 재발급</td></tr>
<tr><td>통신판매업자가 사이버몰 명칭・인터넷 도메인이름을 변경시</td></tr>
<tr><td>법인・법인으로 보는 단체 외의 단체의 대표자를 변경시</td><td rowspan="10">신청일부터 2일 이내 재발급 (주요 정정 항목)</td></tr>
<tr><td>사업종류의 변경시</td></tr>
<tr><td>사업장을 이전(사업자단위과세사업자의 경우 사업자단위 과세적용사업장을 이전)시</td></tr>
<tr><td>상속으로 인한 사업자의 명의변경시</td></tr>
<tr><td>공동사업자의 구성원 또는 출자지분의 변경시</td></tr>
<tr><td>임대인, 임대차 목적물・면적, 보증금, 차임 또는 임대차기간의 변경이 있거나 새로이 상가건물을 임차시</td></tr>
<tr><td>사업자단위과세사업자가 사업자단위과세적용사업장을 변경시</td></tr>
<tr><td>사업자단위과세사업자가 종사업장을 신설 또는 이전시</td></tr>
<tr><td>사업자단위과세사업자가 종사업장의 사업을 휴업・폐업시</td></tr>
</table>
</td></tr>
<tr><td>사후 관리</td><td>
• 휴・폐업의 신고
➡ 사업자등록을 한 사업자가 휴업・폐업을 하거나 사업 개시일 이전에 사업자등록을 한 자가 사실상 사업을 시작하지 아니하게 될 때에는 지체없이 휴업(폐업)신고서를 세무서장(관할 세무서장 또는 그 밖의 세무서장 중 어느 한 세무서장)에게 제출해야 함(국세정보통신망에 의한 제출 포함)
➡ 폐업신고서에는 사업자등록증을 첨부하여야 함
</td></tr>
</table>

구 분	내 용
사후 관리	• 등록말소 ➠ 사업장 관할 세무서장은 등록된 사업자가 폐업한 경우(사실상 폐업한 경우) 또는 사업개시일 이전에 등록신청을 하고 사실상 사업을 시작하지 아니하게 되는 경우에는 지체없이 등록증을 회수하여야 하며, 회수할 수 없는 경우에는 등록말소 사실을 공시해야 함 • 갱신발급 ➠ 관할 세무서장은 부가가치세 업무의 효율적인 처리를 위하여 필요하다고 인정되면 사업자등록증을 갱신하여 발급 가능
등록 의무 위반 불이익	• 미등록시 불이익 ➠ 미등록가산세 : 사업자가 사업개시일로부터 20일 이내에 등록을 신청하지 아니한 경우 가산세(공급가액의 1%) 부과 ➠ 등록전 매입세액 불공제 : 사업자등록을 신청하기 전의 매입세액은 매출세액에서 공제하지 않음. 다만, 공급시기가 속하는 과세기간이 끝난 후 20일 이내에 등록을 신청한 경우 등록신청일부터 공급시기가 속하는 과세기간 기산일(1월 1일 또는 7월 1일)까지 역산한 기간 내의 것은 공제함 • 타인명의 등록시 불이익 ➠ 타인명의등록가산세 : 타인의 명의로 사업자등록을 하거나 그 타인명의의 사업자등록을 이용하여 사업을 하는 것으로 확인되는 경우 가산세(공급가액의 2%) 부과 ➠ 조세범으로 처벌

㈜ **그 밖의 사업자 등록 관련 내용**

1. 사실상 폐업한 경우 및 사실상 사업을 시작하지 아니하게 되는 경우의 범위
   ① 사업자가 등록을 한 후 정당한 사유없이 6개월 이상 사업을 시작하지 아니한 경우
   ② 사업자가 부도발생, 고액체납 등으로 도산하여 소재 불명인 경우
   ③ 사업자가 인가 · 허가 취소 또는 그 밖의 사유로 사업을 수행할 수 없어 사실상 폐업상태에 있거나 사실상 사업을 하지 아니하는 경우로 볼 수 있는 경우
   ④ 사업자가 정당한 사유없이 계속하여 둘 이상의 과세기간에 걸쳐 부가가치세를 신고하지 아니하고 사실상 폐업상태에 있는 경우
   ⑤ 그 밖의 사업자가 위 '① ~ ④'의 규정과 유사한 사유로 사실상 폐업상태에 있거나 사실상 사업을 시작하지 아니하는 경우
2. 개별소비세 또는 교통 · 에너지 · 환경세의 납세의무가 있는 사업자가 해당 법에 따라 개업 · 휴업 · 폐업 및 변경신고 또는 양수 · 상속 · 합병신고를 한 때에는 부가가치세법의 규정에 따른 등록 · 변경등록의 신청 및 휴 · 폐업 · 변경신고를 한 것으로 봄
3. 면세사업자의 등록신청
   ① 면세사업자는 부가가치세법상 사업자등록의무는 없으나 법인세법 또는 소득세법에 따라 사업자등록을 해야 함
   ② 법인세법 · 소득세법에 따라 사업자등록을 한 자로서 면세사업을 경영하는 자가 추가로 과세사업을 경영하려는 경우에 사업자등록 정정신고서를 제출하면 부가가치세법에 따른 사업자등록신청을 한 것으로 봄
4. 2인 이상의 사업자가 공동사업을 하는 경우 사업자등록신청은 공동사업자 중 1인을 대표자로 하여 대표자 명의로 신청(공동사업자 중 일부의 변경 및 탈퇴, 새로운 공동사업자 추가의 경우에는 사업자등록을 정정해야 함)
5. 법인등기부상 2인 이상이 대표이사로 등재되어 있는 경우에는 사업자등록증의 성명란에 대표이사로 등기된 자 전원을 기재

■ 부가가치세법 시행규칙 [별지 제7호서식(1)] <개정 2014.3.14>

사 업 자 등 록 증

( )

등록번호 :

① 상 호 : ② 성 명 :

③ 개 업 연 월 일 : 년 월 일 ④ 생년월일 :

⑤ 사업장 소재지:

⑥ 사 업 의 종 류 : 업태 종목 생산 요소

⑦ 발 급 사 유:

⑧ 공 동 사 업 자:

⑨ 주류판매신고번호:

⑩ 사업자 단위 과세 적용사업자 여부: 여( ) 부( )

⑪ 전자세금계산서 전용 전자우편주소:

년 월 일

○○세무서장 직인

국세상담이 필요할 땐 ☎ 126

210mm×297mm[백상지 120g/㎡]

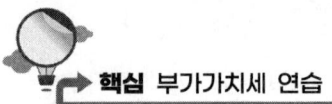

■ 부가가치세법 시행규칙 [별지 제7호서식(2)] <개정 2014.3.14>

사 업 자 등 록 증

( )

등록번호:

① 법 인 명(단 체 명):

② 대 표 자:

③ 개 업 연 월 일: 년 월 일 ④ 법인등록번호:

⑤ 사업장 소재지:

⑥ 본 점 소 재 지 :

⑦ 사 업 의 종 류: 업태 종목 생산요소

⑧ 발 급 사 유:

⑨ 주류판매신고번호:

⑩ 사업자 단위 과세 적용사업자 여부: 여( ) 부( )

⑪ 전자세금계산서 전용 전자우편주소:

년 월 일

○○세무서장 직인

국세상담이 필요할 땐 ☎126

210mm×297mm[백상지 120g/㎡]

정리문제

제1장

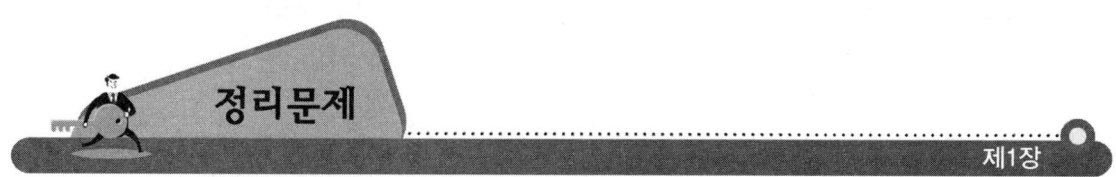

1. 다음 중 ㈜경인의 202x년 제2기 과세기간으로 맞는 것은? ㈜경인은 202x년 8월 10일 사업을 개시하였고, 사업자등록 신청일은 202x년 7월 26일이다.

① 202x년 8월 10일~202x년 9월 30일
② 202x년 7월 26일~202x년 9월 30일
③ 202x년 8월 10일~202x년 12월 31일
④ 202x년 7월 26일~202x년 12월 31일

2. 일반 과세사업자인 개인사업자 김규혜씨는 사업을 영위하다 202x년 3월 1일에 폐업을 하고 폐업신고를 하였다. 부가가치세법상 제1기 과세기간으로 옳은 것은?

① 202x년 1월 1일~202x년 12월 31일
② 202x년 1월 1일~202x년 6월 30일
③ 202x년 1월 1일~202x년 3월 1일
④ 202x년 1월 1일~202x년 3월 31일

3. 다음 자료를 근거로 폐업한 사업자의 부가가치세 확정신고기한은 언제인가?

가. 201x년 4월 1일 사업개시한 개인사업자(일반과세자)임. 나. 202x년 7월 25일 1기 부가가치세 확정신고를 함. 다. 202x년 9월 20일 영업부진으로 사업을 폐업함.

① 202x년 9월 25일
② 202x년 10월 25일
③ 202x년 12월 25일
④ 202x년 1월 25일

4. 다음 중 부가가치세법상 일반과세자인 개인사업자 김규혜씨는 사업이 부진하여 휴업을 결정하고 202x년 4월 7일에 휴업신고를 한 경우 부가가치세 확정신고기한은 언제인가?

① 202x년 4월 30일
② 202x년 5월 25일
③ 202x년 6월 25일
④ 202x년 7월 25일

5. 다음은 부가가치세법상 과세기간에 관한 설명이다. 가장 옳지 않은 것은?

① 신규로 사업을 시작하는 자에 대한 최초의 과세기간은 사업개시일부터 그 날이 속하는 과세기간의 종료일까지로 한다.
② 폐업하는 경우의 과세기간은 폐업일이 속하는 과세기간의 개시일부터 폐업일까지로 한다.
③ 일반과세자인 계속사업자의 제1기 과세기간은 1월 1일부터 6월 30일까지이다.
④ 간이과세를 포기하여 일반과세자로 변경되는 경우 일반과세자로서의 과세기간은 포기신고일이 속하는 달부터 그 과세기간의 종료일까지이다.

6. 부가가치세법상 과세기간에 대한 설명으로 옳지 않은 것은?

① 일반과세자의 과세기간은 제1기와 제2기로 구분한다.
② 일반과세자가 4월 25일에 사업자등록을 신청하고 실제 사업개시일은 5월 1일인 경우 5월 1일부터 6월 30일까지가 최초 과세기간이 된다.
③ 간이과세자의 과세기간은 원칙적으로 1월 1일부터 12월 31일까지이다.
④ 간이과세자가 폐업하는 경우의 과세기간은 폐업일이 속하는 과세기간의 개시일부터 폐업일까지로 한다.

7. 다음 중 부가가치세법상 과세기간에 대한 설명 중 가장 잘못된 것은?

① 계속사업자인 간이과세자 : 1월 1일부터 12월 31일까지
② 계속사업자인 일반과세자 : 1월 1일부터 6월 30일까지, 7월 1일부터 12월 31일까지
③ 신규사업자 : 사업개시일부터 그 날이 속하는 과세기간의 종료일
④ 폐업자 : 과세기간의 개시일부터 폐업일이 속하는 과세기간 종료일까지

8. 다음 중 부가가치세법상 과세기간에 대한 설명으로 틀린 것은?

① 신규로 사업을 시작하는 자에 대한 최초의 과세기간은 사업개시일과 사업자등록 신청일 중 빠른 날로부터 그 날이 속하는 과세기간의 종료일까지로 한다.
② 사업자가 폐업하는 경우의 과세기간은 폐업일이 속하는 과세기간의 개시일부터 폐업일이 속하는 과세기간의 종료일까지로 한다.
③ 간이과세자의 과세기간은 1월 1일부터 12월 31일까지이다.
④ 간이과세자가 간이과세포기를 할 경우 간이과세자의 과세기간은 해당 과세기간의 개시일부터 간이과세 포기신고일이 속하는 달의 마지막 날까지이다.

9. 다음 중 부가가치세법상 과세기간에 대한 설명으로 가장 옳지 않은 것은?

① 신규사업자의 최초 과세기간 : 사업개시일 ~ 개시일이 속하는 과세기간의 종료일

② 폐업자의 과세기간 : 폐업일이 속하는 과세기간 개시일 ~ 폐업일

③ 사업개시일 전에 등록한 신규사업자의 최초 과세기간 : 등록신청일 ~ 등록신청일이 속하는 과세기간의 종료일

④ 일반과세자가 간이과세자로 변경되는 경우 그 변경되는 해의 간이과세자 과세기간 : 그 변경 이전 1월 1일부터 6월 30일까지

10. 다음 중 부가가치세법상 과세기간으로 옳지 않은 것은?

① 광업의 사업개시일은 사업장별로 광물의 채취 · 채광을 시작하는 날로 한다.

② 제조업의 사업개시일은 재화의 공급을 시작하는 날로 한다.

③ 신규 사업자가 사업을 개시하기 전 사업자등록을 신청하는 경우의 과세기간은 사업자등록을 신청한 날로부터 그 신청일이 속하는 과세기간의 종료일까지이다.

④ 간이과세자의 부가가치세 과세기간은 1월 1일부터 12월 31일까지이다.

11. 다음 중 부가가치세법상 과세기간에 대한 설명으로 가장 옳지 않은 것은?

① 과세기간이란 부가가치세 과세표준 계산의 기초가 되는 기간을 말하며, 납세의무의 성립시기와 과세표준 및 납부세액의 계산 기간 및 신고·납부기한을 정하는 기준이 된다.

② 개인인 일반과세자의 제1기 과세기간의 확정신고 및 납부기한은 7월 25일이다.

③ 법인인 일반과세자의 제2기 과세기간의 예정신고 및 납부기한은 10월 25일이다.

④ 폐업자의 경우 과세기간 개시일부터 폐업일이 속하는 날의 말일까지를 최종 과세기간으로 한다.

12. 부가가치세법상 사업개시일에 대한 설명이다. 다음 중 옳지 않은 것은?(단, 면세사업에서 과세사업으로 전환되지 않았다고 가정한다)

① 광업 : 사업장별로 광업허가를 받은 날

② 제조업 : 제조장별로 재화의 제조를 시작하는 날

③ 도매업 : 재화의 공급을 시작하는 날

④ 건설업 : 용역의 공급을 시작하는 날

13. 부가가치세법상 폐업일의 기준에 대한 설명이다. 옳지 않은 것은?

① 합병으로 인한 소멸법인의 경우 : 합병법인의 변경등기일 또는 설립등기일
② 분할로 인하여 사업을 폐업하는 경우 : 분할법인의 분할변경등기일(분할법인이 소멸하는 경우에는 분할 신설법인의 설립등기일)
③ 폐업한 날이 분명한 경우 : 세무서장이 정하는 기준일
④ 폐업한 날이 분명하지 아니한 경우 : 폐업신고서의 접수일

14. 다음 중 부가가치세의 특징으로 가장 옳지 않은 것은?

① 원칙적으로 모든 재화와 용역의 공급을 과세대상으로 하는 일반소비세이다.
② 법률상의 납세의무자와 실질적인 담세자가 일치하지 않는 간접세이다.
③ 모든 거래단계에서 창출된 부가가치에 대해서 과세하는 다단계과세방법이다.
④ 국제적 이중과세의 문제를 해결하기 위하여 생산지국과세원칙을 따르고 있다.

15. 다음 중 우리나라의 부가가치세에 대한 설명으로 가장 옳지 않은 것은?

① 부가가치세는 국세다.
② 부가가치세는 소비지국과세원칙을 채택하고 있다.
③ 부가가치세는 납세의무자와 담세자가 일치하지 않는 간접세이다.
④ 부가가치세는 소득이 높은 사람이 더 많은 세금 부담을 지는 누진세이다.

16. 다음 중 우리나라 부가가치세의 특징에 대한 설명으로 옳은 것은?

① 납세의무자의 부양가족 수, 가족 생계비 등의 인적 사항이 고려되는 인세에 해당한다.
② 소비지국과세원칙을 채택함으로써 수출재화에 대해서는 면세를 적용하여 수출을 촉진한다.
③ 부가가치세는 생산자(사업자)가 납부하고 소비자가 부담하는 간접세이다.
④ 우리나라의 부가가치세법은 매출액에서 매입액을 공제하여 세율을 적용한 값을 납부세액으로 하는 전단계거래액공제법을 채택하고 있다.

17. 다음 중 부가가치세의 특징에 해당하지 않는 것은?

① 부가가치세의 담세자는 최종소비자이며, 납세의무자는 부가가치세가 과세되는 재화 또는 용역을 공급하는 사업자이다.
② 각 납세자의 담세력을 고려하지 않는 물세이다.
③ 우리나라의 부가가치세법은 전단계거래액공제법을 채택하고 있다.
④ 우리나라의 부가가치세법은 소비지국 과세원칙을 채택하고 있다.

18. 다음 중 부가가치세법에 대한 설명으로 옳지 않은 것은?

① 부가가치세는 일반소비세이며 간접세에 해당한다.
② 현행 부가가치세는 전단계거래액공제법을 채택하고 있다.
③ 부가가치세의 역진성을 완화하기 위하여 면세제도를 두고 있다.
④ 소비지국과세원칙을 채택하여 수출재화에 대해서는 영세율이 적용된다.

19. 우리나라 부가가치세법에 대한 설명 중 가장 잘못된 것은?

① 우리나라 부가가치세법은 전단계세액공제법을 따르고 있다.
② 사업자가 아닌 자가 재화를 공급하더라도 부가가치세를 납부해야 한다.
③ 소비지국과세원칙에 따라 수입재화에는 부가가치세를 과세한다.
④ 세부담의 역진성을 완화하기 위해 면세제도를 두고 있다.

20. 다음 중 부가가치세법상 특징으로 틀린 것은?

① 전단계세액공제법에 따라 사업자가 재화나 용역을 공급할 때 거래징수한 매출세액에서 재화나 용역을 매입할 때 거래징수당한 매입세액을 차감하여 납부세액을 계산한다.
② 재화나 용역의 소비행위에 대해서 과세되는 소비세에 해당한다.
③ 재화나 용역을 공급하는 사업자를 납세의무자로 하지만 그 조세부담은 최종소비자에게 귀착되므로 간접세에 해당한다.
④ 소비형 부가가치세 유형은 중간재에 대해서는 과세되지 않지만 자본재에 대해서는 과세되므로 투자를 억제하는 효과가 있다.

21. **현행 부가가치세법에 대한 설명으로 가장 거리가 먼 것은?**

① 부가가치세 부담은 전적으로 최종소비자가 하는 것이 원칙이다.
② 영리목적에 유무에 관계없이 사업상 독립적으로 재화를 공급하는 자는 납세의무가 있다.
③ 해당 과세기간 중 이익이 발생하지 않았을 경우에는 납부하지 않아도 된다.
④ 일반과세자의 내수용 과세거래에 대해서는 원칙적으로 10%의 단일세율을 적용한다.

22. **다음 중 현행 부가가치세법에 대한 설명으로 가장 잘못된 것은?**

① 원칙적으로 재화·용역의 소비행위에 대하여 과세하는 일반소비세이다.
② 각 거래 단계에서 발생하는 부가가치에 대하여 과세하는 다단계거래세이다.
③ 납세자와 담세자가 일치하지 않는 간접세이다.
④ 전단계에서 거래된 매입세액을 매출세액에서 공제하여 부가가치세를 계산하는 전단계 거래액공제법을 채택하고 있다.

23. **다음 중 우리나라 부가가치세의 특징으로 옳은 것을 모두 고르시오.**

가. 소비지국 과세원칙	나. 단일세율 과세
다. 간접세	라. 직접세
마. 국세	바. 과세지국 과세원칙
사. 목적세	아. 지방세

① 가, 나, 라, 바　　② 가, 다, 라, 마
③ 나, 마, 사, 아　　④ 가, 나, 다, 마

24. **현행 부가가치세법상 소비지국과세원칙을 적용하기 위한 제도로 적절한 것은?**

① 거래징수제도　　② 영세율 적용
③ 면세제도　　④ 전단계세액공제법

25. **우리나라 부가가치세가 채택하고 있는 세율에 대한 설명으로 가장 옳지 않은 것은?**

① 해당 과세기간에 대한 산출세액을 계산할 때 공급가액에 적용하게 되는 일정율을 말한다.

② 현행 부가가치세 세율은 기본세율에 탄력세율을 적용하여 조정할 수 있다.

③ 단일비례세율을 채택하고 있다.

④ 우리나라는 거래내용 또는 공급받는 자가 누구인지를 불문하고 10%의 세율이 적용된다(단, 영세율 제외).

26. **다음 중 부가가치세법에 대한 설명으로 잘못된 것은?**

① 재화란 재산 가치가 있는 물건과 권리를 말하며, 역무는 포함되지 않는다.

② 사업자란 사업 목적이 영리이든 비영리이든 관계없이 사업상 독립적으로 재화 또는 용역을 공급하는 자를 말한다.

③ 재화 및 용역을 일시적·우발적으로 공급하는 자는 부가가치세법상 사업자에 해당하지 않는다.

④ 간이과세자란 직전 연도 공급대가의 합계액이 5,000만원에 미달하는 개인사업자를 말한다.

27. **다음 중 부가가치세법상 용어의 설명이 틀린 것은?**

① 일반과세자란 사업자등록을 마친 사업자를 말한다.

② 용역이란 재화 외에 재산 가치가 있는 모든 역무(役務)와 그 밖의 행위를 말한다.

③ 재화란 재산 가치가 있는 물건 및 권리를 말한다.

④ 사업자란 영리이든 비영리이든 관계없이 사업상 독립적으로 재화 또는 용역을 공급하는 자를 말한다.

28. **다음은 부가가치세법상 사업자와 관련된 내용이다. 가장 틀린 것은?**

① 개인사업자는 일반과세자 또는 간이과세자가 될 수 있다.

② 법인사업자는 간이과세자가 될 수 없다.

③ 면세사업자는 부가가치세법상 납세의무자가 아니다.

④ 간이과세자는 직전 연도의 공급가액의 합계액이 1억 4백만원 이하인 개인사업자를 말한다.

29. 다음 중 부가가치세 납세의무자로 볼 수 없는 자는?

① 영리목적으로 사업상 독립적으로 용역을 수입하는 법인사업자
② 비영리목적으로 사업상 독립적으로 재화를 공급하는 법인사업자
③ 영리목적으로 사업상 독립적으로 용역을 공급하는 개인사업자
④ 비영리목적으로 일시적으로 재화를 수입하는 개인사업자

30. 다음은 부가가치세법상 납세의무자에 대한 설명이다. 옳지 않은 것은?

① 재화 또는 용역의 공급에 대한 부가가치세의 납세의무자는 사업자이다.
② 부가가치세법상 사업자란 영리를 목적으로 사업상 독립적으로 과세대상이 되는 재화 또는 용역을 공급하는 자이다.
③ 수입하는 재화에 대한 부가가치세 납세의무자는 재화를 수입하는 자이다.
④ 부가가치세법상 사업자는 부가가치를 창출해 낼 수 있는 정도의 사업형태를 갖추고 계속적 반복적으로 재화 또는 용역을 공급하는 자이다.

31. 다음 중 부가가치세법상 납세의무자인 사업자로 분류되지 않는 것은?

① 면세사업자　② 법인과세사업자
③ 영세율적용사업자　④ 간이과세자

32. 다음 중 부가가치세법상 납세의무자에 해당하지 않는 것은?

① 일반과세자　② 간이과세자
③ 면세사업자　④ 재화를 수입하는 자

33. 부가가치세법상의 납세의무자의 요건에 대한 설명이다. 다음 중 가장 옳지 않은 것은?

① 사업과 관련하여 계속·반복성이 있어야 한다(사업성).
② 다른 사람에게 종속되어 있지 아니하여야 한다(독립성).
③ 재화의 수입에 대해서는 재화를 수입하는 자가 납세의무자이다.
④ 영리목적이 없다면 계속·반복적으로 공급하더라도 사업자에 해당되지 않는다.

34. 다음은 부가가치세법상 납세의무자인 사업자에 대한 설명이다. 옳지 않은 것은?

① 사업자란 사업목적이 영리이든 비영리이든 관계없이 사업상 독립적으로 과세대상이 되는 재화 또는 용역을 공급하는 자이다.
② 사업상 부가가치를 창출해 낼 수 있는 정도의 사업형태를 갖추고 계속적・반복적 의사로 재화 또는 용역을 공급하는 자로서 사업자등록을 하고 거래징수를 하는 경우에만 해당된다.
③ 부가가치세의 납세의무자에는 국가・지방자치단체・지방자치단체조합 등도 포함된다.
④ 과세의 대상이 되는 행위 또는 거래의 귀속이 명의일 뿐이고 사실상 귀속되는 자가 따로 있는 경우에는 사실상 귀속되는 자에 대하여 부가가치세법을 적용한다.

35. 부가가치세법상 납세의무에 관한 설명으로 옳지 않은 것은?

① 영리목적의 유무에 불구하고 사업상 독립적으로 과세대상 재화를 공급하는 자는 납세의무가 있다.
② 과세의 대상이 되는 행위 또는 거래의 귀속이 명의일 뿐이고 사실상 귀속되는 자가 따로 있는 경우라 하더라도 명의자에 대하여 부가가치세법을 적용한다.
③ 영세율적용대상 거래만 있는 사업자도 부가가치세법상 신고의무가 있다.
④ 재화를 수입하는 자는 수입재화에 대한 부가가치세 납세의무가 있다.

36. 다음 중 부가가치세법상의 납세의무자에 대한 설명 중 가장 틀린 것은?

① 사업자가 부가가치세가 과세되는 재화 또는 용역을 공급하는 경우에는 사업자등록 여부에 관계없이 납세의무가 있다.
② 국가・지방자치단체 등은 부가가치세 납세의무가 면제되므로 부가가치세법상 납세의무자가 아니다.
③ 사업목적이 영리이든 비영리이든 관계없이 사업상 독립적으로 재화 또는 용역을 공급하는 사업자는 납세의무자가 된다.
④ 사업목적이 영리이든 비영리이든 관계없이 부가가치세 과세대상인 재화를 수입한 자는 납세의무자가 된다.

37. 부가가치세 납세의무에 대한 설명으로 잘못된 것은?

① 사업자등록을 하지 않은 사업자가 부가가치세 과세대상 재화를 공급하는 경우에도 부가가치세 납세의무가 있다.
② 청산 중에 있는 내국법인이 사실상 사업을 계속하는 경우에는 부가가치세의 납세의무가 있다.
③ 비영리법인은 부가가치세법상 납세의무가 없다.
④ 재화를 수입하는 자는 부가가치세법상 납세의무가 있다.

38. 부가가치세법상 납세의무에 관한 설명이다. 옳지 않은 것은?

① 사업목적이 영리이든 비영리이든 관계없이 사업상 독립적으로 재화와 용역을 공급하는 사업자는 납세의무를 진다.
② 사업자가 국외에 소재하는 부동산을 임대하는 경우에는 납세의무가 없다.
③ 우리나라 국적의 항공기와 선박에서 이루어지는 거래는 부가가치세 과세대상이다.
④ 면세가 적용되는 사업자와 영세율이 적용되는 사업자는 납세의무가 없다.

39. 다음 중 부가가치세법상 납세의무에 대한 설명으로 옳지 않은 것은?

① 영리목적 없이 사업상 독립적으로 용역을 공급하는 자도 납세의무자에 해당한다.
② 사업자등록 없이 부가가치세가 과세되는 용역을 공급하는 사업자의 경우 부가가치세를 신고 및 납부할 의무가 없다.
③ 법인격이 없는 사단이 재화를 수입하여 부가가치세가 과세되는 재화를 공급하는 경우 부가가치세를 신고 및 납부할 의무가 있다.
④ 사업자가 부가가치세가 과세되는 재화나 용역의 공급시 부가가치세를 거래징수하지 못한 경우에도 부가가치세를 납부할 의무가 있다.

40. 다음 중 부가가치세법상 납세의무자에 대한 설명으로 가장 잘못된 것은?

① 납세의무자는 개인과 법인을 불문한다.
② 재화를 수입하는 자는 그 재화의 수입에 대한 부가가치세 납세의무가 있다.
③ 비사업자가 일시적으로 재화를 공급해도 부가가치세 납세의무가 있다.
④ 과세사업자는 일반과세자와 간이과세자로 구분된다.

41. **다음 중 부가가치세법에 대한 설명으로 옳지 않은 것은?**

① 부가가치세법상 과세사업자는 일반과세자와 간이과세자로 구분할 수 있다.
② 국가 및 지방자치단체는 부가가치세를 납부할 의무가 없다.
③ 부가가치세는 원칙적으로 사업장별로 과세한다.
④ 부가가치세는 간접세이다.

42. **다음 중 부가가치세법상 납세의무자에 대한 설명으로 틀린 것은?**

① 사업자는 영리와 비영리를 불문한다.
② 사업자는 사업상 독립적으로 재화 또는 용역을 공급하는 자를 말한다.
③ 법인격이 없는 사단·재단 또는 그 밖의 단체는 납세의무자가 아니다.
④ 국가와 지방자치단체도 납세의무자이다.

43. **다음 중 부가가치세법상 사업자의 요건으로 가장 옳지 않은 것은?**

① 영리성 유무와는 관련이 없다.
② 재화 또는 용역의 공급이 사업상 독립적이어야 한다.
③ 계속 반복적으로 재화 또는 용역을 공급하여야 한다.
④ 사업자등록을 마쳐야 한다.

44. **다음 중 부가가치세법상 사업자에 대한 설명으로 가장 옳지 않은 것은?**

① 사업자란 영리목적의 유무는 불문한다.
② 과세사업자는 간이과세자와 일반과세자로 구분한다.
③ 면세사업자는 부가가치세가 면제되는 재화 또는 용역을 공급하는 사업을 영위하는 자를 말한다.
④ 과세사업과 면세사업을 겸영하는 겸영사업자는 부가가치세 납세의무가 없다.

45. **다음 중 부가가치세법상 사업장에 대한 설명이 틀린 것은?**

① 사업장은 사업자가 사업을 하기 위하여 거래의 전부 또는 일부를 하는 고정된 장소를 말한다.
② 제조업에 있어서는 최종 제품을 완성하는 장소를 사업장으로 한다.
③ 무인자동판매기를 통하여 재화 · 용역을 공급하는 사업은 무인자동판매기를 설치한 장소를 사업장으로 한다.
④ 사업장을 설치하지 아니한 경우에는 사업자의 주소 또는 거소를 사업장으로 한다.

46. **부가가치세법상 사업장에 관한 설명이다. 옳지 않은 것은?**

① 사업장별 신고 · 납부하는 것이 원칙이다.
② 주사업장총괄납부사업자는 주된 사업장에서 총괄하여 납부하지만, 신고는 각 사업장별로 해야 한다.
③ 직매장은 사업장으로 보며 하치장은 사업장으로 보지 않는다.
④ 건설업은 건설현장이 사업장이다.

47. **다음 중 부가가치세 신고 · 납세지에 대한 설명으로 가장 적절하지 않은 것은?**

① 부가가치세는 원칙적으로 사업장마다 신고 납부하여야 한다.
② 재화 또는 용역의 공급이 이루어지는 장소, 즉 사업장을 기준으로 납세지를 정하고 있다.
③ 2 이상의 사업장이 있는 경우 신청없이 주된 사업장에서 총괄하여 납부할 수 있다.
④ 사업자단위과세사업자는 사업자등록도 본점 등의 등록번호로 단일화하고, 세금계산서도 하나의 사업자등록번호로 발급한다.

48. **부가가치세법상 사업장의 범위에 대한 설명으로 틀린 것은?**

① 사업자가 자기의 사업과 관련하여 생산하거나 취득한 재화를 직접 판매하기 위하여 특별히 판매시설을 갖춘 장소는 사업장으로 본다.
② 사업장을 설치하지 아니한 경우에는 사업자의 주소 또는 거소를 사업장으로 한다.
③ 사업자가 부가가치세법에서 규정하는 기존사업장 외에 임시사업장을 개설한 경우에는 그 임시사업장은 기존사업장에 포함되는 것으로 한다.
④ 부동산임대업을 영위하는 사업자의 경우 사업장은 그 사업에 관한 업무를 총괄하는 장소로 한다.

49. 부가가치세법상 사업장에 대한 설명이다. 옳지 않은 것은?

① 임시사업장을 개설한 경우에는 해당 임시사업장의 사업개시일로부터 10일 이내에 임시사업장 관할세무서장에게 임시사업장 개설신고서를 제출하여야 한다.

② 무인자동판매기를 통하여 재화·용역을 공급하는 사업은 그 사업에 관한 업무총괄장소 이외의 장소를 사업장으로 등록할 수 없다.

③ 사업자가 재화를 보관하고 관리할 수 있는 시설만 갖추고 하치장 설치신고서를 해당 하치장을 둔 날로부터 10일 이내에 하치장 관할세무서장에게 제출한 장소는 사업장으로 보지 아니한다.

④ 사업장을 설치하지 아니하고 사업자등록을 하지 아니한 경우로서 그 사업을 영위할 당시의 사업자의 주소·거소와 결정 또는 경정할 당시의 주소·거소가 다른 경우 그 사업을 영위할 당시의 주소 또는 거소를 사업장으로 한다.

50. 부가가치세법상 사업장에 해당하지 않는 것은?

① 사업자가 사업을 하기 위하여 거래의 전부 또는 일부를 하는 고정된 장소

② 박람회 등을 위해 임시로 개설한 사업장

③ 사업자가 자기의 사업과 관련하여 생산하거나 취득한 재화를 직접 판매하기 위하여 특별히 판매시설을 갖춘 장소

④ 제조업에 있어서 최종제품을 완성하는 장소

51. 다음은 부가가치세법상 사업장에 대한 설명이다. 잘못된 것은?

① 광업 : 광업사무소의 소재지

② 제조업 : 최종제품을 판매하는 장소

③ 법인 사업자가 영위하는 건설업 : 법인의 등기부상 소재지

④ 부동산임대업 : 그 부동산의 등기부상 소재지

52. 다음 중 부가가치세법상 사업장의 범위가 잘못된 것은?

① 광업 : 광업사무소의 소재지

② 제조업 : 최종제품을 완성하는 장소

③ 건설업, 운수업과 부동산매매업 : 법인의 경우 법인등기부상 소재지, 개인의 경우 사업업무 총괄장소

④ 비거주자 또는 외국법인 : 사업업무 총괄장소

53. 다음 중 부가가치세법상 납세지에 대한 설명으로 틀린 것은?

① 부가가치세 납세지는 각 사업장의 소재지로 한다.

② 재화를 보관하고 관리할 수 있는 시설만 갖춘 장소로서 하치장으로 신고된 장소는 사업장으로 본다.

③ 사업장은 사업자가 사업을 하기 위하여 거래의 전부 또는 일부를 하는 고정된 장소로 한다.

④ 박람회 행사가 개최되는 장소에 개설한 임시사업장으로서 법이 정하는 바에 따라 신고된 장소는 사업장으로 보지 않는다.

54. 다음 중 부가가치세법상 사업장에 대한 설명으로 옳지 않은 것은?

① 사업장이란 사업자가 사업을 하기 위하여 거래의 전부 또는 일부를 하는 고정된 장소를 말한다.

② 부동산임대업의 경우, 해당 부동산의 등기부상 소재지를 사업장으로 한다.

③ 무인자동판매기를 통하여 재화 및 용역을 공급하는 경우, 해당 사업에 관한 업무를 총괄하는 장소를 사업장으로 한다.

④ 사업장이 있는 사업자가 그 기존 사업장 외에 국제 경기대회가 개최되는 장소에서 임시사업장을 개설하는 경우, 별도의 사업장으로 보아 사업자등록을 하여야 한다.

55. **다음 중 부가가치세법상 사업장의 범위에 대한 설명으로 틀린 것은?**

① 광업에 있어서는 광업사무소의 소재지를 사업장으로 한다.
② 제조업에 있어서는 최종제품을 완성하는 장소를 사업장으로 한다.
③ 부동산임대업에 있어서는 그 부동산의 등기부상의 소재지를 사업장으로 한다.
④ 제조업에서 제품의 포장만을 하거나 용기에 충전만을 하는 장소도 사업장으로 한다.

56. **다음 중 부가가치세법상 사업장에 대한 설명으로 옳지 않은 것은?**

① 건설업의 경우 개인이든 법인이든 상관없이 건설에 관한 업무를 총괄하는 곳이 사업장이 된다.
② 무인자동판매기를 통하여 재화와 용역을 공급하는 경우 업무를 총괄하는 곳이 사업장이 된다.
③ 제조업은 최종 제품을 완성하는 곳이 사업장이 된다.
④ 전기통신사업자는 업무를 총괄하는 곳이 사업장이 된다.

57. **부가가치세법상 사업별 사업장으로 옳은 것을 고른 것은?**

ㄱ. 건설업(법인) : 사업상 업무총괄 장소
ㄴ. 부동산임대업 : 해당 부동산의 등기부상 소재지
ㄷ. 제조업 : 최종 제품을 완성하는 장소
ㄹ. 외국법인 : 대표이사의 주소 또는 거소

① ㄱ, ㄴ
② ㄱ, ㄹ
③ ㄴ, ㄷ
④ ㄷ, ㄹ

58. **다음 중 부가가치세법상 사업장에 대한 설명으로 틀린 것은?**

① 물품을 판매하지 아니하고 단순히 본점의 지시에 따라 단순한 업무연락만을 취급하는 곳. 즉, 연락사무소는 사업장이 아니다.
② 재화를 직접 판매하기 위하여 특별히 판매시설을 갖춘 장소는 사업장으로 보지 아니한다.
③ 건설업을 영위하는 법인의 경우 법인의 등기부상 소재지가 사업장이다.
④ 사업자 또는 그 사용인이 상시 주재하여 거래의 전부 또는 일부를 행하는 장소를 말한다.

59. **다음 중 부가가치세법상 납세지에 대한 설명으로 틀린 것은?**

① 사업자의 부가가치세 납세지는 각 사업장의 소재지로 한다.
② 사업장은 사업자가 사업을 하기 위하여 거래의 전부 또는 일부를 하는 고정된 장소를 말한다.
③ 사업자가 별도로 사업장을 두지 아니하면 사업자등록을 할 수 없다.
④ 재화를 수입하는 자의 부가가치세 납세지는 관세법에 따라 수입을 신고하는 세관의 소재지로 한다.

60. **다음 중 부가가치세법상 사업장에 대한 설명으로 틀린 것은?**

① 직매장은 사업장으로 보고, 하치장은 사업장으로 보지 않는다.
② 사업장이 있는 사업자가 그 기존사업장 이외에 임시사업장을 개설하는 경우에는 그 임시사업장은 기존 사업장에 포함되는 것으로 한다.
③ 임시사업장을 개설하고자 하는 자는 임시사업장개설신고서를 해당 임시사업자의 사업개시일부터 10일 이내에 임시사업장의 관할 세무서장에게 제출(국세정보통신망에 의한 제출포함)하여야 한다.
④ 임시사업장의 설치기간이 10일 이내인 경우에도 임시사업장개설신고를 하여야 한다.

61. **다음 중 부가가치세법상 납세지에 대한 설명으로 옳지 않은 것은?**

① 사업자 단위 과세 사업자는 각 사업장을 대신하여 그 사업자의 본점 또는 주사무소의 소재지를 부가가치세 납세지로 한다.
② 사업자의 부가가치세 납세지는 관할 세무서장에게 신고하는 장소로 한다.
③ 재화를 수입하는 자의 부가가치세 납세지는 수입을 신고하는 세관의 소재지로 한다.
④ 비거주자인 사업자가 국내에 사업의 전부를 수행하는 고정된 장소를 가지고 있는 경우 납세지는 국내 각 사업장 소재지로 한다.

62. **다음은 주사업장총괄납부에 관한 설명이다. 옳지 않은 것은?**

① 주된 사업장의 범위는 개인은 주사무소, 법인은 본점(주사무소 포함) 또는 지점(분사무소 포함)이다.

② 주된 사업장에서 총괄납부를 하고자 하는 자는 그 총괄납부하고자 하는 과세기간 개시 20일 전에 주된 사업장 관할세무서장에게 총괄납부신청을 하여야 한다.

③ 주사업장총괄납부 사업자는 각 사업장별로 계산된 납부세액 또는 환급세액을 통산한 후의 잔액에 대해서 주된 사업장 관할세무서장에게 납부하거나 환급받는다.

④ 주사업장총괄납부 사업자는 부가가치세를 주된 사업장에서만 신고·납부하면 된다.

63. **다음 부가가치세법상 주사업장총괄납부에 관한 설명 중 옳지 않은 것은?**

① 주사업장총괄납부란 사업자가 2 이상의 사업장이 있는 경우 신청에 의하여 각 사업장의 납부세액 또는 환급세액을 통산하여 주된 사업장에서 납부하거나 환급받는 제도이다.

② 계속사업자로서 주사업장총괄납부를 받고자 하는 자는 그 총괄납부하고자 하는 과세기간 개시 20일 전에 주된 사업장의 관할세무서장에게 신청하여야 한다.

③ 주사업장총괄납부는 납부 및 환급만을 주사업장에서 총괄납부한다는 의미이므로 세금계산서 발급 및 부가가치세 신고 등 제반의무는 각 사업장별로 행하여야 한다.

④ 주사업장총괄납부제도의 주된 사업장은 법인은 본점, 개인은 주사무소이므로 법인의 경우 지점은 주된 사업장으로 신청할 수 없다.

64. **다음 중 부가가치세법상 사업장에 대한 설명으로 틀린 것은?**

① 주사업장총괄납부를 하고자 하는 자는 그 총괄납부하고자 하는 과세기간 개시 20일 전에 주사업장총괄납부신청서를 주된 사업장 관할세무서장에게 제출하여야 한다.

② 주사업장총괄납부 사업자가 종된 사업장을 신설하는 경우에는 주사업장총괄납부변경신청서를 주된 사업장 관할세무서장에게 제출하여야 한다.

③ 2 이상의 사업장이 있는 사업자는 사업자단위로 신고 및 납부를 할 수도 있다.

④ 사업내용이 변경되어 총괄납부가 부적당하다고 인정된 경우에는 주사업장 관할 세무서장은 총괄납부를 적용하지 않을 수 있다.

65. **주사업장총괄납부와 관련하여 옳은 것은?**

① 주사업장총괄납부 사업자에 대한 과세표준 및 세액의 결정·경정은 주사업장 관할세무서장이 행한다.

② 종된 사업장의 세액을 주된 사업장의 세액에 합산하여 총괄신고·납부하여야 한다.

③ 주사업장총괄납부 사업자라고 하더라도 자기의 사업과 관련하여 생산한 재화를 판매목적으로 직매장으로 반출하면 재화의 공급으로 보아야 한다.

④ 주된 사업장의 이동이 빈번하여 총괄납부하는 것이 부적당하다고 인정된 경우에는 주사업장 관할 세무서장은 총괄납부를 적용하지 않을 수 있다.

66. **부가가치세의 주사업장총괄납부를 설명하고 있다. 이 중 옳지 않은 것은?**

① 법인의 경우에는 지점 또는 분사무소도 주된 사업장으로 할 수 있다.

② 총괄납부는 관할 세무서장의 승인통지와 무관하게 신청만으로 적용한다.

③ 적용제외에 해당되어 총괄납부를 적용하지 않게 된 경우에는 적용을 하지 않게 된 날이 속하는 과세기간의 다음 과세기간부터 각 사업장에서 납부하여야 한다.

④ 총괄납부사업자가 각 사업장별로 과세표준의 신고를 이행하지 아니한 경우에는 주된 사업장 관할세무서장이 총괄하여 결정권을 행사할 수 있다.

67. **다음 중 부가가치세법상 주사업장 총괄납부제도에 대한 설명으로 틀린 것은?**

① 사업장이 둘 이상 있는 경우에는 주사업장 총괄납부를 신청하여 주된 사업장에서 부가가치세를 일괄하여 납부하거나 환급받을 수 있다.

② 주된 사업장은 법인의 본점(주사무소를 포함한다) 또는 개인의 주사무소로 한다. 다만, 법인의 경우에는 지점(분사무소를 포함한다)을 주된 사업장으로 할 수 있다.

③ 주된 사업장에 한 개의 등록번호를 부여한다.

④ 납부하려는 과세기간 개시 20일 전에 주사업장 총괄 납부 신청서를 주된 사업장의 관할 세무서장에게 제출하여야 한다.

68. 부가가치세법상 주사업장 총괄납부제도에 대한 설명으로 옳은 것은?

① 사업자의 본점 또는 주사무소에서 부가가치세를 총괄하여 신고ㆍ납부할 수 있다.
② 사업자등록 번호를 본점 또는 주사무소의 등록번호로 단일화할 수 있다.
③ 주사업장 총괄납부를 적용 받는 경우에도 세금계산서는 각 사업장별로 발급하여야 한다.
④ 총괄납부 신청은 총괄납부하고자 하는 과세기간 개시 25일 전에 주사업장 관할 세무서장에게 한다.

69. 다음 중 부가가치세법상 주사업장총괄납부에 관한 설명 중 옳지 않은 것은?

① 주사업장총괄납부의 주된 사업장은 법인의 경우 본점(주사무소를 포함)만 가능하며, 지점을 주된 사업장으로 할 수 없다.
② 주된 사업장에서 총괄하여 납부하는 사업자가 되려는 자는 그 납부하려는 과세기간 개시 20일 전에 주사업장총괄납부신청서를 주된 사업장의 관할 세무서장에게 제출하여야 한다.
③ 주사업장총괄납부변경신청서를 제출하였을 때는 그 변경신청서를 제출한 날이 속하는 과세기간부터 총괄하여 납부한다.
④ 주사업장총괄납부사업자가 주된 사업장의 이동이 빈번한 경우에 해당하면 관할 세무서장은 주사업장 총괄납부를 적용하지 않을 수 있다.

70. 다음 중 부가가치세법상 주사업장총괄납부제도에 대한 설명 중 가장 옳은 것은?

① 개인사업자의 경우 주사업장을 주사무소 혹은 분사무소 중 선택할 수 있다.
② 법인사업자의 경우 주사업장은 본점에 한하여 신청할 수 있다.
③ 주사업장총괄납부 사업자가 주사업장총괄납부 포기를 하려면 각 사업장에서 납부하려는 과세기간 개시 25일 전에 포기신고서를 제출해야 한다.
④ 신규사업자가 주사업장총괄납부를 적용받으려면 주된 사업장의 사업자등록증을 받은 날부터 20일 이내 총괄납부를 신청하면 된다.

71. 다음 부가가치세법상 주사업장 총괄납부에 대한 설명 중 옳지 않은 것은?

① 주사업장 총괄납부를 신청할 수 있는 주된 사업장은 법인의 경우 본점만 가능하다.

② 주된 사업장에서 총괄하여 납부하는 사업자가 되려는 자는 그 납부하려는 과세기간 개시 20일전에 신청하여야 한다.

③ 사업내용의 변경으로 총괄 납부가 부적당하다고 인정되는 경우, 주된 사업장 관할 세무서장은 주사업장 총괄납부를 적용하지 아니할 수 있다.

④ 신규사업자가 주사업장 총괄납부를 신청하였을 때에는 해당 신청일이 속하는 과세기간부터 총괄하여 납부한다.

72. 다음 중 부가가치세법상 주사업장 총괄납부에 대한 설명으로 가장 옳지 않은 것은?

① 총괄납부를 할 수 있는 주된 사업장은 개인의 경우 주사무소로 한다. 또한 법인의 경우에는 지점(분사무소 포함)을 주된 사업장으로 할 수 있다.

② 주사업장 총괄납부를 하고자 하는 신규사업자는 주된 사업장의 사업자등록증을 받은 날부터 20일 이내에 주된 사업장 관할 세무서장에게 신청하여야 한다.

③ 주사업장 총괄납부사업자가 예정·확정신고를 함에 있어 종사업장 분을 개별적으로 신고하지 않고, 주사업장에 일괄합산하여 신고하면 종사업장분은 무신고가 된다.

④ 주사업장 총괄납부사업자가 종된 사업장을 신설하는 경우에 당해 종된 사업장에 대하여는 별도로 사업자등록을 할 필요가 없다.

73. 다음 중 부가가치세법상 주사업장총괄납부에 대한 설명으로 가장 옳지 않은 것은?

① 부가가치세의 납부(환급)만 주된사업장에서 총괄한다.

② 주된사업장은 법인의 경우 본점만 가능하다.

③ 주사업장총괄납부의 등록 및 포기신청은 해당 과세기간 개시 20일 전까지 신청하여야 한다.

④ 수정신고 및 경정청구는 그 사유가 발생한 사업장별로 하여야 한다.

74. **다음 중 부가가치세법상 납세지에 대한 설명으로 가장 옳지 않은 것은?**

① 사업자의 부가가치세 납세지는 각 사업장의 소재지로 한다.
② 사업장은 사업자가 사업을 하기 위하여 거래의 전부 또는 일부를 하는 고정된 장소로 한다.
③ 주사업장 총괄 납부 사업자는 각 사업장을 대신하여 그 사업자의 본점 또는 주사무소의 소재지를 부가가치세 납세지로 한다.
④ 사업자가 사업장을 두지 아니하면 사업자의 주소 또는 거소를 사업장으로 한다.

75. **부가가치세법상 사업자단위과세제도에 대한 설명이 잘못된 것은?**

① 납부 또는 환급에 한하여 주된 사업장에서 총괄하여 납부한다.
② 신청은 법인의 본점 관할 세무서장에게 한다.
③ 사업장별 과세의 비효율을 제거하여 납세협력비용의 부담 감소효과가 있다.
④ 두 개 이상의 사업장이 있는 경우 적용 가능하다.

76. **부가가치세법상 사업자 단위 과세제도에 대한 설명이 옳지 않은 것은?**

① 사업자단위로 등록한 사업자는 그 사업자의 본점 또는 주사무소에서 총괄하여 신고·납부할 수 있다.
② 2 이상의 사업장이 있는 사업자는 사업자단위로 해당 사업자의 본점 또는 주사무소 관할세무서장에게 등록할 수 있다.
③ 사업자단위로 등록한 사업자는 그 사업자의 본점 또는 주사무소에서 총괄하여 납부만 할 수 있다.
④ 사업장단위로 등록한 사업자가 사업자 단위 과세를 적용받기 위해서는 그 적용받으려는 과세기간 개시 20일 전까지 사업자단위로 등록신청하여야 한다.

77. 다음은 부가가치세에 있어서 사업자 단위 과세제도와 관련하여 설명한 것이다. 옳은 것은?

① 사업자 단위 과세사업자에 대한 과세표준 및 세액의 결정・경정은 각 사업장 관할세무서장이 행한다.

② 사업자 단위 과세사업자가 자기 사업과 관련하여 취득한 재화를 판매목적으로 타사업장에 반출하는 경우에는 원칙적으로 재화의 공급으로 의제한다.

③ 사업자 단위 과세사업자가 법인인 경우 지점도 주사업장으로 할 수 있다.

④ 사업자 단위 과세사업자는 사업자등록・세금계산서의 발급과 수취도 주사업장에서 행한다.

78. 부가가치세법상 사업자 단위 과세에 대한 내용 중 옳지 않은 것은?

① 당해 사업자가 각 사업장의 물류흐름 및 재고를 관리할 수 있는 전사적자원관리시스템(ERP)을 갖추어야 적용받을 수 있는 것은 아니다.

② 사업자단위로 사업자등록을 하고자 하는 사업자는 2 이상의 사업장이 있는 경우에도 본점(주사무소)에 대해서만 사업자등록을 한다.

③ 세금계산서 발급은 본점 또는 주사무소에서 총괄한다.

④ 사업자단위과세사업자로 등록한 날로부터 5년이 되는 날이 속하는 과세기간의 다음 과세기간부터 사업자단위과세의 적용을 포기할 수 있다.

79. 부가가치세법상 사업자단위과세제도에 대한 설명 중 옳지 않은 것은?

① 사업자단위과세 적용시 본점(주사무소 포함)에서 총괄하여 신고・납부한다.

② 사업장이 둘 이상인 사업자는 사업자단위과세사업자로 등록을 신청 할 수 있다.

③ 지점을 사업자단위과세사업장으로 신청할 수는 없다.

④ 사업자단위과세사업자를 신청하는 경우 3년간 적용 포기신고를 할 수 없다.

80. 다음 중 부가가치세법상 사업자단위과세제도에 대한 설명으로 틀린 것은?

① 둘 이상의 사업장이 있는 경우 사업장이 아닌 사업자 단위로 모든 납세의무를 이행하는 제도를 말한다.

② 사업자단위과세사업자로 사업자등록신청을 하며 모든 의무를 총괄한다.

③ 개인의 경우 주사무소나 분사무소 중 선택해서 주사업장을 지정할 수 있다.

④ 법인의 경우는 본점만 주사업장으로 선택 할 수 있다.

81. 다음의 (가)에 알맞은 답을 적으시오.

사업장이 둘 이상인 사업자(사업장이 하나이나 추가로 사업장을 개설하려는 사업자를 포함한다)는 사업자 단위로 해당 사업자의 본점 또는 주사무소 관할 세무서장에게 등록을 신청할 수 있다. 이 경우 등록한 사업자를 (가)라 한다.

82. 다음 중 부가가치세법상 주사업장총괄납부와 사업자단위과세제도에 대한 설명으로 틀린 것은?

① 주사업장 총괄납부의 경우 주사업장은 법인의 본점(주사무소 포함) 또는 개인의 주사무소로 하되, 법인은 지점 또는 분사무소를 주사업장으로 할 수 있다.

② 사업자단위과세제도와 주사업장총괄납부제도 모두 승인요건이 없다.

③ 주사업장총괄납부제도는 기간의 제한 없이 포기할 수 있으나, 사업자단위과세제도는 3년간 포기할 수 없다.

④ 주사업장총괄납부제도의 경우 납부·환급에 관해서만 총괄한다.

83. 다음은 주사업장총괄납부와 사업자 단위 과세제도에 대해 설명한 것이다. 가장 잘못된 것은?

① 주사업장총괄납부의 경우, 법인은 본점(주사무소 포함) 또는 지점(분사무소 포함)을 주된 사업장으로 할 수 있는 반면에, 사업자 단위 과세제도의 경우는 본점(주사무소 포함)만 주된 사업장으로 할 수 있다.

② 주사업장총괄납부의 경우는 총괄하여 납부하는 경우만 가능하고 신고는 각 사업장별로 이루어져야 하는 반면에, 사업자 단위 과세제도의 경우는 주된 사업장에서 신고·납부를 모두 총괄하여 하는 것이 가능하다.

③ 기존의 사업자가 주사업장총괄납부 또는 사업자 단위 과세제도를 적용받기 위해서는 적용받으려는 과세기간 개시 20일 전까지 신청 또는 등록하여야 한다.

④ 주사업장총괄납부는 판매목적의 타사업장 반출을 공급으로 간주하지 아니하나, 사업자 단위 과세제도는 이를 공급으로 간주한다.

84. 부가가치세법상 주사업장총괄납부와 사업자단위과세제도에 대한 설명으로 틀린 것은?

① 주사업장 총괄납부제도의 주사업장은 법인의 본점(주사무소 포함) 또는 개인의 주사무소로 하되, 법인은 지점 또는 분사무소를 주사업장으로 할 수 있다.

② 사업자단위과세제도와 주사업장총괄납부제도 모두 승인요건이 없다.

③ 주사업장총괄납부제도는 기간의 제한 없이 포기할 수 있으나, 사업자단위과세제도는 3년간 포기할 수 없다.

④ 계속사업자가 주사업장에서 총괄하여 납부하고자 하는 경우에는 그 총괄납부하고자 하는 과세기간 개시 20일 전에 주사업장총괄납부신청서를 주사업장 관할 세무서장에게 제출하여야 한다.

85. 다음은 부가가치세법상 주사업장총괄납부제도와 사업자단위과세제도에 대한 설명이다. 잘못 설명된 것은?

① 주사업장총괄납부제도의 경우는 법인의 본점 또는 지점을 주된 사업장으로 신청할 수 있다.

② 개인사업자는 주사업장총괄납부를 신청할 수 없다.

③ 주사업장총괄납부를 적용받기 위해서는 적용과세기간 개시 20일 전에 신청을 하여야 한다.

④ 사업자단위과세의 승인을 받은 경우에는 판매목적 타사업장반출 공급의제의 적용이 배제된다.

86. 다음 중 부가가치세법상 ㉮[주사업장총괄납부제도]와 ㉯[사업자단위과세제도]에 대한 설명 중 옳은 것은?

① ㉮를 적용받으려는 사업자는 본점 등의 관할세무서장의 승인을 받아야 한다.

② ㉯의 적용 사업자는 본점 등에서 부가가치세를 총괄하여 신고·납부할 수 있다.

③ ㉮와 ㉯의 적용 사업자는 세금계산서는 각 사업장별로 작성·발급하여야 한다.

④ ㉮와 ㉯를 적용받는 경우에는 5년간 포기할 수 없다.

87. **다음은 사업자등록에 대한 내용이다. 옳지 않은 것은?**

① 신규로 사업을 시작하려는 자는 사업개시일로부터 20일 이내에 세무서장에게 사업자 등록을 신청하여야 한다.

② 사업자등록신청을 받은 사업장 관할 세무서장은 신청일부터 3일 이내에 사업자 등록증을 발급하여야 한다.

③ 사업자의 사업 개시일 전에 사업자등록의 신청을 받은 사업장 관할 세무서장은 신청자가 사업을 사실상 시작하지 아니할 것으로 인정될 때에는 등록을 거부할 수 있다.

④ 사업자가 등록을 하지 아니한 경우에는 사업장 관할 세무서장이 조사하여 직권으로 등록할 수 있다.

88. **다음 중 부가가치세법상 사업자등록에 관한 내용으로 옳지 않은 것은?**

① 사업자등록 신청을 받은 관할 세무서장은 등록을 거부할 수 없다.

② 사업자가 사업자등록을 하지 아니하는 경우에는 관할 세무서장이 직권으로 등록할 수 있다.

③ 사업자등록의 정정사유가 발생한 경우 지체없이 사업자등록 정정신고를 해야 한다.

④ 면세사업과 과세사업을 겸영하는 사업자도 사업자등록을 하여야 한다.

89. **다음 중 부가가치세법상 사업자등록에 대한 설명으로 가장 잘못된 것은?**

① 사업자는 사업장마다 사업 개시일부터 20일 이내에 세무서장에게 등록하여야 한다.

② 신규로 사업을 시작하려는 자는 사업개시일 이전이라도 사업자등록을 신청할 수 있다.

③ 사업을 개시한 경우라도 불성실사업자라고 판단되면 세무서장은 사업자등록을 거부할 수 있다.

④ 세무서장은 사업자등록신청의 내용에 대하여 보정할 필요가 있다고 인정되는 때에는 10일 이내의 기간을 정하여 보정을 요구할 수 있다.

90. 다음 중 부가가치세법상 사업자등록에 관한 설명으로 틀린 것은?

① 사업자는 사업장마다 사업개시일부터 20일 이내에 사업장 관할 세무서장에게 사업자 등록을 신청하여야 한다.

② 사업개시일 이전에 사업자등록의 신청을 받은 사업장 관할세무서장은 신청자가 사업을 사실상 시작하지 않을 것이라고 인정되더라도 등록을 거부할 수 없다.

③ 사업장이 둘 이상인 사업자는 사업자 단위로 해당 사업자의 본점 또는 주사무소 관할 세무서장에게 등록을 신청할 수 있다.

④ 사업자등록에 따른 등록번호는 사업장마다 관할세무서장이 부여한다.

91. 다음 중 부가가치세법상 사업자등록에 대한 설명으로 가장 틀린 것은?

① 사업자는 사업장마다 사업 개시일부터 20일 이내에 사업장 관할 세무서장에게 사업자 등록을 신청하여야 한다.

② 사업자는 사업자등록의 신청을 반드시 사업장 관할 세무서장에게만 해야 한다.

③ 사업장이 둘 이상인 사업자는 사업자 단위로 해당 사업자의 본점 또는 주사무소 관할 세무서장에게 등록을 신청할 수 있다.

④ 신청을 받은 사업장 관할 세무서장은 사업자등록을 하고, 사업자에게 등록번호가 부여된 등록증을 발급하여야 한다.

92. 다음 중 부가가치세법상 사업자등록에 대한 설명으로 가장 옳지 않은 것은?

① 사업자등록 신청시 사업장을 임차한 경우 임대차계약서 사본을 제출해야 한다.

② 사업자단위과세사업자라도 사업장마다 사업자등록을 신청해야 한다.

③ 사업자등록을 신청하지 않은 경우 미등록가산세가 부과될 수 있다.

④ 사업자등록을 신청하지 않은 경우 관할 세무서장이 직권으로 등록할 수 있다.

93. **다음 중 부가가치세법상 틀린 설명은 몇 개인가?**

ㄱ. 신규로 사업을 시작하려는 자는 사업개시일 이전이라도 사업자등록 신청이 가능하다.
ㄴ. 사업자에 대한 부가가치세는 해당 납세지를 관할하는 세무서장 또는 지방국세청장이 과세한다.
ㄷ. 사업자등록 신청을 사업장 관할 세무서장이 아닌 다른 세무서장에게도 할 수 있다.

① 1개　　② 2개
③ 3개　　④ 없음

94. **다음 중 부가가치세법상 사업자등록의 정정 사유가 있을 경우 그 재발급기한이 다른 것은?**

① 상호를 변경하는 경우
② 법인의 대표자를 변경하는 경우
③ 사업의 종류에 변경이 있을 때
④ 상속으로 인하여 사업자의 명의가 변경되는 때

95. **다음 중 부가가치세법상 사업자등록 정정시 신청일 당일 재발급 사유에 해당하는 것은 무엇인가?**

① 사업의 종류에 변동이 있는 경우
② 법인의 대표자를 변경하는 경우
③ 통신판매업자가 사이버몰의 명칭, 인터넷 도메인 이름을 변경하는 경우
④ 상속으로 사업자의 명의가 변경되는 경우

96. **다음 중 부가가치세법상 사업자등록 정정사유에 해당하지 않는 것은?**

① 사업의 종류에 변경이 있는 경우
② 증여로 인하여 사업자의 명의가 변경되는 경우
③ 공동사업자의 구성원의 변경이 있는 경우
④ 사업자 단위 등록을 한 자가 주사업장을 변경하는 경우

97. 부가가치세법상 사업자등록 정정사유에 해당하는 것을 고른 것은?

㉠ 법인대표자의 주소가 변동되는 때 ㉡ 상속으로 인하여 사업자의 명의가 변경되는 때 ㉢ 상호 및 사업장을 변경하는 때 ㉣ 개인사업자가 대표자를 변경하는 때

① ㉢, ㉣ ② ㉠, ㉣
③ ㉠, ㉡ ④ ㉡, ㉢

98. 다음 중 부가가치세법상 영리 개인사업을 운영하는 사업자로서 사업자등록사항의 정정 사유에 해당하지 아니하는 것은?

① 상호를 변경하는 경우
② 대표자를 변경하는 경우
③ 공동사업자의 출자지분이 변경되는 경우
④ 사업장 주소가 변경되는 경우

99. 다음 중 부가가치세법상 사업자등록 정정사유가 아닌 것은?

① 상호 변경
② 상속으로 인한 사업자 명의 변경
③ 증여로 인한 사업자 명의 변경
④ 사업장 주소 변경

100. 다음 중 부가가치세법상 사업자등록 정정사유가 아닌 것은?

① 상호를 변경하는 경우
② 사업의 종류에 변경이 있는 경우
③ 상속으로 인하여 사업자의 명의가 변경되는 경우
④ 사업자의 주소를 이전하는 경우

101. 다음 중 부가가치세법상 사업자등록의 정정사유가 아닌 것은?

① 사업의 종류를 변경 또는 추가하는 때
② 사업장을 이전하는 때
③ 법인의 대표자를 변경하는 때
④ 개인이 대표자를 변경하는 때

102. 다음 중 부가가치세법상 사업자등록의 정정사유가 아닌 것은?

① 상속으로 사업자의 명의가 변경되는 경우
② 공동사업자의 구성원이 변경되는 경우
③ 법인의 대표자를 변경하는 경우
④ 개인사업장을 포괄양수도하는 경우

103. 부가가치세법상 사업자등록의 정정사유 중 신청일 당일에 재교부 받을 수 있는 사유는?

① 상속으로 인하여 사업자의 명의가 변경되는 경우
② 상호를 변경하는 경우
③ 사업의 종류에 변동이 있는 경우
④ 공동사업자의 구성원 또는 출자지분의 변경이 있는 경우

104. 다음은 ㈜경인의 법인등기부등본상의 기재사항들이다. 부가가치세법상 사업자등록 정정사유가 아닌 것은?

① ㈜경인에서 ㈜인천으로 상호변경
② ㈜경인의 대표이사를 A에서 B로 변경
③ ㈜경인의 자본금을 1억원에서 2억원으로 증자
④ ㈜경인의 사업종류에 부동산 임대업을 추가

105. 다음 중 부가가치세법상 개인사업자로서 신규로 사업자등록 신청을 해야 하는 경우는?

① 상호를 변경하는 경우
② 증여에 의하여 사업자의 명의가 수증자로 변경되는 경우
③ 상속으로 사업자의 명의가 변경되는 경우
④ 공동사업자의 구성원 또는 출자지분의 변경이 있는 때

106. 다음 중 부가가치세법상 관할 세무서장이 사업자등록을 말소할 수 있는 사유가 아닌 것은?

① 사업자가 사업자등록을 한 후 정당한 사유 없이 3개월 이상 사업을 시작하지 않은 경우
② 사업자가 부도발생, 고액체납 등으로 도산하여 소재 불명인 경우
③ 사업자가 정당한 사유없이 계속하여 둘 이상의 과세기간에 걸쳐 부가가치세를 신고하지 아니하고 사실상 폐업상태에 있는 경우
④ 사업자가 인가·허가의 취소 또는 그 밖의 사유로 사업을 수행할 수 없어 사실상 폐업상태에 있는 경우

107. 다음 중 부가가치세법상 사업자가 사실상 사업을 시작하지 않는 경우로서 세무서장이 직권으로 사업자등록을 말소하는 사유가 아닌 것은?

① 사업 개시 후 6개월 이내에 근로자를 고용하지 않은 경우
② 부도발생, 고액체납 등으로 도산하여 소재가 불명인 경우
③ 사업자등록을 한 후 정당한 사유 없이 6개월 이상 사업을 시작하지 않는 경우
④ 사업을 수행할 수 없어 사실상 폐업 상태에 있는 경우

108. 부가가치세법상 사업자등록을 이행하지 않을 경우의 불이익에 대한 설명으로 가장 옳지 않은 것은?

① 미등록가산세를 적용하며, 일반과세자의 미등록가산세는 공급가액의 1%이다.
② 사업자등록 전 매입세액은 매입세액공제가 허용되는 경우를 제외하고는 원칙적으로 매출세액에서 공제받을 수 없다.
③ 미등록가산세를 계산할 때 적용되는 공급가액은 사업개시일부터 등록신청일 직전일까지의 공급가액으로 한다.
④ 사업을 개시한 이후 사업자 등록을 하기 전에는 공급받은 부분에 대하여 세금계산서를 발급받을 수 없고 영수증을 발급받아야 한다.

109. 부가가치세법상 사업자등록에 대한 설명 중 가장 틀린 것은?

① 사업자등록을 하지 아니한 사업자는 원칙적으로 유효한 세금계산서를 발급할 수 없다.
② 신규로 사업을 시작하려는 자는 사업개시일 전이라도 사업자등록을 할 수 있다.
③ 사업자등록에 의해 사업자등록번호가 부여되므로 등록일 이전의 매입세액은 어떠한 경우에도 매출세액에서 공제하지 아니한다.
④ 개별소비세법의 규정에 의하여 폐업신고를 한 경우에는 부가가치세법상의 폐업신고를 한 것으로 본다.

110. 부가가치세법상 사업자등록의 신청에 관한 설명 중 옳지 않은 것은?

① 법인의 경우에는 법인의 설립등기 전에는 사업자등록을 신청할 수 없다.
② 신규로 사업을 개시하려는 자는 사업개시일 전이라도 등록신청할 수 있다.
③ 신규로 사업을 개시하는 자는 사업장마다 사업개시일부터 20일 이내에 세무서장에게 등록신청하여야 한다.
④ 사업자등록을 하려는 자는 세무서장에게 사업자등록신청서와 첨부서류를 제출하여야 한다.

111. 부가가치세법상 사업자등록에 대한 설명 중 틀린 것은?

① 주소의 이전은 사업자등록정정사유가 아니다.
② 세무서장은 원칙적으로 신청일로부터 2일 이내에 사업자등록증을 발급하여야 한다.
③ 사업자가 사업자등록을 하지 아니한 경우에는 사업장 관할세무서장이 조사하여 등록할 수 있다.
④ 공동사업자의 출자지분에 변경이 있는 경우에는 사업자등록의 정정사유가 아니다.

112. 부가가치세법상 사업자등록에 대한 설명 중 틀린 것은?

① 사업자가 사업자등록을 하지 아니한 경우에는 사업장 관할세무서장이 조사하여 등록할 수 있다.
② 통신판매업자가 사이버몰의 명칭 또는 인터넷도메인 이름을 변경한 경우도 사업자등록정정사유에 해당한다.
③ 사업자등록이란 부가가치세의 업무의 효율적인 운영을 위하여 납세의무자의 사업에 관한 사항들을 세무관서의 공부에 등재하는 것을 말한다.
④ 개인사업자가 그 명의를 변경하는 경우에도 사업자등록증을 정정하여야 한다.

113. 부가가치세법상 사업자등록에 관한 설명으로 옳지 않은 것은?

① 사업자등록을 하지 않은 경우 세금계산서를 발급할 수 없다.
② 신규로 사업을 시작하려는 자는 사업개시일 전이라도 사업자등록을 할 수 있다.
③ 사업의 종류에 변동이 있는 경우 사업자등록증을 정정해야한다.
④ 추가로 사업장을 개설하여 둘 이상의 사업장이 있는 사업자는 반드시 사업자 단위로 해당 사업자의 본점 또는 주사무소 관할 세무서장에게 등록하여야 한다.

114. 다음은 부가가치세법상 사업자등록에 대한 설명이다. 옳지 않은 것은?

① 사업자등록을 하려는 사업자는 원칙적으로 사업장마다 사업자등록을 하여야 한다.
② 신규로 사업을 개시하고자 하는 자는 반드시 사업개시일 전에 사업장 관할세무서장에게 등록하여야 한다.
③ 사업자등록의 신청을 받은 사업장 관할 세무서장은 신청자가 사업을 사실상 시작하지 아니할 것이라고 인정될 때에는 등록을 거부할 수 있다.
④ 사업자가 사업자등록을 하지 아니하는 경우에는 사업장 관할 세무서장이 조사하여 등록할 수 있다.

115. 부가가치세법상 사업자등록에 관한 설명 중 가장 잘못된 것은?

① 사업자는 사업자등록의 신청을 사업장 관할 세무서장이 아닌 다른 세무서장에게도 할 수 있다.
② 사업장이 둘 이상인 사업자는 사업자 단위로 해당 사업자의 본점 또는 주사무소 관할 세무서장에게 등록을 신청할 수 있다.
③ 사업자등록의 신청을 받은 사업장 관할 세무서장은 신청자가 사업을 사실상 시작하지 아니할 것이라고 인정될 때에는 등록을 거부할 수 있다.
④ 사업자 단위로 사업자등록신청을 한 경우에도 사업자단위 과세가 적용되는 각각의 사업장마다 다른 사업자등록번호를 부여한다.

116. **부가가치세법상 사업자등록에 대한 설명으로 가장 옳지 않은 것은?**

① 부가가치세법상 사업자등록은 원칙적으로 사업장별로 하여야 한다.

② 사업개시한 후 1달 이내에 사업자등록을 신청한다.

③ 처리기간의 원칙은 신청일부터 2일 이내(국세청장이 필요하다고 인정하는 경우 5일 이내에서 연장가능)

④ 사업자등록증의 효력은 개업일이 아니고 접수일부터 효력이 발생하는 것이다.

117. **다음 중 사업자등록증상에 표기되는 사항이 아닌 것은?**

① 개업년월일 ② 상호

③ 사업자등록번호 ④ 주민등록번호

118. **부가가치세법상 사업자등록에 대한 설명으로 틀린 것은?**

① 사업자는 사업개시일부터 20일 이내에 사업장 관할 세무서장에게 사업자등록을 신청하여야 한다.

② 사업자등록의 신청은 사업장 관할 세무서장이 아닌 다른 관할 세무서장에게도 신청할 수 있다.

③ 신규로 사업을 시작하려는 자는 사업 개시일 이후에만 사업자등록을 신청해야한다.

④ 사업자는 휴업 또는 폐업을 하거나 등록사항이 변경되면 지체없이 사업장 관할 세무서장에게 신고하여야 한다.

119. **부가가치세법상 사업자등록에 관한 설명으로 옳지 않은 것은?**

① 사업자 등록 신청 전의 매입세액은 매출세액에서 공제하지 아니하나, 공급시기가 속하는 과세기간이 끝난 후 20일 이내에 등록 신청한 경우 등록신청일로부터 공급시기가 속하는 과세기간의 기산일까지 역산한 기간 이내의 매입세액은 공제받을 수 있다.

② 신규로 사업을 시작하려는 자는 사업개시일 전이라도 사업자등록을 할 수 있다.

③ 사업자가 사업자등록신청을 하지 아니하는 경우에는 관할 세무서장이 조사하여 등록시킬 수 있다.

④ 추가로 사업장을 개설하여 둘 이상의 사업장이 있는 사업자는 사업자 단위로 해당 사업자의 본점 또는 주사무소 관할 세무서장에게 등록하여야 한다.

제2장 과세거래

1 과세대상의 개요

1-1 부가가치세 과세대상 거래

과세대상 거래	사업자가 행하는 재화의 공급
	사업자가 행하는 용역의 공급
	재화의 수입(재화의 수입자가 사업자에 한정되지 않음) ➡ 용역의 수입은 과세대상이 아님(다만, 국외사업자로부터 국내에서 공급받은 용역에 대해서는 대리납부제도를 통해 과세함)

1-2 부가가치세 과세방법

재화 · 용역의 공급	공급자(사업자)가 공급받는 자로부터 부가가치세를 거래징수하여 세무서에 납부
재화의 수입	세관장이 수입자(사업자여부 불문)로부터 부가가치세를 징수하여 세무서에 납부

1-3 부가가치세 과세대상 거래의 판단

과세대상 재화 · 용역의 공급	대가(금전 등)관계가 있는 경우	부가가치세 과세대상 거래 ○
	대가(금전 등)관계가 없는 경우	부가가치세 과세대상 거래 ×

* 간주공급은 대가관계가 없지만 과세대상 거래로 인정

2 재화의 공급

2-1 재화의 범위

재화	재산 가치가 있는 물건 및 권리
재산가치	경제적 교환가치가 있는 것

<table>
<tr><td>물건</td><td>상품, 제품, 원료, 기계, 건물 등 모든 유체물 및 전기, 가스, 열 등 관리할 수 있는 자연력
<table><tr><td>그 자체가 소비대상이 아닌 것
예 • 화폐대용증권(수표 · 어음 등)
• 유가증권(주식 · 채권)
• 상품권
• 가상자산</td><td>과세대상
재화 ×</td></tr><tr><td>보관물 · 운송물 등을 인도하는 것과 동일한 효력이 있는 것
예 • 창고증권 · 선하증권 · 화물상환증 등
➠ 임치물 반환이 수반되지 않는 것 제외</td><td>과세대상
재화 ○</td></tr></table></td></tr>
<tr><td>권리</td><td>광업권, 특허권, 저작권 등 물건 외에 재산적 가치가 있는 모든 것(외상매출금 등을 포함한 금전 채권은 재산적 가치가 있는 권리에 해당하지 않음)
➠ 권리의 양도는 재화의 공급, 권리의 대여는 용역의 공급</td></tr>
</table>

2-2 재화의 공급(재화의 실질공급) : 대가관계 있음

<table>
<tr><td colspan="2">재화의 (실질)공급</td><td>계약상 또는 법률상의 모든 원인에 따라 재화를 인도(동산에 대한 소유권 이전) 또는 양도(부동산에 대한 소유권 이전)하는 것
➠ 재화공급의 형태 : 매매계약, 가공계약, 교환계약, 그 밖의 계약상 또는 법률상의 원인에 의하여 재화를 인도 또는 양도</td></tr>
<tr><td rowspan="4">계약상 원 인</td><td>매매 계약</td><td>현금판매, 외상판매, 할부판매, 장기할부판매, 조건부 및 기한부판매, 위탁판매와 그 밖의 매매계약에 따라 재화를 인도 · 양도하는 것</td></tr>
<tr><td>가공 계약</td><td>자기가 주요자재의 전부 또는 일부를 부담하고 상대방으로부터 인도받은 재화를 가공하여 새로운 재화를 만드는 가공계약에 따라 재화를 인도하는 것
➠ 주요자재를 전혀 부담하지 않고 단순가공만 하여 인도하는 것 : 용역의 공급</td></tr>
<tr><td>교환 계약</td><td>재화의 인도 대가로서 다른 재화를 인도받거나 용역을 제공받는 교환계약에 따라 재화를 인도 · 양도하는 것
➠ ① 소비대차(차용하거나 반환하는 것 : 각각 재화의 공급에 해당)
② 기부채납(기부채납하고 일정기간 무상사용권 · 수익권을 얻는 것 : 재화의 공급에 해당)</td></tr>
<tr><td>현물 출자 등</td><td>• 현물출자 및 출자지분의 현물반환 : 재화의 공급에 해당
• 출자지분의 양도 및 출자지분의 현금반환 : 재화의 공급에 해당하지 않음 (주식양도에 해당)</td></tr>
<tr><td rowspan="2">법률상 원 인</td><td>경매</td><td>사적 경매(경매사이트를 통한 경매 등)만 재화의 공급에 해당
➠ 각종 법률에 의한 공매 · 경매로 재화가 인도 · 양도 : 재화의 공급에 해당하지 않음</td></tr>
<tr><td>수용 등</td><td>「도시 및 주거환경정비법」 · 「공익사업을 위한 토지 등의 취득 및 보상에 관한 법률」 등에 의한 수용절차에 따른 인도 · 양도하는 것과 「도시 및 주거환경정비법」에 따른 사업시행자의 매도청구에 따라 인도 · 양도하는 것 : 재화의 공급에 해당하지 않음</td></tr>
</table>

2-3 재화 공급의 특례

재화 공급의 특례	재화의 공급(재화의 실질공급)을 제외한 재화의 간주공급, 위탁매매 또는 대리인에 의한 매매, 재화의 공급으로 보지 아니하는 거래, 신탁재산에 대한 재화공급 여부

2-3-1 재화의 간주공급(공급의제) : 대가관계 없음

재화의 간주공급	재화의 실질공급 요건인 대가관계가 없더라도 과세의 형평성 등을 위하여 재화의 공급으로 간주하는 것 ➠ 간주공급의 형태 : 자가공급, 개인적 공급, 사업상 증여, 폐업시 잔존 재화
자가공급	▶ 자기생산・취득재화의 면세사업 등으로의 전용 : 사업자가 자기의 과세사업과 관련하여 생산・취득한 재화('자기생산・취득재화')를 자기의 면세사업 및 부가가치세가 과세되지 아니하는 재화 또는 용역을 공급하는 사업(면세사업 등)을 위하여 직접 사용하거나 소비하는 것은 재화의 공급으로 봄 • '자기생산・취득재화'의 범위 : 다음 중 어느 하나에 해당하는 재화를 말함 – 매입세액이 공제된 재화 – 재화의 공급으로 보지 아니하는 사업양도로 취득한 재화로서 사업양도자가 매입세액을 공제받은 재화 – 내국신용장·구매확인서에 의하여 공급하는 재화, 한국국제협력단 등에 공급하는 재화 또는 특정요건에 따라 공급하는 재화로서 수출에 해당되어 영세율을 적용받는 재화 예 설탕사업(과세사업)을 위해 설탕포장지를 구입하여 밀가루사업(면세사업)을 위한 밀가루포장지로 사용하는 경우 • 예외 : 매입 당시(생산・취득 당시) 매입세액이 공제되지 않은 재화는 면세사업에 전용하여도 재화의 공급으로 보지 않음
	▶ 영업 외 용도로 사용하는 개별소비세 과세대상 자동차와 그 유지를 위한 재화로 전용 : 다음 중 어느 하나에 해당하는 '자기생산・취득재화'의 사용 또는 소비는 재화의 공급으로 봄 – 사업자가 '자기생산・취득재화'를 매입세액이 공제되지 않는 개별소비세 과세대상 자동차로 사용 또는 소비하거나 그 자동차의 유지를 위하여 사용 또는 소비하는 것 예 • 자동차 부품 생산업자가 판매용 부품을 회사 업무용 차량인 소나타에 사용하는 경우 • SK주유소가 정유회사로부터 구입한 유류를 주유소 업무용 승용차에 주유하는 경우 – 운수업, 자동차 판매업, 자동차 임대업, 운전학원업, 경비업법상 기계경비업(출동차량에 한정) 및 이와 유사한 업종의 사업을 경영하는 사업자가 '자기생산・취득재화' 중 개별소비세 과세대상 자동차와 그 유지를 위한 재화를 해당 업종에 직접 영업으로 사용하지 아니하고 다른 용도로 사용하는 것

자가공급	예 • 기아자동차가 자기가 생산한 판매용 K8을 업무용 또는 임직원 출퇴근용으로 사용하는 경우 • 운전학원을 운영하는 사업자가 도로연수교습용 승용차를 임직원 출장용으로 사용하는 경우 ● 예외 : 매입 당시(생산·취득 당시) 매입세액이 공제되지 않은 자동차와 그 유지를 위한 재화는 영업 외의 용도로 사용하더라도 재화의 공급으로 보지 않음
	▶ 판매할 목적으로 다른 사업장에 반출하는 재화 : 사업장이 둘 이상인 사업자가 자기의 사업과 관련하여 생산·취득한 재화를 판매할 목적으로 자기의 다른 사업장에 반출하는 것은 재화의 공급으로 봄 – '자기생산·취득재화'의 개념이 아니기 때문에 판매할 목적으로 다른 사업장에 반출하는 재화는 매입 당시(생산·취득 당시) 매입세액을 공제받지 않은 경우에도 재화의 공급에 해당 예 사업장별 과세를 적용받는 국내 SPA브랜드인 스파오가 공장에서 직매장으로 판매용 의류를 반출하는 경우 ● 예외 : 다음 중 어느 하나에 해당되는 경우에는 재화의 공급으로 보지 않음 – 사업자가 사업자 단위 과세 사업자의 적용을 받은 과세기간에 자기의 다른 사업장에 반출하는 경우 – 사업자가 주사업장 총괄납부의 적용을 받는 과세기간에 자기의 다른 사업장에 반출하는 경우(다만, 세금계산서를 발급하고 관할 세무서장에게 부가가치세를 예정신고 또는 확정신고한 경우에는 재화의 공급에 해당)
개인적 공급	● 사업자가 '자기생산·취득재화'를 사업과 직접적인 관계없이 자기의 개인적인 목적이나 그 밖의 다른 목적을 위하여 사용·소비하거나 그 사용인 또는 그 밖의 자가 사용·소비하는 것으로서 사업자가 그 대가를 받지 아니하거나 시가보다 낮은 대가를 받는 경우는 재화의 공급 예 회사창립기념일, 명절 등의 날에 종업원에게 무상으로 제공하는 기념품 ● 예외 ① 사업자가 실비변상적이거나 복지후생적인 목적으로 그 사용인에게 대가를 받지 않거나 시가보다 낮은 대가를 받고 제공하는 것으로서 다음 중 어느 하나에 해당하는 것은 재화의 공급으로 보지 않음(이 경우 시가보다 낮은 대가를 받고 공급하는 것은 시가와 받은 대가의 차액에 한정) – 사업을 위해 착용하는 작업복, 작업모 및 작업화를 제공하는 경우 – 직장 연예 및 직장 문화와 관련된 재화를 제공하는 경우 – 경조사와 관련된 재화로서 사용인 1명당 연간 10만원 한도의 재화를 제공하는 경우(10만원을 초과하는 경우 해당 초과액에 대해서는 재화의 공급으로 봄)

개인적 공급	– 설날・추석과 관련된 재화로서 사용인 1명당 연간 10만원 한도의 재화를 제공하는 경우(10만원을 초과하는 경우 해당 초과액에 대해서는 재화의 공급으로 봄) – 창립기념일 및 생일 등과 관련된 재화로서 사용인 1명당 연간 10만원 한도의 재화를 제공하는 경우(10만원을 초과하는 경우 해당 초과액에 대해서는 재화의 공급으로 봄) ② 매입 당시(생산・취득 당시) 매입세액이 공제되지 않은 재화를 자기나 그 사용인이 사용・소비하는 경우
사업상 증여	• 사업자가 '자기생산・취득재화'를 자기의 고객이나 불특정 다수에게 증여하는 경우는 재화의 공급으로 봄 예 SK주유소가 이용고객에게 주유실적에 따라 경품을 무상으로 제공하는 경우 • 예외 ① 증여하는 재화의 대가가 주된 거래인 재화의 공급에 대한 대가에 포함되는 경우(부수공급에 해당) ② 사업을 위하여 대가를 받지 아니하고 다른 사업자에게 인도하거나 양도하는 견본품(유상공급 견본품은 과세) ③ 자기 사업의 광고선전 목적으로 불특정다수인에게 광고선전용 재화로서 무상으로 배포하는 경우 ④ '재난 및 안전관리기본법'의 적용을 받아 특별재난지역에 공급하는 물품 ⑤ 매입 당시(생산・취득 당시) 매입세액이 공제되지 않은 재화를 고객이나 불특정 다수에게 증여하는 경우 ⑥ 자기적립마일리지 등으로만 전부를 결제받고 공급하는 재화
폐업시 잔존재화	• 사업자가 폐업할 때 '자기생산・취득재화' 중 남아 있는 재화는 자기에게 공급하는 것으로 봄(사업 개시일 이전에 사업자등록을 신청한 자가 사실상 사업을 시작하지 아니하게 되는 경우에도 동일) • 예외 ① 사업자가 사업의 종류를 변경한 경우 변경 전 사업에 대한 잔존재화 ② 동일 사업장 내에서 2 이상의 사업을 겸영하는 사업자가 그 중 일부 사업을 폐지하는 경우 해당 폐지한 사업과 관련된 재고재화 ③ 개인사업자 2인이 공동사업을 영위할 목적으로 한 사업자의 사업장을 다른 사업자의 사업장에 통합하여 공동명의로 사업을 영위하는 경우에 통합으로 인하여 폐지된 사업장의 재고재화 ④ 폐업일 현재 수입신고(통관)되지 아니한 미도착재화 ⑤ 사업자가 직매장을 폐지하고 자기의 다른 사업장으로 이전하는 경우 해당 직매장의 재고재화 ⑥ 매입 당시(생산・취득 당시) 매입세액이 공제되지 않은 재화가 폐업시 남아 있는 경우

주 1. 취득시 매입세액이 공제되지 아니한 재화를 공급하는 경우 과세여부 판단

구 분			과세
재화의 실질공급			과세 ○
재화의 간주공급	자가공급	과세재화의 면세사업전용	과세 ×
		영업외 용도로 사용하는 개별소비세 과세대상 자동차와 그 유지를 위한 재화	과세 ×
		판매할 목적으로 다른 사업장에 반출하는 재화	과세 ○*
	개인적 공급		과세 ×
	사업상 증여		과세 ×
	폐업시 잔존재화		과세 ×

*** 판매할 목적으로 다른 사업장에 반출하는 재화에 대한 사업자별 구분**

① 사업장 단위 과세 사업자인 경우 : 재화의 공급 ○(세금계산서 발급 ○)
② 사업자 단위 과세 사업자인 경우 : 재화의 공급 ×(세금계산서 발급 ×)
③ 주사업장총괄납부사업자인 경우
- 원칙 : 재화의 공급 ×(세금계산서 발급 ×)
- 예외 : 세금계산서 발급하고 신고한 경우에는 재화의 공급 ○

주 2. 재화의 자가공급으로 보지 않는 경우(과세하지 않음)

사업자가 자기의 과세사업과 관련하여 생산하거나 취득한 재화를 자기의 과세사업을 위하여 다음과 같이 사용하거나 소비하는 경우에는 재화의 공급으로 보지 아니한다.
① 자기의 다른 사업장에서 원료·자재 등으로 사용하거나 소비하기 위하여 반출하는 경우
② 자기 사업상의 기술개발을 위하여 시험용으로 사용하거나 소비하는 경우
③ 수선비 등에 대체하여 사용하거나 소비하는 경우
④ 사후 무료서비스 제공을 위하여 사용하거나 소비하는 경우
⑤ 불량품교환 또는 광고선전을 위한 상품진열 등의 목적으로 자기의 다른 사업장으로 반출하는 경우
⑥ 건설업을 영위하는 사업자가 자기의 사업과 관련하여 생산 또는 취득한 재화를 자기의 해외건설공사에서 건설용 자재로 사용하거나 소비할 목적으로 국외로 반출하는 경우

주 3. '영업 외 용도(비영업용)'와 '개별소비세 과세대상 자동차(소형승용자동차)'(개별소비세법 제1조 2항 3호에 따른 자동차)

영업 외 용도(비영업용)	• 자동차 자체를 직접 영업에 사용하여 사업자의 주된 수익을 창출하는 경우가 아닌 것(비업무용과는 다른 개념) 예 영업외 용도 : 일반회사의 업무용 자동차 등 영업용도 : 택시운송업의 택시, 렌트카업의 렌트용 자동차, 자동차판매업의 판매용 자동차, 운전학원업의 운전교육용 자동차 등
+	
개별소비세 과세대상 자동차	• 다음의 자동차를 말함 ① 자동차관리법에 따른 구분기준에 따라 승용자동차로 구분되는 자동차(정원 8명 이하의 자동차로 한정하되, 배기량이 1,000cc 이하의 것으로서 길이가 3.6m 이하이고 폭이 1.6m 이하인 것은 제외함) ② 전기자동차, 하이브리드 자동차(배기량이 1,000cc 초과하는 것으로 한정) 또는 수소전기자동차로서 자동차관리법에 따른 구분기준에 따라 승용자동차로 구분되는 자동차(정원 8명 이하의 자동차로 한정하되, 길이가 3.6m 이하이고 폭이 1.6m 이하인 것은 제외함) ③ 자동차관리법에 따른 구분기준에 따라 이륜자동차로 구분되는 자동차(내연기관을 원동기로 하는 것은 총배기량이 125cc를 초과하는 것으로 한정하고, 내연기관 외의 것을 원동기로 하는 것은 최고 정격출력이 12kw를 초과하는 것으로 한정) ④ 자동차관리법에 따른 캠핑용자동차로 구분되는 자동차(캠핑용트레일러 포함)

➡ 개별소비세 과세대상 자동차의 구입·유지·임차와 관련된 매입세액은 운수업, 자동차 판매업, 자동차 임대업, 운전학원업, 경비업법상 기계경비업(출동차량에 한정) 및 이와 유사한 업종의 사업에서 직접 영업으로 사용하는 경우에는 공제되지만, 영업 외의 용도로 사용하는 경우에는 사업무관 매입세액으로 보아 공제되지 않음

㈜ 4. 간주공급에 해당하는지 여부에 대한 연습

【연습 1】

영업 외 용도로 사용하는 개별소비세 과세대상 자동차 (매입세액 공제 ×)	유상공급	… 과세 ○ : 재화의 실질공급
	종업원 무상·저가 제공	… 과세 × : 개인적 공급 ×
	거래처 증여	… 과세 × : 사업상 증여 ×
	폐업시 남은 재화	… 과세 × : 폐업시 잔존재화 ×

【연습 2】

판매 목적 개별소비세 과세대상 자동차 (매입세액 공제 ○)	영업외 용도 (업무용)로 전용	… 과세 ○ : 개별소비세 과세대상 자동차를 영업 외 용도로 사용
판매용 트럭 (매입세액 공제 ○)	영업외 용도 (업무용)로 전용	… 과세 × : 개별소비세 과세대상 자동차가 아님

【연습 3】

사업장 단위 과세 사업자가 매입한 재화 (매입세액 공제 ○)	판매할 목적으로 다른 사업장에 반출	… 과세 ○ : 판매할 목적으로 다른 사업장에 반출하는 경우는 매입 당시 매입세액공제 여부와 관련없이 재화의 공급 ○
사업장 단위 과세 사업자가 매입한 재화 (매입세액 공제 ×)	판매할 목적으로 다른 사업장에 반출	… 과세 ○ : 판매할 목적으로 다른 사업장에 반출하는 경우는 매입 당시 매입세액공제 여부와 관련없이 재화의 공급 ○
사업장 단위 과세 사업자가 매입한 재화 (매입세액 공제 ○, ×)	진열할 목적으로 다른 사업장에 반출	… 과세 × : 판매할 목적이 아니기 때문에 재화의 공급 ×

【연습 4】

판매용 재화 (매입세액 공제 ○)	거래처 증여	… 과세 ○ : 사업상 증여 ○
접대용 재화 (매입세액 공제 ×)	거래처 증여	… 과세 × : 사업상 증여 ×

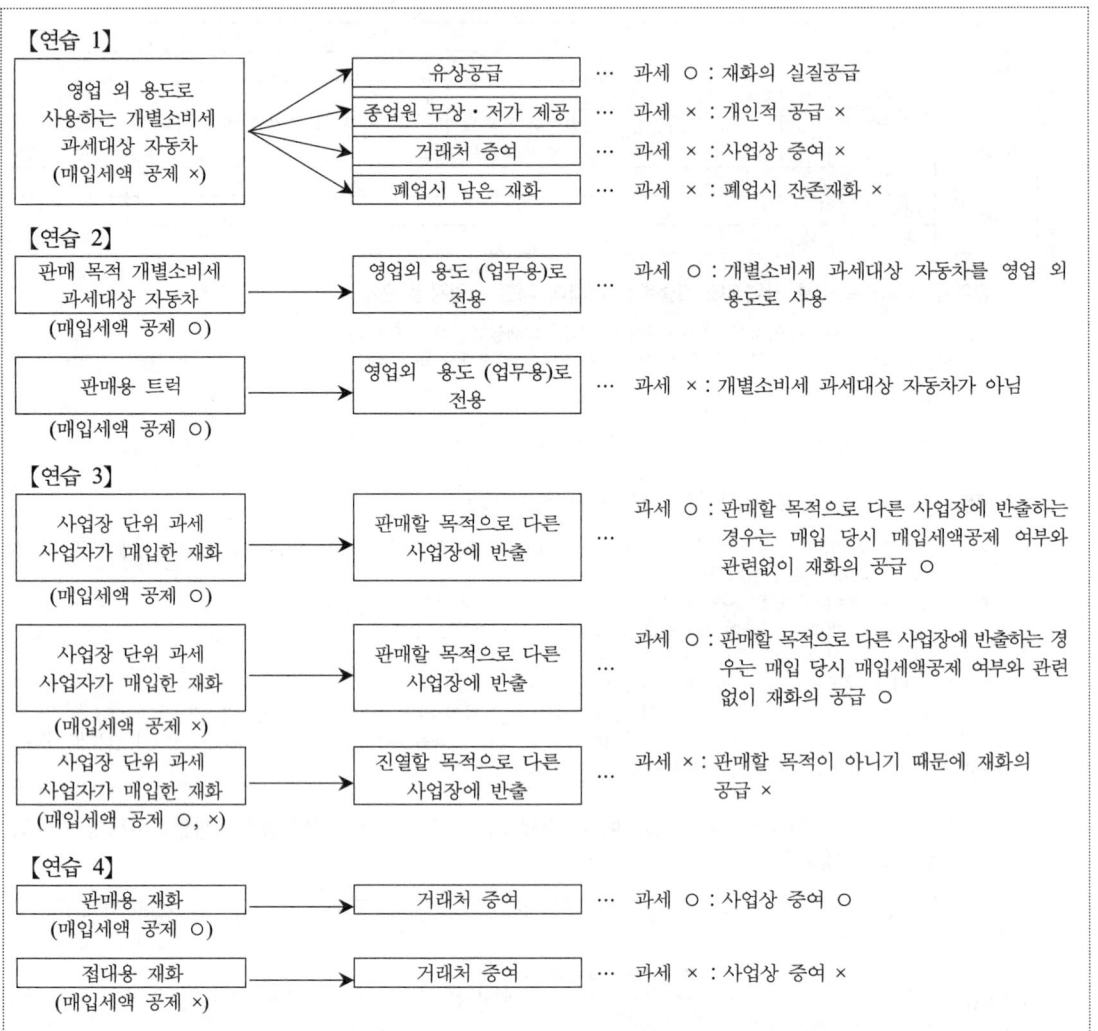

2-3-2 위탁매매 및 대리인에 의한 매매

구 분	내 용
위탁자 또는 본인을 알 수 있는 경우	위탁자 또는 본인이 직접 재화를 공급하거나 공급받은 것으로 봄
위탁자 또는 본인을 알 수 없는 경우(재화의 특성·보관·관리 등의 사유로 위탁자 또는 본인을 알 수 없는 경우)	수탁자 또는 대리인에게 재화를 공급하거나 수탁자 또는 대리인으로부터 재화를 공급받은 것으로 봄

2-3-3 재화의 공급으로 보지 아니하는 거래

구 분	내 용
담보의 제공	질권, 저당권, 양도담보의 목적으로 동산, 부동산 및 부동산상의 권리를 제공하는 것(채무불이행으로 담보권이 실행되어 담보물이 담보권자 또는 제3자에게 인도·양도된 때에는 재화의 공급)
사업의 양도	● 원칙 : 사업장별(상법에 따라 분할·분할합병하는 경우에는 같은 사업장 안에서 사업부문별로 구분하는 경우 포함)로 사업에 관한 모든 권리·의무를 포괄승계시키는 것(사업의 포괄 양도) ➡ 양수자가 승계받은 사업 외에 새로운 사업의 종류를 추가하거나 사업의 종류를 변경한 경우를 포함 ● 예외 : 사업양도시 양수자가 부가가치세를 대리납부한 경우는 재화의 공급으로 봄
신탁재산 소유권 이전	신탁재산의 소유권 이전으로서 다음 중 어느 하나에 해당하는 것은 재화의 공급으로 보지 않음 ① 위탁자로부터 수탁자에게 신탁재산을 이전하는 경우 ② 신탁의 종료로 인하여 수탁자로부터 위탁자에게 신탁재산을 이전하는 경우 ③ 수탁자가 변경되어 새로운 수탁자에게 신탁재산을 이전하는 경우
조세의 물납	사업용 자산을 상속세 및 증여세법, 지방세법에 따라 국가 등에 물납하는 것

2-3-4 신탁재산에 대한 위탁자 지위가 이전되는 경우 재화공급 여부

구 분	내 용
신탁의 의의	위탁자와 수탁자 사이의 신임관계에 기인하여 위탁자가 수탁자에게 특정의 재산(영업이나 저작재산권의 일부를 포함)을 이전하거나 담보권의 설정 또는 그 밖의 처분을 하고 수탁자로 하여금 일정한 자(수익자)의 이익 또는 특정의 목적을 위하여 그 재산의 관리, 처분, 운용, 개발, 그 밖에 신탁 목적의 달성을 위하여 필요한 행위를 하게 하는 법률관계
위탁자의 지위가 이전되는 경우 재화 공급 여부	● 신탁법에 따라 위탁자의 지위가 이전되는 경우에는 기존 위탁자가 새로운 위탁자에게 신탁재산을 공급한 것으로 봄(기존 위탁자가 납세의무자가 됨) ● 다만, 신탁재산에 대한 실질적인 소유권의 변동이 있다고 보기 어려운 경우로서 다음 중 어느 하나에 해당하는 경우에는 신탁재산의 공급으로 보지 않음 ① 집합투자기구의 집합투자업자가 그 위탁자의 지위를 다른 집합투자업자에게 이전하는 경우 ② 위탁자의 지위를 이전하였음에도 불구하고 신탁재산에 대한 실질적인 소유권의 변동이 없는 경우

③ 용역의 공급

3-1 용역의 범위

용역	재화 외에 재산 가치가 있는 모든 역무(서비스) 및 그 밖의 행위(시설물·권리 등 재화를 사용하게 하는 것)
용역의 범위	다음 사업에 해당하는 모든 역무와 그 밖의 행위 ① 건설업(자재부담 여부와 관계없이 용역제공업) ② 숙박 및 음식점업 ③ 부동산업(부동산 매매업은 재화의 공급에 해당). 다만 다음의 사업은 제외함 - 전·답·과수원·목장용지·임야 또는 염전임대업 - 「공익사업을 위한 토지 등의 취득 및 보상에 관한 법률」에 따른 공익사업과 관련해 지역권·지상권(지하 또는 공중에 설정된 권리 포함)을 설정하거나 대여하는 사업 ④ 그 밖에 열거된 사업

㈜ 재화를 공급하는 사업으로 보는 특례(건설업과 부동산업 관련)

건설업과 부동산업 중 ① 부동산의 매매(주거용 또는 비거주용 및 그 밖의 건축물을 자영건설하여 분양·판매하는 경우를 포함) 또는 그 중개를 사업목적으로 나타내어 부동산을 판매하거나 ② 사업상의 목적으로 1과세기간 중에 1회 이상 부동산을 취득하고 2회 이상 판매하는 사업은 재화를 공급하는 사업(부동산 매매업)으로 봄

3-2 용역의 공급(용역의 실질공급)

용역의 공급	계약상 또는 법률상의 모든 원인에 따른 다음 어느 하나에 해당하는 것 ① 역무(용역, 서비스)를 제공하는 것 ② 시설물, 권리 등 재화를 사용하게 하는 것 ➡ 시설물의 사용 : 건물, 기계장치, 테니스장, 목욕탕, 냉장창고, 주차장 등 유체물을 사용하게 하는 것 ➡ 권리의 사용 : 광업권, 실용신안권, 상표권 등의 무체물 등을 사용하게 하는 것(권리의 양도는 재화의 공급, 권리의 대여는 용역의 공급)

3-2-1 용역의 공급(용역의 실질공급) 형태 : 대가관계 있음

구 분	내 용
건설업	건설업자가 주요자재의 전부 또는 일부를 부담하는 것
단순가공용역	자기가 주요자재를 전혀 부담하지 아니하고 상대방으로부터 인도받은 재화를 단순히 가공만 해 주는 것

구 분	내 용
Know-How의 제공	산업상·상업상 또는 과학상의 지식·경험 또는 숙련에 관한 정보를 제공하는 것

3-3 용역 공급의 특례

3-3-1 용역의 자가공급

용역의 자가공급	사업자가 자신의 용역을 자기의 사업을 위하여 대가를 받지 않고 공급함으로써 다른 사업자와의 과세형평이 침해되는 경우에는 자기에게 용역을 공급하는 것으로 보며, 이 경우 그 용역의 범위는 대통령령으로 정함 ➠ 현재 대통령령으로 정해 놓은 것이 없음 예 ① 사업자가 자기사업과 관련하여 사업장 내에서 그 사용인에게 음식용역을 무상으로 제공하는 경우 ② 사업자가 사용인의 직무상 부상 또는 질병을 무상으로 치료하는 경우 ③ 사업장이 각각 다른 수개의 사업을 겸영하는 사업자가 그 중 한 사업장의 재화 또는 용역의 공급에 필수적으로 부수되는 용역을 자기의 다른 사업장에서 공급하는 경우

3-3-2 용역의 공급으로 보지 아니하는 거래

용역의 무상공급	원칙	사업자가 대가를 받지 아니하고 타인에게 용역을 공급하는 것 : 용역공급으로 보지 않음
	예외	사업자가 특수관계인에게 사업용부동산의 임대용역을 무상으로 공급하는 경우 : 용역공급으로 봄 ➠ 대학이 설립한 산학협력단과 그 대학간의 사업용부동산의 무상 임대용역 제외(용역공급으로 보지 않음)
근로의 제공	원칙	고용관계에 의한 근로의 제공 : 용역공급으로 보지 않음
	예외	근로자를 파견하여 용역을 제공하고 대가를 받는 경우 : 용역공급으로 봄

4 재화의 수입

재화의 수입	다음 어느 하나에 해당하는 물품을 국내에 반입하는 것(보세구역을 거치는 것은 보세구역에서 반입하는 것) ① 외국으로부터 국내에 도착한 물품(외국의 선박에 의하여 공해에서 채집되거나 잡힌 수산물 포함)으로서 수입신고가 수리되기 전의 것 ➠ 우리나라의 선박 등에 의하여 공해에서 채취되거나 잡힌 수산물은 내국물품에 해당하므로 포함하지 않음 ② 수출신고가 수리된 물품(수출신고가 수리된 물품으로서 선적된 물품). 다만, 수출신고가 수리된 물품으로서 선적되지 아니한 물품을 보세구역에서 반입하는 경우는 제외

5 부수 재화 및 부수 용역의 공급

5-1 부수 재화 · 부수 용역의 범위

구 분	범 위
주된 공급(거래)에 부수되는 것	① 대가관계 : 해당 대가가 주된 재화 또는 용역의 공급에 대한 대가에 통상적으로 포함되어 공급되는 재화 또는 용역 예 • 빙과류의 보관에 필요한 드라이아이스 • 조경공사용역과 함께 공급되는 화초 · 수목
	② 공급관계 : 거래의 관행으로 보아 통상적으로 주된 재화 또는 용역에 부수하여 공급되는 것으로 인정되는 재화 또는 용역 예 • 자동차나 가전제품의 사후무료서비스용역 • 항공기 탑승시 무상으로 제공되는 기내식
주된 사업에 부수되는 것	③ 우연적 · 일시적 공급 : 주된 사업과 관련하여 우연히 또는 일시적으로 공급되는 재화 또는 용역 예 • 악기제조업자가 업무용으로 사용하던 컴퓨터를 매각 • 은행이 지점 건물을 매각
	④ 필연적 부산물 : 주된 사업과 관련하여 주된 재화의 생산 과정이나 용역의 제공과정에서 필연적으로 생기는 재화 예 • 제분업자의 부산물인 밀기울 • 참치통조림제조업자의 부산물인 참치부산물

5-2 부수 재화·부수 용역의 과세·면세 구분

구 분	과세·면세의 구분
주된 공급(거래)에 부수되는 것	• 부수 재화 또는 용역을 별도의 공급으로 보지 않고, 주된 재화 또는 용역의 공급에 포함되는 것으로 봄 • 부수 재화 또는 용역의 과세·면세 여부는 주된 재화·용역의 공급이 과세인지 면세인지에 따라 결정 – 주된 재화·용역의 공급이 과세대상이면 부수 재화·용역의 공급도 과세 – 주된 재화·용역의 공급이 면세대상이면 부수 재화·용역의 공급도 면세
주된 사업에 부수되는 것	• 부수 재화 또는 용역을 별도의 공급으로 봄 • 부수 재화 또는 용역의 과세·면세 여부는 주된 사업에 따라 과세·면세 여부를 결정 – 주된 사업이 과세사업이면 부수 공급도 과세 – 주된 사업이 면세사업이면 부수 공급도 면세 • 예외 : 주된 사업에 부수하여 우연적·일시적으로 공급되는 재화 또는 용역의 경우 해당 부수 재화 또는 용역이 면세대상인 경우에는 주된 사업의 과세·면세사업 여부와 무관하게 항상 면세

6 공급시기와 공급장소

6-1 재화의 공급시기

공급시기	재화·용역의 공급이 이루어지는 시점을 결정하는 시간적 기준으로 거래징수, 세금계산서 발급 및 신고·납부시기를 결정하는 요인

6-1-1 일반적 공급시기

① 재화의 이동이 필요한 경우	재화가 인도되는 때
② 재화의 이동이 필요하지 않은 경우	재화가 이용가능하게 되는 때
③ 위 ①과 ②를 적용할 수 없는 경우	재화의 공급이 확정되는 때

6-1-2 거래형태별 공급시기

거 래 형 태	공 급 시 기
① 현금·외상·(단기)할부판매의 경우	재화가 인도되거나 이용가능하게 되는 때
② 상품권 등을 현금·외상으로 판매하고 그 후 해당 상품권 등이 현물과 교환되는 경우	재화가 실제로 인도되는 때
③ 재화의 공급으로 보는 가공	가공된 재화를 인도하는 때

거 래 형 태	공 급 시 기
④ 반환조건부판매·동의조건부판매·그 밖의 조건부판매·기한부판매의 경우	그 조건이 성취되거나 기한이 지나 판매가 확정되는 때
⑤ 장기할부판매의 경우	대가의 각 부분을 받기로 한 때
⑥ 완성도기준조건부로 재화를 공급하는 경우 ⑦ 중간지급조건부로 재화를 공급하는 경우	대가의 각 부분을 받기로 한 때 • 다만, 재화가 인도되거나 이용가능하게 되는 날 이후에 받기로 한 대가의 부분에 대해서는 재화가 인도되거나 이용가능하게 되는 날
⑧ 전력 그 밖의 공급단위를 구획할 수 없는 재화를 계속적으로 공급하는 경우	대가의 각 부분을 받기로 한 때
⑨ 재화의 간주공급	• 자가공급 중 과세재화의 면세사업전용·영업외 용도로 사용하는 개별소비세 과세대상 자동차와 그 유지를 위한 재화로 전용, 개인적 공급 : 재화를 사용하거나 소비하는 때 • 자가공급 중 판매할 목적으로 다른 사업장에 반출하는 재화 : 재화를 반출하는 때 • 사업상증여 : 재화를 증여하는 때 • 폐업시 잔존재화 : 폐업일
⑩ 무인판매기를 이용하여 재화를 공급하는 경우	해당 사업자가 무인판매기에서 현금을 꺼내는 때
⑪ 수출재화(장기할부수출, 중간지급조건부수출 등도 포함) ➡ 내국신용장에 의한 재화의 공급시기는 재화를 인도하는 때	• 내국물품 외국반출, 중계무역방식 수출, 관세법에 따른 수입신고 수리 전의 물품으로서 보세구역에 보관하는 물품의 외국으로의 반출 : 선(기)적일 • 원양어업, 위탁판매수출 : 수출재화의 공급가액이 확정되는 때 • 외국인도수출, 위탁가공무역방식수출, 원료를 대가없이 국외의 수탁가공 사업자에게 반출하여 가공한 재화를 양도하는 경우에 그 원료의 반출 : 외국에서 해당 재화가 인도되는 때
⑫ 사업자가 보세구역 안에서 보세구역 밖의 국내에 재화를 공급하는 경우가 재화의 수입에 해당될 때	수입신고수리일
⑬ 사업자가 폐업 전에 공급한 재화의 공급시기가 폐업일 이후에 도래하는 경우	폐업일
⑭ 위탁판매 또는 대리인에 의한 매매의 경우	수탁자 또는 대리인의 공급을 기준으로 위의 공급시기 적용 • 위탁자(본인)를 알 수 없는 경우 : 위탁자(본인)과 수

거 래 형 태	공 급 시 기
	탁자(대리인) 사이에도 별개의 공급이 이루어진 것으로 보아 위의 공급시기 적용
⑮ 시설대여업자(리스제공자)로부터 시설 등을 임차하고 그 시설 등을 공급자(리스자산제작회사) 또는 세관장으로부터 직접 인도받은 경우	그 사업자(리스이용자)가 공급자(리스자산제작회사)로부터 직접 공급받거나 외국으로부터 재화를 수입한 것으로 보아 위의 공급시기 적용
⑯ 현물출자의 경우	현물출자로서의 이행이 완료되는 때

㈜ **장기할부판매 재화의 공급, 완성도기준지급조건부 재화의 공급, 중간지급조건부 재화의 공급**

1. 장기할부판매 : 재화를 공급하고 그 대가를 월부, 연부 또는 그 밖의 할부의 방법에 따라 받는 것 중 다음의 요건을 모두 갖춘 것
   ① 2회 이상으로 분할하여 대가를 받는 것
   ② 해당 재화의 인도일의 다음 날부터 최종 할부금의 지급기일까지의 기간이 1년 이상인 것
2. 완성도기준지급조건부 : 재화가 인도되기 전 또는 재화가 이용가능하게 되기 전에 그 대가를 해당 재화의 완성도에 따라 분할하여 받기로 하는 약정에 의하여 공급하는 것
3. 중간지급조건부 : 다음 중 어느 하나에 해당하는 것
   ① 계약금을 받기로 한 날의 다음 날부터 재화를 인도하는 날 또는 재화를 이용 가능하게 하는 날까지의 기간이 6개월 이상인 경우로서 그 기간 이내에 계약금 외의 대가를 분할하여 받는 경우
   ② 국고금 관리법에 따라 경비를 미리 지급받는 경우
   ③ 지방재정법에 따라 선금급을 지급받는 경우

6-2 용역의 공급시기

6-2-1 일반적 공급시기

역무의 제공이 완료되는 때이거나 시설물, 권리 등 재화가 사용되는 때

6-2-2 거래형태별 공급시기

거 래 형 태	공 급 시 기
① 장기할부조건부 또는 그 밖의 조건부로 용역을 공급하는 경우	대가의 각 부분을 받기로 한 때
② 완성도기준지급조건부로 용역을 공급하는 경우	대가의 각 부분을 받기로 한 때 • 다만, 역무의 제공이 완료되는 날 이후 받기로 한 대가의 부분에 대해서는 역무의 제공이 완료되는 날
③ 중간지급조건부로 용역을 공급하는 경우	
④ 공급단위를 구획할 수 없는 용역을 계속적으로 공급하는 경우	대가의 각 부분을 받기로 한 날
⑤ 역무의 제공이 완료되는 때 또는 대가를 받기로 한 때를 공급시기로 볼 수 없는 경우	역무의 제공이 완료되고 그 공급가액이 확정되는 때

거 래 형 태	공 급 시 기
⑥ 사업자가 부동산임대용역을 공급하는 경우로서 다음 어느 하나에 해당하는 경우 – 간주임대료 – 둘 이상의 과세기간에 걸쳐 부동산임대용역을 공급하고 그 대가를 선불 또는 후불로 받는 경우 – 사업자가 부동산을 임차하여 다시 임대용역을 제공하는 경우로서 과세표준을 계산하는 경우	예정신고기간 또는 과세기간의 종료일
⑦ 다음 어느 하나에 해당하는 용역을 둘 이상의 과세기간에 걸쳐 계속적으로 공급하고 그 대가를 선불로 받는 경우 – 헬스클럽장 등 스포츠센터를 운영하는 사업자가 연회비를 미리 받고 회원들에게 시설을 이용하게 하는 것 – 사업자가 다른 사업자와 상표권 사용계약을 할 때 사용대가 전액을 일시불로 받고 상표권을 사용하게 하는 것 – 노인복지법에 따른 노인복지시설(유료인 경우에만 해당)을 설치·운영하는 사업자가 그 시설을 분양받은 자로부터 입주 후 수영장·헬스클럽장 등을 이용하는 대가를 입주 전에 미리 받고 시설 내 수영장·헬스클럽장 등을 이용하게 하는 것 – 그 밖에 위의 규정과 유사한 용역	예정신고기간 또는 과세기간의 종료일
⑧ 사업자가 BOT방식을 준용하여 설치한 시설에 대하여 둘 이상의 과세기간에 걸쳐 계속적으로 시설을 이용하게 하고 그 대가를 받는 경우	예정신고기간 또는 과세기간의 종료일
⑨ 폐업 전에 공급한 용역의 공급시기가 폐업일 이후에 도래하는 경우	폐업일

㈜ 장기할부조건부 용역의 공급과 중간지급조건부 용역의 공급

1. 장기할부조건부 용역의 공급 : 용역을 공급하고 그 대가를 월부, 연부 또는 그 밖의 할부의 방법에 따라 받는 것 중 다음의 요건을 모두 갖춘 것
   ① 2회 이상으로 분할하여 대가를 받는 것
   ② 해당 용역의 제공이 완료되는 날의 다음 날부터 최종 할부금의 지급기일까지의 기간이 1년 이상인 것
2. 중간지급조건부 용역의 공급 : 다음 중 어느 하나에 해당하는 것
   ① 계약금을 받기로 한 날의 다음 날부터 용역의 제공을 완료하는 날까지의 기간이 6개월 이상인 경우로서 그 기간 이내에 계약금 외의 대가를 분할하여 받는 경우
   ② 국고금 관리법에 따라 경비를 미리 지급받는 경우
   ③ 지방재정법에 따라 선금급을 지급받는 경우

6-3 재화 및 용역의 공급시기 특례

공급시기 특례	세금계산서는 재화 또는 용역의 공급시기에 발급하는 것이 원칙이지만, 사업자가 공급시기가 되기 전에 일정한 요건을 만족시켜서 세금계산서 등을 발급하는 경우(선세금계산서 등)에는 해당 세금계산서 등을 발급하는(한) 때를 그 재화 또는 용역의 공급시기로 함

선세금계산서 등 발급시기를 공급시기로 보는 경우	내용
① 공급시기가 되기 전에 대가를 받고 세금계산서 등을 발급한 경우	재화·용역의 공급시기가 되기 전에 재화·용역에 대한 대가의 전부 또는 일부를 받고, 그 받은 대가에 대해 세금계산서·영수증을 발급하는 경우
② 공급시기가 되기 전에 세금계산서를 발급하고 그 후 대가를 받는 경우	• 재화·용역의 공급시기가 되기 전에 세금계산서를 발급하고 그 발급일부터 7일 이내에 대가를 받는 경우 • 재화·용역의 공급시기가 되기 전에 세금계산서를 발급하고 그 발급일부터 7일이 지난 후 대가를 받더라도 다음 중 어느 하나에 해당하는 경우 – 거래 당사자 간의 계약서·약정서 등에 대금 청구시기(세금계산서 발급일)와 지급시기를 따로 적고, 대금 청구시기와 지급시기 사이의 기간이 30일 이내일 것 – 재화·용역의 공급시기가 세금계산서 발급일이 속하는 과세기간 내(공급받는 자가 조기환급을 받은 경우에는 세금계산서 발급일부터 30일 이내)에 도래하는 경우
③ 공급시기가 되기 전에 세금계산서 등을 발급하는 경우 (대가수령여부 따지지 않음)	• 장기할부판매로 재화를 공급 또는 장기할부조건부로 용역을 공급하는 경우의 공급시기 • 전력이나 그 밖에 공급단위를 구획할 수 없는 재화를 계속적으로 공급하는 경우의 공급시기 • 공급단위를 구획할 수 없는 용역을 계속적으로 공급하는 경우의 공급시기 • 선하증권이 발행되어 거래사실이 확인되는 외국항행용역을 공급하는 경우(용역의 완료가 선하증권 발행일로부터 90일 이내로 한정)

㊟ 공급시기 후 발급하는 세금계산서(후세금계산서) 발급시기 특례

1. 원칙 : 재화·용역의 공급시기보다 나중에 세금계산서를 발급하는 것은 인정되지 않음(공급자, 공급받는 자 모두 불이익)
   - 세금계산서 지연발급(공급자)과 지연수령(공급받는 자)의 경우 불이익

구 분	공급자	공급받은 자
재화·용역의 공급시기 이후에 발급받은 세금계산서로서 공급시기가 속하는 과세기간에 대한 확정신고기한까지 발급·수령되는 경우	• 가산세 ○ (지연발급 : 1%)	• 매입세액공제 ○ • 가산세 ○ (지연수령 : 0.5%)
재화·용역의 공급시기가 속하는 과세기간에 대한 확정신고기한이 지난 후 세금계산서를 발급받았더라도 그 세금계산서의 발급일이 확정신고기한 다음 날부터 1년 이내에 발급·수령되는 경우	• 가산세 ○ (미발급 : 2%)	• 매입세액공제 ○ (수정신고·경정청구 또는 결정·경정 시) • 가산세 ○ (지연수령 : 0.5%)
재화·용역의 공급시기가 속하는 과세기간에 대한 확정신고기한이 지난 후 세금계산서를 발급받았더라도 그 세금계산서의 발급일이 확정신고기한 다음 날부터 1년이 지난 후 발급·수령되는 경우	• 가산세 ○ (미발급 : 2%)	• 매입세액공제 × • 가산세 × (미수령)

2. 특례 : 다음의 경우에는 재화·용역의 공급일이 속하는 달의 다음 달 10일(그 날이 공휴일 또는 토요일인 경우에는 바로 다음 영업일)까지 세금계산서를 발급할 수 있음(특례세금계산서)
   ① 거래처별로 달의 1일부터 말일까지(1역월)의 공급가액을 합하여 해당 달의 말일을 작성연월일로 하여 세금계산서를 발급하는 경우
   ② 거래처별로 1일부터 말일까지(1역월) 이내에서 사업자가 임의로 정한 기간의 공급가액을 합하여 그 기간의 종료일을 작성연월일로 하여 세금계산서를 발급하는 경우
   ③ 관계 증명서류 등에 따라 실제거래사실이 확인되는 경우로서 해당 거래일을 작성연월일로 하여 세금계산서를 발급하는 경우

6-4 재화의 수입시기

관세법에 따른 수입신고가 수리된 때로 함

6-5 공급장소

공급장소	우리나라 과세권 행사의 범위에 관한 것으로 재화·용역의 공급이 국내인지 국외인지를 구분하여 과세여부를 판단하기 위한 장소적 기준(공급장소가 국내이면 부가가치세 과세권이 있고, 공급장소가 국외이면 부가가치세 과세권이 없음)

구분		공 급 장 소
재화	이동이 필요한 경우	재화의 이동이 시작되는 장소
	이동이 필요하지 않은 경우	재화가 공급되는 시기에 재화가 있는 장소
용역	일반적인 용역	역무가 제공되거나 시설물·권리 등 재화가 사용되는 장소
	국내 및 국외에 걸쳐 용역이 제공되는 국제운송의 경우에 사업자가 비거주자 또는 외국법인인 경우	여객이 탑승하거나 화물이 적재되는 장소 • 국내 사업장이 있는 외국법인이 제공하는 외국항행용역에 대한 영세율 적용 여부 판단

구분		공 급 장 소
용역	국내 및 국외에 걸쳐 용역이 제공되는 국제운송의 경우에 사업자가 비거주자 또는 외국법인인 경우	– 해당 외국법인이 상호주의가 적용되는 국가의 사업자인 경우 : 우리나라에서 여객·화물이 탑승·적재되는 것만 영세율을 적용 – 해당 외국법인이 상호주의가 적용되는 국가의 사업자가 아닌 경우 : 우리나라에서 여객·화물이 탑승·적재되는 것만 과세하며, 영세율을 적용하지 않음
	전자적 용역을 공급하는 국외사업자에 대한 특례규정에 따른 전자적 용역	용역을 공급받는 자의 사업장 소재지, 주소지 또는 거소지

정리문제

제2장

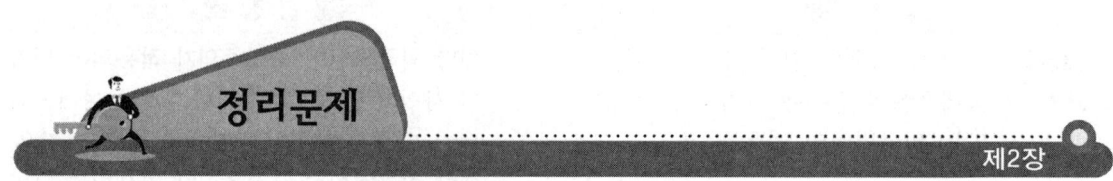

1. 부가가치세법상 부가가치세 납세의무가 없는 경우는?

① 용역의 수입　　② 사업자가 행하는 용역의 공급
③ 재화의 수입　　④ 사업자가 행하는 재화의 공급

2. 다음 중 부가가치세법상 설명으로 잘못된 것은?

① 국세이며 소비형 부가가치세이다
② 전단계 매출부가가치세액에서 매입부가가치세액을 공제하는 전단계세액공제법을 채택하고 있다.
③ 소비지국 과세원칙을 채택하고 있다.
④ 과세대상은 재화와 용역의 공급과 재화와 용역의 수입이다.

3. 다음 중 부가가치세법상 과세대상에서 제외되는 것은?

① 상품권의 양도　　② 상표권의 양도
③ 특허권의 대여　　④ 전기의 공급

4. 다음 중 부가가치세법상 과세대상인 재화가 아닌 것끼리 짝지은 것은?

㉠ 지상권	㉢ 특허권	㉤ 상품권
㉡ 영업권	㉣ 선하증권	㉥ 주식

① ㉠, ㉡　　② ㉢, ㉥
③ ㉤, ㉥　　④ ㉡, ㉣

5. 다음 중 부가가치세법상 재화의 공급이 아닌 것은?

① 상품의 판매 ② 전기의 공급
③ 특허권의 양도 ④ 부동산의 임대

6. 다음 중 부가가치세법상 과세대상 거래가 아닌 것은?

① 가상자산의 공급
② 과세사업에 사용하던 건축물을 양도하고 받은 대가
③ 외상매출채권 양도
④ 일정기간 거치 후 반환하지 않는 입회금

7. 다음 중 부가가치세법상의 과세대상 또는 과세거래인 것은?

① 개인간에 행해지는 주식의 양도, 양수
② 전·답을 임대하는 경우
③ 은행이 지점으로 사용하던 건물을 처분하는 경우
④ 일반과세자인 사업자가 사업용 건물을 양도하는 경우

8. 부가가치세법상 과세대상에 대한 설명이다. 옳지 않은 것은?

① 사업자가 행하는 재화 또는 용역의 공급은 과세대상이다.
② 재화 또는 용역의 수입은 과세대상이다.
③ 재화란 재산가치가 있는 물건 및 권리를 말한다.
④ 용역이란 함은 재화 외에 재산가치가 있는 모든 역무와 그 밖의 행위를 말한다.

9. 다음 중 부가가치세법상 과세 대상에 해당하지 않는 것은?

① 소유 중인 재화의 도난으로 인하여 가해자로부터 받은 손해배상금
② 사업자가 아닌 개인이 승용자동차를 수입하는 경우
③ 전기, 가스 등 관리할 수 있는 자연력을 공급하는 경우
④ 게임머니를 실질적 사업조직을 갖추고 계속적, 반복적으로 판매하는 경우

10. 부가가치세법상 재화와 용역에 관한 설명이다. 옳지 않은 것은?

① 재화란 재산가치가 있는 물건 및 권리를 말한다.
② 건설업에 있어서 건설업자가 건설자재의 전부 또는 일부를 부담하는 것도 용역의 공급으로 본다.
③ 질권·저당권의 목적으로 동산, 부동산 및 부동산상의 권리를 제공하는 것은 재화의 공급이다.
④ 주식은 재화에 해당하지 아니한다.

11. 부가가치세법상 재화공급의 범위에 포함되지 않는 것은?

① 건설업에 있어서 건설업자가 건설자재의 전부 또는 일부를 부담하는 경우
② 사업자가 자기의 과세사업과 관련하여 생산하거나 취득한 재화를 자기의 면세사업을 위하여 직접 사용하거나 소비하는 것
③ 재화의 인도 대가로서 다른 재화를 인도받는 것
④ 법률상의 원인에 의하여 재화를 인도하는 것

12. 부가가치세법상 재화와 용역에 관한 설명이다. 가장 옳은 것은?

① 재화는 재산적 가치가 있는 물건만을 말한다.
② 건설업에 있어서 건설업자가 건설자재의 전부 또는 일부를 부담하는 경우 재화의 공급으로 본다.
③ 권리를 양도 및 대여하는 경우 재화의 공급으로 본다.
④ 주식과 상품권은 재화에 해당하지 아니한다.

13. 다음 중 부가가치세법상 재화의 공급으로 보지 않는 거래는?

① 사업용 자산으로 국세를 물납하는 것
② 현물출자를 위해 재화를 인도하는 것
③ 장기할부판매로 재화를 공급하는 것
④ 매매계약에 따라 재화를 공급하는 것

14. **다음 중 부가가치세법상 재화 또는 용역의 공급이 아닌 것은?**

① 상표권의 양도
② 담보의 제공
③ 특허권의 대여
④ 사업상 영업 기술의 제공

15. **다음 중 부가가치세법상 재화의 공급에 해당하지 않는 것은?**

① 현금판매, 외상판매, 할부판매, 장기할부판매, 조건부 및 기한부 판매, 위탁판매와 그 밖의 매매계약
② 자기가 주요자재의 전부 또는 일부를 부담하고 상대방으로부터 인도받은 재화를 가공하여 새로운 재화를 만드는 가공계약
③ 재화의 인도 대가로서 다른 재화를 인도받거나 용역을 제공받는 교환계약
④ 국세징수법에 따른 공매, 민사집행법에 따른 경매에 따라 재화를 인도하거나 양도하는 것

16. **다음은 부가가치세 과세거래에 대한 내용이다. (가)와 (나)의 내용을 보기에서 고른다면?**

거래	자기가 주요자재의 전부 또는 일부를 부담하는 가공계약은 (가)으로 보지만, 주요자재를 전혀 부담하지 않고 단순히 가공만 해 주는 것은 (나)으로 본다.
보기	㉠ 재화의 공급 ㉡ 용역의 공급 ㉢ 재화의 수입

	(가)	(나)
①	㉠	㉡
②	㉠	㉢
③	㉡	㉠
④	㉡	㉢

17. **다음 중 부가가치세법상 과세대상인 재화의 공급으로 보는 것은?**

① 공장건물이 국세징수법에 따라 공매된 경우
② 자동차운전면허학원을 운영하는 사업자가 구입할 때 매입세액공제를 받은 개별소비세 과세대상 자동차를 업무목적인 회사 출퇴근용으로 사용하는 경우
③ 에어컨을 제조하는 사업자가 원재료로 사용하기 위해 취득한 부품을 동 회사의 기계장치 수리에 대체하여 사용하는 경우
④ 컨설팅회사를 운영하는 사업자가 고객에게 대가를 받지 않고 컨설팅용역을 제공하는 경우

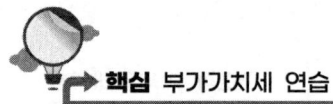

18. **다음 중 부가가치세법상 과세대상인 재화의 공급으로 보는 것은?**

① 공장건물, 기계장치가 국세징수법에 따라 공매된 경우
② 택시운수업을 운영하는 사업자가 구입시 매입세액공제를 받은 개별소비세 과세대상 자동차를 업무목적인 회사 출퇴근용으로 사용하는 경우
③ 컴퓨터를 제조하는 사업자가 원재료로 사용하기 위해 취득한 부품을 동 회사의 기계장치 수리에 대체하여 사용하는 경우
④ 회사가 종업원에게 사업을 위해 착용하는 작업복을 무상으로 제공하는 경우

19. **부가가치세법상 부가가치세가 과세되는 재화·용역의 공급이 아닌 것은?**

① 상가건물의 임대용역
② 사업용 고정자산과 별도로 양도하는 영업권
③ 상품권의 판매
④ 운전학원 용역

20. **다음 중 부가가치세법상 재화의 공급으로 보지 아니하는 것은?**

① 위탁판매에 의하여 재화를 인도 또는 양도하는 것
② 용역의 제공받는 교환계약에 의하여 재화를 인도 또는 양도하는 것
③ 법률상의 원인에 의하여 재화를 인도 또는 양도하는 것
④ 임치물의 반환이 수반되지 않는 조달청장이 발행한 창고증권을 양도하는 것

21. **부가가치세법에서 재화의 공급으로 보아 과세대상이 되는 경우가 아닌 것은?**

① 광구·어장에 관한 광업권, 조광권, 어업권의 양도
② 사업용자산을 상속세, 증여세 등으로 물납
③ 골프장, 헬스클럽 등의 회원권 양도
④ 공동사업자가 출자지분을 현물로 반환

22. **다음 중 부가가치세법상 과세대상인 재화의 공급에 해당하는 것은?**

① 사업양수시 양수자 대리납부제도에 따라 그 사업을 양수받는 자가 대가를 지급하는 때에 그 대가를 받은 자로부터 부가가치세를 징수하여 납부한 경우
② 양도 담보의 목적으로 부동산 및 부동산상의 권리를 제공하는 경우
③ 사업용 자산을 상속세 및 증여세법에 따라 물납하는 경우
④ 국세징수법에 따른 공매에 의해 재화를 인도하거나 양도하는 경우

23. 다음 중 부가가치세법상 재화의 공급에 해당하는 것은?

① 재화를 담보로 제공하는 것
② 현물출자에 의하여 재화를 양도하는 것
③ 어음의 배서양도
④ 법률에 의하여 조세를 물납하는 것

24. 다음 중 부가가치세법상 재화공급의 범위에 포함되지 않는 것은?

① 위탁판매에 의하여 재화를 인도 또는 양도하는 것
② 자기가 주요자재의 일부를 부담하고 상대방으로부터 인도받은 재화를 가공하여 새로운 재화를 만드는 가공계약에 따라 재화를 인도하는 것
③ 현물출자에 의하여 재화를 인도 또는 양도하는 것
④ 산업상・상업상 또는 과학상의 지식・경험 또는 숙련에 관한 정보를 제공하는 것

25. 다음 중 부가가치세법상 과세거래인 것은?

① 질권, 저당권 또는 양도담보 목적으로 동산, 부동산 및 부동산상의 권리를 제공하는 경우
② 사업자가 사업을 폐업하는 때 사업장에 잔존하는 재화
③ 조세를 물납하는 경우
④ 임치물의 반환을 수반하지 않는 창고증권의 양도

26. 부가가치세법상 과세대상이 아닌 경우로 가장 올바른 것은?

① 교환계약에 의해 인도하는 재화
② 해외에서 구입한 재화를 국내에 반입한 경우
③ 사업자가 아닌 자가 재화를 수입한 경우
④ 사업용 건물을 물납한 경우

27. 다음 중 부가가치세법상 재화의 공급이 아닌 것은?

① 외상판매로 재화를 인도하는 것
② 재화의 양도 대가로서 교환계약에 따라 다른 재화를 인도받는 것
③ 사업장이 둘 이상인 사업자가 자기의 사업과 관련하여 생산 또는 취득한 재화를 판매할 목적으로 자기의 다른 사업장에 반출하는 것(사업자단위 과세사업자이거나 주사업장총괄납부 제외)
④ 건설업자가 자재의 일부를 부담하는 것

28. 부가가치세법의 재화의 공급의제 규정 중 매입세액이 불공제된 경우에도 재화의 공급의제에 해당하는 경우는?

① 영업외 용도로 사용하는 개별소비세 과세대상 자동차와 그 유지를 위한 재화로 전용
② 면세사업 전용
③ 폐업시 잔존재화
④ 판매목적 타사업장 반출

29. 다음 중 부가가치세법상 재화의 공급으로 보는 것은?

① 국세징수법에 따른 공매
② 조세의 물납
③ 재화의 담보제공
④ 건물의 대물변제

30. 부가가치세법상 '재화의 공급'이란 계약상 또는 법률상의 모든 원인에 의하여 재화를 인도 또는 양도하는 것이다. 부가가치세법은 이러한 재화의 공급에 대한 요건을 충족하더라도 재화의 공급으로 보지 않는 것이 있는데 다음 중 이에 해당하지 않는 것은?

① 담보의 제공
② 조세의 물납
③ 현물출자
④ 사업의 포괄적 양도

31. **다음 중 부가가치세법상 재화 공급에 관한 설명으로 옳은 것은?**

① 자기생산·취득재화를 면세사업에 전용하는 경우에는 재화의 공급이 아니다.
② 개인적 공급은 매입세액공제 여부와 관련없이 재화의 공급으로 본다.
③ 사업자가 폐업할 때 자기생산·취득재화 중 남아 있는 재화는 자기에게 공급하는 것으로 본다.
④ 재화를 저당권의 담보로 제공하는 것은 재화의 공급으로 본다.

32. **다음 중 부가가치세법상 재화 공급의 특례에 해당하는 간주공급으로 볼 수 없는 것은?**

① 폐업시 잔존재화
② 사업을 위한 거래처에 대한 증여
③ 사업용 기계장치의 양도
④ 과세사업과 관련하여 취득한 재화를 면세사업에 전용하는 재화

33. **다음 중 부가가치세법상 재화의 간주공급에 해당하지 않은 것은?(단, 아래의 모든 재화, 용역은 매입시에 매입세액 공제를 받은 것으로 가정)**

① 제조업을 운영하던 사업자가 폐업하는 경우 창고에 보관되어 있는 판매용 재화
② 직원의 결혼 선물로 시가 10만원 상당액의 판매용 재화를 공급한 경우
③ 자기의 과세사업을 위하여 구입한 재화를 자기의 면세사업에 사용한 경우
④ 주유소를 운영하는 사업자가 사업 관련 트럭에 연료를 무상으로 공급하는 경우

34. **다음 중 부가가치세법상 재화공급의 특례에 해당하지 않는 것은?(단, 아래의 보기에서는 모두 구입시 정상적으로 매입세액공제를 받았다고 가정)**

① 자기의 과세사업을 위하여 구입한 재화를 자기의 면세사업에 사용하는 경우
② 직접 제조한 과세재화(1인당 연간 10만원 이내)를 직원 생일선물로 제공하는 경우
③ 과세사업자가 사업을 폐업할 때 잔존하는 재화
④ 특정 거래처에 선물로 직접 제조한 과세재화를 제공하는 경우

35. **다음 중 부가가치세법상 재화 공급의 특례에 대한 설명으로 가장 옳지 않은 것은? (단, 아래의 보기에서는 모두 취득 당시 정상적으로 매입세액은 공제받은 것으로 한다.)**

① 자기의 과세사업과 관련하여 생산·취득한 재화를 부가가치세 면세사업을 위해 사용·소비하는 경우 재화의 공급으로 본다.

② 자기의 과세사업과 관련하여 생산·취득한 재화를 종업원의 복리후생을 위하여 직장문화와 관련된 재화로 무상공급하는 경우 재화의 공급으로 본다.

③ 사업자가 폐업할 때 생산·취득한 재화 중 남아 있는 재화는 자기에게 공급하는 것으로 본다.

④ 자기의 과세사업과 관련하여 생산·취득한 재화를 고객이나 불특정 다수인에게 증여하는 경우 재화의 공급으로 본다(단, 광고용 및 견본품 등 제외).

36. **다음 중 부가가치세법상 재화의 간주공급에 대한 설명 중 가장 틀린 것은?**

① 사업자가 자기의 과세사업과 관련하여 생산하거나 취득한 재화를 자기의 면세사업을 위하여 직접 사용하거나 소비하는 것은 매입세액공제여부와 관계없이 재화의 공급으로 본다.

② 사업장이 둘 이상인 사업자가 자기의 사업과 관련하여 생산 또는 취득한 재화를 판매할 목적으로 자기의 다른 사업장에 반출하는 것은 재화의 공급으로 본다(단, 사업자단위 과세사업자와 주사업장 총괄납부사업자는 제외).

③ 사업자가 자기생산·취득재화를 자기의 개인적인 목적으로 사용하는 경우 재화의 공급으로 본다.

④ 폐업시 잔존하는 재화 중 매입세액공제를 받지 못한 재화에 대해서는 재화의 공급으로 보지 않는다.

37. **다음 중 부가가치세법상 재화 또는 용역의 공급으로 보지 않는 것은?**

① 법률에 따라 조세를 물납하는 경우

② 사업자가 폐업할 때 당초 매입세액이 공제된 자기생산·취득재화 중 남아있는 재화

③ 사업자가 당초 매입세액이 공제된 자기생산·취득재화를 사업과 직접적인 관계없이 자기의 개인적인 목적으로 사용하는 경우

④ 특수관계인에게 사업용 부동산 임대용역을 무상으로 제공하는 경우

38. 다음 중 부가가치세법상 재화의 간주공급에 해당하지 않는 경우는?(단, 사업자가 자기 생산, 취득 시 매입세액을 공제 받았다.)

① 면세사업을 위하여 직접 사용 또는 소비하는 경우
② 고객에게 무상으로 공급하는 경우(광고선전 목적이 아닌 경우)
③ 개인적 목적으로 사용 또는 소비하는 경우
④ 사업을 위하여 대가를 받지 아니하고 다른 사업자에게 인도하거나 양도하는 견본품

39. 부가가치세 과세거래에 관한 설명 중 가장 옳지 않은 것은?

① 사업자가 사업을 위해 대가를 받고 다른 사업자에게 인도 또는 양도하는 견본품은 재화의 공급으로 보지 아니한다.
② 사업자가 민사집행법에 따른 강제경매에 따라 재화를 인도하는 것은 재화의 공급으로 보지 아니한다.
③ 사업자가 대가를 받지 않고 타인에게 용역을 제공하는 것을 일반적으로 용역의 공급으로 보지 아니한다.
④ 사업자가 폐업할 때 또는 사업 개시일 이전에 사업자등록을 신청한 자가 사실상 사업을 시작하지 아니하게 되는 경우 자기생산 또는 취득 재화 중 남아 있는 재화는 자기에게 공급한 것으로 본다.

40. 부가가치세의 과세거래는 사업자가 행하는 재화 또는 용역의 공급, 재화의 수입으로 구분한다. 다음 중 재화의 공급에 해당하는 것은?

① 건설업에 있어서 건설업자가 건설자재의 전부 또는 일부를 부담하는 경우
② 부동산매매업자가 매매용 부동산을 공급하는 경우
③ 계약상 또는 법률상의 모든 원인에 따라서 역무를 제공하거나 시설물, 권리 등 재화를 사용하게 하는 것
④ 산업상·상업상 또는 과학상의 지식·경험 또는 숙련에 관한 정보를 제공하는 것

41. 다음은 부가가치세법상 재화의 장기할부판매 요건을 설명한 것이다. 빈칸에 들어갈 말이 옳게 짝지어진 것은?

장기할부판매는 재화를 공급하고 그 대가를 월부·연부 또는 그 밖의 할부의 방법에 따라 받는 것 중 (ㄱ) 이상 분할하여 대가를 받는 것으로써, 해당 재화의 인도일의 다음 날부터 최종 할부금의 지급기일까지의 기간이 (ㄴ) 이상인 것을 말한다.

① (ㄱ) 2회, (ㄴ) 1년
② (ㄱ) 3회, (ㄴ) 2년
③ (ㄱ) 2회, (ㄴ) 2년
④ (ㄱ) 3회, (ㄴ) 1년

42. 다음 중 부가가치세 과세대상 거래에 해당되는 것을 모두 고르면?

가. 재화의 수입 나. 재산적 가치가 있는 권리의 양도 다. (특수관계 없는 자에게)부동산임대용역의 무상공급 라. 국가 등에 무상으로 공급하는 재화

① 가
② 가, 나
③ 가, 나, 라
④ 가, 나, 다, 라

43. 다음 중 부가가치세 과세대상 거래는?

① 컴퓨터 교재(면세서적)와 그에 부수되는 USB를 함께 판매한 경우
② 주주에게 대하여 출자지분의 반환대가로 제품인 꽁치통조림으로 지급하는 경우
③ 헬스클럽에서 고객으로부터 입회금(일정기간 거치 후 전액 반환조건임)을 받은 경우
④ 의류공장에서 유형자산인 토지를 양도하는 경우

44. 다음 중 부가가치세법상 사업자가 자기의 과세사업과 관련하여 생산하거나 취득한 재화(매입시 매입세액공제를 받았음)를 아래 보기와 같이 사용하거나 소비한 경우 재화의 공급에 해당하는 것은?

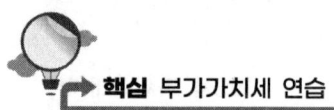

① 자기의 다른 사업장에서 원료로 사용하기 위해 반출하는 경우
② 판매용 휘발유를 대표자의 개인용 개별소비세 과세대상 자동차에 사용하는 경우
③ 수선비로 대체하여 사용하는 경우
④ 광고선전을 위해 자기의 다른 사업장으로 반출하는 경우

45. 부가가치세가 과세되는 거래가 아닌 것은?

① 중고자동차 매매사업자가 사업에 사용하던 중고 컴퓨터를 사업자가 아닌 개인에게 판매하였다.
② 사업자가 아닌 개인이 소형승용차를 수입하였다.
③ 면세사업자가 중고자동차 매매사업자로부터 사무실로 사용하던 건물을 구입하였다.
④ 사업자가 아닌 개인이 사용하던 소형승용차를 중고자동차 매매사업자에게 판매하였다.

46. 다음 중 부가가치세법상 재화의 공급에 해당되는 것은?

① 폐업시의 잔존재화(매입시 매입세액공제를 받은 재화임)
② 사업을 양도하는 것으로서 대통령령이 정하는 것. 다만, 양수자가 거래 징수하여 납부하는 경우는 제외한다.
③ 재화를 담보로 제공하는 것으로서 대통령령이 정하는 것
④ 법률에 따라 조세를 물납하는 것으로서 대통령령이 정하는 것

47. 다음 중 부가가치세법상 과세거래인 것은?

① 취득시 매입세액공제를 받지 못한 영업외 용도의 개별소비세 과세대상 자동차의 양도
② 주식, 수표, 어음 등의 양도
③ 양도담보의 목적으로 부동산상의 권리를 제공하는 경우
④ 특허권의 무상대여

48. 부가가치세법은 재화의 공급의제 규정을 두고 있는데, 다음 중 당초 매입세액이 불공제된 경우에도 재화의 공급의제에 해당하는 경우는?

① 면세사업에 전용하는 것
② 영업용이 아닌 개별소비세 과세대상 자동차 또는 그 유지에 전용하는 것
③ 판매목적으로 타사업장에 반출하는 것(주사업장총괄납부사업자 또는 사업자단위과세사업자가 아님)
④ 폐업시 잔존재화

49. 다음 중 부가가치세법상 재화의 공급으로 의제되지 않는 것으로 가장 올바른 것은? 단, 관련재화는 모두 매입시 매입세액이 공제되었다고 가정한다.

① 폐업시 잔존재화
② 불특정 다수인에 무상으로 제공하는 견본품 및 광고선전물
③ 종업원 A에게 생일 선물로 제공한 연간 50만원 상당의 재화
④ 과세사업에 사용하던 재화를 면세사업을 위해 사용·소비한 경우

50. 다음 중 부가가치세법상 재화의 공급에 대한 설명으로 가장 옳지 않은 것은?

① 매입세액공제를 받은 재화의 개인적 공급은 재화의 공급으로 본다.
② 광고 선전 목적으로 불특정다수인에게 무상으로 제공하는 견본품은 재화의 공급이 아니다.
③ 과세사업을 위해 생산, 취득한 재화를 부가가치세 면세사업을 위해 사용, 소비하는 경우 재화의 공급이 아니다.
④ 자기 사업과 관련하여 취득한 재화를 직장체육비 목적으로 사용하는 경우 재화의 공급이 아니다.

51. 다음 중 부가가치세법상 용역의 공급이 아닌 것은?

① 법률상의 원인으로 역무를 제공하는 것
② 계약에 따라 재화를 사용하게 하는 것
③ 사업자가 대가를 받지 아니하고 특수관계인에게 사업용 부동산의 임대용역을 공급하는 것(산학협력단과 대학간의 임대용역 제외)
④ 고용관계에 따라 근로를 제공하는 것

52. ㈜경인은 상가건물을 소유하고 임대사업과 과세대상인 제품제조업을 영위하고 있다. 1층은 ㈜재능에게 임대보증금 2억원에 월 3,300,000원(부가가치세 포함)에 임대하고 있으며, 2층 중 일부는 ㈜경인의 대표이사인 A씨에게 무상으로 임대하고 있다. 다음 설명 중 가장 옳지 않은 것은?

① ㈜경인에서 생산하는 제품을 무상으로 A씨에게 제공하는 경우 재화의 공급으로 본다.
② A씨에게 제공한 임대용역은 용역의 공급에 해당하지 않는다.
③ ㈜경인은 ㈜재능에게 세금계산서를 발급한다.
④ ㈜경인이 임대사업용 건물을 양도하는 경우 재화의 공급으로 본다.

53. **다음 중 부가가치세법상 틀린 것은 몇 개인가?**

ㄱ. 면세사업자는 부가가치세법상 납세의무자가 아니다. ㄴ. 세금계산서 수정발급은 가산세 없이 언제든 발급이 가능하다. ㄷ. 사업의 포괄적 양도의 경우 재화의 공급에 해당한다.

① 1개 ② 2개
③ 3개 ④ 없음

54. **다음 중 부가가치세법상 부가가치세가 과세되는 거래가 아닌 것으로 가장 적절한 것을 고르시오.**

① 사업자가 토지를 임대하였다.
② 공장에서 완성된 제품을 대가를 받지 아니하고 판매목적으로 타 사업장으로 반출하였다.
③ 사업자가 취득한 재화를 견본품으로 사업과 관련하여 대가 없이 다른 사업자에게 제공하였다.
④ 사업자가 자기생산·취득재화(매입세액 공제됨)를 종업원에게 무상으로 제공하였다.(실비변상적이거나 복지후생적인 목적이 아님.)

55. **다음 중 부가가치세법상 재화의 공급으로 간주되어 과세대상이 되는 항목은?(아래 항목은 전부 매입세액 공제받음)**

① 직장 연예 및 직장 문화와 관련된 재화를 제공하는 경우
② 사업을 위해 착용하는 작업복, 작업모 및 작업화를 제공하는 경우
③ 사용인 1인당 연간 10만원 이내의 경조사와 관련된 재화 제공
④ 사업자가 자기생산·취득재화를 자기의 고객이나 불특정 다수에게 증여하는 경우

56. **다음 중 부가가치세법상 재화 또는 용역의 공급으로 보지 않는 것은?**

① 채무불이행으로 담보물이 채무변제에 충당된 경우
② 사업자가 폐업할 때 당초 매입세액이 공제된 자기생산·취득재화 중 남아있는 재화
③ 사업자가 당초 매입세액이 공제된 자기생산·취득재화를 사업과 직접적인 관계없이 자기의 개인적인 목적으로 사용하는 경우
④ 질권, 저당권 또는 양도담보의 목적으로 동산, 부동산 및 부동산상의 권리를 제공하는 경우

57. 다음 중 부가가치세법상 과세 대상인 것은?

① 기술개발을 위하여 시험용으로 재화를 사용·소비하는 경우
② 자가생산한 제품을 홍보 목적으로 불특정 다수에게 무상증여하는 경우
③ 주사업장 총괄납부를 하는 사업자가 판매 목적으로 제품을 직매장으로 반출하는 경우. 단, 세금계산서 발행은 하지 않음.
④ 회사가 생산한 제품을 직원의 필요에 따라 임의로 무상지급하는 경우

58. 다음 중 부가가치세법상 과세되는 거래는?

① 휴대폰 판매사업을 하고 있는 김경인씨는 거래처로부터 판매장려금 100만원을 금전으로 수령하였다.
② 휴대폰케이스를 판매하는 이대풍씨는 매입세액공제를 받고 구입한 상품인 휴대폰케이스(시가5만원)를 본인이 사용·소비하였다.
③ 쌀가게를 운영하는 사업자인 박진미씨는 쌀을 식당에 판매하였다.
④ 부동산임대업자인 정동산씨는 사업용건물인 상가를 포괄양도(사업양도)하였다.

59. 다음 중 부가가치세법상 부가가치세가 과세되는 것은?

① 주사업장 총괄납부를 하는 사업자가 판매의 목적으로 제품을 직매장으로 반출하는 경우
② 기술개발을 위하여 시험용으로 재화를 사용·소비하는 경우
③ 주유소에서 매입한 석유를 주유소의 영업외용도의 개별소비세 과세대상 자동차에 주유하는 경우
④ 화장품제조업을 영위하는 사업자가 광고선전을 목적으로 자기가 생산한 광고선전용 화장품을 대리점을 통하여 불특정 다수인에게 무상으로 증여하는 경우

60. 다음 중 부가가치세법상 재화의 공급에 관한 설명으로 틀린 것은?

① 장기할부판매에 따라 재화를 인도하거나 양도하는 것은 재화의 공급으로 보지 아니한다.
② 자기가 주요자재의 전부 또는 일부를 부담하고 상대방으로부터 인도받은 재화를 가공하여 새로운 재화를 만드는 가공계약에 따라 재화를 인도하는 것은 재화의 공급으로 본다.
③ 국세징수법에 의한 공매, 지방세 징수를 위한 공매, 민사집행법에 따른 경매에 의하여 재화를 인도, 양도하는 것은 과세되는 재화의 공급으로 보지 않는다.
④ 보세구역에 있는 조달청 창고에 보관된 물품에 대하여 조달청장이 발행하는 창고증권의 양도로서 임치물의 반환이 수반되지 아니하는 것은 재화의 공급으로 보지 아니한다.

61. 다음 중 부가가치세법상 재화의 공급에 관한 설명으로 가장 옳지 않는 것은?

① 재화의 공급은 계약상 또는 법률상의 모든 원인에 따라 재화를 인도하거나 양도하는 것으로 한다.
② 사업자가 세금계산서를 발급받지 않고 취득한 재화(매입세액공제를 받지 못함)를 면세사업을 위하여 사용 또는 소비하는 경우 재화의 공급에 해당한다.
③ 질권·저당권 또는 양도담보의 목적으로 동산·부동산 및 부동산상의 권리를 제공하는 것은 재화의 공급으로 보지 않는다.
④ 도시 및 주거환경정비법 등에 따른 수용절차에 있어서 수용대상인 재화의 소유자가 그 재화에 대한 대가를 받는 경우 재화의 공급으로 보지 않는다.

62. 다음은 부가가치세법상 과세거래에 대한 설명이다. 옳지 않은 것은?

① 사업자가 특수관계에 있는 자에게 사업용 부동산을 무상임대한 경우에는 용역의 공급으로 보지 아니한다.
② 현행 부가가치세법에 따르면 용역의 자가공급은 과세하지 않고 있다.
③ 주된 과세거래에 부수하여 공급하는 재화는 부가가치세가 과세된다.
④ 수출신고가 수리된 물품으로서 선적되지 아니한 물품을 보세구역에서 반입하는 경우는 재화의 수입으로 보지 아니한다.

63. **다음 중 부가가치세법상 용역의 공급에 관한 설명이다. 옳지 않은 것은?**

① 용역의 공급이란 계약상 또는 법률상의 모든 원인에 따라서 역무를 제공하거나 시설물, 권리 등 재화를 사용하게 하는 것을 말한다.
② 부동산임대업은 용역의 공급에 해당한다.
③ 고용관계에 의하여 근로를 제공하는 것은 용역의 공급으로 보지 아니한다.
④ 대가의 수반을 불문하고 타인에게 용역을 제공하는 것은 용역의 공급이다.

64. **다음 중 부가가치세법상 용역의 공급에 해당하는 것으로 가장 옳은 것은?**

① 고용관계에 의하여 근로를 제공하는 것
② 대가를 받지 아니하고 타인에게 역무를 제공하는 것
③ 대가를 받고 시설물, 권리 등의 재화를 사용하게 하는 것
④ 계약상의 원인으로 대가를 받고 권리를 양도하는 것

65. **부가가치세법상 과세대상에 해당하는 것은?**

① 화물의 지연선적으로 인하여 화주로부터 선주가 받는 체선료
② 사업자가 사용인의 직무상 부상 또는 질병을 무상으로 치료하는 경우
③ 사업자가 자기의 사업과 관련하여 사업장내에서 그 사용인에게 음식용역을 무상으로 제공하는 경우
④ 사업장이 각각 다른 수개의 사업을 겸영하는 사업자가 그 중 한 사업장의 재화 또는 용역의 공급에 필수적으로 부수되는 용역을 자기의 다른 사업장에서 공급하는 경우

66. **다음 중 부가가치세법상 일반적인 용역의 공급에 대한 설명으로 틀린 것은?**

① 시설물 권리 등의 재화를 사용하게 하는 것은 용역의 공급으로 본다.
② 고용관계에 따른 근로제공은 용역의 공급이다.
③ 대가를 받지 않고 특수관계자가 아닌 타인에게 용역을 공급시 이는 용역의 공급으로 보지 않는다.
④ 용역이란 재화 외에 재산 가치가 있는 모든 역무와 그 밖의 행위를 말한다.

67. 다음 중 부가가치세법상 용역의 공급으로 보는 것이 아닌 것은?

① 건설업에 있어서는 건설업자가 건설자재의 전부 또는 일부를 부담하는 것
② 국가에 재화를 무상으로 기부하는 것
③ 상대방으로부터 인도받은 재화에 주요자재를 전혀 부담하지 아니하고 단순히 가공만 하여 주는 것
④ 산업상·상업상 또는 과학상의 지식·경험 또는 숙련에 관한 정보를 제공하는 것

68. 다음 중 부가가치세법상 과세거래에 해당하는 것은?

① 사업자가 조세에 대하여 물납을 한 경우
② 사업자가 과세재화를 운반하여 주고 대가를 받는 경우
③ 종업원이 고용관계에 의하여 사업자에게 근로를 제공하는 경우
④ 음식업자가 대가를 받지 아니하고 타인에게 음식을 제공하는 경우

69. 다음 중 부가가치세법상 용역의 공급에 대한 설명으로 옳은 것은?

① 고용관계에 따라 근로를 제공하는 경우 용역의 공급에 속한다.
② 일반적으로 용역의 공급시기는 역무의 제공이 완료되는 때이거나 시설물, 권리 등 재화가 사용되는 때이다.
③ 국외에서 공급하는 용역은 영세율이 적용될 수 없다.
④ 시설물 등 재화의 이동이 시작되는 장소는 용역의 공급장소이다.

70. 다음은 부가가치세법상 과세거래에 대한 설명이다. 가장 옳지 않은 것은?

① 재화의 공급에 해당하기 위해서는 반드시 대가가 수반되어야 한다.
② 용역의 자가공급은 공급으로 의제하지 않는다.
③ 과세거래와 관련하여 부수적으로 공급하는 재화는 부가가치세를 과세한다.
④ 수출신고가 수리된 물품으로서 선적되지 않은 물품을 보세구역에서 반입하는 경우는 재화의 수입으로 보지 아니한다.

71. 다음은 부가가치세법상 재화 및 용역의 공급에 관한 설명이다. 가장 틀린 것은?

① 사업장별로 그 사업에 관한 모든 권리와 의무를 포괄적으로 양도한 경우는 재화의 공급으로 보지 않는다.
② 보건 및 사회복지사업은 부가가치세법상 용역업에 해당한다.
③ 특허권 등의 대여도 재화의 공급이다.
④ 건설업을 제외한 가공계약의 경우 주요자재의 부담 유무에 따라 재화공급과 용역공급으로 나뉜다.

72. 부가가치세법상 사업자가 자기의 사업과 관련하여 생산하거나 취득한 재화를 자기의 고객이나 불특정다수인에게 증여하는 것은 재화의 공급으로 본다. 이를 사업상 증여라고 하는 데 다음 중 사업상 증여에 해당하는 것은?

① 거래처에 자신이 생산한 제품(매입세액을 공제받은 제품)을 무상으로 제공하는 것
② 증여되는 재화의 대가가 주된 거래인 재화의 공급대가에 포함되는 것
③ 무상으로 견본품을 인도·양도하거나 불특정다수인에게 광고선전물을 배포하는 것
④ 매입시 매입세액공제가 되지 않은 재화를 증여하는 경우

73. 부가가치세법상 재화의 공급으로 보지 아니하는 사업포괄양수도의 경우 그 사업에 관한 권리와 의무 중 포함하지 아니하고 승계시킨 경우에도 그 사업을 포괄적으로 승계시킨 것으로 보는 것에 해당하지 않는 것은?

① 미수금에 관한 것
② 미지급금에 관한 것
③ 해당 사업에 직접 관련 있는 기계장치
④ 해당 사업과 직접 관련이 없는 토지·건물

74. 다음은 부가가치세법상 간주공급에 관한 설명이다. 가장 틀린 것은?

① 간주공급은 자가공급·개인적 공급·사업상증여·폐업시 잔존재화로 분류한다.
② 간주공급은 실질공급과 같이 세금계산서를 발급하여야 한다.
③ 자가공급은 면세사업전용·영업외 용도로 사용하는 개별소비세 과세대상 자동차와 그 유지를 위한 재화·판매할 목적으로 다른 사업장에 반출하는 재화로 분류한다.
④ 자가공급 중 면세사업전용·영업외 용도로 사용하는 개별소비세 과세대상 자동차와 그 유지를 위한 재화·개인적 공급의 공급시기는 재화를 사용하거나 소비하는 때이다.

75. **다음 중 당초에 매입세액이 불공제된 경우에도 부가가치세법상 재화공급의 특례(공급의제)가 적용되는 것은 무엇인가?**

① 사업자가 폐업할 때 취득재화 중 남아있는 재화
② 판매목적으로 자기의 다른 사업장에 반출하는 재화(사업자단위과세사업자, 주사업장총괄납부사업자 제외)
③ 취득재화를 사업과 직접적인 관계없이 자기의 개인적인 목적을 위하여 소비하는 것
④ 취득재화를 고객에게 증여하는 경우(견본품, 특별재난지역공급물품 제외)

76. **부가가치세법상 재화의 간주공급에 해당하지 않는 것은? 단, 아래의 모든 재화는 매입시에 매입세액 공제를 받은 것으로 한다.**

① 주유소를 운영하는 사업자가 배달용 운반 트럭에 주유소의 경유를 무상으로 주유하는 경우
② 주유소를 운영하는 사업자가 사업주의 개별소비세 과세대상 자동차에 휘발유를 무상으로 주유하는 경우
③ 가구점을 운영하는 사업자가 사업을 폐지하는 경우에 잔존하는 판매용 가구가 있는 경우
④ 가구점을 운영하는 사업자가 자기의 고객에게 판매용인 가구를 무상으로 공급하는 경우

77. **다음 중 부가가치세법상 과세 대상에 해당하는 것은?**

① 사업을 위해 대가를 받지 않고 다른 사업자에게 인도하거나 양도하는 견본품
② 고용 관계에 따른 근로의 제공
③ 사업자가 자기의 사업을 위하여 직접 용역을 공급하는 경우
④ 아들에게 무료로 상가를 임대하는 경우

78. **다음 중 부가가치세법상 용역의 공급으로 볼 수 없는 것은?**

① 성형외과 의사가 특수관계인에게 부가가치세가 과세되는 의료용역을 유상으로 제공하는 것
② 고용관계에 따라 근로를 제공하는 것
③ 부동산임대업자가 특수관계인에게 사업용부동산을 무상으로 임대하는 것
④ 자동차운전학원에서 유상으로 운전교육용역을 제공하는 것

79. 다음 중 부가가치세법상 과세거래로 가장 올바른 것은?

① 주사업장 총괄납부사업자가 판매의 목적으로 제품을 직매장으로 반출하는 경우
② 당초 매입시 매입세액공제 받은 회사의 상품을 회사창립 기념품으로 종업원에게 무상으로 공급하는 경우(이 상품의 시가는 15만원 상당에 해당)
③ 증여세를 건물로 물납하는 경우
④ 사업자가 원재료를 판매하는 다른 사업자에게 원재료의 외상매입대금의 담보를 위하여 그가 소유하고 있는 공장용 건물을 담보로 제공하는 경우

80. 다음 중 부가가치세법상 부가가치세가 과세되는 것은?

① 주사업장 총괄납부사업자가 판매할 목적으로 제품을 직매장으로 반출하는 경우
② 사업자가 신축한 건물을 지방자치단체에 기부채납하고 일정기간 동안 그 건물에 대한 수익권을 얻는 경우
③ 사업자가 그가 납부하여야 할 상속세를 상가건물로 물납하는 경우
④ 사업자가 원재료를 판매하는 다른 사업자에게 원재료의 외상매입대금의 담보를 위하여 그가 소유하고 있는 공장용 건물을 담보로 제공하는 경우

81. 다음의 거래 중에서 부가가치세 과세대상이 아닌 것은?

① 골프장·테니스장에서 반환의무가 없는 입회금을 받은 경우
② 신발제조업자가 건물을 정부에 기부채납하고 일정기간 동안 그 건물에 대한 무상사용권을 얻는 경우
③ 사업자가 사업용 건물을 현물출자한 경우
④ 사업을 포괄적으로 양도한 경우

82. 다음 중 부가가치세법상 용역의 공급에 대한 설명으로 옳지 않은 것은?

① 근로자가 고용관계에 따라 근로용역을 제공하는 것은 과세대상으로 보지 아니한다.
② 가공계약의 경우 주요자재를 전혀 부담하지 않거나 일부 부담하면 용역의 공급으로 보나, 주요자재의 전부를 부담하면 재화의 공급으로 본다.
③ 전, 답, 과수원의 임대는 과세대상인 용역의 공급으로 보지 아니한다.
④ 사업자가 자기 사업과 관련하여 사업장 내에서 그 사용인에게 음식용역을 무상으로 제공하는 경우 용역의 공급으로 보지 아니한다.

83. **다음 중 부가가치세법상 용역의 공급에 대한 설명으로 가장 옳지 않은 것은?**

① 용역의 공급이란 계약상 또는 법률상의 모든 원인에 따른 것으로 역무를 제공하는 것과 시설물, 권리 등 재화를 사용하게 하는 것을 말한다.

② 전・답・목장용지・임야 또는 염전 임대업은 용역의 공급으로 본다.

③ 자기가 주요자재를 전혀 부담하지 않고 상대방으로부터 인도받은 재화를 단순히 가공만 해주는 것은 용역의 공급으로 본다.

④ 사업자가 대가를 받지 않고 타인에게 용역을 공급하는 것은 용역의 공급으로 보지 않는다.

84. **다음 중 부가가치세법에 대한 설명으로 가장 옳지 않은 것은?**

① 등록거부는 사업개시전 등록신청시 사실상 사업을 개시하지 않을 것으로 인정되는 경우 거부한다.

② 사업의 종류에 변동이 있는 때 사업자등록증의 재발급기한은 2일 이내이다.

③ 사업자가 사업을 포괄적으로 양도하면 재화의 공급으로 보지 않는다.

④ 매입세액이 공제되지 아니한 것은 직매장 반출시 간주공급으로 보지 않는다.

85. **다음 중 부가가치세법상 재화의 공급의제에 해당하지 않는 것은? (모두 매입세액공제를 받은 것으로 가정)**

① 자기가 직접 생산한 사료를 자기의 축산업에 사용・소비하는 것

② 자동차 제조회사가 자가생산한 소형승용자동차(개별소비세 과세대상 자동차)를 업무용으로 사용하는 것

③ 사업자가 자기의 사업과 관련하여 생산하거나 취득한 재화를 사업과 직접 관계없이 사용하는 것

④ 자기의 다른 사업장에서 원료・자재 등으로 사용・소비하기 위하여 반출하는 것

86. 부가가치세법상 재화의 공급의제에 관한 설명이다. 재화의 공급의제에 해당되지 않는 것은?

① 부가가치세가 면제되는 재화를 공급하는 사업을 위하여 사용·소비되는 경우는 재화의 공급으로 본다. 다만, 매입세액이 공제되지 아니하는 것은 제외한다.

② 사업자가 자기의 사업과 관련하여 생산하거나 취득한 재화를 자기의 고객이나 불특정다수인에게 무상으로 제공하는 경우 그 재화의 대가가 주된 거래인 재화공급의 대가에 포함되는 경우는 재화의 공급으로 본다.

③ 사업자가 자기의 사업과 관련하여 생산하거나 취득한 재화를 자기나 그 사용인의 개인적인 목적으로 사용·소비되는 경우는 재화의 공급으로 본다. 다만, 매입세액이 공제되지 아니하는 것은 제외한다.

④ 2 이상의 사업장이 있는 사업자가 자기 사업과 관련하여 생산 또는 취득한 재화를 타인에게 직접 판매할 목적으로 다른 사업장에 반출하는 경우는 원칙적으로 재화의 공급으로 본다.

87. 다음 중 부가가치세법상 과세대상에 해당되지 않는 것은?

① 산업상의 지식·경험에 관한 정보를 제공하는 것

② 에어컨을 판매하면서 에어컨의 설치용역을 제공하는 것

③ 근로자가 고용관계에 따라 근로용역을 제공하는 것

④ 피아노를 공급하면서 피아노용 의자를 제공하고 이를 운반해 주는 것

88. 다음 중 부가가치세법상 재화의 수입에 대한 설명으로 가장 틀린 것은?

① 외국으로부터 우리나라에 도착한 물품이 보세구역을 경유하는 때에는 보세구역으로부터 반입하는 것을 재화의 수입으로 본다.

② 외국에서 보세구역으로 재화를 반입하는 것은 재화의 수입에 해당하지 아니한다.

③ 외국의 선박에 의하여 공해에서 채집되거나 잡힌 수산물을 우리나라에 반입하는 것은 재화의 수입으로 본다.

④ 수출신고가 수리된 물품으로서 선적되지 아니한 것을 보세구역으로부터 반입하는 것은 재화의 수입으로 본다.

89. **다음 중 부가가치세법상 재화의 수입에 대한 설명으로 가장 잘못된 것은?**

① 외국으로부터 재화를 들여오는 경우 부가가치세가 과세된다.

② 수입하는 재화에 대하여는 세관장이 수입자로부터 당해 재화의 수입시에 부가가치세를 징수한다.

③ 수출신고를 마치고 선적이 완료된 물품이 계약취소 등의 사유로 수출되지 않고 국내로 다시 반입하는 경우는 재화의 수입에 해당하지 않는다.

④ 수입하는 재화에 대하여는 당해 수입자가 사업자인지 여부에 관계없이 부가가치세가 과세된다.

90. **다음 중 부가가치세법상 재화의 수입에 해당하지 아니하는 것은?**

① 외국으로부터 국내에 도착한 물품으로서 수입신고가 수리되기 전의 것을 국내에 반입하는 것

② 외국선박에 의하여 공해에서 채집되거나 잡힌 수산물로서 수입신고가 수리되기 전의 것을 국내에 반입하는 것

③ 수출신고가 수리된 물품을 국내에 반입하는 것

④ 수출신고가 수리된 물품으로서 선적되지 아니한 물품을 보세구역에서 반입하는 경우

91. **다음 중 부가가치세법상 사업자가 아닌 A씨가 과세 대상 재화를 수입하는 경우에 대한 설명으로 옳지 않은 것은?**

① 부가가치세법상 납세의무자에 해당한다.

② 부가가치세는 세관장이 징수한다.

③ 납세지는 A씨의 주소지를 관할하는 세무서이다.

④ 부가가치세법상 사업자등록은 하지 않아도 된다.

92. 다음은 부가가치세법상 주된 거래인 재화 또는 용역의 공급에 부수되어 공급되는 재화와 용역에 대한 과세 및 면세여부에 관한 내용이다. 다음 중 연결이 틀린 것은?

주된 공급	부수재화 또는 용역	부수재화 또는 용역의 과세여부
㉠ 과세거래인 경우	과세대상 재화와 용역	과 세
㉡ 과세거래인 경우	면세대상 재화와 용역	과 세
㉢ 면세거래인 경우	과세대상 재화와 용역	과 세
㉣ 면세거래인 경우	면세대상 재화와 용역	면 세

① ㉠
② ㉡
③ ㉢
④ ㉣

93. 다음은 부가가치세법상 부수재화와 용역의 공급에 관련된 내용이다. 다음 중 부수재화가 과세되는 것은?

① 허가받은 미술학원에서 미술교육용역에 포함하여 미술자재를 공급하는 것
② 은행에서 은행이 사용하던 건물을 양도하는 것
③ 부동산임대업자가 임대하던 토지를 양도하는 것
④ 조경사업체가 조경공사에 포함하여 수목을 공급하는 것

94. 다음은 부가가치세법상 부수공급에 관한 사례이다. 다음 중 부가가치세가 면세되는 것은?

① 조경공사업체가 조경공사에 포함하여 수목을 공급하는 경우
② TV를 판매한 업체가 그 A/S 용역을 제공하는 경우
③ 제조업체가 제조업에 사용하던 토지를 양도하는 경우
④ 악기 도매업자가 피아노와 함께 피아노 의자를 공급한 경우

95. 다음은 부가가치세법상 부수공급에 관한 사례이다. 부수공급재화가 과세인 경우는?

① 서점에서 도서와 도서에 부수되는 USB를 함께 공급하고 대가를 받은 경우
② 교육청에 신고한 미술학원에서 미술교육용역의 대가에 포함하여 실습자재를 공급하는 경우
③ 은행이 은행업에 사용하던 건물을 양도하는 경우
④ 복숭아통조림 제조업자가 통조림제조에 따른 필수부산물인 복숭아씨·껍질을 판매하는 경우

96. 현행 부가가치세법은 주된 거래에 부수하여 공급되는 재화 또는 용역은 별도의 독립된 거래로 보지 않고 주된 거래인 재화 또는 용역의 공급에 포함되는 것으로 본다. 다음 중 이러한 예에 해당하여 부수재화 또는 용역의 공급이 면세가 되는 것은?

① 피아노를 공급하면서 피아노용 의자를 제공하고 이를 운반해 주는 것
② 에어컨을 판매하면서 에어컨을 설치해 주는 것
③ 허가된 미술학원에서 교육용역을 공급하면서 실습자재를 제공하는 것
④ 조경공사업체가 조경공사에 포함하여 수목을 공급하는 것

97. 다음은 부가가치세법상 부수 재화 및 부수 용역에 대한 표이다. 괄호 안에 들어가야 할 것으로 옳은 것은?

은행업을 영위하는 법인이 사업용으로 사용하던 부동산을 공급하는 경우, 해당 사업용 건물의 공급은 (㉮), 토지의 공급은 (㉯)이다.

	㉮	㉯
①	과세	과세
②	과세	면세
③	면세	과세
④	면세	면세

98. 다음 중 부가가치세법상 부수공급재화가 과세인 경우는?

① 컴퓨터 판매자가 컴퓨터와 그 컴퓨터를 설명하는 도서를 함께 공급하고 대가를 받은 경우
② 허가받은 영어학원에서 영어교육용역에 포함하여 교재를 공급하는 경우
③ 은행이 은행업에 사용하던 사무실 건물을 양도하는 경우
④ 과일 판매자가 팔고 남은 딸기를 다른 과일과 함께 묶어서 판매하는 경우

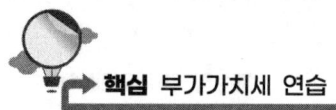

99. 다음 중 부가가치세법상 부수재화 또는 부수용역에 대한 설명으로 가장 옳지 않은 것은?

① 주된 재화 또는 용역의 공급에 부수되어 공급되는 것은 주된 재화 또는 용역의 공급에 포함되며 주된 사업의 과세 및 면세여부 등을 따른다.

② 면세되는 재화 또는 용역의 공급에 통상적으로 부수되는 재화 또는 용역의 공급은 그 면세되는 재화 또는 용역의 공급에 포함되는 것으로 본다.

③ 주된 사업과 관련하여 주된 재화의 생산에 필수적으로 부수하여 생산되는 재화는 주된 사업에 부수되는 재화로 본다.

④ 과세여부를 판단하는 경우 주된 사업과 관련하여 일시적 또는 우연적으로 공급하는 재화 또는 용역은 주된 재화・용역에 포함되는 재화 또는 용역으로 보지 않고 별도의 재화 또는 용역의 공급으로 본다.

100. 부가가치세법상 부수 재화 및 부수 용역의 공급에 대한 설명으로 옳지 않은 것은?

① 주된 사업과 관련하여 우연적・일시적으로 공급되는 재화의 공급은 별도의 공급으로 보지 않는다.

② 주된 사업과 관련하여 주된 재화의 생산 과정에서 필수적으로 생기는 과세대상 재화의 공급의 과세여부는 주된 사업의 과세 여부에 따른다.

③ 거래의 관행상 통상적으로 주된 재화의 공급에 부수적으로 공급되는 것은 주된 재화의 공급에 포함되는 것으로 본다.

④ 해당 대가가 주된 거래의 공급대가에 통상적으로 포함되어 공급되는 재화는 주된 재화의 공급에 포함되는 것으로 본다.

101. 부가가치세법상 통조림 제조업을 영위하는 사업자가 보유 중인 공장용 토지를 매각하는 경우, 해당 토지의 과세 유형으로 옳은 것은?

① 과세　　② 면세

③ 영세　　④ 비과세

102. 다음 중 부가가치세법상 재화가 이동이 필요한 경우, 공급시기로 옳은 것은?

① 재화가 인도되는 때　　② 재화의 공급이 확정되는 때
③ 역무의 제공이 완료되는 때　　④ 재화가 이용가능하게 되는 때

103. 다음의 거래 중 제1기 과세기간(1.1 ~ 6.30)의 거래로 귀속되는 것은?

① 5월 3일에 상품권을 판매한 후에 7월 5일에 제품이 인도되었다.
② 위탁상품을 6월 5일 인도하고 수탁업자는 7월 3일에 판매하였다.
③ 6월 19일에 외상판매한 제품 A의 판매대금을 7월 10일에 수령하였다.
④ 원재료의 일부를 부담하는 조건으로 위탁가공의뢰를 받은 제품 B를 6월 30일에 완성하였으나, 7월 5일에 거래처에 인도하고 위탁가공료를 수령하였다.

104. 다음 중 부가가치세법상 거래시기에 대한 설명으로 가장 잘못된 것은?

① 수출재화는 수출재화의 선(기)적일이다.
② 위탁매매의 공급시기는 수탁자가 공급한 때이다.
③ 개인적 공급은 재화가 사용 또는 소비되는 때이다.
④ 간주임대료의 경우에는 그 대가의 각 부분을 받기로 한 때이다.

105. 다음 중 부가가치세법상 중간지급조건부로 재화를 공급하는 경우의 공급시기에 대한 설명으로 옳은 것은?

① 대가의 각 부분을 받기로 한 때
② 인도일
③ 예정신고기간 또는 과세기간 종료일
④ 잔금수령일

106. 다음 중 부가가치세법상 재화의 공급시기에 대한 설명으로 가장 옳지 않은 것은?

① 현금판매 : 재화가 인도되거나 이용가능하게 되는 때
② 장기할부판매 : 대가의 각 부분을 받기로 한 때
③ 사업상 증여 : 재화를 증여하는 때
④ 폐업시 잔존재화 : 재화를 사용・소비하는 때

107. 다음 중 부가가치세법상 재화의 공급시기에 대한 설명으로 틀린 것은?

① 재화의 공급으로 보는 가공의 경우 그 가공된 재화를 인도하는 때를 공급시기로 한다.
② 중간지급조건부로 공급한 경우에는 대가의 각 부분을 받기로 한 때를 공급시기로 한다.
③ 반환조건부판매의 경우에는 그 조건이 성취되거나 기한이 지나 판매가 확정되는 때를 공급시기로 한다.
④ 전력이나 그 밖에 공급 단위를 구획할 수 없는 재화를 계속적으로 공급하는 경우에는 그 재화가 인도되거나 이용가능하게 되는 때를 공급시기로 한다.

108. 다음 중 부가가치세법상 거래형태별 해당 공급시기에 관한 연결로 틀린 것은?

① 재화의 공급으로 보는 가공－가공된 재화를 인도하는 때
② 보세구역 안에서 보세구역 밖의 국내에 재화(수입재화)를 공급하는 경우－재화가 실제 인도되는 때
③ 폐업 전에 공급한 재화의 공급시기가 폐업일 이후에 도래하는 경우－폐업일
④ 조건부판매 및 기한부판매－조건이 성취되거나 기한이 경과되어 판매가 확정되는 때

109. 다음은 부가가치세법상 공급시기에 대한 설명이다. 잘못된 것은?

① 재화의 이동이 필요한 경우 : 재화가 인도되는 때
② 재화의 공급으로 보는 가공의 경우 : 가공된 재화를 인도하는 때
③ 반환조건부 판매, 동의조건부 판매 : 그 조건이 성취되어 판매가 확정되는 때
④ 상품권 등을 현금 또는 외상으로 판매하고 그 상품권 등이 현물과 교환되는 경우 : 상품권 등을 현금 또는 외상으로 판매한 때

110. 다음 중 부가가치세법상 재화의 공급시기에 대한 내용이다. 틀린 것은?

① 원양어업 및 위탁판매수출 : 수출재화의 공급가액이 확정되는 때
② 위탁가공무역방식의 수출 : 위탁재화의 공급가액이 확정되는 때
③ 외국인도수출 : 외국에서 해당재화가 인도되는 때
④ 내국물품을 외국으로 반출하는 경우 : 수출재화의 선적일 또는 기적일

111. 다음 중 부가가치세법상 재화의 공급시기를 잘못 설명한 것은?

① 현금판매 : 인도되거나 이용가능한 때
② 조건부 판매 : 조건이 성취 되거나 기한이 지나 판매가 확정되는 때
③ 할부판매 : 최종 할부금 수령일
④ 폐업시 잔존재화 : 폐업일

112. 다음 중 부가가치세법상 용역의 공급시기로 바르지 않은 것은?

① 헬스클럽장 등 스포츠센터를 운영하는 사업자가 연회비를 미리 받고 회원들에게 시설을 이용하게 하는 경우 : 대가의 각 부분을 받기로 한 때
② 폐업 전에 공급한 용역의 공급시기가 폐업일 이후에 도래하는 경우 : 폐업일
③ 사업자가 둘 이상의 과세기간에 걸쳐 부동산 임대용역을 공급하고 그 대가를 선불 또는 후불로 받는 경우 : 예정신고기간 또는 과세기간의 종료일
④ 계약금을 받기로 한 날의 다음 날부터 용역의 제공을 완료하는 날까지의 기간이 6개월 이상인 경우로서 그 기간 이내에 계약금 외의 대가를 분할하여 받는 경우 : 대가의 각 부분을 받기로 한 때

113. 다음 중 부가가치세법상 재화의 공급시기에 대한 설명으로 옳지 않은 것은?

① 무인판매기를 이용하여 재화를 공급하는 경우 : 사업자가 무인판매기에서 현금을 꺼내는 때
② 기획재정부령으로 정하는 장기할부판매의 경우 : 대가의 각 부분을 받기로 한 때
③ 폐업시 남아있는 재화가 공급으로 간주되는 경우 : 폐업 후 남아있는 재화가 사용, 소비되는 때
④ 수입재화를 보세구역 내에서 보세구역 외의 국내에 공급하는 경우 : 해당 재화의 수입신고수리일

114. **다음은 부가가치세법상 공급시기에 관한 내용이다. 잘못된 것은?**

① 상품권 등을 현금 또는 외상으로 판매하고 그 후 그 상품권 등이 현물과 교환되는 경우 : 재화가 실제로 인도되는 때
② 내국신용장에 의한 재화의 공급 : 재화를 인도하는 때
③ 재화의 공급으로 보는 가공의 경우 : 가공된 재화를 인도하는 때
④ 전력이나 그 밖에 공급단위를 구획할 수 없는 재화를 계속적으로 공급하는 경우 : 예정신고기간 또는 과세기간 종료일

115. **다음은 부가가치세법상 재화 또는 용역의 공급시기에 대한 설명이다. 옳지 않은 것은?**

① 재화의 이동이 필요한 경우에는 재화가 인도되는 때가 재화의 공급시기이다.
② 상품권을 현금으로 판매하고 그 후 그 상품권 등이 현물과 교환되는 경우에는 재화가 실제로 인도되는 때가 재화의 공급시기이다.
③ 사업자가 폐업할 때 자기생산·취득재화 중 남아 있는 재화는 그 재화가 실제 판매될 때가 재화의 공급시기이다.
④ 중간지급조건부로 용역을 공급하는 경우에는 대가의 각 부분을 받기로 한 때를 용역의 공급시기로 본다.

116. **다음 중 부가가치세법상 재화의 공급시기에 관한 설명으로 가장 옳지 않은 것은?**

① 상품권 등을 현금 또는 외상으로 판매하고 그 후 해당 상품권 등이 현물과 교환되는 경우 공급시기는 재화가 실제로 인도되는 때로 본다.
② 재화의 공급으로 보는 가공의 경우 공급시기는 가공된 재화를 인도하는 때로 본다.
③ 내국물품의 국외 반출 및 중계무역방식의 수출의 공급시기는 수출재화의 선적일이다.
④ 장기할부판매에 따른 공급시기는 재화가 인도되는 날이다.

117. **다음 중 부가가치세법상 재화 공급시기에 대한 설명으로 옳지 않은 것은?**

① 상품권을 외상으로 판매하는 경우에는 외상대금의 회수일을 공급시기로 본다.
② 폐업 전에 공급한 재화의 공급시기가 폐업일 이후에 도래하는 경우에는 그 폐업일을 공급시기로 본다.
③ 반환 조건부판매의 경우에는 그 조건이 성취되거나 기한이 경과되어 판매가 확정되는 때를 공급시기로 본다.
④ 무인판매기를 이용하여 재화를 공급하는 경우에는 당해 사업자가 무인판매기에서 현금을 꺼내는 때 공급시기로 본다.

118. **부가가치세법상 공급시기에 관한 설명 중 잘못된 것은?**

① 둘 이상의 과세기간에 걸쳐 부동산 임대용역을 제공하고 그 대가를 선불로 받는 경우에는 예정신고기간 또는 과세기간의 종료일
② 공급시기가 되기 전에 대가의 전부 또는 일부를 받고, 그 받은 대가에 대하여 세금계산서를 발행하는 경우에는 그 발급하는 때
③ 재화의 공급의제의 경우 예정신고 또는 확정신고 기간의 종료일
④ 폐업 전에 공급한 재화 또는 용역의 공급시기가 폐업일 이후에 도래하는 경우에는 그 폐업일

119. **다음 중 재화 및 용역의 공급시기에 대한 설명으로 옳지 않은 것은?**

① 완성도기준지급조건부 : 대가의 각 부분을 받기로 한 때
② 폐업시 잔존재화 : 폐업하는 때
③ 내국물품 외국반출(직수출) : 수출재화의 공급가액이 확정되는 때
④ 부동산 전세금에 대한 간주임대료 : 예정신고기간의 종료일 또는 과세기간의 종료일

120. **다음 중 재화의 공급시기로 옳지 않은 것은?**

① 상품권 등을 현금으로 판매하고 그 후 그 상품권이 현물과 교환되는 경우 : 상품권을 판매하는 때
② 현금판매, 외상판매의 경우 : 재화가 인도되거나 이용가능하게 되는 때
③ 재화의 공급으로 보는 가공의 경우 : 가공된 재화를 인도하는 때
④ 반환조건부 판매, 동의조건부 판매, 그밖의 조건부 판매의 경우 : 그 조건이 성취되거나 기한이 지나 판매가 확정되는 때

121. 다음 중 부가가치세법상 재화의 공급시기 중 틀린 것은?

① 단기할부판매의 경우 : 대가의 각 부분을 받기로 한 때
② 상품권 등을 판매하고 그 후 그 상품권 등이 현물과 교환되는 경우 : 재화가 실제로 인도되는 때
③ 재화의 공급으로 보는 가공의 경우 : 가공된 재화를 인도하는 때
④ 반환조건부 판매 : 그 조건이 성취되거나 기한이 지나 판매가 확정되는 때

122. 다음 중 부가가치세법상 공급시기가 잘못된 것은?

① 상품권 등을 현금 또는 외상으로 판매한 후 해당 상품권 등이 현물과 교환되는 경우 : 재화가 실제로 인도되는 때
② 중간지급조건부로 재화를 공급하는 경우 : 재화가 인도되거나 이용 가능하게 되는 때
③ 현금판매, 외상판매, 할부판매의 경우 : 재화가 인도되거나 이용 가능하게 되는 때
④ 직수출 및 중계무역방식의 수출의 경우 : 수출재화의 선(기)적일

123. 다음 중 부가가치세법상 재화의 수입시기로 옳은 것은?

① 관세법에 따라 재화가 입항한 때
② 관세법에 따라 수입신고가 수리된 때
③ 관세법에 따라 통관된 때
④ 관세법에 따라 수입재화의 대가를 지급한 때

124. 다음 중 부가가치세법상 재화와 용역의 공급시기에 대한 연결이 가장 옳은 것은?

① 사업상 증여 : 증여한 재화를 사용, 소비하는 때
② 전세금 또는 임대보증금을 받는 경우 : 예정신고기간 또는 과세기간 종료일
③ 무인판매기를 이용하여 재화를 공급하는 경우 : 재화가 인도되는 때
④ 판매목적으로 타사업장 반출시 : 반출된 재화가 고객에게 인도되는 때

125. **다음 중 부가가치세법상 용역의 공급시기로 적절하지 않은 것은?**

① 장기할부조건 또는 그 외 조건부 용역 공급 : 대가의 각 부분을 받기로 한 때
② 공급단위를 구획할 수 없는 용역을 계속적으로 공급 : 대가의 각 부분을 받기로 한 때
③ 완성도기준이나 중간지급조건부로 용역 공급 : 용역의 공급이 완료되고 그 공급가액이 확정되는 때
④ 부동산임대용역 제공시 전세금이나 임대보증금에 대한 간주임대료 : 예정신고기간이나 과세기간 종료일

126. **다음은 부가가치세법상 장기할부판매에 대한 내용이다. 괄호 안에 들어갈 알맞은 숫자를 쓰시오.**

장기할부판매란 재화를 공급하고 그 대가를 월부, 연부 또는 그 밖의 할부의 방법에 따라 받는 것 중 다음 각 호의 요건을 모두 갖춘 것을 말한다. 1. 2회 이상으로 분할하여 대가를 받는 것 2. 해당 재화의 인도일의 다음 날부터 최종 할부금 지급기일까지의 기간이 ( )년 이상인 것

127. **부가가치세법상 차량운반구의 공급시기는?**

(가) 차량운반구 매매금액 : 10,000,000원(부가가치세 별도) (나) 계약일 : 202×년 1월 10일 2,000,000원 수령 (다) 차량운반구 인도일 : 202×년 1월 15일 5,000,000원 수령 (라) 잔금 수령일 : 202×년 1월 25일 3,000,000원 수령 (마) 공급시기 도래 전에 세금계산서를 발행하지 않았다.

① 202×.01.10.　　② 202×.01.15.
③ 202×.01.25.　　④ 202×.07.01.

128. 다음은 경인상사의 거래내역이다. 부가가치세법상 재화의 공급시기는?

> 경인상사는 서울상사와 제품 공급계약(수량 1개, 공급가액 200,000,000원)을 맺고 다음과 같이 이행하기로 하였다.
> - 대금지급방법 : 계좌이체
> - 대금지급일
>   - 계약일(40,000,000원) : 20×1.11.01.
>   - 중도금(80,000,000원) : 20×2.02.01.
>   - 잔금(80,000,000원) : 20×2.06.30.
> - 제품인도일 : 20×2.06.30.

① 20×1.11.01.　　② 20×2.02.01.

③ 20×2.06.30.　　④ 20×1.11.01. 20×2.02.01. 20×2.06.30. 모두

129. 부가가치세법상 부동산임대보증금에 대한 간주임대료의 공급시기로 가장 적절한 것은?

① 임대료를 받은 날

② 계약서상 임대료를 받기로 한때

③ 그 대가의 각 부분을 받기로 한때

④ 예정신고기간 또는 과세기간 종료일

130. 다음 중 부가가치세법상 재화와 용역의 공급시기에 대한 연결이 옳지 않은 것은?

① 폐업시 남아 있는 재화 : 폐업 후 재화가 사용되는 때

② 자가공급 중 면세사업에 전용하는 재화, 개인적 공급 : 재화를 사용하거나 소비하는 때

③ 내국물품의 외국반출, 중계무역방식의 수출 : 수출재화의 선(기)적일

④ 무인판매기를 이용하여 재화를 공급하는 경우 : 무인판매기에서 현금을 꺼내는 때

131. 다음 중 부가가치세법상 재화의 공급시기가 '대가의 각 부분을 받기로 한 때'가 적용될 수 없는 것은?

① 기한부판매　　② 장기할부판매

③ 완성도기준지급　　④ 중간지급조건부

132. 다음 중 부가가치세법상 재화의 공급시기에 관한 설명으로 가장 틀린 것은?

① 중간지급조건부로 공급하는 경우는 대가의 각 부분을 받기로 한 때
② 할부판매는 대가의 각 부분을 받기로 한 때
③ 재화의 공급으로 보는 가공의 경우에는 가공된 재화를 인도한 때
④ 무인판매기에 의한 재화공급은 무인판매기에서 현금을 꺼내는 때

133. 다음 중 부가가치세법상 용역의 공급시기에 대한 설명으로 옳은 것은?

① 용역의 공급시기가 폐업일 이후에 도래하는 경우 : 폐업일
② 공급시기 현재 대가를 받지 못한 경우 : 그 대가의 실지수령일
③ 장기할부조건부인 경우 : 공급가액 확정일
④ 중간지급조건부인 경우 : 작업진행률 확정일

134. 다음 중 부가가치세법상 재화의 공급시기에 대한 설명으로 틀린 것은?

① 공급시기는 세금계산서의 발급, 부가가치세의 거래징수 및 신고납부의 기준이 된다.
② 원칙적으로 대가를 받았을 때 공급된 것으로 본다.
③ 재화의 이동이 불필요한 경우 재화를 이용가능할 때를 공급시기로 본다.
④ 재화의 이동이 필요할 때는 재화가 인도된 때를 공급시기로 본다.

135. 다음 중 부가가치세법상 재화의 공급시기에 대한 설명으로 틀린 것은?

① 장기할부판매의 경우에는 대가의 각 부분을 받기로 한 때
② 중간지급조건부로 재화를 공급하는 경우에는 대가의 각 부분을 받기로 한 때
③ 재화의 공급으로 보는 가공의 경우는 가공된 재화를 인도하는 때
④ 위탁판매수출의 경우 수출재화의 선적일

136. 사업자가 2과세기간 이상에 걸쳐 부동산임대용역을 공급하고 임대료를 선불 또는 후불로 받는 경우에 부가가치세법상 공급시기는?

① 계약서상 임대료를 받기로 한 때
② 예정신고기간 또는 과세기간의 종료일
③ 임대료를 받은 날
④ 임대료를 받기로 한 달의 말일

137. 중간지급조건부로 재화를 공급하는 계약을 체결하고 다음과 같이 대금을 지급한 경우의 부가가치세법상 공급시기는 언제인가?

계약내용	• 계약금지급 : 1월 15일 전체금액의 20%를 지급 • 중도금지급 : 5월 25일, 6월 25일, 7월 25일에 각각 전체금액의 20%씩 지급 • 잔금지급 : 8월 25일에 지급(재화 인도)
계약이행 내용	• 지급방법을 변경하여 6월 15일에 전액을 지급 • 재화는 7월 25일에 완성하여 인도 • 재화를 인도하기 전에 세금계산서 발급분은 없음

① 1월 15일
② 6월 15일
③ 7월 25일
④ 8월 25일

138. 다음 (　)에 알맞은 숫자는?

부가가치세법상 중간지급조건부로 재화를 공급하는 경우란 계약금을 받기로 한 날의 다음 날부터 재화를 인도하는 날 또는 재화를 이용가능하게 하는 날까지의 기간이 (　)개월 이상인 경우로서 그 기간 이내에 계약금 외의 대가를 분할하여 받는 경우를 말한다.

139. 다음 중 부가가치세법상 공급시기는?

㉠ 3월 1일 : A제품 판매주문을 받았음
㉡ 3월 31일 : A제품 판매대가 1,000,000원을 전액 수령하고 세금계산서를 발급함
㉢ 4월 3일 : A제품을 인도함
㉣ 4월 15일 : 거래처로부터 A제품 수령증을 수취함

① 3월 1일
② 3월 31일
③ 4월 3일
④ 4월 15일

140. 다음은 부가가치세법상 세금계산서의 발급시기에 대한 내용이다. 틀린 것은?

① 공급시기 전에 대가의 전부 또는 일부를 받고 세금계산서를 발급한 경우 그 발급하는 때를 재화 또는 용역의 공급시기로 본다.

② 공급시기 전에 세금계산서를 발급하고 그 세금계산서 발급일로부터 10일 이내에 대가를 지급하는 경우에는 그 발급한 때를 공급시기로 한다.

③ 장기할부판매의 경우 공급시기가 도래하기 전에 대가를 받지 아니하고 세금계산서를 발급하는 경우 그 발급하는 때를 공급시기로 본다.

④ 거래처별로 1역월 이내에서 사업자가 임의로 정한 기간의 공급가액을 합계하여 그 기간의 종료일자를 작성연월일로 하여 세금계산서를 발급하는 경우 공급일이 속하는 달의 다음달 10일까지 세금계산서를 발급할 수 있다.

141. 다음 중 부가가치세법상 공급장소에 대한 설명으로 잘못된 것은?

① 대한민국의 주권이 미치지 아니하는 국외에서 재화를 공급하는 경우에는 부가가치세 납세의무가 없다.

② 우리나라 국적의 항공기 또는 선박에서 이루어지는 거래는 국외거래로 보지 아니하므로 부가가치세 납세의무가 있다.

③ 내국인이 국외소재 부동산을 임대하는 경우 공급장소는 사업자의 국내주소지이다.

④ 공급장소는 우리나라의 과세권이 미치는 거래인지의 여부 또는 납세의무의 성립 여부를 결정하는 중요한 요소가 된다.

제3장 영세율 적용과 면세

① 영세율과 면세의 비교

1-1 영세율

의의	특정 재화・용역의 공급에 대하여 '0'의 세율을 적용하고, 그 전단계에서 부담한 부가가치세(매입세액)을 공제・환급받게 함으로써 부가가치세 부담을 전혀 없게 한 제도(완전면세제도)
취지	소비지국 과세원칙 구현
적용대상	수출 및 외화획득사업 등
사업자의 의무	부가가치세법상 납세의무자 ➡ 부가가치세법상의 모든 의무 이행

1-2 면세

의의	특정 재화・용역의 공급에 대하여 납세의무가 면제되지만, 그 전단계에서 부담한 부가가치세(매입세액)는 공제・환급되지 않는 제도(부분면세제도) ➡ 공제받지 못한 매입세액에 해당하는 부분은 매입원가 등에 가산되어 최종소비자에게 전가
취지	부가가치세의 역진성 완화
적용대상	기초생활필수 재화・용역, 국민후생 재화・용역 등
사업자의 의무	부가가치세법상 납세의무자 아님 ➡ 부가가치세법상 납세관련 의무 없음(단, 매입처별세금계산서합계표 제출의무, 국외사업자로부터 국내에서 공급받은 용역 또는 권리의 수입에 대한 대리납부의무는 있음)

1-3 일반과세사업자, 영세율사업자, 면세사업자의 비교

일반과세(10%세율)사업자		영세율사업자		면세사업자	
〈납부세액계산〉		〈납부세액계산〉		〈납부세액계산〉	
매입액	200,000	매입액	200,000	매입액	200,000
매입세액	20,000	매입세액	20,000	거래징수세액	20,000
매출액	250,000	매출액	250,000	매출액	270,000
매출세액	25,000	매출세액	0	매출세액	–
매출세액	25,000	매출세액	0	매출세액	–
– 매입세액	20,000	– 매입세액	20,000	– 매입세액	–
납부세액	5,000	환급세액○	△20,000	환급세액×	–
〈회계처리〉		〈회계처리〉		〈회계처리〉	
■ 매입시		■ 매입시		■ 매입시	
(차) 매 입	200,000	(차) 매 입	200,000	(차) 매 입	220,000
(차) 부가가치세대급금	20,000	(차) 부가가치세대급금	20,000	(대) 현 금	220,000
(대) 현 금	220,000	(대) 현 금	220,000		
■ 매출시		■ 매출시		■ 매출시	
(차) 현 금	275,000	(차) 현 금	250,000	(차) 현 금	270,000
(대) 매 출	250,000	(대) 매 출	250,000	(대) 매 출	270,000
(대) 부가가치세예수금	25,000				
■ 부가가치세 납부시		■ 부가가치세 환급시		■ 부가가치세 납부시	
(차) 부가가치세예수금	25,000	(차) 현 금	20,000	- 회계처리 없음 -	
(대) 부가가치세대급금	20,000	(대) 부가가치세대급금	20,000		
(대) 현 금	5,000				

❷ 영세율

2-1 영세율 적용대상자

영세율 적용대상자	부가가치세법상의 과세사업자(일반과세자 · 간이과세자)에 한정하며, 면세사업자는 면세포기의 경우만 영세율 적용이 가능
거주자 · 내국법인	영세율 무조건 적용
비거주자 · 외국법인	상호주의 적용 ➠ 그 해당 국가에서 대한민국의 거주자 · 내국법인에게 동일하게 면세하는 경우(해당 외국에서 우리나라의 부가가치세 또는 이와 유사한 성질의 조세를 면세하는 경우와 그 외국에 우리나라의 부가가치세 또는 이와 유사한 성질의 조세가 없는 경우)에만 영세율 적용

2-2 영세율 적용대상

구 분	영세율 적용대상
재화의 수출	1) 내국물품(대한민국 선박에 의해 채집되거나 잡힌 수산물 포함)의 외국반출 ➠ 유상수출 · 무상수출 모두 영세율 적용(견본품의 국외 무상반출은 재화의 공급으로 보지 않음) ① 직수출 : 수출업자가 자기 명의와 계산에 의해 내국물품을 외국반출(수출업자 =수출품생산업자) ② 대행위탁수출 : 수출품생산업자가 수출업자(타 무역업자)와 수출대행계약을 체결하여 수출업자의 명의로 하는 수출(수출업자≠수출품생산업자) ➠ 대행위탁수출시 수출품생산업자가 수출업자에게 지급하는 수출대행수수료는 10% 세율 적용 2) 중계무역방식 등의 수출 : 재화의 공급은 외국에서 이루어지지만 계약과 대가수령 등의 거래는 국내사업장에서 이루어지는 다음의 수출 ① 중계무역 방식의 수출(공급시기 : 수출재화 선적일) ② 위탁판매수출(공급시기 : 수출재화의 공급가액이 확정되는 때) ③ 외국인도수출(공급시기 : 외국에서 해당 재화가 인도되는 때) ④ 위탁가공무역 방식의 수출(공급시기 : 외국에서 해당 재화가 인도되는 때) ⑤ 원료를 국외 수탁가공사업자에게 무상반출하여 가공한 재화를 양도하는 경우 그 원료의 반출(공급시기 : 외국에서 해당 재화가 인도되는 때) ⑥ 관세법에 따른 수입신고 수리 전의 물품으로서 보세구역에 보관하는 물품의 외국으로의 반출 3) 내국신용장 · 구매확인서에 의해 공급하는 재화(금지금은 제외) : 공급시기가 속하는 과세기간이 끝난 후 25일 이내 개설되는 경우에 한하여 영세율 적용(공급시기가 속하는 과세기간이 끝난 후 25일이 지나서 개설된 경우는 10%세율 적용)

구 분	영세율 적용대상
재화의 수출	➡ 외국으로 반출하지 아니하는 재화의 공급과 관련하여 개설된 내국신용장(주한미국군 군납계약서 등)에 의한 재화 또는 용역의 공급은 영세율을 적용하지 않음. ① 내국신용장 : 사업자가 국내에서 수출용원자재, 수출용완제품 또는 수출재화 임가공용역을 공급받으려는 경우에 해당 사업자의 신청에 따라 외국환은행의 장이 재화 또는 용역의 공급시기가 속하는 과세기간이 끝난 후 25일 이내에 개설되는 신용장 ② 구매확인서 : 대외무역법 시행령에 따라 외국환은행의 장이나 전자무역기반 사업자가 내국신용장에 준하여 재화 또는 용역의 공급시기가 속하는 과세기간이 끝난 후 25일 이내에 발급하는 확인서 4) 한국국제협력단 · 한국국제보건의료재단 · 대한적십자사에 공급하는 재화 : 동 단체들이 공급받은 재화를 해당 법에 규정된 사업(국제협력사업 · 해외구호사업 · 해외의료 사업 등)을 위하여 외국에 무상으로 반출하는 경우에 한정하여 영세율 적용 5) 특정한 요건을 갖춘 수탁가공무역 : 다음의 요건에 따라 공급하는 재화 ① 국외의 비거주자 · 외국법인(비거주자 등)과 직접계약에 따라 공급할 것 ② 대금을 외국환은행에서 원화로 받을 것 ③ 비거주자 등이 지정하는 국내의 다른 사업자에게 인도할 것 ④ 국내의 다른 사업자가 비거주자 등과 계약에 의하여 인도받은 재화를 그대로 반출하거나 제조 · 가공 후 반출할 것
용역의 국외공급	• 국외에서 용역을 공급하는 모든 경우를 의미하는 것이 아니라 국외에서 용역을 공급하는 사업의 사업장이 국내에 소재하는 경우에 한하여 과세거래로 보고 영세율 적용 • 국내에 사업장을 가지고 있는 사업자가 국외에서 용역을 제공하는 경우, 용역을 제공하는 장소가 국외이기만 하면 해당 용역을 제공받는 자, 대금결제수단에 관계없이 영세율 적용 • 사업자가 국외에서 건설공사를 도급받은 사업자로부터 해당 건설공사를 재도급받아 국외에서 건설용역을 제공하고 그 대가를 원도급자인 국내사업자로부터 받은 경우에도 영세율 적용 예 다음의 용역은 해당 부동산 또는 광고매체가 사용되는 장소가 국외이므로 부가가치세가 과세되지 않음 - 국외에 있는 부동산 임대용역 - 외국의 광고매체에 광고게재를 의뢰하고 지급하는 광고료

구 분	영세율 적용대상
외국항행 용역의 공급	• 선박 또는 항공기에 의하여 여객이나 화물을 ① 국내에서 국외로 ② 국외에서 국내로 ③ 국외에서 국외로 수송하는 외국항행 용역 및 그 부수재화 또는 용역(국내에서 국내로의 경우는 10% 과세) • 운송주선업자가 화주로부터 운임을 받는 국제운송용역과 항공사업법에 따른 상업서류 송달용역 포함
외화 획득 재화 또는 용역의 공급 등	1) 외교공관 등에 공급하는 재화 또는 용역 우리나라 상주하는 외교공관, 영사기관(명예영사관원을 장으로 하는 영사기관 제외), 국제연합과 이에 준하는 국제기구, 우리나라에 상주하는 국제연합군 또는 미합중국군대에 직접 공급하는 재화 또는 용역(대가를 원화로 수령하는 경우도 포함) 2) 외교관 등에게 공급하는 재화 또는 용역 외교관 등에게 외교관면세점으로 지정받은 사업장에서 외교관 면세카드를 제시받아 공급하는 일정한 재화 또는 용역으로서 외교관면세 판매기록표에 의하여 외교관 등에게 공급한 것이 확인되는 것(상호주의 적용) 3) 국내에서 비거주자 또는 외국법인에게 공급하는 재화 또는 용역 국내에서 비거주자(국내에 거소를 둔 개인, 외교공관 등의 소속 직원, 우리나라에 상주하는 국제연합군 또는 미합중국군대의 군인 또는 군무원은 제외) 또는 외국법인에게 공급하는 일정한 재화 또는 사업에 해당하는 용역으로 일정한 요건을 갖춘 것 ① 일정한 재화 또는 사업에 해당하는 용역 • 재화 : 비거주자 또는 외국법인이 지정하는 국내사업자에게 인도되는 재화로서 해당 사업자의 과세사업에 사용되는 재화(면세사업에 사용되는 재화는 10%세율 적용) • 용역 : 전문, 과학 및 기술서비스업, 무형재산권 임대업, 상품중개업, 교육지원서비스업 등 일정한 사업에 해당하는 용역 및 보세운송업자가 제공하는 보세운송용역 ② 일정한 요건 • 비거주자 또는 외국법인이 국내사업장이 없는 경우 : 대금을 외국환은행에서 원화로 받아야 함 • 비거주자 또는 외국법인이 국내사업장이 있는 경우 : 국외의 비거주자 또는 외국법인과 직접 계약하여 공급하고, 대금을 해당 국외 비거주자 또는 외국법인으로부터 외국환은행에서 원화로 받아야 함

구 분	영세율 적용대상
외화획득 재화 또는 용역의 공급 등	4) 수출재화임가공용역 ① 내국신용장 또는 구매확인서에 의하여 공급하는 수출재화임가공용역 : 공급시기가 속하는 과세기간이 끝난 후 25일 이내 개설·확인되는 내국신용장 또는 구매확인서에 의한 공급일 경우 영세율 적용 ② 내국신용장 또는 구매확인서가 개설되어 있지 않는 경우 : 수출업자(수출품생산업자를 포함, 내국신용장에 의하여 수출재화를 수출업자에게 공급하는 사업자 제외)와 직접 도급계약에 의하여 수출재화를 임가공하는 수출재화임가공용역은 영세율 적용 • 다만, 사업자가 부가가치세를 별도로 적은 세금계산서를 발급한 경우에는 영세율을 적용하지 않음(10% 적용) 5) 외국을 항행하는 선박 및 항공기 또는 원양어선에 공급하는 재화 또는 용역 • 다만, 사업자가 부가가치세를 별도로 적은 세금계산서를 발급한 경우에는 영세율을 적용하지 않음(10% 적용) 6) 관광진흥법에 따른 종합여행업자가 외국인관광객에게 공급하는 관광알선용역 • 그 대가를 외국환은행에서 원화로 받은 것 또는 외화 현금으로 받은 것 중 관광알선수수료명세표와 외화매입증명서에 의하여 외국인관광객과의 거래임이 확인된 것에 한정하여 영세율 적용 7) 외국인전용판매장·주한외국군인 및 외국인선원 전용 유흥음식점에서 공급하는 재화 또는 용역 • 그 대가를 외화로 받고 그 외화를 외국환은행에서 원화로 환전하는 것에 한정하여 영세율 적용

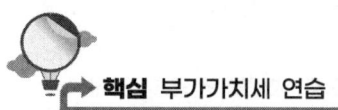

2-3 영세율 적용대상과 세금계산서 발급

구분	종류	세금계산서발급여부
재화의 수출	① 내국물품의 외국반출	세금계산서 발급의무 면제
	② 중계무역방식 등의 수출*1	세금계산서 발급의무 면제
	③ 내국신용장・구매확인서에 의해 공급하는 재화	세금계산서 발급
	④ 한국국제협력단 등에 공급하는 재화	세금계산서 발급
	⑤ 특정한 요건을 갖춘 수탁가공무역	세금계산서 발급의무 면제
용역의 국외 공급	용역을 공급받는 자가 국내사업장이 없는 비거주자・외국법인인 경우	세금계산서 발급의무 면제
	용역을 공급받는 자가 국내사업장이 있는 비거주자・외국법인・내국인・국내사업자인 경우	세금계산서 발급
외국항행 용역의 공급	항공기의 외국항행용역과 항공법에 따른 상업서류송달용역	세금계산서 발급의무 면제
외화획득 재화 또는 용역의 공급 등	① 국내에서 비거주자・외국법인에게 공급하는 재화・용역	세금계산서 발급의무 면제 또는 발급*2
	② 수출재화임가공용역	세금계산서 발급 ➡ 부가가치세 별도로 기재한 세금계산서 발급시 10% 적용
	③ 외국항행 선박・항공기・원양어선에 공급하는 재화・용역	세금계산서 발급의무 면제 ➡ 부가가치세 별도로 기재한 세금계산서 발급시 10% 적용
	④ 우리나라에 상주하는 외교공관・영사기관・국제연합과 이에 준하는 국제기구・국제연합군・미합중국군대에 공급하는 재화・용역	세금계산서 발급의무 면제
	⑤ 관광진흥법에 따른 일반여행업자가 외국인관광객 에게 공급하는 관광알선용역	세금계산서 발급의무 면제
	⑥ 기타 : 국내사업장이 없는 비거주자・외국법인에게 공급하는 재화・용역 ➡ 비거주자 등이 외국사업자 증명서류를 제시하고 세금계산서 발급요구시는 발급	세금계산서 발급의무 면제

*1 원료를 대가없이 국외의 수탁가공사업자에게 반출하여 가공한 재화를 국내사업자에게 양도하는 경우에 그 원료 : 세금계산서 발급
*2 국내에서 비거주자・외국법인에게 공급하는 재화・용역의 세금계산서 발급여부
① 비거주자・외국법인이 국내사업장이 있는 경우로 영세율이 적용되는 경우 : 세금계산서 발급의무면제
② 비거주자・외국법인이 국내사업장이 있는 경우로 10% 세율이 적용되는 경우 : 세금계산서발급
③ 비거주자・외국법인이 국내사업장이 없는 경우 : 항상 세금계산서 발급의무면제(비거주자・외국법인이 관련서류를 제시하고 세금계산서 발급을 요구하면 발급해야 함)

2-4 영세율 첨부서류

영세율이 적용되는 재화 또는 용역을 공급하는 사업자는 부가가치세 예정신고 및 확정신고를 할 때 영세율 첨부서류를 첨부하여 제출하여야 함

대표적인 첨부서류	수출실적명세서・수출계약서사본・외화입금증명서・국외제공 용역계약서・공급가액확정명세서 등
미첨부시 불이익	영세율 첨부서류를 제출하지 않은 경우 해당 과세표준이 영세율 적용대상임이 확인되는 때에는 영의 세율을 적용하지만, 영세율 첨부서류를 첨부하지 않은 부분에 대해서는 예정신고 및 확정신고로 보지 않기 때문에 무신고가산세 또는 과소신고・초과환급신고가산세 적용

3 면세

3-1 면세대상

구 분	면세 대상
기초생활 필수 재화・용역	① 미가공식료품(식용으로 제공되는 농・축・수・임산물과 소금) : 국내산・외국산 모두 면세 • 가공되지 않은 것 • 원생산물 본래의 성질이 변하지 아니하는 정도의 1차 가공을 거쳐 식용으로 제공하는 것(탈곡・정미・정맥・제분・정육・건조・냉동・염장・포장 등) • 단순가공식료품(김치・단무지・장아찌・젓갈류・두부・메주・간장・된장・고추장・데친 채소류 등) : 다만, 제조시설을 갖추고 판매목적으로 독립된 거래단위로 관입, 병입 그 밖의 이와 유사한 형태로 포장하여 공급시는 과세(2025.12.31.까지 공급분은 포장여부와 상관없이 일시적으로 면세) • 원생산물 본래의 성질이 변하지 아니하는 정도의 1차 가공 과정에서 발생하는 필수 부산물

구 분	면세 대상
기초생활 필수 재화·용역	• 미가공식료품을 단순히 혼합한 것 • 쌀에 식품첨가물 등을 첨가 또는 코팅하거나 버섯균 등을 배양한 것(기능성 쌀) ② 국내 생산 비식용 농·축·수·임산물 : 외국산은 과세 • 원생산물(관상용 새·금붕어·갯지렁이·거북이·화초·수목·누에고치·조개껍질 등) • 원생산물 본래의 성상(성질·모양)이 변하지 않을 정도의 원시가공을 거친 것 • 원시가공을 하는 과정에서 필수적으로 발생하는 부산물 ③ 수돗물 : 판매되는 생수 과세, 전기 과세 ④ 연탄과 무연탄 : 유연탄·갈탄·착화탄 과세 ⑤ 여객운송용역(지하철, 시내버스, 시외일반고속버스 등) ➡ 항공기, 시외우등·시외고급고속버스, 전세버스, 택시, 특수자동차, 특종선박, 고속철도, 삭도(케이블카), 관광유람선, 관광순환버스, 관광사업을 목적으로 운영하는 일반철도에 의한 여객운송용역(철도사업자가 국토교통부장관에게 신고한 여객 운임·요금을 초과해 용역의 대가를 받는 경우로 한정)은 과세 ⑥ 여성용 생리처리 위생용품, 영유아용 기저귀와 분유(액상형태 분유 포함) ⑦ 주택과 그 부수토지 임대용역 ➡ 국민주택·국민주택 규모 초과 주택 여부를 불문하고 주택과 그 부수토지의 임대는 면세, 사업용 건물과 그 부수토지 임대용역은 과세 ➡ 토지 소유자가 토지임대부 분양주택(국민주택규모로 한정)을 공급받은 자에게 토지임대부 분양주택의 토지를 임대하는 경우 주택과 이에 부수되는 토지임대로 봄 ⑧ 공동주택 어린이집의 임대용역
국민후생 재화·용역	① 의료보건용역(산후조리원 용역, 사회적 기업 또는 사회적 협동조합이 직접 제공하는 간병·산후조리·보육용역, 국가 및 지방자치단체로부터 정신건강증진사업 등을 위탁받은 자가 제공하는 정신건강증진사업 등의 용역, 장기요양기관이 장기요양인정을 받은 자에게 제공하는 용역 포함)과 혈액(치료·예방·진단 목적으로 조제한 동물혈액 포함) : 의약품의 단순판매는 과세, 의약품의 조제용역은 면세 ➡ 미용목적 성형수술·피부시술 진료용역과 수의사가 제공하는 동물진료용역은 열거된 것을 제외하고는 과세 ② 주무관청의 허가 또는 인가를 받거나 주무관청에 등록·신고된 교육용역 • 교육용역 제공시 필요한 교재·실습자재 기타 교육용구의 대가를 수강료 등에 포함하여 받거나 별도로 받는 때에는 주된 용역인 교육용역에 부수되는 재화·용역으로 면세 ➡ 무도학원, 자동차운전학원의 교육용역은 과세
문화관련 재화·용역	① 도서(도서대여 및 실내도서열람 용역 포함)·신문·인터넷신문·잡지·관보·뉴스통신·방송 : 광고는 과세 ② 예술창작품(골동품은 제외·모방하여 대량 제작하는 작품은 예술창작으로 보지 않음)·영리목적이 아닌 예술행사·문화행사·아마추어운동경기

구 분	면세 대상
문화관련 재화·용역	③ 도서관·과학관·박물관·미술관·동물원·식물원·민속문화자원을 소개하는 장소·전쟁기념관에의 입장 : 오락·유흥시설과 함께 있는 동·식물원 및 해양수족관 입장, 영화관 입장은 과세
부가가치 구성요소	① 금융·보험 용역 : 금융·보험사업 이외의 사업자가 주된 거래에 부수하여 금융·보험용역을 제공하는 경우에도 면세 ➡ 본질적인 금융·보험용역이 아닌 복권·입장권·상품권·지금형주화·금지금에 관한 대행용역, 기업합병 또는 기업매수의 중개·주선·대리, 신용정보서비스 및 은행업에 관련된 전산시스템과 소프트웨어의 판매·대여용역 등은 부가가치세 과세 ② 토지의 공급 : 건물의 공급은 과세 ③ 특정 인적용역(저술가·작곡가 등이 직업상 제공하는 인적용역 등) ➡ 전문자격사(공인회계사·세무사·변호사 등)가 제공하는 인적용역은 과세(국선변호·법률구조·국선대리·후견사무용역 등은 면세)
기타	① 우표(수집용 우표는 과세)·인지·증지·복권·공중전화 ② 판매가격 200원 이하인 소액담배·특수용담배 ③ 국가·지방자치단체·지방자치단체조합·일정한 공익단체에 무상으로 공급하는 재화·용역 ④ 국가·지방자치단체·지방자치단체조합이 공급하는 재화·용역 ➡ 우정사업조직의 우체국 택배용역·우편주문판매를 대행하는 용역, 고속철도에 의한 여객운송용역, 부동산임대업, 의료보건용역 중 과세대상인 것은 부가가치세 과세 ⑤ 공익단체가 공급하는 재화·용역
기타	⑥ 국민주택의 공급·국민주택의 건설용역·국민주택의 리모델링용역 ➡ 국민주택 규모를 초과하는 주택의 공급은 과세 ⑦ 거주자가 받는 소액물품으로 관세가 면제되는 재화의 수입 ⑧ 여행자휴대품 등으로 관세가 면제되는 재화의 수입 ⑨ 미가공식료품의 수입(커피 및 커피의 껍데기·껍질·웨이스트, 코코아두 및 코코아의 껍데기·껍질·웨이스트의 수입은 2025.12.31.까지 수입분은 면세)

㈜ **1. 부동산 공급과 임대에 대한 과세·면세여부**

구 분	건 물	토 지
공 급	① 원칙 : 과세 ② 국민주택 공급 : 면세	면 세
임 대	① 상가의 임대 : 과세 ② 주택의 임대 : 면세	① 원칙 : 과세 ② 주택부수토지의 임대 : 면세 ③ 전·답·과수원·목장용지·임야·염전임대 : 과세 제외

㊟ 2. 주택과 그 부수토지의 임대시 면세여부판정기준

<table>
<tr><th>구분</th><th colspan="2">건 물</th><th>부수토지</th></tr>
<tr><td>전용
주택</td><td colspan="2">전부 주택</td><td>• 주택부수토지의 한도 : Max(①, ②)
① 주택연면적(지하층면적, 지상층의 주차장면적, 주민공동시설면적 제외)
② 주택정착면적의 5배(도시지역 밖의 토지는 10배)</td></tr>
<tr><td rowspan="2">겸용
주택</td><td>주택면적
>
사업용건물
면적</td><td>전부 주택</td><td>• 주택부수토지 : Min(①, ②)
① 총토지면적
② 한도 : Max(㉠, ㉡)
㉠ 주택연면적 ㉡ 건물정착(바닥)면적*1 × 5(10)배
• 상가부수토지 : 총토지면적 − 주택부수토지</td></tr>
<tr><td>주택면적
≤
사업용건물
면적</td><td>주택부분만
주택</td><td>• 주택부수토지 : Min(①, ②)
① 총토지면적 × $\frac{주택연면적}{건물연면적}$
② 한도 : Max(㉠, ㉡)
㉠ 주택연면적 ㉡ 주택정착면적*2 × 5(10)배
• 상가부수토지 : 총토지면적 − 주택부수토지</td></tr>
</table>

*1 건물정착면적 = 주택의 정착면적 + 주택으로 간주되는 사업용건물의 정착면적

*2 복층건물의 경우 주택정착면적 = 건물정착면적 × $\frac{주택연면적}{건물연면적}$

3-2 면세의 포기

의의	부가가치세가 면제되는 재화·용역을 공급하는 사업자가 해당 면세 재화·용역의 공급에 대하여 면세적용을 포기하고 과세를 적용받는 것
포기대상	• 영세율의 적용대상이 되는 경우 • 학술 및 기술 발전을 위하여 학술 및 기술의 연구와 발표를 주된 목적으로 하는 단체가 그 연구와 관련하여 실비 또는 무상으로 공급하는 재화·용역
포기절차	• 부가가치세의 면제를 받지 아니하려는 사업자는 면세포기신고서를 관할 세무서장에게 제출하고, 지체없이 사업자등록을 하여야 함(면세포기신고는 시기제한이 없으며, 승인도 불필요) • 신규로 사업을 개시하는 경우는 면세포기신고서를 사업자등록신청서와 함께 제출 가능 • 면세포기의 효력은 사업자등록을 한 시점부터 발생
포기범위 및 효력	• 면세포기를 한 사업자가 재화의 공급으로 보지 아니하는 사업을 양도하는 경우에 면세포기효력은 사업을 양수받은 사업자에게 승계됨 • 면세되는 2 이상의 사업 또는 종목을 영위하는 사업자는 면세포기대상이 되는 재화·용역의 공급 중에서 포기하고자 하는 재화·용역의 공급만을 구분하여 포기 가능

포기범위 및 효력	• 영세율 적용대상이 되는 것만을 면세포기한 사업자가 면세되는 재화·용역을 국내에 공급하는 때에는 면세포기의 효력 없음 • 면세포기신고를 한 사업자가 사업장을 이전한 경우 등 사업자등록 정정사유가 발생한 때에는 해당 사유의 정정신고 여부에 관계없이 면세포기의 효력 있음
면세재적용 신고	• 면세포기신고를 한 사업자는 면세포기 신고를 한 날부터 3년간 부가가치세를 면제받지 못함 • 3년의 기간이 지난 후 부가가치세를 면제받으려면 면세적용신고서와 함께 부가가치세 과세사업자로 발급받은 사업자등록증을 제출하여야 함(면세적용신고서를 제출하지 아니하면 계속하여 면세를 포기한 것으로 봄)

정리문제

제3장

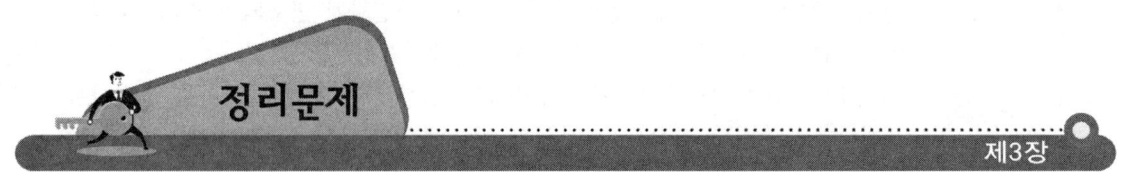

1. 다음 중 부가가치세 영세율과 관련된 설명 중 틀린 것은?

① 영세율은 수출하는 재화에 적용된다.
② 영세율은 완전면세에 해당한다.
③ 직수출하는 재화의 경우에도 세금계산서를 발행, 교부하여야 한다.
④ 영세율은 소비지국 과세원칙을 구현하기 위한 제도이다.

2. 다음 중 부가가치세법상 영세율 적용 대상이 아닌 것은?

① 내국신용장에 의하여 공급하는 재화
② 위탁가공무역 방식의 수출
③ 구매확인서에 의하여 공급하는 재화
④ 국내의 본점에서 위탁판매형식으로 국내의 다른 지점으로 인도한 재화

3. 다음 중 부가가치세법상 영세율에 관한 설명 중 틀린 것은?

① 면세사업자도 영세율을 적용받을 수 있다.
② 영세율은 소비지국과세원칙 구현과 아울러 수출촉진으로 인한 외화획득에도 목적이 있다.
③ 원칙적으로 거주자 또는 내국법인에 적용되나, 사업자가 비거주자인 경우는 상호면세주의에 따른다.
④ 사업자가 내국신용장에 의해 공급하는 재화는 국내거래이지만 영세율을 적용한다.

4. 다음 중 부가가치세법상 영세율이 적용되는 것으로 옳은 것은?

① 해외로 수출업을 운영하는 개인사업자
② 가공되지 않은 육류 도매업을 운영하는 면세 개인사업자
③ 국내 제조업을 영위하는 법인사업자
④ 커피숍을 운영하는 간이사업자

5. 부가가치세법상 영세율제도에 관한 설명이다. 가장 올바른 것은?

① 영세율은 수출을 촉진하기 위한 것이다.
② 영세율제도는 부가가치세의 역진성을 완화시키기 위한 제도이다.
③ 영세율적용대상자는 반드시 세금계산서를 발행, 교부하여야 한다.
④ 간이과세자는 간이과세를 포기하여야만 영세율을 적용받을 수 있다.

6. 다음 중 부가가치세법상 영세율에 대한 설명으로 틀린 것은?

① 완전면세
② 국제적 이중과세의 방지
③ 세부담의 역진성 완화
④ 수출산업의 지원

7. 부가가치세법상 영세율의 적용대상이 아닌 것은?

① 재화의 수출
② 국외에서 제공하는 용역
③ 선박 또는 항공기의 외국항행용역
④ 국가에 무상으로 공급하는 재화 또는 용역

8. 다음 중 부가가치세법상 영세율적용대상이 아닌 것은?

① 중계무역방식의 수출
② 국내항행용역의 공급
③ 용역의 국외공급
④ 외화획득 용역의 공급

9. 부가가치세법상 영세율 적용 대상에 해당하는 것은?

ㄱ. 국내에서 수출대행업자의 대행수수료
ㄴ. 항공기에 의한 국내 항행용역
ㄷ. 국외에서 제공하는 용역
ㄹ. 내국물품을 외국으로 반출하는 것

① ㄱ, ㄴ
② ㄱ, ㄹ
③ ㄴ, ㄷ
④ ㄷ, ㄹ

10. 다음 중 부가가치세법상 영세율 적용대상 거래가 아닌 것은?

① 내국신용장 또는 구매확인서에 의하여 재화를 공급하는 것(금지금 포함)
② 내국물품을 외국으로 유상반출하는 것
③ 국외에서 공급하는 용역
④ 선박에 의한 외국항행용역의 공급

11. 다음 중 부가가치세법상 영세율이 적용되는 거래로 볼 수 없는 것은?

① 외국을 항행하는 선박·항공기 또는 원양어선에 공급하는 재화 또는 용역
② 우리나라에 상주하는 외국정부기관·국제기구, 우리나라에 상주하는 국제연합군 또는 미합중국군대에 직접 공급하는 재화 또는 용역
③ 국외에서 제공하는 용역
④ 수출품생산업자가 수출업자에게 지급하는 수출대행수수료

12. 부가가치세법상 영세율이 적용되지 않는 것은?

① 국내에서 국내로 하는 항행용역
② 국외에서 행하는 건설용역
③ 내국물품을 국외로 반출하는 무역
④ 금지금을 제외한 내국신용장 또는 구매확인서에 의하여 공급하는 재화

13. 다음 중 부가가치세법상 영세율적용대상에 해당하지 않은 것은?

① 중계무역 방식으로 수출하는 재화
② 내국신용장에 의한 수출재화
③ 수출업자와 직접 도급계약에 의한 재화의 임가공 용역
④ 수출업자에게 내국신용장 또는 구매확인서 없이 공급하는 재화

14. 다음 중 부가가치세법상 영세율을 적용받는 거래는?

① 내국물품을 외국으로 반출하는 것
② 주택임대용역을 공급하는 것
③ 미가공식료품을 공급하는 것
④ 외국법인이 국내에서 재화를 공급하는 것

15. 다음 중 부가가치세법상 영세율 적용대상이 아닌 것은?

① 국외에서 제공하는 용역
② 외화획득재화 또는 용역의 공급
③ 외국항행용역의 공급
④ 위탁판매형식으로 국내의 본점에서 국내의 다른 지점으로 인도한 재화

16. 부가가치세법상 거래형태별로 영세율이 적용되지 않는 것은?

① 중계무역 방식의 수출
② 외국정부기관 등에 공급하는 재화 및 용역
③ 국내사업장이 없는 외국법인 등이 지정한 자에게 공급하는 과세사업에 사용되는 재화로서 그 대금을 외국환은행에서 원화로 받는 경우
④ 자기의 사업을 위하여 무상으로 국외사업자에게 견본품을 반출하는 경우

17. 다음 중 부가가치세법상 영세율이 적용되는 거래로 볼 수 없는 것은?

① 외국을 항행하는 선박, 항공기 또는 원양어선에 공급하는 재화 또는 용역
② 국내에서 주재하는 외국정부기관 · 국제기구 · 국제연합군 또는 미국군에게 공급하는 재화 또는 용역
③ 사업자가 외국의 거래업체에 증여하기 위하여 무상으로 반출하는 견본품
④ 내국법인으로부터 건설공사를 하도급 받아 해외에서 제공하는 건설용역

18. 다음 중 부가가치세법상 재화나 용역의 공급에서 영세율이 적용되지 않는 것은?

① 직수출하는 재화
② 국내에서 외국법인에게 제공하는 용역
③ 내국신용장에 의한 공급
④ 선박・항공기의 외국항행용역

19. 다음 중 부가가치세법상 영세율이 적용되는 거래는 몇 개인가?

ㄱ. 사업자가 재화를 국외로 무상반출 하는 경우
ㄴ. 수출업자가 수출을 대행하고 수출대행수수료를 받는 경우
ㄷ. 외국에 견본품을 유상으로 반출하는 경우

① 0개　　② 1개
③ 2개　　④ 3개

20. 다음 중 부가가치세법상 영세율 적용대상이 아닌 것은?

① 사업자가 내국신용장 또는 구매확인서에 의하여 공급하는 수출용 재화
② 수출업자와 직접 도급계약에 의한 수출재화임가공용역
③ 국외에서 공급하는 용역
④ 수출업자가 타인의 계산으로 대행위탁수출을 하고 받은 수출대행수수료

21. 다음 중 부가가치세법상 영세율에 대한 설명으로 옳은 것은?

① 사업자가 재화를 국외로 무상으로 반출하는 경우에는 재화의 공급으로 보지 아니한다.
② 간이과세자가 재화를 수출하는 경우에 그 수출하는 재화에 대하여는 영세율을 적용하지 않는다.
③ 수출을 대행하는 수출업자가 수령하는 수출대행수수료는 영세율적용대상 거래이다.
④ 사업자가 비거주자 또는 외국법인인 경우에는 그 외국에서 대한민국의 거주자 또는 내국법인에 대하여 동일한 면세를 하는 경우에만 영의 세율을 적용한다.

22. 부가가치세법상 내국신용장과 관련된 설명으로 옳지 않은 것은?

① 사업자가 재화를 수출하고 수출대금과 신용장상의 금액과의 차액을 별도로 지급받는 경우 그 금액에 대하여도 영세율이 적용된다.
② 재화를 공급한 과세기간 종료일까지 내국신용장이 개설되지 않은 경우에는 영세율을 적용받을 수 없다.
③ 내국신용장에 의한 공급에 대하여 영세율이 적용되는 경우에도 세금계산서 발급의무는 면제되지 아니한다.
④ 외국으로 반출되지 아니하는 재화의 공급과 관련하여 개설된 내국신용장에 의한 재화의 공급은 영세율을 적용하지 아니한다.

23. 다음 중 영세율이 적용되는 것이 아닌 것은?

① 한국국제협력단에 공급하는 재화로 한국국제협력단이 고유의 사업을 위하여 외국으로 유상으로 반출하는 것
② 외국을 항행하는 선박 및 항공기 또는 원양어선에 공급하는 재화 또는 용역
③ 여객이나 화물을 국내에서 국외로, 국외에서 국내로 또는 국외에서 국외로 수송하는 선박 또는 항공기의 외국항행용역
④ 수출업자와 직접도급계약에 의하여 수출재화를 임가공하는 수출재화 임가공 용역 및 내국신용장에 의하여 공급하는 수출재화 임가공용역

24. 다음 영세율 적용대상 중 부가가치세법상 세금계산서 발급의무가 면제되는 경우가 아닌 것은?

① 재화를 직접 수출하는 경우
② 국내 주둔 미국군에 재화를 공급하는 경우
③ 선박 또는 항공기의 외국항행용역을 제공하는 경우
④ 내국신용장에 의하여 수출업자에게 공급하는 경우

25. 다음 중 부가가치세법상 영세율제도에 대해 틀린 것은?

① 영세율사업자도 부가가치세법상 사업자이므로 납세의무를 진다.

② 건설업자가 자기의 사업과 관련하여 생산한 재화를 해외건설공사에 건설용 자재로 사용할 목적으로 국외반출하는 것은 재화의 공급으로 보지 않는다.

③ 사업자가 우리나라에 상주하는 외교공관에게 재화 또는 용역을 공급하는 경우에는 그 대가를 외국환은행에서 원화로 받는 것에 한하여 영세율을 적용한다.

④ 영세율은 원칙적으로 거주자 또는 내국법인에 한하여 적용하며, 비거주자이거나 외국법인인 경우 영세율 적용은 상호주의에 따른다.

26. 영세율제도에 관한 설명으로 틀린 것은?

① 사업장별 환급세액에 영세율이 적용되는 공급액과 관련이 없는 매입세액이 일부 포함되어 있더라도 그 환급세액의 전액에 대하여 조기환급을 받을 수 있다.

② 간이과세자가 재화를 수출하는 경우에 그 수출하는 재화에 대하여는 영세율을 적용한다.

③ 수출업자와 직접 도급계약에 의하여 수출재화를 임가공하여 그 대가로 원화를 받았다면 그 대가에 대하여는 영세율 적용이 배제된다.

④ 사업자가 국내에서 사업장이 있는 외국법인에게 그 용역을 공급하고 그 대가로 외화를 받는 경우에 그 대가에 대하여는 영세율이 적용되지 않는다.

27. 다음은 부가가치세법상 영세율에 대한 설명이다. 옳지 않은 것은?

① 영세율은 거주자 또는 내국법인에 대하여 적용함을 원칙으로 하며, 비거주자나 외국법인에 대하여는 상호주의에 의한다.

② 영세율제도는 부가가치세의 부담을 완전히 제거하는 완전면세제도이다.

③ 수출업자가 받는 수출대행수수료에 대하여는 영세율을 적용하지 아니한다.

④ 관할세무서에 신고함으로써 영세율을 포기할 수 있다.

28. **다음 중 부가가치세법상 영세율에 관한 설명으로 옳은 것은?**

① 면세사업자는 면세를 포기하지 않는 한 영세율을 적용받을 수 없다.
② 간이과세자는 영세율을 적용받을 수 없다.
③ 영세율이 적용되는 모든 거래에 대하여 세금계산서 발급의무가 면제된다.
④ 외국법인이 국내에서 공급하는 모든 재화는 영세율 적용대상이다.

29. **다음 중 부가가치세법상 영세율 첨부서류에 해당하지 않는 것은?**

① 수출실적명세서　　② 내국신용장
③ 구매확인서　　④ 매출처별세금계산서 합계표

30. **다음 중 부가가치세법상 영세율제도에 관한 설명으로 잘못된 것은?**

① 영세율 사업자도 사업자등록의무, 부가가치세의 신고·납부 의무가 있다.
② 영세율 적용대상 거래 중 직수출하는 재화에 대하여는 세금계산서 발급의무를 면제하고 있다.
③ 영세율 적용 사업자가 재화 또는 용역을 구입하는 때에는 영세율을 적용받게 된다.
④ 영세율을 적용받는 사업자는 부가가치세 환급에 있어서 조기환급을 신청할 수 있다.

31. **다음 중 부가가치세법상 영세율이 적용되지 않는 경우는?**

① 내국물품을 외국으로 반출하는 경우
② 우리나라에 상주하는 미합중국군대에 재화를 제공한 경우
③ 국내사업장이 있는 비거주자에게 재화를 제공하고 대금을 원화로 받는 경우
④ 수출업자와 직접도급계약에 의하여 수출재화를 임가공하는 용역의 경우

32. 다음 중 부가가치세법상 영세율에 대한 설명으로 옳지 않은 것은?

① 영세율제도는 매출세액이 "0"원이 되고 전단계매입세액을 전액 공제받는다는 점에서 매출세액만 면제되고 매입세액은 공제되지 않는 면세와 다르다.

② 수출하는 재화에 대하여 영세율 적용은 거주자 또는 비거주자, 내국법인, 외국법인 불문하고 모두 영세율적용을 받는다.

③ 영세율을 적용받는 사업자도 사업자등록, 신고의무 등 부가가치세법상의 모든 의무를 이행하여야 한다.

④ 영세율제도는 생산수출국과 수입소비국에서 각각 부가가치세가 과세되어 이중과세되는 것을 방지하기 위한 것이다.

33. 영세율이 적용되는 금액은 얼마인가?

- 구매확인서에 의한 공급가액 : 1,000,000원
- 내국신용장에 의한 공급가액 : 4,000,000원
- 내국신용장에 의해 수출재화를 수출업자에게 공급하는 사업자와 직접 도급계약에 의하여 수출재화를 임가공하는 용역의 공급가액 : 6,000,000원

① 1,000,000원 ② 4,000,000원
③ 5,000,000원 ④ 6,000,000원

34. 부가가치세법에 의한 재화나 용역의 공급시 적용되는 세율이 다른 하나는?

① 일반과세사업자가 면세사업자에게 공급하는 과세재화
② 간이과세사업자가 비사업자인 개인에게 공급하는 과세재화
③ 일반과세사업자가 구매확인서에 의하여 공급하는 과세용역
④ 일반과세사업자의 폐업시 미판매된 재고자산(매입세액공제됨)

35. 부가가치세법상 영세율이 적용되지 않는 항행용역은?

① 국내에서 국외로의 항행용역 ② 국외에서 국내로의 항행용역
③ 국내에서 국내로의 항행용역 ④ 국외에서 국외로의 항행용역

36. **다음 중 부가가치세법상 영세율에 대한 설명으로 가장 옳지 않은 것은?**

① 내국법인이 중계무역을 하는 것은 영세율 신고대상이 아니다.

② 면세사업자도 면세 포기시 영세율 적용이 가능하다.

③ 국외에서 제공하는 용역도 영세율을 적용한다.

④ 국외에서 건설용역을 제공하는 내국법인으로부터 해당 건설공사를 재도급받아 국외에서 건설용역을 제공하는 경우에도 영세율 적용대상이 된다.

37. **다음 중 부가가치세법상 영세율의 적용대상이 아닌 것은?**

① 국외에서 공급하는 용역

② 선박 또는 항공기에 의한 내국항행용역

③ 수출업자와 직접 도급계약에 의하여 제공되는 수출재화 임가공용역

④ 내국신용장에 의하여 공급하는 수출재화의 임가공 용역

38. **다음 중 부가가치세법상 영세율에 관한 설명으로 틀린 것은?**

① 영세율 적용의 목적은 소비지국과세원칙의 구현에 있다.

② 간이과세자는 영세율을 적용받을 수 없다.

③ 선박 또는 항공기에 의하여 여객이나 화물을 국내에서 국외로 공급할 경우 영세율을 적용한다.

④ 우리나라에 상주하는 외교공관에 재화를 공급할 경우 영세율을 적용한다.

39. **다음 중 부가가치세법상 영세율 적용 대상 거래는 무엇인가?**

① 간이과세자가 수출하는 재화

② 사업자가 국내에서 국내사업장이 있는 외국법인에게 부동산임대용역을 제공하는 경우

③ 수출업자가 국내에서 수출품생산업자와 계약에 따라 수출대행하고 수출대행수수료를 받는 경우

④ 내국신용장이 법에 정하는 기한 내에 발급되지 아니한 재화의 공급

40. 다음 중 부가가치세법상 영세율에 관한 설명으로 옳지 않은 것은?

① 내국신용장 또는 구매 확인서에 의하여 재화를 공급하는 경우 재화의 수출로 보아 영세율을 적용한다.
② 내국물품을 외국으로 반출하는 경우 재화의 수출로 보아 영세율을 적용한다.
③ 수출에 따른 영세율이 적용되는 경우 관련 매입세액에 대해서는 공제가 불가능하다.
④ 위탁판매수출의 경우에도 재화의 수출로 보아 영세율을 적용한다.

41. 다음 중 부가가치세법상 영세율 제도에 대한 설명으로 가장 옳지 않은 것은?

① 토지의 공급은 영세율 적용 대상이다.
② 국외에서 제공하는 용역은 영세율 적용 대상이다.
③ 선박 또는 항공기에 의한 외국항행용역은 영세율 적용 대상이다.
④ 외국으로 수출하는 재화는 영세율 적용 대상이다.

42. 부가가치세법상 영세율과 면세에 관한 다음의 설명 중 가장 잘못된 것은?

① 면세재화는 공급시에 매출세액은 없으며, 매입시에 매입세액은 환급된다.
② 영세율 적용을 받더라도 사업자등록, 세금계산서 발급 등 납세의무자로서의 의무를 이행하지 않으면 가산세 등 불이익이 발생한다.
③ 영세율이 적용되는 경우에는 조기환급을 받을 수 있다.
④ 주택의 임대용역에 대해서는 원칙적으로 면세를 적용한다.

43. 부가가치세법상 면세와 영세율에 대한 설명으로 틀린 것은?

① 면세사업자가 영세율을 적용받기 위해서는 면세를 포기하여야 한다.
② 면세는 최종소비자가 부담하는 세부담의 역진성 완화를 위한 제도이다.
③ 외국으로 반출되지 아니하는 재화의 공급과 관련하여 개설된 내국신용장에 의한 재화의 공급도 영세율을 적용한다.
④ 주택부수토지의 임대용역은 면세이나 그 외의 토지임대용역은 과세대상이다.

44. 부가가치세법상 면세와 영세율에 관한 다음의 설명 중 가장 옳은 것은?

① 영세율 적용대상자는 과세사업자에 한한다.
② 영세율은 거주자 또는 내국법인에 한하여만 적용한다.
③ 면세제도는 소비지국 과세원칙의 실현에 그 목적이 있다.
④ 거주자가 외국에서 제공하는 용역은 영세율을 적용받지 못한다.

45. 다음은 부가가치세법상 면세와 영세율에 대한 설명이다. 틀린 것은?

① 영세율은 부분면세제도이다.
② 면세사업자도 영세율을 적용받을 수 있다.
③ 영세율은 소비지국과세원칙을 구현하기 위한 것이다.
④ 면세는 조세부담의 역진성을 완화하는 기능이 있다.

46. 부가가치세법상 면세제도와 가장 관련이 없는 것은?

① 면세사업자의 세부담 경감제도
② 부가가치세법상 사업자등록 의무 없음
③ 조세부담의 역진성완화
④ 불완전면세제도

47. 다음 중 부가가치세법상 영세율에 대한 설명이 올바른 것은?

① 영세율이 적용되는 경우에는 조기환급을 받을 수 없다.
② 부가가치세의 부담을 완전히 제거하지 못하는 불완전면세제도이다.
③ 영세율을 적용받는 사업자는 매입세액을 매출세액에서 공제받을 수 없다.
④ 영세율이 적용되는 경우에도 내국신용장, 구매확인서에 의한 공급시에는 세금계산서 발급의무가 있다.

48. 다음 중 부가가치세법상 영세율과 면세에 대한 설명 중 옳지 않은 것은?

① 영세율 취지는 소비지국과세원칙의 구현이다.
② 면세 적용대상에는 기초생활 필수품 등이 있다.
③ 면세사업만 영위하는 사업자는 부가가치세법상 사업자이다.
④ 면세의 취지는 부가가치세의 역진성을 완화하기 위함이다.

49. 부가가치세법상 영세율과 면세에 관한 다음의 설명 중 잘못된 것은?

① 영세율 적용대상인 재화 또는 용역을 공급하는 면세사업자도 선택에 의해 면세를 포기할 수 있다.
② 영세율 적용대상 사업자와 면세사업자의 매입세액은 공제 또는 환급받을 수 있다.
③ 영세율 적용을 받더라도 사업자등록, 세금계산서 발급 등 납세의무자로서의 의무를 이행하지 않으면 가산세 등 불이익이 발생한다.
④ 면세의 포기를 신고한 사업자는 신고한 날부터 3년간 면세를 적용받을 수 없다.

50. 부가가치세법상 영세율과 면세에 대한 설명이다. 옳지 않은 것은?

① 부가가치세법은 주로 소비지국과세원칙을 구현하기 위해 영세율제도를 두고 있고, 부가가치세의 역진성을 완화하기 위해 면세제도를 두고 있다.
② 영세율은 영세율사업자의 매입세액을 전액 환급받을 수 있으므로 완전면세제도이다.
③ 면세는 면세사업자의 매입세액을 일부만 환급받을 수 있으므로 부분면세제도이다.
④ 영세율 적용대상자는 부가가치세법상 사업자이지만, 면세사업자는 부가가치세법상 사업자가 아니다.

51. 다음 중 부가가치세법상 영세율과 면세에 대한 설명으로 틀린 것은?

① 면세사업자는 납세의무자가 아니므로 부가가치세법상 어떠한 의무도 지지 않는다.
② 영세율제도는 소비지국과세원칙에 따라 주로 수출 등과 같이 재화 또는 용역을 국외에 제공할 때 주로 적용되며, 이는 국제적 이중과세를 방지하기 위한 것이다.
③ 영세율사업자는 납세의무자이므로 부가가치세법상 각종 의무를 이행하여야 한다.
④ 면세는 당해 거래자체의 매출세액도 과세하지 않고 구입시 부담한 매입세액도 전혀 공제하지 않음으로써 결국 면세사업자가 부담한 매입세액은 원가에 가산되어 최종소비자에게 전가되는 부분면세제도이다.

52. 부가가치세법상 영세율사업자와 면세사업자가 공통으로 적용받는 경우는?

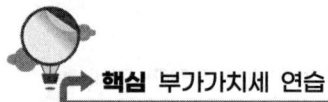

① 납세의무　　② 세금계산서 발행
③ 매입세액 불공제(환급)　　④ 매입세금계산서합계표 제출의무

53. **부가가치세법상 영세율과 면세에 관한 다음 설명 중 틀린 것은?**

① 면세를 포기하면 일반과세자와 마찬가지로 부가가치세 신고의무가 생긴다.

② 영세율은 매출·매입처별세금계산서합계표 제출의무가 있으나, 면세는 매출·매입처별 세금계산서합계표 제출의무가 없다.

③ 영세율은 세금계산서 발급의무가 있으나, 면세는 세금계산서 발급의무가 없다.

④ 영세율은 완전면세제도이나, 면세는 부분면세제도이다.

54. **다음 중 부가가치세법상 영세율과 면세에 관한 비교 내용 중 틀린 것은?**

	영 세 율	면 세
① 목적	: 소비지국과세원칙의 구현	역진성 완화
② 대상	: 수출 등 외화획득거래	생활필수품
③ 매입세액	: 전액 환급됨	환급되지 않음
④ 면세정도	: 부분면세제도	완전면세제도

55. **다음 중 부가가치세법상 영세율과 면세에 대한 설명으로 가장 옳지 않은 것은?**

① 면세사업자는 부가가치세법상 납세의무자에 해당하지 않는다.

② 면세재화를 수출하는 경우 면세를 포기하지 않은 경우 영세율을 적용받을 수 없다.

③ 영세율사업자는 매입세액을 환급받을 수 있다.

④ 영세율적용사업자 및 면세사업자는 모두 세금계산서 발급 의무가 없다.

56. **다음 중 부가가치세법상 영세율과 면세제도에 대한 설명으로 잘못된 것은?**

① 면세를 포기하는 경우 포기신고일이 속하는 과세기간 종료일로부터 3년간은 면세를 적용받을 수 없다.

② 영세율은 완전면세제도이고, 면세는 불완전면세제도라 칭한다.

③ 면세사업자는 부가가치세법상 사업자는 아니지만 매입처별세금계산서합계표제출과 같은 협력의무는 있다.

④ 국내거래일지라도 기한 내에 개설된 내국신용장이 있다면 영세율 적용이 가능하다.

57. 다음 중 부가가치세법상 영세율과 면세에 대한 설명으로 잘못된 것은?

① 면세제도는 세부담의 누진성을 완화하기 위하여 주로 기초생활필수품 등에 적용하고 있다.

② 선박 또는 항공기에 의한 외국항행용역의 공급에 대하여는 영세율을 적용한다.

③ 영세율은 완전면세제도이고, 면세는 불완전면세제도이다.

④ 국내거래라도 영세율이 적용되는 경우가 있다.

58. 다음 중 부가가치세법상 영세율과 면세에 대한 설명으로 틀린 것은?

① 영세율은 소비지국 과세원칙의 구체적 적용방법으로서 국제거래에 대한 이중과세를 방지하기 위한 제도이다.

② 부가가치세법상 면세가 적용되면 면세가 적용된 거래 이전단계에서 창출된 모든 부가가치에 대해서 과세를 하지 않는 효과를 가져오게 되므로 우리나라는 완전면세제도를 채택하였다.

③ 면세대상은 법에 열거된 재화 또는 용역에 한정된다.

④ 국외에서 공급하는 용역에 대하여는 영세율을 적용한다.

59. 다음 중 부가가치세법상 영세율과 면세에 대한 설명으로 가장 옳지 않은 것은?

① 은행법에 의한 은행업은 부가가치세 면세대상이다.

② 구매확인서에 의해 공급하는 재화는 수출재화로 영세율 대상이다.

③ 가공하지 않은 비식용농산물은 국내산만 부가가치세 면세대상이다.

④ 면세사업자는 부가가치세 납세의무는 없지만 부가가치세 신고 및 세금계산서 발급의무는 있다.

60. 다음 중 영세율이 적용되는 사업자에게 적용되는 부가가치세법상 설명으로 잘못된 것은?

① 매월별로 조기환급을 신청할 수 없다.

② 부가가치세 신고 및 납부 의무가 있다.

③ 세금계산서합계표의 제출의무가 있다.

④ 신규로 사업을 개시할 때 사업자등록을 하여야 한다.

61. 다음 중 부가가치세법상 영세율의 특징이 아닌 것은?

① 수출업자의 자금부담을 줄여서 수출을 촉진한다.
② 사업자의 부가가치세 부담을 완전히 면제해 준다.
③ 국가간 이중과세를 방지한다.
④ 저소득층의 세부담 역진성을 완화한다.

62. 부가가치세법상 역진성 완화 목적으로 도입한 제도는?

① 과세제도 ② 대손세액공제제도
③ 면세제도 ④ 영세율제도

63. 다음 중 부가가치세법상 성격이 다른 하나는?

① 버섯균 배양 쌀 ② 수돗물
③ 번개탄 ④ 복권

64. 다음 중 부가가치세법상 면세대상인 것은?

① 외국에서 수입한 관상용 물고기 ② 의사의 미용목적 쌍꺼풀수술
③ 수집용 우표 ④ 외국에서 수입한 콩

65. 다음 중 부가가치세법상 면세되는 재화 또는 용역의 공급에 해당하는 것은?

① 국내선 항공기 여객운송용역 ② 택시 여객운송용역
③ 수돗물 ④ 신문 광고

66. 다음의 재화 또는 용역을 공급할 때 부가가치세가 과세되는 경우는?

① 수돗물 ② 연탄
③ 맛김 ④ 무연탄

67. 부가가치세법상 사업자가 행하는 다음의 거래 중 부가가치세가 과세되는 것은?

① 상가에 부수되는 토지의 임대
② 주택의 임대
③ 국민주택 규모 이하의 주택의 공급
④ 토지의 공급

68. 부가가치세법은 미가공 식료품에 대하여 면세로 규정하고 있다. 이러한 미가공 식료품에 해당되지 않는 것은?

① 우유에 바나나향을 배합한 바나나맛 우유
② 원생산물 본래의 성질이 변하지 아니하는 정도로 1차 가공을 하는 과정에서 필수적으로 발생하는 부산물
③ 김치, 두부 등 단순 가공식료품
④ 미가공 식료품을 단순히 혼합한 것

69. 다음 중 부가가치세법상 면세대상이 아닌 것은?

① 세무사의 컨설팅용역
② 도서관 입장료
③ 치과의사의 충치치료용역
④ 정부의 인·허가를 받은 보습학원의 교육용역

70. 다음 중 부가가치세가 면세되는 재화 또는 용역의 공급인 것은?

① 영화관입장
② 수집용 우표
③ 금융·보험용역
④ 신문 광고

71. 다음 중 부가가치세법상 면세가 아닌 것은?

① 도서
② 금융, 보험용역
③ 의약품의 판매
④ 시내버스 운송용역

72. 다음 중 부가가치세법상 면세인 의료보건용역이 아닌 것은?

① 물리치료사가 제공하는 물리치료용역
② 약사가 제공하는 의약품 판매용역
③ 안마사가 제공하는 안마용역
④ 장의업자가 제공하는 장의용역

73. 부가가치세법상 면세 대상에 해당하는 것을 모두 고른 것은?

ㄱ. 가공되지 아니한 식료품
ㄴ. 박물관, 미술관에의 입장
ㄷ. 국외에서 제공하는 용역
ㄹ. 고속철도 운송용역

① ㄱ, ㄴ
② ㄱ, ㄹ
③ ㄴ, ㄷ
④ ㄷ, ㄹ

74. 다음 중 부가가치세법상 면세 의료용역의 범위에 해당하는 것으로 가장 올바른 것은?

① 성형외과에서 시행하는 쌍꺼풀수술
② 장의업자가 제공하는 장의용역
③ 치과에서 시행하는 치아미백
④ 피부과에서 진행하는 여드름치료술

75. 부가가치세법상 치과 사업자의 진료용역 중 부가가치세 과세 대상 용역은 어느 것인가?

㉠ 충치 진료
㉡ 치아미백
㉢ 선천성 기형 치아의 재건수술
㉣ 잇몸성형술

① ㉠, ㉡
② ㉡, ㉣
③ ㉠, ㉢
④ ㉢, ㉣

76. 다음 중 부가가치세법상 면세되는 재화 또는 용역의 공급에 해당하는 것은?

① 생수
② 전세버스운송용역
③ 광고
④ 토지의 공급

77. 다음 중 부가가치세 면세대상이 아닌 것은?

① 항공법에 따른 항공기에 의한 여객운송 용역의 공급
② 수돗물의 공급
③ 토지의 공급
④ 연탄의 공급

78. 다음 중 부가가치세법상 과세대상 재화에 해당하는 것으로 가장 적절한 것은?

① 무연탄
② 토지
③ 도서
④ 영업권

79. 다음 중 부가가치세법상 면세대상이 아닌 것은?

① 국내에서 생산된 애완용 돼지
② 산후조리용역
③ 국민주택규모를 초과하는 주택의 임대
④ 상가부수토지의 임대용역

80. 다음 중 부가가치세법상 면세대상 거래에 해당하는 것은?

① 운전면허학원의 시내연수
② 개인택시운송용역
③ 일반의약품에 해당하는 종합비타민 판매
④ 예술 및 문화행사

81. 다음 중 부가가치세법상 면세가 적용되는 재화 또는 용역은 몇 개인가?

• 미가공식료품	• 국외에서 제공하는 용역
• 일반고속버스(우등고속버스 제외)	• 시내버스
• 박물관, 미술관에 입장하게 하는 것	• 자동차 운전학원

① 1개 ② 2개
③ 3개 ④ 4개

82. 다음 중 부가가치세법상 면세되는 재화 또는 용역의 공급만으로 묶인 것은?

가. 의료보건용역과 혈액	나. 수집용 우표
다. 토지의 공급	라. 신문사 광고

① 가, 나 ② 나, 다
③ 가, 라 ④ 가, 다

83. 다음 중 부가가치세법상 면세 항목을 모두 고른 것은?

A. 수돗물	B. 상가 및 부수토지 임대 용역	C. 동물원 입장료
D. 미가공 식료품	E. 가공된 맥반석 오징어	

① A, B, C ② A, C, D
③ B, C, D ④ A, C, E

84. 다음 의료보건용역 중 부가가치세법상 면세에 해당하지 않는 것은?

① 장의업자의 장의용역
② 응급환자 이송용역
③ 약사가 제공하는 의약품의 조제용역
④ 미용 목적의 성형수술

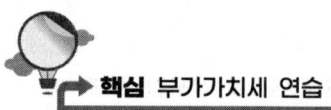

85. 다음 중 부가가치세법상 면세 대상으로 옳은 것은?

가. 토지의 공급	나. 항공요금	다. 전기요금	라. 수돗물

① 가, 나
② 가, 라
③ 다, 라
④ 나, 다

86. 다음 중 부가가치세법상 면세가 적용되는 것이 아닌 것은?

① 토지의 공급
② 가공된 식료품의 공급
③ 도서의 공급
④ 수돗물의 공급

87. 다음 중 부가가치세법상 부동산의 공급 및 임대에 대한 과세구분이 맞는 것은 어느 것인가?

① 주택의 공급(국민주택규모이하의 주택이 아님)－면세
② 상가용건물의 임대－면세
③ 국민주택규모초과 주택임대－과세
④ 상업용건물에 딸린 토지임대－과세

88. 다음 중 부가가치세법상 면세되는 주택의 임대에 대한 설명으로 옳지 않은 것은?

① 겸용주택의 경우 주택면적이 주택이외의 건물면적보다 큰 경우에는 그 전부를 주택으로 본다.
② 주택면적이 주택이외의 건물면적보다 작거나 같은 경우에는 주택이외의 사업용 건물부분은 주택의 임대로 보지 아니한다.
③ 겸용주택 임대의 경우 건물면적과 관계없이 무조건 주택부분에 해당하는 부분만 면세한다.
④ 주택부분 임대는 국민주택 미만 및 초과분 모두에 대하여 면세한다.

89. 다음 중 부가가치세법상 재화의 수입에 대하여 부가가치세가 면세되지 않는 것은?

① 외국으로부터 국가 · 지방자치단체 또는 지방자치단체조합에 기증되는 재화
② 이사, 이민 또는 상속으로 수입하는 재화로서 관세가 면세되는 재화
③ 수입하는 상품의 견본과 광고용 물품으로서 관세가 면세되는 재화
④ 식용으로 제공되지 아니하는 농산물, 축산물, 수산물과 임산물

90. 다음 자료에서 면세재화를 공급하는 사업자로 볼 수 없는 자는?

- (주)경인은 부동산 중 토지만을 판매하고 있다.
- 부동산임대업을 영위하는 A씨는 자신이 소유한 주택 2채를 타인에게 임대하고 있다(해당 주택의 부수토지면적은 면세범위에 속함).
- 도소매업을 영위하는 B씨는 생수를 판매하고 있다.
- 약사인 C씨가 처방전에 따라 제공하는 조제용역

① (주)경인 ② A씨
③ B씨 ④ C씨

91. 부가가치세 면세대상은 몇 개인가?

• 수돗물	• 연탄과 무연탄	• 고속철도(KTX)
• 토지임대	• 고가주택임대	• 미용목적성형수술
• 사업용건물 임대		

① 1개 ② 2개
③ 3개 ④ 4개

92. 다음 중 부가가치세법상 면세재화가 아닌 것은?

① 금융보험용역
② 수돗물
③ 200원(20개피 기준) 이하의 담배
④ 골동품

93. 다음 중 부가가치세 면세대상이 아닌 것은?

① 주무관청의 허가를 받은 학원의 교육용역
② 국민주택이 아닌 주거용 건축물을 사업적으로 자영 건설하여 분양·판매하는 경우
③ 김치·두부 등 단순 가공식료품
④ 영리를 목적으로 하지 아니하는 경연대회

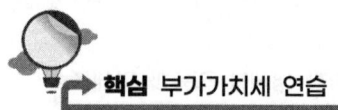

94. **다음 중 부가가치세법가 과세되지 않는 거래는?**

① 부동산임대업을 하는 사업자가 상가건물을 사무실로 임대한 경우
② 주택임대사업자가 부수토지를 제외한 주택을 임대하고 있는 경우
③ 냉장고 제조회사에서 제품인 냉장고를 직원에게 생일선물로 선물하는 경우
④ 건설회사가 상가건물을 분양하는 경우

95. **부가가치세법상 면세대상에 해당하는 것은?**

① 무허가 학원
② 유아용 분유와 기저귀
③ 골동품
④ 영화관 입장

96. **다음은 부가가치세법상 면세에 관한 설명이다. 틀린 것은?**

① 면세사업자가 부담한 매입세액은 환급받을 수 없다.
② 면세사업자는 부가가치세의 거래징수의무를 지지 아니한다.
③ 주택과 이에 부수되는 토지의 임대용역은 과세대상이다
④ 도서・신문・잡지・방송(광고 제외)은 면세대상이다.

97. **다음 중 부가가치세법상 면세대상 거래에 해당되지 않는 것은?**

① 보험상품 판매
② 마을버스 운행
③ 일반의약품 판매
④ 인터넷신문 발행

98. **다음 중 면세에 해당하지 않는 것은?**

① 주무관청에 허가・인가 또는 승인을 얻어 설립하거나 주무관청에 등록 또는 신고한 학원
② 미용목적의 의료보건용역
③ 김치 등의 단순가공식료품
④ 개인이 물적시설 없이 근로자를 고용하지 아니하고 독립된 자격으로 용역을 공급하고 대가를 받는 인적용역

99. **다음 중 부가가치세가 면세되는 것은 무엇인가?**

① 고속철도에 의한 여객운송 용역
② 주택건설촉진법상 국민주택규모를 초과하는 주택의 임대 용역
③ 의료법에 따른 한의사가 제공하는 비급여탈모치료술 진료 용역
④ 등록된 자동차운전학원에서 지식 및 기술 등을 가르치는 교육 용역

100. **부가가치세법상 면세에 대한 설명으로 옳지 않은 것은?**

① 미가공식료품 및 국내에서 생산된 식용으로 제공되지 아니하는 미가공 농산물은 부가가치세를 면세한다.
② 면세대상이 되는 재화가 영세율적용 대상이 되는 경우에 관할세무서장으로부터 승인을 얻은 경우에 한하여 면세포기가 가능하다.
③ 면세포기신고를 한 사업자는 신고한 날로부터 3년간은 면세를 재적용 받을 수 없다.
④ 소득세 및 법인세 납세의무가 있는 면세사업자도 매입처별세금계산서합계표 제출의무가 있다.

101. **다음은 부가가치세법상 부동산의 임대 및 공급에 대한 부가가치세 과세여부에 대한 설명 중 면세에 해당하는 것을 모두 묶은 것은?**

> 가. 국민주택면적을 초과하는 아파트의 임대
> 나. 상가용 토지의 공급
> 다. 주차장용 토지의 임대
> 라. 국민주택면적을 초과하는 아파트의 공급

① 가, 나　　② 가, 다
③ 나, 다　　④ 가, 라

102. **부가가치세 면세제도에 대해 가장 옳지 않은 것은?**

① 역진성 완화 및 중복과세를 방지하기 위한 목적이다.
② 토지의 공급, 금융보험용역도 면세대상이다.
③ 맛김, 맛소금 등도 면세대상이다.
④ 면세사업자가 납세의무와 관련된 사업자등록의무, 세금계산서발급의무와 신고납부의무를 지지 않는 점에서 영세율제도와 구분된다.

103. 다음 중 부가가치세가 과세되는 재화 또는 용역의 공급만 모은 것은?

ⓐ 프로농구 입장권	ⓑ 수입원목	ⓒ 혈액
ⓓ 박물관 입장권	ⓔ 금융·보험용역	ⓕ 세무사의 자문용역
ⓖ 도서의 공급	ⓗ 고속철도 여객운송용역	

① ⓐ, ⓑ, ⓕ, ⓗ ② ⓒ, ⓓ, ⓔ, ⓖ
③ ⓓ, ⓔ, ⓕ, ⓗ ④ ⓒ, ⓔ, ⓕ, ⓖ

104. 다음 중 부가가치세법상 면세적용 대상이 아닌 것은 몇 개인가?

• 흰우유	• 맛소금	• 수돗물
• 깨소금	• 단순가공식료품인 김치	

① 1개 ② 2개
③ 3개 ④ 4개

105. 다음 중 부가가치세법상 과세 대상인 것은?

① 국내생산 비식용 미가공인 농·축·수·임산물
② 국민주택규모를 초과한 주택과 그 부수토지의 임대용역
③ 우표, 인지, 증지, 복권
④ 고속철도에 의한 여객운송용역

106. 다음 중 부가가치세법상 면세에 관한 설명으로 가장 옳지 않은 것은?

① 연탄과 무연탄은 면세대상이나 유연탄은 과세대상이다.
② 사업자가 토지를 공급하는 경우 면세대상이다.
③ 지방자치단체에 공급하는 재화는 유상이면 과세대상이나 무상이면 면세대상이다.
④ 면세를 포기한 모든 사업자는 의제매입세액공제를 받을 수 있다.

107. 다음 중 부가가치세법상 면세대상에 해당하는 것은?

① 프로야구경기의 입장료
② 관광유람선 운송용역
③ 자동차운전학원의 자동차운전 교육용역
④ 형사소송법에 따른 국선변호인의 국선변호

108. 다음 중 부가가치세법상 면세에 해당하지 않는 것은?

① 토지의 공급
② 고속철도에 의한 여객운송용역
③ 저술가・작곡가 등이 직업상 제공하는 일정한 인적 용역
④ 도서・신문・잡지

109. 부가가치세법상 면세에 관한 내용 중 가장 옳지 않은 것은?

① 부가가치세가 면제되는 재화를 수출하는 사업자가 면세를 포기하면 해당 수출 재화에 대해 영세율을 적용 받을 수 있다.
② 국가에 공급하는 재화에 대해서 유상으로 공급하면 부가가치세가 면제된다.
③ 면세사업자도 부가가치세가 과세되는 재화 또는 용역을 공급받는 때에는 부가가치세를 부담한다.
④ 사업자가 주택임대용역을 공급하면 면세이다.

110. 다음 중 부가가치세법상 면세에 관한 설명으로 틀린 것은?

① 수의사의 모든 용역은 면세 용역에 포함된다.
② 영세율이 적용되는 재화・용역은 면세포기신고를 할 수 있다.
③ 교육용역일지라도 정부의 인・허가를 받지 않은 경우에는 부가가치세가 과세된다.
④ 간이과세자도 면세사업을 영위할 수 있다.

111. 다음 중 부가가치세법상 면세제도 또는 면세사업자에 대한 설명으로 옳지 않은 것은?

① 식료품은 무조건 면세이다.
② 부가가치세의 거래징수의무를 지지 아니한다.
③ 재화의 수입에 대해서도 면세가 적용될 수 있다.
④ 면세사업자가 부담한 매입세액은 환급되지 않는다.

112. 부가가치세법상 면세와 관련된 설명으로 틀린 것은?

① 국가에게 공급하는 재화 또는 용역에 대하여는 유상 또는 무상을 불문하고 부가가치세가 면제된다.
② 부가가치세가 면세되는 일부 재화를 수출하는 사업자가 면세의 포기를 하면 그 수출하는 재화에 대하여는 영세율을 적용받을 수 있다.
③ 사업자가 토지를 공급하는 때에는 면세에 해당하나, 토지임대용역을 공급하는 때에는 과세에 해당한다.
④ 면세사업자도 부가가치세가 과세되는 재화 또는 용역을 공급받는 때에는 그에 대한 부가가치세를 부담하여야 한다.

113. 다음 중 부가가치세법상 재화의 수입에 대하여 부가가치세가 면제되지 않는 것은?

① 외국으로부터 국가, 지방자치단체 또는 지방자치단체조합에 기증되는 재화
② 거주자가 받는 소액물품으로서 관세가 면제되는 재화
③ 가공된 농산물, 축산물, 수산물 및 임산물로서 대통령령으로 정하는 것
④ 종교의식을 목적으로 외국으로부터 종교단체에 기증되는 재화로서 사원이나 그 밖의 종교단체에 기증되는 물품으로서 관세가 면제되는 것

114. 다음 중 부가가치세가 과세되는 재화 또는 용역의 공급만 모은 것으로 옳은 것은?

ⓐ 과실류	ⓑ 유연탄	ⓒ 연탄과 무연탄
ⓓ 시내버스 운송용역	ⓔ 수집용 우표	ⓕ 도서·신문·잡지
ⓖ 신문사 광고	ⓗ 금융·보험용역	ⓘ 토지

① ⓓ, ⓖ, ⓘ　　② ⓑ, ⓔ, ⓖ
③ ⓐ, ⓒ, ⓓ, ⓕ, ⓘ　　④ ⓐ, ⓑ, ⓒ, ⓕ, ⓘ

115. 다음 중 부가가치세가 면세되는 재화 또는 용역의 공급을 전부 고르시오.

㉠ 수집용 우표	㉡ 수입원목	㉢ 수돗물
㉣ 주택임대용역	㉤ 토지의 공급	㉥ 장애인보조견에 대한 수의사 진료용역

116. 다음 중 부가가치세법상 면세에 관한 설명으로 가장 옳지 않은 것은?

① 면세의 포기를 신고한 사업자는 신고한 날부터 3년간 부가가치세를 면제 받지 못한다.
② 지방자치단체에 무상으로 공급하는 재화에 대하여는 부가가치세가 면제된다.
③ 은행업을 영위하는 사업자의 은행업과 관련된 소프트웨어 판매·대여용역은 부가가치세가 면제된다.
④ 면세를 포기하려는 사업자는 면세포기신고서를 관할세무서장에게 제출하고, 지체없이 사업자 등록을 하여야 한다.

117. 다음 중 부가가치세법상 면세와 영세율에 대한 설명 중 틀린 것은?

① 영세율적용대상자는 부가가치세법상 사업자등록의무가 있으나, 면세적용대상자는 그러하지 않는다.
② 면세포기신고를 한 사업자는 2년간 부가가치세의 면세를 적용받지 못한다.
③ 영세율에 대하여는 조기환급이 가능하다.
④ 면세사업자는 대리납부의무가 있다.

118. 다음 중 부가가치세법상 영세율과 면세에 관한 설명으로 잘못된 것은?

① 위탁가공무역방식의 수출은 영세율이 적용된다.
② 면세사업자는 별도의 절차를 거치지 않고 영세율을 적용받을 수 있다.
③ 영세율은 부가가치세 과세대상 거래이나 면세는 부가가치세 과세대상 거래가 아니다.
④ 국가에 제공하는 재화 또는 용역이 무상이면 면세대상이다.

119. **다음은 부가가치세법상 면세에 관한 설명이다. 틀린 것은?**

① 면세제도는 부가가치세 부담이 전혀 없는 완전면세형태이다.
② 면세사업자는 부가가치세법상 사업자가 아니다.
③ 면세제도는 부가가치세의 역진성 완화에 그 취지가 있다.
④ 영세율 적용의 대상이 되는 경우 및 학술연구단체 또는 기술연구단체가 공급하는 경우에 한하여 면세포기를 할 수 있다.

120. **다음 부가가치세법상 면세포기에 대한 설명 중 틀리는 것은?**

① 면세되는 둘 이상의 사업을 하는 사업자는 면세포기대상이 되는 재화 또는 용역의 공급 중에서 면세를 포기하고자 하는 재화 또는 용역만을 구분하여 면세포기할 수 있다.
② 부가가치세의 면세를 받지 아니하고자 하는 사업자는 면세포기신고서를 과세기간 중 언제나 제출할 수 있다.
③ 부가가치세의 면세를 포기하고자 하는 사업자는 세무서장의 승인을 얻어야 한다.
④ 면세포기신고를 한 사업자는 신고한 날부터 3년간은 부가가치세의 면제를 받지 못한다.

121. **다음 중 부가가치세법상 면세포기에 대한 설명으로 옳은 것은?**

① 모든 재화와 용역에 대해서 면세포기가 가능하다.
② 면세포기 시 과세관청의 승인이 필요하다.
③ 면세포기신고일로부터 5년간은 부가가치세를 면세받지 못한다.
④ 신규로 사업을 개시하는 사업자의 경우에도 면세포기신고를 할 수 있다.

122. **다음은 부가가치세법상 면세포기제도에 대한 설명이다. 옳지 않은 것은?**

① 면세포기에 의하여 과세사업자로 전환되는 자는 사업자로서 제반의무를 이해하여야 한다.
② 영세율 적용대상인 재화·용역을 공급하는 경우에는 면세포기를 할 수 있다.
③ 면세를 포기하고자 하는 사업자는 면세포기신고를 하고 세무서장의 승인을 얻어야 한다.
④ 면세포기신고를 한 사업자는 신고한 날로부터 3년간은 부가가치세를 면제받지 못한다.

123. 다음은 부가가치세법상 면세포기제도에 대한 설명이다. 잘못된 것은?

① 기술연구단체가 공급하는 재화 또는 용역에 대하여는 면세포기가 가능하다.
② 영세율 적용대상이 되는 재화의 공급에 대하여 면세를 포기한 사업자라고 하더라도 국내에 공급하는 재화에 대하여는 그대로 면세가 적용된다.
③ 면세포기를 하고자 하는 사업자는 관할세무서장에게 면세포기신고를 하여야 한다.
④ 면세포기를 하고자 하는 사업자는 면세를 포기하고자 하는 과세기간의 20일 전까지 면세포기를 신청하여야 한다.

124. 다음 중 부가가치세법상 면세포기에 관한 설명으로 잘못된 것은?

① 영세율 적용대상인 재화 또는 용역을 공급하는 면세사업자도 면세포기를 함으로써 매입세액을 공제받을 수 있다.
② 면세의 포기를 신고한 사업자는 신고한 날로부터 3년간 면세 재적용을 받지 못한다.
③ 면세포기는 과세기간 종료일 20일 전에 면세포기신고서를 관할세무서장에게 제출하여야 한다.
④ 면세사업관련 매입세액은 공제받지 못할 매입세액으로 매입원가에 해당한다.

125. 다음 중 부가가치세법상 면세포기에 대한 설명 중 옳지 않은 것은?

① 모든 면세대상 재화・용역에 대하여 면세포기가 가능하다.
② 면세의 포기를 신고한 사업자는 신고한 날부터 3년간 부가가치세를 면제받지 못한다.
③ 면세 포기를 신고한 사업자가 신고한 날부터 3년이 지난 후 부가가치세의 면제를 받으려면 면세적용신고서와 함께 발급받은 사업자등록증을 제출하여야 한다.
④ 면세포기를 하고자 하는 사업자는 면세포기신고서를 관할 세무서장에게 제출하고 지체 없이 사업자등록을 하여야 한다.

126. 부가가치세법상 면세포기에 대한 설명 중 틀린 것은?

① 영세율 적용대상인 재화용역은 면세포기를 할 수 있다.
② 면세포기 하면 3년간 면세를 적용 받을 수 없다.
③ 면세포기 후 3년이 지나면 자동으로 면세가 적용된다.
④ 면세포기는 세무서장의 승인을 요하지 아니한다.

127. 다음 중 부가가치세법상 영세율과 면세제도에 관한 설명으로 옳지 않은 것은?

① 국내거래도 영세율 적용대상이 될 수 있다.
② 면세사업자는 재화의 매입으로 부담한 매입세액을 환급받을 수 없다.
③ 면세의 포기를 신고한 사업자는 신고한 날부터 3년간 부가가치세를 면제받지 못한다.
④ 면세사업자가 영세율과 면세를 동시에 적용할 수 있는 재화를 공급하는 경우에는 영세율을 적용한다.

128. 다음 중 부가가치세법상 면세에 대한 설명으로 옳지 않은 것은?

① 모든 면세사업자가 면세포기를 할 수 있다.
② 면세포기일로부터 3년간은 면세의 적용을 배제한다.
③ 영세율사업자는 면세를 포기하는 것이 유리할 수 있다.
④ 면세포기를 하는 사업자는 과세사업자로서의 권리·의무가 발생한다.

129. 다음 중 부가가치세법상 면세의 포기와 관련하여 맞는 것은?

① 모든 재화 및 용역의 공급에 대해 면세를 포기할 수 있다.
② 면세를 포기하려는 사업자는 면세포기신고서를 관할세무서장에게 제출하고, 지체 없이 사업자등록을 하여야 한다.
③ 면세 포기는 과세사업종료일로부터 20일 전에 하여야 한다.
④ 면세포기를 신고한 사업자는 신고한 날부터 2년간은 면세를 적용받지 못한다.

130. 다음 중 부가가치세법상 면세의 포기와 관련하여 틀린 것은?

① 면세 포기는 세무서장의 승인을 요한다.
② 면세 포기신고를 한 사업자는 신고한 날부터 3년간은 부가가치세를 면제받지 못한다.
③ 면세되는 2 이상의 사업을 영위하는 경우 포기하고자 하는 재화 또는 용역의 공급을 구분하여 면세를 포기할 수 있다.
④ 면세포기신고서를 제출하고 지체없이 사업자등록을 하여야 한다.

131. **부가가치세법상 다음 ( )에 공통으로 들어가는 알맞은 숫자는 무엇인가?**

> 면세의 포기를 신고한 사업자는 신고한 날부터 ( )년간 부가가치세를 면제받지 못한다. 면세의 포기를 신고한 사업자가 면세 포기신고를 한 날부터 ( )년이 지난 뒤 부가가치세를 면제받으려면 면세적용신고서와 함께 발급받은 사업자등록증을 제출하여야 하며, 면세적용신고서를 제출하지 아니하면 계속하여 면세를 포기한 것으로 본다.

132. **부가가치세법상 면세와 관련하여 잘못된 설명은 어느 것인가?**

① 일반토지 임대는 과세지만, 토지의 공급은 면세에 해당한다.

② 면세재화가 영세율 적용 대상이 되는 경우에는 면세포기를 통해 영세율 적용을 받을 수 있다.

③ 면세되는 교육용역 제공시 필요한 실습자재를 제공하고 대가를 별도로 받은 때에도 같이 면세된다.

④ 면세포기 후 3년이 경과하면 별도의 신청없이 자동 면세적용이 된다.

133. **다음 중 부가가치세법상 과세대상 토지의 임대면적은?**

> • 도시지역내에 위치한 단층 주택
> • 총 토지면적 : 1,000㎡
> • 주택면적 : 100㎡

① 0㎡　　② 100㎡

③ 500㎡　　④ 1,000㎡

134. **다음 자료에 의하여 부가가치세가 과세되는 건물 및 토지의 임대면적을 계산하면 얼마인가?**

> ㉠ 갑은 도시지역 내에 소재하는 주택 및 점포 겸용 단층건물을 을에게 임대하였음
> ㉡ 주택면적 60㎡, 점포면적 40㎡임
> ㉢ 위 건물의 부수토지는 1,000㎡임

① 과세되는 건물 40㎡, 과세되는 토지 700㎡

② 과세되는 건물 0㎡, 과세되는 토지 500㎡

③ 과세되는 건물 0㎡, 과세되는 토지 0㎡

④ 과세되는 건물 40㎡, 과세되는 토지 400㎡

135. 다음 자료에 의하여 부동산 임대용역 중 부가가치세법상 면세되는 부수토지의 면적은?

- 주택의 면적 : 100㎡
- 상가의 면적 : 50㎡
- 토지의 면적 : 600㎡
- 단층의 겸용주택으로 도시지역 내에 위치한다.

① 100㎡ ② 200㎡
③ 300㎡ ④ 600㎡

136. 다음 자료에 의하여 부가가치세법상 면세되는 임대토지의 면적은 얼마인가?

- 주택의 면적 : 500㎡
- 상가의 면적 : 300㎡
- 토지의 면적 : 5,000㎡
- 단층인 겸용주택에 해당
- 도시지역 안의 토지에 해당
- 주택과 상가의 전부를 임대하였다고 가정

① 2,500㎡ ② 3,500㎡
③ 4,000㎡ ④ 5,000㎡

137. 도시지역 안의 토지 위에 단층 건물인 주택 40㎡와 상가 40㎡를 동일인에게 임대하고 있는데, 그 부수토지는 500㎡이다. 건물 및 부수토지의 임대에 대하여 부가가치세의 과세여부를 판단한 것으로 올바른 것은?

① 건물 80㎡ 및 토지 40㎡는 면세, 건물정착면적의 5배를 초과하는 토지 100㎡는 과세
② 주택 40㎡와 그 부수토지 중 200㎡는 면세, 상가 40㎡와 그 부수토지 300㎡는 과세
③ 건물 80㎡ 및 주택부수토지 중 200㎡는 면세, 주택정착면적의 5배를 초과하는 토지 50㎡는 과세, 상가의 부수토지 250㎡는 과세
④ 주택 40㎡와 그 부수토지로서 주택정착면적의 10배 이내인 250㎡는 면세, 상가 40㎡와 그 부수토지 250㎡는 과세

138. 다음 자료에 의하여 부가가치세법상 면세되는 토지의 임대면적을 계산하면?

- 주택과 상가가 함께 설치되어 있는 단층건물을 임대(도시지역 안에 소재)
- 주택의 면적 : 80㎡
- 상가의 면적 : 50㎡
- 토지의 면적 : 1,200㎡

① 650㎡ ② 1,200㎡
③ 0㎡ ④ 80㎡

139. 다음 자료에서 부가가치세법상 면세되는 부수토지의 면적은?

- 주택면적 : 600㎡
- 상가면적 : 400㎡
- 부수토지면적 : 7,000㎡
- 법률 상 도시지역 내 토지에 해당되며 주택,상가 모두 임대 중으로 1층 건물임.

제4장 거래징수와 세금계산서 등

① 거래징수

의의	사업자가 재화 또는 용역을 공급하는 경우에 공급가액에 세율을 적용하여 계산한 부가가치세를 재화 또는 용역을 공급받는 자로부터 징수하는 것(사업자에게 부과되는 부가가치세를 거래상대방에게 전가하는 과정)
내용	• 거래징수의무자 : 과세사업자가 부가가치세 과세대상인 재화·용역을 공급한 경우 거래징수의무가 있음(공급받는 자가 과세사업자, 면세사업자, 최종소비자인지에 관계없이 거래징수의무 있음) • 거래징수시기 : 원칙적으로 사업자가 재화·용역을 공급한 때(공급시기) ➡ 세금계산서 발급시기

② 세금계산서

2-1 세금계산서 의의와 기능

의의	부가가치세가 과세되는 재화·용역을 공급한 사업자가 공급받는 자로부터 부가가치세를 거래징수하고 그 거래사실 등을 증명하기 위하여 공급받는 자에게 발급하는 세금영수증
기능	① 거래징수확인서(세금영수증) ② 거래증빙자료 ③ 과세자료 ④ 송장(공급한 재화·용역 표시) ⑤ 영수증(현금거래시 영수증 역할) ⑥ 청구서(외상거래시 청구서 역할) 등

㈜ **거래증빙과 발급의무자**

거래증빙	발급의무자
세금계산서	• 일반과세자(영세율적용사업자 포함) ➡ 영수증 발급대상사업을 하는 일반과세자의 경우는 영수증 발급* • 간이과세자(영세율적용사업자 포함) 중 직전 연도의 공급대가의 합계액이 4,800만원 이상인 자 ➡ 영수증 발급대상 사업을 하는 간이과세자의 경우는 영수증 발급*

수입세금계산서	세관장
영수증	•영수증 발급대상사업을 하는 일반과세자 · 간이과세자* •신규사업개시자로서 간이과세자로 하는 최초의 과세기간 중에 있는 자 •직전 연도의 공급대가의 합계액이 4,800만원 미만인 간이과세자
계산서, 영수증	면세사업자

* 세금계산서 발급금지 업종을 제외한 업종은 공급받는 자가 발급을 요구하면 세금계산서를 발급하여야 함

2-2 세금계산서 기재사항

필요적 기재사항	① 공급하는 사업자의 등록번호와 성명 또는 명칭 ② 공급받는 자의 등록번호(다만, 공급받는 자가 사업자가 아니거나 등록한 사업자가 아닌 경우에는 고유번호 또는 공급받는 자의 주민등록번호) ③ 공급가액과 부가가치세액 ④ 작성 연월일 ➠ 필요적 기재사항 미기재시 불이익 • 공급자 : 가산세(1%) • 공급받는 자 : 매입세액불공제(가산세 적용×)
임의적 기재사항	① 공급하는 자의 주소 ② 공급받는 자의 상호 · 성명 · 주소 ③ 공급하는 자와 공급받는 자의 업태와 종목 ④ 공급품목 ⑤ 단가와 수량 ⑥ 공급 연월일 ⑦ 거래의 종류 ⑧ 사업자 단위 과세사업자의 경우 실제로 재화 또는 용역을 공급하거나 공급받는 종된 사업장의 소재지 및 상호

2-3 세금계산서 작성 및 발급

종이세금계산서		• 공급하는 자가 작성하여 공급받는 자에게 발급(2매 작성후 1매 발급) • 부가가치세 신고시 공급자는 자기가 발급한 세금계산서를 집계한 매출처별 세금계산서합계표 제출, 공급받는 자는 발급받은 세금계산서를 집계한 매입처별세금계산서합계표 제출 • 공급하는 자가 매출처별세금계산서합계표 미제출시 가산세부과, 공급받는 자가 매입처별세금계산서합계표 미제출시 매입세액 불공제 • 해당 거래사실이 속하는 과세기간에 대한 확정신고기한 후 5년간 보존
전자 세금 계산서	의의	재화 · 용역을 공급한 사업자가 전사적 자원관리시스템 또는 전자세금계산서 발급시스템 등의 공인인증시스템을 거쳐서 정보통신망으로 세금계산서를 발급하고, 그 발급명세를 국세청장에게 전송하는 것
	발급대상	• 모든 법인사업자(의무) • 직전 연도 사업장별 재화 · 용역의 공급가액(면세공급가액 포함) 합계액이 8천만원 이상인 개인사업자(의무)

전자 세금 계산서	발급대상	• 전자세금계산서 발급의무 개인사업자에 최초로 해당하는 경우부터 계속하여 전자세금계산서 의무발급 개인사업자인 것으로 봄 • 개인사업자가 전자세금계산서를 의무발급하여야 하는 기간 ① 8천만원 이상인 해의 다음 해 제2기 과세기간부터 전자세금계산서 발급 ② 수정신고 또는 결정·경정으로 8천만원 이상이 된 경우 : 수정신고 또는 결정·경정을 한 날이 속하는 과세기간의 다음 과세기간부터 전자세금계산서 발급 • 관할 세무서장은 개인사업자가 전자세금계산서 의무발급 개인사업자에 해당하는 경우에는 전자세금계산서를 발급하여야 하는 기간이 시작되기 1개월 전까지 그 사실을 해당 개인사업자에게 통지(전자세금계산서를 발급하여야 하는 기간이 시작되기 1개월 전까지 해당 개인사업자가 통지 받지 못한 경우에는 통지서를 수령한 날이 속하는 달의 다음 다음 달 1일부터 전자세금계산서 발급) • 위 외의 사업자(선택)
	발급명세 전송	• 전자세금계산서를 발급하였을 때에는 전자세금계산서 발급일의 다음 날까지 전자세금계산서 발급명세를 국세청장에게 전송
	발급전송 혜택	• 매출·매입처별 세금계산서합계표 제출의무 면제 : 전자세금계산서를 발급하거나 발급받고, 전자세금계산서 발급명세를 해당 재화·용역의 공급시기가 속하는 과세기간(예정신고의 경우에는 예정신고기간) 마지막 날의 다음 달 11일까지 국세청장에게 전송한 경우 해당 예정신고 또는 확정신고 시 매출·매입처별 세금계산서 합계표 제출의무 면제 가능 • 세금계산서 보존의무 면제 : 전자세금계산서를 발급하고 발급명세를 국세청장에게 전송한 경우에는 세금계산서 보존의무 면제

2-4 특수한 경우의 세금계산서 발급

위탁판매	• 위탁판매(또는 대리인에 의한 판매)의 경우에 수탁자(또는 대리인)가 재화를 인도할 때에는 수탁자(또는 대리인)가 위탁자(또는 본인)의 명의로 세금계산서 발급하며, 위탁자(또는 본인)가 직접 재화를 인도하는 때에는 위탁자(또는 본인)가 세금계산서를 발급 가능(수탁자(또는 대리인)의 등록번호를 덧붙여 적어야 함) • 위탁자(또는 본인)을 알 수 없는 경우에는 위탁자(또는 본인)는 수탁자(또는 대리인)에게, 수탁자(또는 대리인)는 거래상대방에게 공급한 것으로 보아 세금계산서 발급 • 위탁매입의 경우도 동일하게 준용

리스거래	• 납세의무 있는 사업자(리스이용자)가 시설대여업자(리스제공자)로부터 시설 등을 임차하고, 그 시설 등을 공급자(리스자산제작회사) 또는 세관장으로부터 직접 인도받는 경우에는 공급자(리스자산제작회사) 또는 세관장이 그 사업자(리스이용자)에게 직접 세금계산서 발급 가능

2-5 수정세금계산서 발급사유 및 작성방법

세금계산서 또는 전자세금계산서의 기재사항을 착오로 잘못 적거나 세금계산서 또는 전자세금계산서를 발급한 후 그 기재사항에 관하여 정정 등의 사유가 발생한 경우에는 수정세금계산서 또는 수정전자세금계산서 발급 가능

발급사유	작성방법
처음 공급한 재화가 환입된 경우	① 작성일 : 재화가 환입된 날 기재 ② 비고란 : 처음 세금계산서 작성일 기재 ③ 작성방법 : 붉은색 글씨로 쓰거나 음(陰)의 표시를 하여 발급
계약해제로 재화·용역이 공급되지 아니한 경우	① 작성일 : 계약해제일 기재 ② 비고란 : 처음 세금계산서 작성일 기재 ③ 작성방법 : 붉은색 글씨로 쓰거나 음(陰)의 표시를 하여 발급
계약해지 등에 따라 공급가액에 추가되거나 차감되는 금액이 발생한 경우	① 작성일 : 증감사유가 발생한 날 기재 ② 작성방법 : 추가되는 금액은 검은색 글씨로 쓰고, 차감되는 금액은 붉은색 글씨로 쓰거나 음(陰)의 표시를 하여 발급
재화·용역을 공급한 후 공급시기가 속하는 과세기간 종료 후 25일 이내에 내국신용장·구매확인서가 개설·발급된 경우	① 작성일 : 처음 세금계산서 작성일 기재 ② 비고란 : 내국신용장 개설일 등 기재 ③ 작성방법 • 영세율 적용분 : 검은색 글씨로 세금계산서를 작성 발급 • 추가하여 처음에 발급한 세금계산서의 내용대로 세금계산서를 붉은색 글씨로 쓰거나 음(陰)의 표시를 하여 작성·발급
필요적 기재사항 등이 착오로 잘못 적힌 경우	① 작성일 : 처음 세금계산서 작성일 기재 ② 작성방법 • 처음에 발급한 세금계산서의 내용대로 세금계산서를 붉은색 글씨로 쓰거나 음(陰)의 표시를 하여 작성·발급 • 수정하여 발급하는 세금계산서는 검은색 글씨로 작성하여 작성·발급 다만, 과세표준 또는 세액을 경정할 것을 미리 알고 있는 경우는 제외

발급사유	작성방법
필요적 기재사항 등이 착오 외의 사유로 잘못 적힌 경우	재화・용역의 공급일이 속하는 과세기간에 대한 확정신고 기한 다음날부터 1년 이내에 세금계산서를 작성 ① 작성일 : 처음 세금계산서 작성일 기재 ② 작성방법 • 처음에 발급한 세금계산서의 내용대로 세금계산서를 붉은색 글씨로 쓰거나 음(陰)의 표시를 하여 발급 • 수정하여 발급하는 세금계산서는 검은색 글씨로 작성・발급 다만, 과세표준 또는 세액을 경정할 것을 미리 알고 있는 경우는 제외
착오로 전자세금계산서를 이중으로 발급한 경우	① 작성일 : 처음 세금계산서 작성일 기재 ② 작성방법 : 처음에 발급한 세금계산서의 내용대로 음(陰)의 표시를 하여 작성 발급
면세 등 발급대상이 아닌 거래 등에 대하여 발급한 경우	① 작성일 : 처음 세금계산서 작성일 기재 ② 작성방법 : 처음에 발급한 세금계산서의 내용대로 붉은색 글씨로 쓰거나 음(陰)의 표시를 하여 발급
세율을 잘못 적용하여 발급한 경우	① 작성일 : 처음 세금계산서 작성일 기재 ② 작성방법 • 처음에 발급한 세금계산서의 내용대로 세금계산서를 붉은색 글씨로 쓰거나 음(陰)의 표시를 하여 발급 • 수정하여 발급하는 세금계산서는 검은색 글씨로 작성・발급 다만, 과세표준 또는 세액을 경정할 것을 미리 알고 있는 경우는 제외
일반과세자에서 간이과세자로 과세유형이 전환된 후 과세유형 전환 전에 공급한 재화・용역이 환입되거나 계약해제로 공급되지 아니하거나 계약해지 등에 따라 공급가액에 추가되거나 차감되는 금액이 발생하여 수정세금계산서(또는 수정전자세금계산서) 발급사유가 발생한 경우	① 작성일 : 처음 세금계산서 작성일 기재 ② 비고란 : 사유발생일 기재 ③ 작성방법 : 추가되는 금액은 검은색 글씨로 쓰고, 차감되는 금액은 붉은색 글씨로 쓰거나 음(陰)의 표시를 하여 발급 가능 * 간이과세자에서 일반과세자로 과세유형이 전환된 후 과세유형 전환 전에 공급한 재화・용역이 동일한 사유로 수정세금계산서(또는 수정전자세금계산서) 발급사유가 발생한 경우에도 위의 내용과 동일한 방법으로 수정세금계산서(또는 수정전자세금계산서) 발급 가능

㈜ **과세표준 또는 세액을 경정할 것을 미리 알고 있는 경우란 다음 어느 하나에 해당하는 경우를 의미**

① 세무조사의 통지를 받은 경우
② 세무공무원이 과세자료의 수집 또는 민원 등을 처리하기 위하여 현지 출장이나 확인업무에 착수한 경우
③ 세무서장으로부터 과세자료 해명안내를 받은 경우
④ 그 밖에 ① ~ ③의 규정에 따른 사항과 유사한 경우

2-6 세금계산서 발급의무 면제

사업자가 재화・용역을 공급하는 때에는 세금계산서를 발급해야 하지만, 세금계산서를 발급하기 어렵거나 불필요한 다음의 경우에는 세금계산서를 발급하지 않을 수 있음

불특정다수 상대업종	① 택시운송사업자, 노점・행상을 하는 자, 무인판매기를 이용하여 재화를 공급하는 사업 등 ② 소매업, 미용・욕탕 및 유사서비스업 ➠ 소매업은 공급받는 자가 세금계산서 발급을 요구하면 발급해야 함
간주공급	사업장 단위 과세사업자의 판매목적 타사업장반출을 제외한 간주공급
간주임대료	부동산 임대용역 중 간주임대료에 대한 부가가치세를 임대인・임차인 중 어느 편이 부담하는지 여부에 관계없이 세금계산서를 발급하거나 발급받을 수 없음 ➠ 임대료(월세 등)는 세금계산서 발급대상
영세율적용 재화・용역	① 재화의 수출 ➠ 내국신용장・구매확인서에 의해 공급하는 재화, 한국국제협력단・한국국제보건의료재단・대한적십자사에 공급하는 재화, 수출재화임가공용역, 위탁가공을 위한 원료의 국외 무상반출은 세금계산서 발급대상 ② 다음의 용역의 국외공급 및 외국항행용역의 공급 • 공급받는 자가 국내사업장이 없는 비거주자・외국법인인 경우 • 항공기의 외국항행용역 및 상업서류송달용역 ③ 다음의 외화획득 재화・용역 ➠ 수출재화임가공용역은 세금계산서 발급대상 • 국내에서 비거주자・외국법인에게 공급하는 일정한 재화・용역 • 우리나라에 상주하는 외교공관 등에 공급하는 재화・용역 • 외항선박 등에 공급하는 재화・용역(공급받는 자가 국내사업장이 없는 비거주자・외국법인인 경우에 한정함) 등 • 종합여행업자가 외국인관광객 등에게 공급하는 관광알선용역
그 외	① 국내사업장이 없는 비거주자・외국법인에게 공급하는 재화 또는 용역 ➠ 국내사업장이 없는 비거주자 등이 외국사업자임을 증명하는 서류를 제시하고 세금계산서 발급을 요구하는 경우와 외국법인 연락사무소에 공급하는 경우는 발급

	② 공인인증기관이 공인인증서를 발급하는 용역 ➡ 공급받는 자가 사업자로서 세금계산서 발급을 요구하면 발급 ③ 전자적 용역을 공급하는 국외사업자에 대한 특례규정에 따라 간편사업자등록을 한 사업자가 국내에 공급하는 전자적 용역

2-7 세금계산서 발급시기

원칙	재화·용역의 공급시기
특례	다음 어느 하나에 해당하는 경우에는 재화·용역의 공급일이 속하는 달의 다음달 10일(다음 달 10일이 공휴일 또는 토요일인 경우에는 바로 다음 영업일을 말함)까지 세금계산서 발급 가능 • 거래처별로 달의 1일부터 말일까지의 공급가액을 합하여 해당 달의 말일을 작성 연월일로 하여 세금계산서를 발급하는 경우 • 거래처별로 달의 1일부터 말일까지의 기간 이내에서 사업자가 임의로 정한 기간의 공급가액을 합하여 그 기간의 종료일을 작성 연월일로 하여 세금계산서를 발급하는 경우 • 관계증빙서류 등에 따라 실제거래사실이 확인되는 경우로서 해당 거래일을 작성 연월일로 하여 세금계산서를 발급하는 경우

2-8 수입세금계산서

세관장은 수입되는 재화에 대하여 부가가치세를 징수할 때(재화의 수입에 대한 부가가치세 납부유예가 적용되는 경우 납부유예가 되는 때)에는 수입된 재화에 대한 세금계산서를 세금계산서 발급에 관한 규정을 준용하여 수입하는 자에게 발급해야 함(재화의 수입에 대한 납부의 유예규정에 따라 부가가치세 납부가 유예되는 때에는 수입세금계산서에 부가가치세 납부유예 표시를 하여 발급)

2-9 세금계산서합계표의 제출

구분	내 용
과세사업자	• 사업자는 세금계산서 또는 수입세금계산서를 발급하였거나 발급받은 경우에는 매출처별 세금계산서합계표와 매입처별 세금계산서합계표를 해당 예정신고 또는 확정신고를 할 때 함께 제출해야 함 • 예정신고를 하는 사업자가 각 예정신고와 함께 매출·매입처별 세금계산서합계표를 제출하지 못하는 경우에는 해당 예정신고기간이 속하는 과세기간의 확정신고를 할 때 함께 제출 가능

구분	내 용
	• 전자세금계산서를 발급하거나 발급받고 전자세금계산서 발급명세를 해당 재화·용역의 공급시기가 속하는 과세기간(예정신고의 경우는 예정신고기간) 마지막 날의 다음 달 11일까지 국세청장에게 전송한 경우에는 해당 예정신고 또는 확정신고 시 매출·매입처별 세금계산서 합계표를 제출하지 아니할 수 있음
세관장	수입세금계산서를 발급한 세관장은 과세사업자의 경우를 준용하여 매출처별 세금계산서합계표를 해당 세관 소재지 관할 세무서장에게 제출해야 함
세금계산서를 발급받은 면세사업자 등	세금계산서를 발급받은 ① 국가, 지방자치단체, 지방자치단체조합 ② 면세사업자 중 소득세 또는 법인세의 납세의무가 있는 자 ③ 민법에 따라 설립된 법인 ④ 특별법에 따라 설립된 법인 ⑤ 각급학교 기성회, 후원회 또는 이와 유사한 단체는 매입처별 세금계산서합계표를 해당 과세기간이 끝난 후 25일 이내에 납세지 관할 세무서장에게 제출하여야 함

3 영수증

3-1 영수증의 의의

의의	• 공급받는 자와 부가가치세액을 별도로 기재하지 않은 계산서(공급대가로 기재) • 영수증 발급업종을 영위하는 사업자가 신용카드기 신용카드기 또는 직불카드기 등 기계적 장치(금전등록기 제외)에 의하여 영수증을 발급하는 때에는 영수증에 공급가액과 세액을 별도로 구분 기재해야 함(다만, 간이과세자가 영수증 발급 적용 기간에 재화·용역을 공급한 경우에는 그러하지 않음) • 종류 : 신용카드매출전표, 직불카드영수증, 현금영수증, 결제대행업체를 통한 신용카드매출전표, 실제 명의가 확인되는 선불카드영수증, 직불전자지급수단 영수증, 전자지급결제대행에 관한 업무를 하는 금융회사 또는 전자금융업자를 통한 신용카드매출전표, 실지명의가 확인되는 선불전자지급수단 영수증, 간이영수증 등

3-2 영수증 발급대상자

일반과세자	• 주로 사업자가 아닌 자에게 재화·용역을 공급하는 사업자로서 영수증 발급대상사업을 하는 사업자
간이과세자	• 주로 사업자가 아닌 자에게 재화·용역을 공급하는 사업자로서 영수증 발급대상사업을 하는 사업자 • 직전 연도의 공급대가의 합계액이 4,800만원 미만인 자 또는 신규로 사업을 시작하는 개인사업자로서 간이과세자로 하는 최초의 과세기간 중에 있는 자

㈜ **간이과세자의 영수증 발급 적용기간**

① 간이과세자 중 직전 연도의 공급대가의 합계액이 4,800만원 미만 또는 이상인 자에 해당되어 영수증 발급에 관한 규정이 적용되거나 적용되지 않게 되는 기간은 1역년의 공급대가의 합계액[신규로 사업을 시작한 개인사업자의 경우 사업개시일부터 그 과세기간 종료일까지의 공급대가를 합한 금액을 12개월로 환산한 금액(1개월 미만의 끝수가 있으면 1개월로 함)]이 4,800만원에 미달되거나 그 이상이 되는 해의 다음 해의 7월 1일부터 그 다음 해의 6월 30일까지로 한다.
② 신규로 사업을 개인사업자로서 간이과세자로 하는 최초 과세기간 중에 있는 자의 경우 영수증 발급에 관한 규정이 적용되는 기간은 사업개시일부터 사업을 시작한 해의 다음 해의 6월 30일까지로 한다.

3-3 영수증 발급대상 사업

구 분	내 용
세금계산서 발급금지 업종	• 공급받는 자가 세금계산서 발급을 요구해도 세금계산서를 발급할 수 없는 업종 ① 미용, 욕탕 및 유사서비스업 ② 여객운송업(전세버스운송사업 제외) ③ 입장권을 발행하여 경영하는 사업 ④ 의료·보건용역 중 부가가치세가 과세되는 미용목적 성형수술의 진료용역 ⑤ 부가가치세가 과세되는 수의사가 제공하는 동물의 진료용역 ⑥ 자동차운전학원 및 무도학원 ⑦ 전자적 용역을 공급하는 국외사업자에 대한 특례 규정에 따라 간편사업자 등록을 한 사업자가 국내에 전자적 용역을 공급하는 사업
세금계산서 발급금지 업종을 제외한 업종	• 공급받는 사업자가 사업자등록증을 제시하고 세금계산서 발급을 요구하는 때에는 세금계산서를 발급해야 하는 업종(단, 간이과세자가 영수증 발급 적용기간에 재화·용역을 공급한 경우에는 그러하지 않음) ① 소매업·음식점업(다과점업 포함)·숙박업 ② 변호사·공인회계사·세무사 등 전문적 인적용역 공급사업 및 행정사업(다만, 사업자에게 공급하는 경우는 제외) ③ 우정사업조직이 소포우편물을 방문접수하여 배달하는 용역을 공급하는 사업 ④ 공인인증서를 발급하는 사업 ⑤ 주로 사업자가 아닌 소비자에게 재화 · 용역을 공급하는 사업으로서 세금계산서를 발급할 수 없거나 발급하는 것이 현저히 곤란한 사업(예 도정업, 떡방앗간, 양복점업, 양장점업, 양화점업, 주차장운영업, 부동산중개업 등 세금계산서를 발급할 수 없거나 발급하는 것이 현저히 곤란한 사업) ⑥ 여객운송업 중 전세버스운송사업

④ 기타

4-1 신용카드매출전표 등의 발급시 세금계산서 발급의무의 면제

세금계산서 발급금지 업종(위 '3-3 내용 중 세금계산서 발급금지 업종') 외의 사업을 경영하는 사업자가 신용카드매출전표 등(신용카드매출전표, 직불카드영수증, 현금영수증, 결제대행업체를 통한 신용카드 매출전표, 실제 명의가 확인되는 선불카드영수증, 직불전자지급수단 영수증, 전자지급결제대행에 관한 업무를 하는 금융회사 또는 전자금융업자를 통한 신용카드매출전표, 실지명의가 확인되는 선불전자지급수단 영수증)을 발급한 경우에는 세금계산서를 발급하지 않음(공급받는 자의 요구가 있어도 발급 불가)

➡ 세금계산서에 의한 매입세액공제도 받고 신용카드매출전표 등에 의한 매입세액공제도 받는 것을 방지할 목적

■ 부가가치세법 시행규칙 [별지 제14호서식] (적색) <개정 2021. 10. 28.>

세금계산서(공급자보관용)

책 번 호 권 호

일 련 번 호 -

공급자	등록번호	- -			공급받는자	등록번호			
	상호(법인명)		성명(대표자)			상호(법인명)		성명(대표자)	
	사업장 주소					사업장 주소			
	업태		종목			업태		종목	

작성				공급가액													세액												비고
연	월	일	빈칸 수	조	천	백	십	억	천	백	십	만	천	백	십	일	천	백	십	억	천	백	십	만	천	백	십	일	

월	일	품목	규격	수량	단가	공급가액	세액	비고

합계금액	현금	수표	어음	외상미수금	이 금액을 영수/청구 함

210㎜×148.5㎜ (인쇄용지(특급) 34g/㎡)

■ 부가가치세법 시행규칙 [별지 제14호서식] (청색) <개정 2021. 10. 28.>

세금계산서(공급받는 자 보관용)

책 번 호 권 호

일 련 번 호 -

공급자	등록번호	- -			공급받는자	등록번호			
	상호(법인명)		성명(대표자)			상호(법인명)		성명(대표자)	
	사업장 주소					사업장 주소			
	업태		종목			업태		종목	

작성				공급가액													세액												비고
연	월	일	빈칸 수	조	천	백	십	억	천	백	십	만	천	백	십	일	천	백	십	억	천	백	십	만	천	백	십	일	

월	일	품목	규격	수량	단가	공급가액	세액	비고

합계금액	현금	수표	어음	외상미수금	이 금액을 영수/청구 함

210㎜×148.5㎜(인쇄용지(특급) 34g/㎡)

■ 부가가치세법 시행규칙 [별지 제38호서식(1)] <개정 2024. 3. 22.>

홈택스(www.hometax.go.kr)에서도 신청할 수 있습니다.

매출처별 세금계산서합계표(갑)

년 제 기 (월 일 ~ 월 일)

※ 뒤쪽의 작성방법을 읽고 작성하시기 바랍니다. (앞쪽)

1. 제출자 인적사항

① 사업자등록번호	② 상호(법인명)
③ 성명(대표자)	④ 사업장 소재지
⑤ 거래기간 년 월 일 ~ 년 월 일	⑥ 작성일 년 월 일

2. 매출세금계산서 총합계

구 분		⑦ 매출처수	⑧ 매수	⑨ 공급가액					⑩ 세 액				
				조	십억	백만	천	일	조	십억	백만	천	일
합 계													
과세기간 종료일 다음 달 11일까지 전송된 전자 세금계산서 발급분	사업자등록 번호 발급분												
	주민등록번호 발급분												
	소 계												
위 전자 세금계산서 외의 발급분	사업자등록 번호 발급분												
	주민등록번호 발급분												
	소 계												

3. 과세기간 종료일 다음 달 11일까지 전송된 전자세금계산서 외 발급분 매출처별 명세
(합계금액으로 적음)

⑪ 번호	⑫ 사업자 등록번호	⑬ 상호 (법인명)	⑭ 매수	⑮ 공급가액					⑯ 세액					비고
				조	십억	백만	천	일	조	십억	백만	천	일	
1														
2														
3														
4														
5														

⑰ 관리번호(매출)	-

210mm×297mm[백상지 80g/㎡ 또는 중질지 80g/㎡]

■ 부가가치세법 시행규칙 [별지 제39호서식(1)] <개정 2024. 3. 22.>

홈택스(www.hometax.go.kr)에서도 신청할 수 있습니다.

매입처별 세금계산서합계표(갑)

년 제 기 (월 일 ~ 월 일)

※ 아래의 작성방법을 읽고 작성하시기 바랍니다. (앞쪽)

1. 제출자 인적사항

① 사업자등록번호	② 상호(법인명)
③ 성명(대표자)	④ 사업장 소재지
⑤ 거래기간 년 월 일 ~ 년 월 일	⑥ 작성일 년 월 일

2. 매입세금계산서 총합계

구 분		⑦ 매입처수	⑧ 매수	⑨ 공급가액					⑩ 세 액				
				조	십억	백만	천	일	조	십억	백만	천	일
합 계													
과세기간 종료일 다음 달 11일까지 전송된 전자세금계산서 발급받은 분	사업자등록번호 발급받은 분												
	주민등록번호 발급받은 분												
	소 계												
위 전자세금계산서 외의 발급받은 분	사업자등록번호 발급받은 분												
	주민등록번호 발급받은 분												
	소 계												

* 주민등록번호로 발급받은 세금계산서는 사업자등록 전 매입세액 공제를 받을 수 있는 세금계산서만 적습니다.

3. 과세기간 종료일 다음 달 11일까지 전송된 전자세금계산서 외 발급받은 매입처별 명세
(합계금액으로 적음)

⑪ 번호	⑫ 사업자 등록번호	⑬ 상 호 (법인명)	⑭ 매수	⑮ 공급가액					⑯ 세액					비고
				조	십억	백만	천	일	조	십억	백만	천	일	
1														
2														
3														
4														
5														

⑰ 관리번호(매입)	-

210mm×297mm[백상지 80g/㎡ 또는 중질지 80g/㎡]

정리문제

제4장

1. 다음 중 부가가치세법상 사업자별 발급가능한 증명서류로서 가장 잘못 짝지은 것은?

① 간이과세자(겸영사업자)의 과세물품공급 : 세금계산서, 계산서, 신용카드매출전표, 현금영수증
② 일반과세자(겸영사업자)의 면세물품공급 : 계산서, 신용카드매출전표, 현금영수증
③ 일반과세자(겸영사업자)의 과세물품공급 : 세금계산서, 신용카드매출전표, 현금영수증
④ 면세사업자 : 계산서, 신용카드매출전표, 현금영수증

2. 다음 중 세금계산서의 기능이 아닌 것은?

① 송장의 역할
② 세금영수증
③ 영수증 또는 청구서의 역할
④ 계약서

3. 다음 중 부가가치세법상 수입하는 재화의 세금계산서 발급자로 알맞은 것은?

① 국세청장
② 세관장
③ 수입업자
④ 수출업자

4. 부가가치세법상 세금계산서의 필요적 기재사항이 아닌 것은?

① 공급받는 자의 등록번호
② 작성연월일
③ 단가와 수량
④ 공급가액과 부가가치세액

5. 다음 중 부가가치세법상 세금계산서의 필요적 기재사항이 아닌 것은?

① 공급하는 사업자의 등록번호와 성명 또는 명칭
② 공급받는 자의 등록번호
③ 공급받는 자의 상호 또는 성명
④ 작성연월일

6. 다음 자료에서 세금계산서의 필요적 기재사항으로만 바르게 짝지어진 것은?

> ㉮ 공급하는 사업자의 등록번호와 성명 또는 명칭
> ㉯ 공급받는 자의 등록번호
> ㉰ 공급가액과 부가가치세액
> ㉱ 공급연월일

① ㉮－㉯－㉰　　② ㉮－㉯－㉱
③ ㉮－㉰－㉱　　④ ㉮－㉯－㉰－㉱

7. 부가가치세법상 ㈜경인이 전자세금계산서를 발행하고자 할 때, 다음 내용에 추가적으로 반드시 있어야 하는 필요적 기재사항은?

> ㈜권선(사업자등록번호 : 123-81-34583, 대표자 : (홍세현)은 ㈜매탄에(사업자 등록번호 : 127-81-89876, 대표자 : 송예지)에게 제품 10개를 50,000,000원(부가가치세 별도)에 공급하였다.

① 업태 및 종목　　② 품목 및 수량
③ 작성연월일　　④ 공급받는 자의 사업장 주소

8. 다음은 세금계산서의 일부이다. 부가가치세법상 필요적 기재사항이 아닌 것은?

<table>
<tr><td colspan="7">전자세금계산서</td><td>승인번호</td><td colspan="2"></td></tr>
<tr><td rowspan="5">공
급
자</td><td>사업자등록번호</td><td>①</td><td>종사업장 번호</td><td></td><td rowspan="5">공
급
받
는
자</td><td>사업자등록번호</td><td></td><td>종사업장 번호</td><td></td></tr>
<tr><td>상호(법인명)</td><td></td><td>성명(대표자)</td><td></td><td>상호(법인명)</td><td></td><td>성 명</td><td>④</td></tr>
<tr><td>사업장주소</td><td colspan="3"></td><td>사업장 주소</td><td colspan="3"></td></tr>
<tr><td>업 태</td><td></td><td>종목</td><td></td><td>업 태</td><td></td><td>종 목</td><td></td></tr>
<tr><td>이메일</td><td colspan="3"></td><td>이메일</td><td colspan="3"></td></tr>
<tr><td colspan="2">작성일자</td><td>공급가액</td><td colspan="2">세액</td><td colspan="5">수정사유</td></tr>
<tr><td colspan="2">②</td><td>③</td><td colspan="2"></td><td colspan="5"></td></tr>
</table>

9. 개인사업자 김규혜씨는 개업 이후 20x3년도에 처음으로 공급가액이 전자세금계산서 의무발급 기준금액 이상이 되어 부가가치세법상 '전자세금계산서 의무발급 개인사업자'에 해당되었다. 이 경우 반드시 전자세금계산서를 발급하여야 하는 기간은?

① 20x3.01.01. ~ 20x3.12.31.　　② 20x3.01.01. ~ 계속 적용
③ 20x4.07.01. ~ 20x4.06.30.　　④ 20x4.07.01. ~ 계속 적용

10. **다음은 부가가치세법상 전자세금계산서에 대한 설명이다. 틀린 것은?**

① 전자세금계산서를 발급하였을 때에는 전자세금계산서 발급일의 다음 날까지 전자세금계산서발급명세를 국세청장에게 전송해야 한다.
② 세금계산서 후발급특례가 적용되는 경우 재화나 용역의 공급일이 속하는 달의 다음 달 10일까지 세금계산서를 발급할 수 있다.
③ 전자세금계산서 발급대상 사업자가 세금계산서의 발급시기에 전자세금계산서 대신에 종이세금계산서를 발급한 경우 공급가액의 1%의 가산세가 적용된다.
④ 당해 연도의 사업장별 재화와 용역의 공급가액의 합계액이 8천만원 이상인 개인사업자는 반드시 전자세금계산서를 발행하여야 한다.

11. **다음 중 부가가치세법상 세금계산서에 대한 설명으로 가장 옳지 않은 것은?**

① 법인사업자 및 개인사업자는 반드시 전자세금계산서를 발급하여야 한다.
② 전자세금계산서의 발급기한은 다음 달 10일까지 가능하다.
③ 전자세금계산서는 발급일의 다음 날까지 전자세금계산서 발급명세를 국세청장에게 전송하여야 한다.
④ 수입세금계산서는 세관장이 수입자에게 발급한다.

12. **다음 중 부가가치세법상 세금계산서에 대한 설명으로 옳지 않은 것은?**

① 법인사업자와 직전연도의 사업장별 재화 및 용역의 공급가액(면세공급가액 포함)의 합계액이 1억원(2024.7.1. 이후 공급분부터는 8천만원) 이상인 개인사업자는 세금계산서를 발급하려면 전자세금계산서를 발급하여야 한다.
② 전자세금계산서의 기재 사항을 착오로 잘못 적은 경우 수정전자세금계산서를 발급할 수 있다.
③ 전자세금계산서를 발급하여야 하는 사업자가 아닌 사업자는 전자세금계산서를 발급할 수 없다.
④ 전자세금계산서를 발급하였을 때에는 전자세금계산서 발급일의 다음 날까지 전자세금계산서 발급명세를 국세청장에게 전송하여야 한다.

13. **다음 중 부가가치세법상 세금계산서 제도에 관한 설명으로 가장 옳지 않은 것은?**

① 세금계산서는 거래에 관한 청구서 또는 영수증의 역할을 하며, 공급받는 자가 매입세액공제를 받기 위한 필수적인 자료이다.

② 면세사업자는 공급받는 자가 요구하는 경우에도 세금계산서를 발급할 수 없다.

③ 영수증은 원칙적으로 공급받는 자와 부가가치세액을 따로 기재하지 않으며, 이러한 영수증에는 공급대가 금액으로 표시된다.

④ 공급하는 자와 공급받는 자의 사업자등록번호, 공급가액, 부가가치세액만 기록된 세금계산서도 효력이 인정된다.

14. **다음 중 부가가치세법상 전자세금계산서에 관한 설명으로 가장 옳지 않은 것은?**

① 개인사업자는 직전 연도의 공급가액의 합계액이 1억원(2024.7.1. 이후 공급분부터는 8천만원) 이상인 개인사업자는 의무적으로 세금계산서를 발급하여야 한다.

② 전자세금계산서를 발급하였을 때에는 발급일의 다음날까지 국세청장에게 전송하여야 한다.

③ 법인사업자는 무조건 전자세금계산서를 발급하여야 한다.

④ 직전연도 공급가액이 7천만원인 개인사업자는 전자세금계산서를 발급할 수 없다.

15. **다음 중 부가가치세법상 세금계산서에 대한 내용으로 가장 옳지 않은 것은?**

① 간이과세자는 어떠한 경우에도 세금계산서를 발급할 수 없다.

② 공급연월일은 반드시 기재하지 않아도 세금계산서의 효력에는 영향이 없다.

③ 전자세금계산서를 발급하고, 국세청에 전송한 경우에는 별도의 보관의무가 없다.

④ 법인사업자는 전자세금계산서 의무발급자에 해당한다.

16. **다음은 부가가치세법상 세금계산서에 대한 설명이다. 가장 틀린 것은?**

① 전자세금계산서 발급의무자가 전자세금계산서발급명세를 지연전송한 경우 공급가액의 1% 가산세가 적용된다.

② 월합계로 발급하는 세금계산서는 재화 및 용역의 공급일이 속하는 달의 다음달 10일까지 세금계산서를 발급할 수 있다.

③ 전자세금계산서를 발급한 사업자가 국세청장에게 전자세금계산서 발급명세를 전송한 경우에는 세금계산서의 보존의무가 면제된다.

④ 직전 연도의 사업장별 공급가액의 합계액이 1억원인 개인사업자는 전자세금계산서를 발행하여야 한다.

17. **다음 중 부가가치세법상 전자세금계산서제도에 대한 설명으로 옳지 않은 것은?**

① 모든 법인사업자는 전자세금계산서 발급의무가 있다.

② 당해 연도 사업장별 공급가액의 합계액이 8천만원 이상인 개인사업자는 전자세금계산서 발급의무가 있다.

③ 전자세금계산서 발급의무가 없는 개인사업자도 전자세금계산서를 발급할 수 있다.

④ 사업자는 전자세금계산서 발급일의 다음 날까지 '세금계산서발급명세'를 국세청장에게 전송하여야 한다.

18. **다음 중 부가가치세법상 재화·용역의 공급시기 특례 중 아래 괄호에 알맞은 것은?(단, 대금회수에 관한 약정은 없으며 할부거래가 아니다.)**

사업자가 재화 또는 용역의 공급시기가 되기 전에 세금계산서를 발급하고 그 세금계산서 발급일부터 (　　) 이내에 대가를 받으면 해당 세금계산서를 발급한 때를 재화 또는 용역의 공급시기로 본다.

① 3일　　② 7일

③ 10일　　④ 14일

19. 다음 중 부가가치세법상 세금계산서에 대한 설명으로 틀린 것은?

① 세금계산서로서 효력을 인정받으려면 필요적 기재사항이 모두 기재되어야 한다.
② 면세사업자는 세금계산서를 발급할 수 없으며, 발급받을 수도 없다.
③ 수출업자가 해외에 직수출하는 경우 세금계산서 발급의무가 면제된다.
④ 일반과세자라도 세금계산서 발급의무가 면제되는 업종이 있다.

20. 다음 중 부가가치세법에서 정한 재화 또는 용역의 공급시기에 공급받는 자가 사업자등록증을 제시하고 세금계산서 발급을 요구하는 경우에도 세금계산서를 발급할 수 없는 사업자는?

① 소매업
② 음식점업
③ 전세버스운송사업
④ 항공여객운송사업

21. 다음 부가가치세법상 영세율 적용대상 중 세금계산서 발급의무가 있는 경우는?

① 내국물품의 외국반출
② 내국신용장이나 구매확인서에 의한 재화공급
③ 국외에서 제공하는 용역의 제공
④ 항공기의 외국항행용역

22. 다음 중 부가가치세법상 재화의 공급 의제 중 세금계산서 발급의무가 있는 경우는?(사업자단위과세사업자 및 주사업장총괄납부사업자가 아닌 경우임.)

① 판매목적 타사업장 반출재화의 공급의제
② 매입세액공제를 받은 개별소비세 과세대상자동차의 영업외 용도로의 전용
③ 폐업시 잔존재화의 자가공급
④ 사업상 증여

23. 다음 중 세금계산서 발급의무의 면제 대상이 아닌 것은?

① 택시운송 사업자가 공급하는 재화 또는 용역
② 미용, 욕탕 및 유사 서비스업을 경영하는 자가 공급하는 재화 또는 용역
③ 내국신용장 또는 구매확인서에 의하여 공급하는 수출용 재화
④ 부동산임대용역 중 간주임대료

24. 다음 중 부가가치세법상 세금계산서 또는 영수증 발급의무가 면제되는 내용을 설명한 것으로 옳은 것은?

① 부동산임대용역 중 간주임대료도 세금계산서를 발행해야 한다.
② 간주공급에 해당하는 재화의 공급도 세금계산서를 발행해야 한다.
③ 수출 적용대상 재화·용역도 세금계산서를 반드시 발행해야 한다.
④ 소매업을 영위하는 자가 제공하는 재화·용역은 공급받는 자가 세금계산서를 요구하는 경우에는 세금계산서를 발행해야 한다.

25. 다음 중 부가가치세법상 세금계산서의 발급의무가 면제되지 않는 것은?

① 내국신용장에 의하여 공급하는 재화
② 택시운송사업자가 공급하는 용역
③ 미용업을 영위하는 자가 공급하는 용역
④ 부동산임대용역 중 보증금에 대한 간주임대료가 적용되는 부분

26. 다음 중 부가가치세법상 세금계산서를 발행할 수 있는 거래는?

① 간주공급 중 판매목적 타사업장 반출
② 입장권을 발행하여 영위하는 사업
③ 전세버스 운송업을 제외한 여객운송업
④ 상가 임대시 간주임대료

27. 다음은 부가가치세법상 세금계산서에 대한 설명이다. 가장 옳지 않은 것은?

① 필요적 기재사항이 모두 기재된 신용카드매출전표와 현금영수증은 세금계산서로 본다.
② 세금계산서 기재사항 중 작성연월일은 필요적 기재사항이고, 공급연월일은 임의적 기재사항이다.
③ 납세의무자로 등록한 사업자가 부가가치세 과세대상인 재화를 공급하는 경우에는 거래상대방이 면세사업자일지라도 세금계산서를 발급하여야 한다.
④ 면세사업자는 세금계산서(매입자발행세금계산서 제외)를 발급할 수 없다.

28. **다음 중 세금계산서에 대한 설명으로 가장 옳지 않은 것은?**

① 세금계산서의 발급의무자는 사업자와 세관장이다.

② 판매할 목적으로 다른 사업장에 반출하는 재화를 제외한 공급의제의 경우에는 세금계산서 발급의무가 면제된다.

③ 간주임대료에 대해서는 세금계산서를 발급할 필요가 없다.

④ 면세사업자의 경우에도 거래상대방이 사업자등록증을 제시하고 요구하는 경우에는 세금계산서를 발급하여야 한다.

29. **다음 중 부가가치세법상 세금계산서 발급의무가 면제되는 경우가 아닌 것으로 가장 올바른 것은?**

① 부동산임대보증금에 대한 간주임대료

② 소매업의 경우 공급받는 자가 세금계산서 발급을 요구하지 않은 경우

③ 사업장별로 신고·납부하는 사업자가 판매할 목적으로 다른 사업장에 반출하는 재화

④ 음식점업자가 신용카드매출전표 등을 발급한 경우

30. **다음 중 부가가치세법상 세금계산서의 발급의무가 면제되지 않는 것은?**

① 택시운송

② 간주공급 중 개인적 공급

③ 내국신용장 또는 구매확인서에 의하여 공급하는 재화

④ 부동산임대용역 중 간주임대료

31. **다음 중 부가가치세법상 세금계산서 발급의무 면제에 해당하지 않는 것은?**

① 영세율 적용분 중 내국신용장·구매확인서에 의한 재화의 공급

② 공급받는 자가 세금계산서 발급을 요구하지 않는 경우의 소매업

③ 폐업시 잔존재화

④ 택시운전사, 노점상

32. 다음 중 부가가치세법상 세금계산서발급의무 면제대상이 아닌 것은?

① 소매업을 경영하는 자가 재화 공급시 신용카드매출전표 등을 이미 발급한 경우
② 구매확인서에 의하여 영세율이 적용되는 재화
③ 부동산임대용역 중 임대보증금에 대한 간주임대료
④ 욕탕업을 경영하는 자가 공급하는 용역

33. 다음 중 부가가치세법상 세금계산서 발급의무가 면제되는 경우가 아닌 것은?

① 면세사업자에게 공급하는 재화
② 과세사업용 재화를 면세사업에 전용한 경우
③ 미용업을 영위하는 자가 공급하는 용역
④ 택시운송 사업자가 제공하는 용역

34. 다음 중 부가가치세법상 세금계산서 발급의무가 면제되는 경우가 아닌 것은?

① 재화를 직접 수출하는 경우
② 구매확인서에 의하여 수출업자에게 재화를 공급하는 경우
③ 항공기에 의하여 외국항행용역을 제공하는 경우
④ 국내주둔 미국군에 재화를 공급하는 경우

35. 다음 중 부가가치세법상 세금계산서 발급의무 면제대상이 아닌 것은?

① 직매장반출을 제외한 간주공급에 해당하는 재화의 공급
② 부동산임대용역 중 간주임대료
③ 일반과세자로서 전세버스운송사업을 영위하는 자
④ 미용업 또는 욕탕업을 경영하는 자가 공급하는 용역

36. 다음 중 세금계산서 발급의무의 면제에 해당하지 않는 것은?(단, 과세사업자를 전제한다.)

① 미용, 욕탕 및 유사 서비스업을 경영하는 자가 공급하는 재화 또는 용역
② 부동산임대에 따른 간주임대료
③ 도매업을 영위하는 자가 공급하는 재화·용역
④ 무인판매기를 이용하여 재화와 용역을 공급하는 자

37. 다음 중 부가가치세법상 세금계산서 발급의무 면제대상이 아닌 것은?

① 국외제공용역
② 보세구역내에서의 국내업체간의 재화공급
③ 무인판매기를 이용하여 재화를 공급하는 자
④ 부동산임대용역 중 전세금 또는 임대보증금에 대한 간주임대료

38. 다음 중 세금계산서를 발급해야 하는 거래인 것은?

① 소매업자가 공급하는 재화로서 상대방이 세금계산서 발급을 요구하지 않는 경우
② 판매목적 타사업장 반출을 제외한 재화의 간주공급
③ 국내사업장이 있는 비거주자 또는 외국법인에게 공급하는 외화획득용역
④ 부동산 임대에서 발생한 간주임대료에 대한 부가가치세를 임대인이 부담 하는 경우

39. 다음 중 부가가치세법상 세금계산서의 발급의무가 있는 것은?

① 수탁가공무역
② 면세사업자의 공급재화
③ 사업상 증여
④ 부동산임대용역의 간주임대료

40. 다음 중 전자세금계산서를 의무적으로 발급해야 하는 사업자로 가장 적절한 것은?

① 휴대폰을 판매하는 법인사업자
② 음식점을 운영하는 간이사업자
③ 배추를 재배해서 판매하는 영농조합법인
④ 입시학원을 운영하는 개인사업자

41. 다음 중 부가가치세법상 세금계산서 발급의무가 면제되는 경우에 해당되지 않는 것은?

① 택시운송사업자, 노점 또는 행상을 하는 사람, 그 밖에 기획재정부령으로 정하는 사업자가 공급하는 재화 또는 용역
② 부동산임대용역 중 간주임대료
③ 미용, 욕탕 및 유사 서비스업을 경영하는자가 공급하는 용역
④ 소매업을 경영하는자가 사업자에게 공급하는 재화 또는 용역(공급받는 자가 세금계산서발급을 요구하는 경우)

42. 부가가치세법상 다음 재화와 용역의 공급 중 세금계산서 발급의무가 면제되는 경우가 아닌 것은?

① 총괄납부 미승인의 직매장 반출의 경우
② 부동산임대용역 중 간주 임대료
③ 목욕, 이발, 미용업
④ 영수증발급대상사업자가 신용카드매출 전표 등을 교부한 경우

43. 사업자 김세무씨는 사업과 관련된 지출을 하고 증빙을 수취하였다. 다음 중 매입세액공제가 불가능한 것은?(모든 증빙은 형식상 요건은 충족한다)

① 세금계산서
② 사업용 신용카드 매출전표
③ 사업자용 지출증빙 현금영수증
④ 금전출납기 영수증

44. 다음 중 부가가치세법상 (전자)세금계산서 교부의무가 면제되지 않을 수 있는 것은?

① 사업상 증여
② 직매장 반출
③ 대가를 받지 아니한 용역의 공급
④ 임대보증금에 대한 간주임대료

45. 다음 중 부가가치세법상 영수증을 발급할 수 있는 사업자가 아닌 것은?

① 숙박업
② 부동산매매업
③ 음식점업
④ 양복점업

46. 부가가치세법상의 영세율 적용대상 중 세금계산서를 발급해야 하는 경우는?

① 내국물품의 외국반출
② 내국신용장이나 구매확인서에 의한 재화공급
③ 국외제공용역
④ 항공기의 외국항행용역

47. 다음 중 부가가치세법상 세금계산서 발급의무가 있는 거래로 가장 올바른 것은?

① 사업자가 아닌 자의 개인적 공급
② 부동산임대용역 중 간주임대료에 해당하는 부분
③ 구매확인서에 의하여 공급하는 수출재화 임가공용역
④ 국내사업장이 없는 외국법인에게 공급하는 용역

48. 다음 중 부가가치세법상 세금계산서 교부 의무가 면제되는 사업으로만 짝지어진 것은?

가. 여객운송업	나. 변호사 등 인적용역을 공급하는 사업
다. 도매업	라. 목욕·이발·미용업

① 가, 나　② 가, 라
③ 나, 다　④ 다, 라

49. 다음 중 세금계산서에 대한 설명으로 옳지 않은 것은?

① 영세율이 적용되는 경우에도 반드시 세금계산서를 발급하여야 한다.
② 매입세금계산서는 매입세액공제의 근거가 된다.
③ 거래여부를 확인하는 거래증거자료 또는 기장의 기초자료이다.
④ 재화의 수입에 대해서는 세관장이 수입세금계산서를 수입자에게 발급한다.

50. 다음과 같은 상황에 대한 세금계산서의 발급행위로서 가장 잘못된 것은?

공급시기	공급가액	부가가치세
20×2. 10. 10	10,000,000원	1,000,000원
20×2. 10. 20	10,000,000원	1,000,000원
20×2. 10. 31	10,000,000원	1,000,000원

① 20×2년 10월 31일 공급분에 대해 작성연월일을 10월 31일자로 하여 세금계산서를 작성하여 동 일자로 발급한 경우
② 20×2년 10월 공급분을 합계하여 작성연월일을 20×2년 10월 31일자로 하여 세금계산서를 작성하여 20×2년 11월 7일에 발급한 경우
③ 20×2년 10월 공급분을 합계하여 작성연월일을 20×2년 10월 31일로 하여 세금계산서를 작성하고 20×2년 11월 10일까지 발급한 경우
④ 10월 10일, 10월 20일, 10월 31일 각각에 대해 10일, 20일, 31일을 작성연월일로 하여 세금계산서 3장을 작성하고, 11월 13일에 발급한 경우

51. 다음 중 부가가치세법상 세금계산서의 발급 시기와 관련하여 괄호 안에 들어갈 내용으로 알맞은 것은?

> 사업자가 거래처별로 1역월의 공급가액을 합계하고 해당 월의 말일자를 작성연월일로 하여 세금계산서를 발급하는 경우 재화·용역의 공급일이 속하는 달의 다음 달 (　　)까지(그 날이 공휴일 또는 토요일인 경우에는 바로 다음 영업일까지) 세금계산서를 발급할 수 있다.

① 5일　② 10일
③ 15일　④ 말일

52. 당사는 9월 1일부터 9월 30일까지 ㈜경인과의 매출분에 대하여 9월 30일자로 전자세금계산서를 발행하기로 하였다. 부가가치세법상 전자세금계산서는 언제까지 발급하여야 하는가?

① 10월 10일　② 10월 12일
③ 10월 15일　④ 10월 17일

53. 부가가치세법상 위탁자가 확인되는 재화의 위탁매매에 관한 설명 중 옳지 않은 것은?

① 위탁매매의 공급시기는 수탁자가 공급한 때이다.
② 위탁매매에 대한 공급가액은 위탁자의 과세표준에 포함하지 아니한다.
③ 위탁매매시 수탁자가 당해 재화를 직접 인도할 경우에는 수탁자가 위탁자 명의의 세금계산서를 발급한다.
④ 위탁자가 수탁자에게 지급하는 위탁판매수수료에 대하여는 수탁자가 위탁자에게 세금계산서를 발급한다.

54. 다음은 부가가치세법상 전자세금계산서에 대한 설명이다. 다음 중 옳은 것은?

① 법인사업자는 전자세금계산서를 발급하여야 하며, 이러한 의무를 위반하면 가산세가 부과된다.
② 모든 개인사업자는 전자세금계산서를 발급하여야 하며, 이러한 의무를 위반하면 가산세가 부과된다.
③ 전자세금계산서 의무발행자가 종이세금계산서를 발급하면 그 세금계산서의 효력은 없다.
④ 전자세금계산서 발급명세를 전송한 경우에는 매출·매입처별세금계산서합계표를 제출하지 않아도 되지만 세금계산서는 5년간 보존하여야 한다.

55. 부가가치세법상 세금계산서에 대한 설명으로 옳은 것은?

① 사업자가 필요적 기재사항이 착오로 잘못 기재된 세금계산서를 발급한 경우 최초 발급한 세금계산서의 내용대로 음의 표시 또는 붉은색 글씨로 적어 발급하고, 수정하여 발급하는 세금계산서는 검은색 글씨로 작성하여 발급한다. 다만, 과세표준 및 세액을 경정할 것을 미리 알고 있는 경우에는 제외한다.
② 전자세금계산서를 발급일의 다음날까지 국세청장에게 전송한 경우 세금계산서를 5년간 보존할 의무가 있다.
③ 세금계산서 발급금지 업종 외의 사업을 경영하는 일반과세자가 신용카드 매출전표 등을 발급한 경우에는 세금계산서를 발급해야 한다.
④ 수입 재화에 대해서는 국세청장이 세금계산서를 수입하는 자에게 발급하여야 한다.

56. 다음 중 부가가치세법상 수정세금계산서 발급사유가 아닌 것은?

① 처음 공급한 재화가 환입된 경우
② 필요적 기재사항 등이 착오로 잘못 적힌 경우
③ 계약의 해지 등에 따라 공급가액에 추가되는 금액이 발생한 경우
④ 허위로 세금계산서를 발급한 경우

57. 다음 중 부가가치세법상 수정세금계산서 발급 사유가 아닌 것은?

① 필요적 기재사항이 착오로 잘못 기재되어 경정할 것을 미리 알고 있는 경우
② 면세 등 발급대상이 아닌 거래 등에 대하여 발급한 경우
③ 공급가액에 추가 또는 차감되는 금액이 발생한 경우
④ 착오로 전자세금계산서를 이중으로 발급한 경우

58. 다음 중 부가가치세법상 수정세금계산서 발급 사유에 해당하지 않는 것은?

① 세무조사의 통지를 받은 경우로서 과세표준 또는 세액을 경정할 것을 미리 알고 공급가액을 변경하려는 경우
② 처음 공급한 재화가 환입된 경우
③ 계약의 해지 등에 따라 공급가액이 추가되거나 차감되는 금액이 발생한 경우
④ 면세 등 발급대상이 아닌 거래 등에 대하여 발급한 경우

59. 다음 중 부가가치세법상 수정세금계산서 발급 대상이 아닌 것은?

① 처음 공급한 재화가 환입(還入)된 경우
② 계약의 해제로 재화 또는 용역이 공급되지 아니한 경우
③ 거래처의 파산으로 매출채권을 회수하지 못한 경우
④ 착오로 전자세금계산서를 이중으로 발급한 경우

60. 다음 중 부가가치세법상 수정세금계산서 발급에 관한 설명으로 옳은 것은?

① 수정세금계산서를 발급할 수 있는 자는 반드시 당초 세금계산서를 발급한 공급자이어야 한다.
② 계약의 해지 등에 따라 공급가액에 추가 또는 차감되는 금액이 발생한 경우 증감사유가 발생한 날을 작성일로 적고 추가되는 금액은 붉은색 글씨로, 차감되는 금액은 검은색 글씨로 작성한다.
③ 수정세금계산서를 제출하면 반드시 지연제출 등 가산세가 적용된다.
④ 전자세금계산서의 경우 착오로 이중으로 발급한 경우가 확인되더라도 수정세금계산서를 발급할 수 없다.

61. 다음 중 부가가치세법상 수정세금계산서 발급시 작성일자가 소급되어 발행되어지는 경우인 것은?

① 처음 공급한 재화가 환입된 경우
② 착오로 전자세금계산서를 이중 발급한 경우
③ 계약의 해제로 재화나 용역이 공급되지 아니한 경우
④ 계약의 해지 등에 따라 공급가액에 추가되거나 차감되는 금액이 발생한 경우

62. 다음 중 부가가치세법상 처음 공급한 재화가 환입된 경우 수정세금계산서 작성일로 옳은 것은?

① 처음 공급한 날
② 과세기간 종료일
③ 부가가치세 확정신고기간에 대한 신고일
④ 재화가 환입된 날

63. 부가가치세법상 아래의 거래에 관련하여 세금계산서가 적법하게 발급되지 않은 경우는?

처음 발급내역 : 202x년 4월 11일에 재화를 공급하고 과세분 세금계산서(공급가액 : 1,000만원)를 발급하였다.

① 일부 재화(공급가액 : 200만원)가 5월 15일에 반품처리되어 5월 15일자로 수정세금계산서(공급가액 : △200만원)을 발급하였다.
② 처음 계약이 6월 15일에 해제된 경우, 6월 15일자로 수정세금계산서(공급가액 : △1,000만원)를 발급하였다.
③ 장려금 명목으로 100만원을 지급하기로 하고, 5월 30일 매매대금 수령시 장려금을 차감하여 수령하고, 동 일자로 수정세금계산서(공급가액 : △100만원)를 발급하였다.
④ 7월 10일에 내국신용장이 개설되어, 4월 11일자로 영세율세금계산서를 발급하고, 4월 11일자로 과세분 수정세금계산서(공급가액 : △1,000만원)를 발급하였다.

64. 다음 중 부가가치세법상 수정세금계산서의 발급사유와 수정세금계산서상 기재할 작성일을 잘못 설명하고 있는 것은?

① 처음 공급한 재화가 환입된 경우 - 재화가 환입된 날
② 계약의 해제로 인하여 재화 또는 용역이 공급되지 아니한 경우 - 계약해제일
③ 공급가액에 추가 또는 차감되는 금액이 발생한 경우 - 증감사유가 발생한 날
④ 재화 또는 용역을 공급한 후 공급시기가 속하는 과세기간 종료 후 25일 이내에 내국신용장이 개설된 경우 - 내국신용장 개설일

65. 다음 중 부가가치세법상 수정세금계산서 작성일자로 옳지 않은 것은?

① 당초 공급한 재화가 환입된 경우 재화가 환입된 날
② 재화를 공급한 후에 공급시기가 속하는 과세기간 종료 후 25일 이내에 내국신용장이 개설된 경우 당초 세금계산서 작성일
③ 계약의 해지 등에 따라 공급가액에 증감액이 발생한 경우 증감사유가 발생한 날
④ 계약의 해제로 재화가 공급되지 않은 경우 당초 세금계산서 작성일

66. **다음 사람들 중 세금계산서에 관한 설명으로 잘못 말한 사람은?**

- A씨 : 세금계산서는 필요적 기재사항과 임의적 기재사항이 있는데 공급받는 자의 사업자등록번호는 필요적 기재사항이다.
- B씨 : 사업자는 재화를 공급할 때 그 재화가 과세 또는 면세에 관계없이 세금계산서를 발급하여야 한다.
- C씨 : 세금계산서는 원칙적으로 재화와 용역의 공급시기에 발급하여야 한다.
- D씨 : 세금계산서를 발급한 후 그 기재사항에 착오나 정정사유가 있는 경우 이를 수정하여 세금계산서를 발급할 수 있다.
- E씨 : 세금계산서는 재화를 공급하는 사업자가 발급하는 것이므로 어떠한 경우에도 재화 등을 공급받는 자는 세금계산서를 발급할 수 없다.

① A씨, E씨　　② B씨, E씨
③ B씨, C씨　　④ D씨, E씨

67. **부가가치세법상 수정세금계산서 발급사유 및 발급절차에 대한 설명이다. 옳지 않은 것은?**

① 당초 공급한 재화가 환입된 경우 : 재화가 환입된 날을 작성일로 적고 비고란에 처음 세금계산서 작성일을 덧붙여 적은 후 붉은색 글씨로 쓰거나 음(陰)의 표시를 하여 발급
② 계약의 해제로 재화·용역이 공급되지 아니한 경우 : 계약이 해제된 때에 그 작성일은 계약해제일로 적고 비고란에 처음 세금계산서 작성일을 덧붙여 적은 후 붉은색 글씨로 쓰거나 음(陰)의 표시를 하여 발급
③ 계약의 해지 등에 따라 공급가액에 추가 또는 차감되는 금액이 발생한 경우 : 증감사유가 발생한 날을 작성일로 적고 추가되는 금액은 검은색 글씨로 쓰고, 차감되는 금액은 붉은색 글씨로 쓰거나 음(陰)의 표시를 하여 발급
④ 재화·용역을 공급한 후 공급시기가 속하는 과세기간 종료 후 25일 이내에 내국신용장이 개설되었거나 구매확인서가 발급된 경우 : 내국신용장 등이 개설된 때에 그 작성일은 내국신용장 개설일을 적고, 처음 세금계산서 작성일은 비고란에 적어 발급

68. **다음 중 부가가치세법상 수정세금계산서 발급 대상에 해당하지 않는 것은?**

① 계약의 해제로 재화 또는 용역이 공급되지 아니한 경우
② 당초 공급한 재화가 환입된 경우
③ 동일 건에 대하여 착오로 세금계산서를 이중으로 발급한 경우
④ 필요적 기재사항이 잘못 기재되어 경정할 것을 미리 알고 있는 경우

69. 다음 중 부가가치세법상 수정세금계산서 발급요건에 해당하는 것을 모두 고른 것은?

> 가. 처음 공급한 재화가 환입된 경우
> 나. 필요적 기재사항을 착오로 잘못 기재한 경우
> 다. 착오에 의한 세금계산서가 이중 발행 된 경우
> 라. 일반과세자에서 간이과세자로 과세유형이 전환된 후 과세유형전환 전에 공급한 재화 또는 용역에서 가,나,다의 사유가 발생한 경우

① 가, 나　　② 가, 다
③ 가, 나, 다　　④ 가, 나, 다, 라

70. 부가가치세법상 필요적 기재사항 등이 착오로 잘못 적힌 경우에는 수정세금계산서를 발급할 수 있는데 「과세표준 또는 세액을 경정할 것을 미리 알고 있는 경우」에 해당하여 수정발급사유에서 제외되는 사유가 아닌 것은?

① 세무조사의 통지를 받은 경우
② 세무공무원이 과세자료의 수집 또는 민원 등을 처리하기 위하여 현지출장이나 확인업무에 착수한 경우
③ 거래 상대방이 세금계산서의 착오를 발견하고 정정을 요청한 경우
④ 세무서장으로부터 과세자료 해명안내 통지를 받은 경우

71. 부가가치세법상 수정세금계산서의 발급요건이 아닌 경우는?

① 재화나 용역을 공급하고 영수증을 발급하였으나, 과세기간이 지난 후 공급받는 자의 요구로 세금계산서를 발급하는 경우
② 착오로 전자세금계산서를 이중으로 발급한 경우
③ 세율을 잘못 적용하여 발급한 경우
④ 계약의 해지 등에 따라 공급가액에 추가되거나 차감되는 금액이 발생한 경우

72. 부가가치세법상 수정(전자)세금계산서 작성일을 적고자 한다. 다음 중 작성일을 소급하여 처음에 발급한 (전자)세금계산서의 작성일을 적어야 하는 것은?

① 계약의 해지로 공급가액에 감소되는 금액이 발생한 경우
② 처음에 공급한 재화가 환입된 경우
③ 세율을 잘못 적용한 경우
④ 계약의 해제로 재화가 공급되지 아니한 경우

73. **다음은 세금계산서의 작성, 발급, 전송 등에 관한 사항이다. 설명이 잘못된 것은?**

① 202x년 1월 15일을 작성일자로 한 세금계산서를 2월 15일에 발급한 경우 매출자에게는 세금계산서 관련 가산세가 적용된다.

② 202x년 1월 15일을 작성일자로 한 세금계산서를 2월 15일에 발급받아 매입세액을 공제받는 경우 매입자에게는 매입처별세금계산서합계표불성실 관련 가산세가 적용된다.

③ 202x년 1월 15일을 작성일자로 한 세금계산서를 7월 15일에 발급한 경우 매출자에게는 세금계산서 관련 가산세가 적용된다.

④ 202x년 1월 15일을 작성일자로 한 세금계산서를 7월 15일에 발급받은 경우 매입자에게는 매입세액이 공제되지 않는다.

74. **다음 중 부가가치세법상 세금계산서에 대한 설명으로 가장 옳지 않은 것은?**

① 원칙적으로 재화 또는 용역의 공급시기에 발급하여야 한다.

② 일정한 경우에는 재화 또는 용역의 공급시기 전에도 세금계산서를 발급할 수 있다.

③ 월합계세금계산서는 예외적으로 재화 또는 용역의 공급일이 속하는 달의 다음 달 14일까지 세금계산서를 발급할 수 있다.

④ 법인사업자는 전자세금계산서를 의무적으로 발급하여야 한다.

제5장 과세표준과 매출세액

❶ 매출세액의 계산구조와 신고서 작성방법

구분			금 액①	세 율	세 액②
과세표준 및 매출세액	과 세③	세금계산서발급분		10/100	
		매입자발행세금계산서		10/100	
		신용카드·현금영수증발행분		10/100	
		기타(정규영수증 외 매출분)		10/100	
	영 세 율④	세금계산서발급분		0/100	
		기타		0/100	
	예정신고누락분⑤				
	대손세액가감⑥				
	합계				

① '금액' : 과세표준을 기재

② '세액' : '공급가액의 합계액(과세표준)×10%'를 기재

③ '과세' : 해당 신고대상기간에 10% 세율이 적용되는 부가가치세 과세거래에 대한 내용을 기재

- '세금계산서 발급분' : 실제로 세금계산서를 발급한 분을 기재
- '매입자발행세금계산서' : 매입자로부터 발급받은 매입자발행세금계산서의 금액과 세액을 기재
- '신용카드 · 현금영수증발행분' : 신용카드매출전표 등 발행분 · 전자화폐수취분을 기재
- '기타' : 세금계산서 발급의무가 없는 공급분, 금전등록금계산서 등 일반영수증 발급분, 세금계산서 발급대상이지만 세금계산서를 발급하지 않은 분을 기재

④ '영세율' : 해당 신고대상기간에 0% 세율이 적용되는 부가가치세 과세거래에 대한 내용을 기재[세액은 없지만 '금액'란은 반드시 기재하여야 하며, 이를 누락하면 가산세(영세율과세표준 신고불성실 가산세) 적용]

- '세금계산서 발급분' : 실제로 세금계산서를 발급한 영세율 해당 분을 기재
- '기타' : 세금계산서 발급의무가 없는 부분 등에 대한 영세율 해당 분을 기재

⑤ '예정신고누락분' : 예정신고를 할 때 누락된 금액을 확정신고할 때 포함해서 신고하는 경우에 기재

⑥ '대손세액가감' : 부가가치세가 과세되는 재화 · 용역에 대한 외상매출금 등이 대손되어 공제받는 사업자가 기재 ➠ '세액'란에만 가감하며, '금액'란에는 가감하지 않음

- 대손세액을 공제받는 경우(대손세액 감) : 대손세액을 차감표시(△)하여 기재
- 대손금액의 전부 또는 일부를 회수하여 회수금액에 관련된 대손세액을 납부해야 하는 경우(대손세액 가) : 해당 납부세액을 기재

② 과세표준

2-1 의의

- 일반과세자의 재화·용역의 공급에 대한 부가가치세의 과세표준은 해당 과세기간에 공급한 재화·용역의 공급가액(부가가치세가 제외된 금액)을 합한 금액
  ➠ 간이과세자의 재화·용역의 공급에 대한 부가가치세의 과세표준은 공급대가(부가가치세가 포함된 금액)를 합한 금액
- 거래금액에 부가가치세가 포함되었는지 여부가 불분명한 경우에는 영수할 금액의 110분의 100에 해당하는 금액이 과세표준

2-2 공급가액의 범위

과세표준 계산시 합하는 금액인 재화·용역의 공급가액은 다음의 가액을 말하며, 이 경우 대금, 요금, 수수료 그 밖의 어떤 명목이든 상관없이 재화·용역을 공급받는 자로부터 받는 금전적 가치가 있는 모든 것 포함(부가가치세는 포함하지 않음)

구 분	공급가액
금전으로 대가를 받는 경우	그 대가
금전 외의 대가를 받는 경우	자기가 공급한 재화·용역의 시가
특수관계인에게 공급하는 재화·용역(수탁자가 위탁자의 특수관계인에게 공급하는 신탁재산과 관련된 재화·용역을 포함)에 대한 조세의 부담을 부당하게 감소시킬 것으로 인정되는 다음 중 어느 하나의 경우 ① 재화공급에 대하여 부당하게 낮은 대가를 받거나 아무런 대가를 받지 아니한 경우(저가공급, 무상공급) ② 용역의 공급에 대하여 부당하게 낮은 대가를 받는 경우(저가공급) ③ 용역의 공급에 대하여 대가를 받지 아니하는 경우로서 특수관계인에게 사업용부동산의 임대용역을 공급하는 경우	공급한 재화·용역의 시가

㊟ 1. 대가를 외국통화나 그 밖의 외국환으로 받은 경우 그 대가 : 공급가액

구분	공급가액
재화・용역의 공급시기가 되기 전에 원화로 환가한 경우	환가한 금액
재화・용역의 공급시기 이후에 외국통화나 그 밖의 외국환의 상태로 보유하고 있거나 지급받는 경우	해당 공급시기의 기준환율 또는 재정환율에 따라 계산한 금액

㊟ 2. 시가의 기준 : 부가가치세법에서 규정하는 시가는 다음의 가격으로 함

1 순위	사업자가 특수관계인이 아닌 자와 해당 거래와 유사한 상황에서 계속적으로 거래한 가격 또는 제3자간에 일반적으로 거래된 가격 : 공급한 재화・용역의 시가
2 순위	1순위의 가격이 없는 경우에는 사업자가 그 대가로 받은 재화・용역의 가격(공급받은 사업자가 특수관계인이 아닌 자와 해당 거래와 유사한 상황에서 계속적으로 거래한 해당 재화・용역의 가격 또는 제3자간에 일반적으로 거래된 가액) : 공급받은 재화・용역의 시가
3 순위	1순위, 2순위에 따른 가격이 없거나 시기가 불분명한 경우에는 소득세법 시행령 또는 법인세법 시행령에 따른 가격

㊟ 3. 재화・용역의 공급에 대해 대가를 받지 않거나 부당하게 낮은 대가를 받은 경우 공급가액

구분	대가를 받지 않는 경우		부당하게 낮은 대가를 받는 경우	
	특수관계인 ○	특수관계인 ×	특수관계인 ○	특수관계인 ×
재화공급	시 가	•사업상 증여 ○(시가) •사업상 증여 ×(과세×)	시 가	실제 거래금액
용역공급	•사업용부동산임대용역 : 시가 •그 외 용역 : 과세 ×	과세 ×	시 가	실제 거래금액

2-3 공급가액 결정시 고려해야 할 항목

구 분	내 용
공급가액에 포함하는 항목	대금・요금・수수료 그 밖에 어떤 명목이든 상관없이 재화・용역을 공급받는 자로부터 받는 실질적 대가관계가 있는 모든 금전적 가치가 있는 다음의 것 ① 할부판매・장기할부판매의 경우 이자상당액 ② 대가의 일부로 받는 운송보험료・산재보험료・운송비・포장비・하역비 등 ③ 개별소비세 등이 과세되는 재화・용역에 대한 개별소비세, 주세, 교통・에너지・환경세와 그 교육세, 농어촌특별세 상당액
공급가액에 포함하지 않는 항목	① 부가가치세 ② 매출에누리・매출환입・매출할인 ③ 공급받는 자에게 도달하기 전에 파손・훼손・멸실된 재화의 가액 ④ 재화・용역의 공급과 직접 관련되지 않는 국고보조금과 공공보조금 ⑤ 공급에 대한 대가의 지급이 지체되었음을 이유로 받는 연체이자

구 분	내 용
공급가액에 포함하지 않는 항목	⑥ 반환조건부 용기대금·포장비용 ➡ 반환조건으로 공급한 용기·포장을 회수할 수 없어 그 용기대금과 포장비용을 변상금 형식으로 변제받는 경우에는 공급가액에 포함 ⑦ 사업자가 음식·숙박용역이나 개인서비스 용역을 공급하고 그 대가와 함께 받는 종업원의 봉사료를 세금계산서, 영수증 또는 신용카드매출전표 등에 그 대가와 구분하여 적은 경우로서 봉사료를 종업원에게 지급한 사실이 확인되는 경우의 그 봉사료 ➡ 사업자가 그 봉사료를 자기의 수입금액에 계상하는 경우에는 공급가액에 포함 ⑧ 공급받는 자가 부담하는 원재료 등의 가액
과세표준에서 공제하지 않는 항목 (공급과 무관한 항목)	① 대손금액 ② 사업자가 재화·용역을 공급받는 자에게 지급하는 판매장려금(금전) ➡ 지급받은 장려금은 공급가액에 포함 ×, 장려금을 재화로 지급하는 경우(판매장려물품)에는 사업상증여에 해당되면 과세 ○ ③ 하자보증금 : 사업자가 완성도기준지급 또는 중간지급조건부로 재화·용역을 공급하고 계약에 따라 대가의 각 부분을 받을 때 일정 금액을 하자보증을 위하여 공급받는 자에게 보관시키는 금액

2-4 마일리지 등으로 대금의 전부 또는 일부를 결제받는 경우의 공급가액

<table>
<tr><th>구 분</th><th colspan="2">내 용</th></tr>
<tr><td rowspan="3">마일리지 등의 개념</td><td colspan="2">① 재화·용역의 구입실적에 따라 마일리지, 포인트 또는 그 밖에 이와 유사한 형태로 별도의 대가 없이 적립받은 후 다른 재화·용역 구입시 결제수단으로 사용할 수 있는 것
② 재화·용역의 구입실적에 따라 별도의 대가 없이 교부받으며 전산시스템 등을 통하여 그 밖의 상품권과 구분 관리되는 상품권</td></tr>
<tr><td>자기적립 마일리지 등</td><td>당초 재화·용역을 공급하고 마일리지 등을 적립(다른 사업자를 통하여 적립하여 준 경우를 포함)하여 준 사업자에게 사용한 마일리지 등
• 여러 사업자가 적립하여 줄 수 있거나 여러 사업자를 대상으로 사용할 수 있는 마일리지 등의 경우는 ⓐ, ⓑ요건을 모두 충족한 경우로 한정
ⓐ 고객별·사업자별로 마일리지 등의 적립 및 사용 실적을 구분하여 관리하는 등의 방법으로 당초 공급자와 이후 공급자가 같다는 사실이 확인될 것
ⓑ 사업자가 마일리지 등으로 결제받은 부분에 대하여 재화·용역을 공급받는 자 외의 자로부터 보전받지 아니할 것</td></tr>
<tr><td>자기적립 마일리지 등 외의 마일리지 등</td><td>당초 재화·용역을 공급하고 마일리지 등을 적립하여 준 사업자가 아닌 다른 사업자에게 사용할 수 있는 마일리지 등</td></tr>
</table>

구 분	내 용
마일리지 등 거래에 대한 부가가치세법 적용	• 마일리지 등의 적립시 : 과세표준에서 공제하지 않음 • 마일리지 등으로 결제시 : 자기적립마일리지 등으로 결제한 부분은 공급가액에 포함하지 않음 ① 일반적인 경우 : 마일리지 등으로 대금의 전부 또는 일부를 결제받은 경우의 공급가액 : 다음의 금액을 합한 금액(ⓐ+ⓑ) ⓐ 마일리지 등 외의 수단으로 결제받은 금액 ⓑ 자기적립마일리지 등 외의 마일리지 등으로 결제받은 부분에 대하여 재화·용역을 공급받는 자 외의 자로부터 보전받았거나 보전받을 금액 ② 자기적립 마일리지 등 외의 마일리지 등으로 대금의 전부 또는 일부를 결제받은 경우로서 다음의 ⓐ, ⓑ 중 어느 하나에 해당하는 경우 : 공급한 재화·용역의 시가 ⓐ 자기적립마일리지 등 외의 마일리지 등으로 결제받은 부분에 대하여 재화·용역을 공급받는 자 외의 자로부터 그 금액을 보전받지 않고 자기생산·취득재화를 공급한 경우(사업상 증여에 해당) ⓑ 자기적립마일리지 등 외의 마일리지 등으로 결제받은 부분에 대하여 특수관계인으로부터 부당하게 낮은 금액을 보전받거나 아무런 금액을 받지 아니하여 조세를 부당하게 감소시킬 것으로 인정되는 경우 ③ 자기적립마일리지 등으로만 결제받고 공급하는 재화·용역 : 공급으로 보지 않기 때문에 해당 마일리지 등은 과세표준에 포함하지 않음

2-5 거래형태별 공급가액

구 분	공급가액
외상판매·할부판매	공급한 재화의 총가액
장기할부판매 완성도기준지급조건부공급 중간지급조건부공급	계약에 따라 받기로 한 대가의 각 부분
공급단위를 구획할 수 없는 계속적 공급	
기부채납	해당 기부채납의 근거가 되는 법률에 따라 기부채납된 가액(부가가치세가 포함된 경우 그 부가가치세 제외)
둘 이상의 과세기간에 걸쳐 용역을 제공하고 그 대가를 선불로 받는 경우	$선불로\ 받은\ 금액 \times \frac{각\ 과세대상기간의\ 월수}{계약기간의\ 월수}$ ➡ 개월 수 계산은 초월산입·말월불산입

구 분	공급가액
BOT방식을 준용하여 설치한 시설에 대하여 둘 이상의 과세기간에 걸쳐 계속적으로 시설을 이용하게 하고 그 대가를 받는 경우	(용역제공기간 동안 지급받는 대가 + 그 시설의 설치가액) $\times \frac{\text{각 과세대상기간의 월수}}{\text{용역제공기간의 월수}}$ ➡ 개월 수 계산은 초월산입·말월불산입
위탁가공무역 방식의 수출	완성된 제품의 인도가액

2-6 재화의 수입에 대한 과세표준

구 분	과세표준
수입재화의 경우	과세표준 = 그 재화에 대한 관세의 과세가격 + 관세 + 개별소비세, 주세, 교통·에너지·환경세 + 교육세, 농어촌특별세
보세구역*에서 거래되는 경우	• 보세구역과 관련된 부가가치세법의 적용 ① 외국에서 보세구역으로 재화를 반입하는 것 : 재화의 수입 × ② 보세구역에서 보세구역 외의 국내로 반출하는 것 : 재화의 수입 ○ ③ 동일한 보세구역 내에서 재화·용역을 공급하는 것 : 재화·용역의 공급 ○ ④ 보세구역 외의 장소에서 보세구역으로 재화·용역을 공급하는 것 : 재화·용역의 공급 ○ • 사업자가 보세구역 내에 보관된 재화를 다른 사업자에게 공급하고, 그 재화를 공급받은 자가 그 재화를 보세구역으로부터 반입하는 경우 ➡ 외국에서 보세구역 내의 사업자(A)에게 반입되었다가 보세구역 외의 국내(B)로 반입되는 경우를 의미 : ① 재화의 수입과 ② 재화의 공급이 함께 이루어지는 시점 ① 재화의 수입에 해당하는 부분에 대한 과세표준 = 관세의 과세가격 + 관세+ 개별소비세 + 주세 + 교육세 + 농어촌특별세 + 교통·에너지·환경세 : 세관장이 (B)에게 부가가치세를 거래징수하고 (B)에게 수입세금계산서 발급 ② 재화의 공급에 해당하는 부분에 대한 과세표준 = 그 재화의 공급가액 - 세관장이 거래징수하고 발급한 수입세금계산서에 적힌 공급가액(위 '①') : (A)가 (B)로부터 부가가치세를 거래징수하고 (B)에게 세금계산서 발급

* 보세구역 : 통관되기 전의 외국화물을 설치하거나 가공·제조·전시 등을 할 수 있는 장소(구역)[이 구역 안에 설치되는 외국화물에 대해 관세부과가 유예됨].

2-7 재화의 간주공급에 대한 공급가액

구분		내 용
감가상각자산	• 자가공급(판매목적 다른 사업장 반출 재화 제외) • 개인적공급 • 사업상증여 • 폐업시 잔존재화	① 건물 또는 구축물 : 취득가액 × (1－5/100 × 경과된 과세기간수) ② 기타 감가상각자산 : 취득가액 × (1－25/100 × 경과된 과세기간수) ③ 감가상각자산 일부를 면세사업에 전용하는 경우(일부 면세전용) : $\text{‘①’ 또는 ‘②’ 금액} \times \frac{\text{해당 과세기간의 면세공급가액}}{\text{해당 과세기간의 총공급가액}}$ ➡ 취득가액 : 매입세액을 공제받은 해당 재화의 가액(취득세 등 매입세액을 공제받지 못한 금액은 제외) ➡ 경과된 과세기간 수의 계산 : 기초취득・기초공급으로 간주하고 계산 ➡ 위 ‘③’ 중 안분비율이 5% 미만이면 공급가액이 없는 것으로 봄
감가상각자산 외의 자산	• 자가공급(판매목적 다른 사업장 반출 재화 제외) • 개인적공급 • 사업상증여 • 폐업시 잔존재화	해당 재화의 시가(자기가 공급한 재화의 시가 또는 폐업시 남아 있는 재화의 시가)
• 자가공급 중 판매목적 다른 사업장 반출 재화		① 취득가액(소득세법 또는 법인세법상 취득가액으로 취득세 등의 부대비용을 포함한 금액) ② 취득가액에 일정액을 더하여 공급하여 자기의 다른 사업장에 반출하는 경우 : 취득가액 + 일정액 ③ 개별소비세, 주세, 교통・에너지・환경세가 부과되는 재화의 경우 : 개별소비세, 주세, 교통・에너지・환경세에 대한 과세표준+개별소비세, 주세, 교통・에너지・환경세+교육세・농어촌특별세

2-8 공통사용재화를 공급하는 경우 공급가액

구 분	내 용
의미	과세사업과 면세사업 등을 겸영하는 사업자가 과세사업과 면세사업 등(면세사업과 부가가치세가 과세되지 않는 재화·용역을 공급하는 사업)에 공통으로 사용하던 재화를 공급하는 경우의 공급가액 계산
일반적인 안분방법	해당 재화의 공급가액 × $\frac{\text{직전 과세기간의 과세된 공급가액}}{\text{직전 과세기간의 총공급가액}}$ = 공급가액 ➡ 휴업 등으로 인하여 직전 과세기간의 공급가액이 없을 때에는 그 재화를 공급한 날에 가장 가까운 과세기간의 공급가액으로 계산
안분방법의 특례	• 예정사용면적비율에 따라 공통매입세액을 안분계산(그 후에 정산)하거나 사용면적비율에 따라 납부·환급세액을 재계산한 공통사용재화를 공급하는 경우 해당 재화의 공급가액 × $\frac{\text{직전 과세기간의 과세사용면적}}{\text{직전 과세기간의 총사용면적}}$ = 공급가액 ➡ 휴업 등으로 인하여 직전 과세기간의 사용면적비율이 없을 때에는 그 재화를 공급한 날에 가장 가까운 과세기간의 사용면적비율로 계산
안분계산의 생략 ➡ 공급가액 전액 = 과세표준	• 재화를 공급한 날이 속하는 직전 과세기간의 총공급가액 중 면세공급가액의 비율이 5% 미만인 경우(다만, 해당 재화의 공급가액이 5천만원 이상인 경우는 제외) • 재화의 공급가액이 50만원 미만인 경우(공급단위별 개념) • 신규로 사업을 시작하여 직전 과세기간이 없는 경우

2-9 부동산의 일괄공급에 대한 공급가액

<table>
<tr><th>구 분</th><th>내 용</th></tr>
<tr><td>의미</td><td>사업자가 면세대상인 토지와 그 토지에 정착된 과세대상인 건물・구축물 등을 함께 공급하는 경우의 공급가액 계산</td></tr>
<tr><td>토지와 건물 등의 실지거래가액 구분이 분명한 경우</td><td>건물 등의 실지거래가액</td></tr>
<tr><td>토지와 건물 등의 실지거래가액 구분이 불분명한 경우</td><td rowspan="2">• 일괄양도가액을 다음의 기준에 의해 안분하여 계산
① 토지와 건물 등에 대한 감정평가가액이 모두 있는 경우 : 감정평가가액 ➠ 공급시기(중간지급조건부 또는 장기할부판매의 경우는 최초 공급시기)가 속하는 과세기간의 직전 과세기간 개시일부터 공급시기가 속하는 과세기간의 종료일까지 감정평가업자(감정평가법인 또는 개인감정평가사)가 평가한 감정평가가액(감정평가가액이 둘 이상인 경우에는 평균액)
② 감정평가가액으로 안분할 수 없지만 토지와 건물 등에 대한 기준시가가 모두 있는 경우 : 기준시가(공급계약일 현재)
③ 토지와 건물 등 중 어느 하나 또는 모두의 감정평가가액 또는 기준시가가 없는 경우 :
→ 1차 안분 : 세법상 장부가액(장부가액이 없으면 취득가액)
→ 2차 안분 : 1차 안분 결과를 기준시가가 있는 자산들에 대해서 그 합계액을 다시 기준시가로 안분
④ 위 ①~③을 적용할 수 없거나 적용하기 곤란한 경우 : 국세청장이 정하는 바에 따라 안분한 금액</td></tr>
<tr><td>사업자가 실지거래가액으로 구분한 토지와 건물 등의 가액이 안분하여 계산한 금액과 30% 이상 차이가 있는 경우
• 다만, 다음 중 어느 하나에 해당하는 경우에는 건물 등의 실지거래가액을 공급가액으로 함
-다른 법령에서 정한 토지 또는 건물 등의 양도가액에 따라 실지거래가액을 구분한 경우
-토지와 건물 등을 함께 공급받은 후 건물 등을 철거하고 토지만 사용하는 경우</td></tr>
<tr><td>토지와 건물 등의 실지거래가액이 구분되지 않는 경우 등의 안분산식</td><td>$$\text{일괄양도가액(VAT포함)} \times \frac{\text{건물 등 가액}}{\text{토지가액} + \text{건물 등 가액} \times 110\%} = \text{공급가액}$$
➠ 일괄양도가액에 VAT가 포함되어 있지 않은 경우는 분모에 110% 대신100% 적용</td></tr>
</table>

2-10 부동산의 임대용역에 대한 공급가액

구 분	내 용
일반적인 경우	임대료+간주임대료+관리비수입 = 공급가액 ① 임대료 : 해당 과세기간에 수입할 금액 • 둘 이상의 과세기간에 걸쳐 부동산 임대용역을 공급하고 그 대가를 선불·후불로 받는 경우 : 해당 금액을 계약기간의 개월수로 나눈 금액의 각 과세대상기간의 합계액이 공급가액(초월산입·말월불산입) ② 간주임대료=(전세금·임대보증금 × 과세대상기간의 일수) × 정기예금이자율 × 1/365(366) • 계약에 따라 전세금·임대보증금을 임대료에 충당하였을 때에는 그 금액을 제외한 가액을 전세금·임대보증금으로 함 ③ 관리비수입 : 임차인이 부담하여야 할 공공요금 등을 별도로 구분징수하여 납입을 대행하는 경우는 그 금액은 제외(순수관리비만 포함됨)
부동산 임차사업자가 다시 임대용역을 제공하는 경우	① 임대보증금에서 임차보증금을 차감한 금액으로 간주임대료 계산 • 간주임대료={(전세금·임대보증금－임차보증금) × 과세대상기간의 일수} × 정기예금이자율 × 1/365(366) ② 임차한 부동산 중 직접 자기사업에 사용하는 부분이 있는 경우 • 차감하는 임차보증금=임차보증금 × [(임차한 부동산의 총면적－자기사용면적)/임차한 부동산 총면적]
겸용주택을 임대하는 경우	사업자가 과세되는 부동산 임대용역과 면세되는 주택 임대용역을 함께 공급하여 그 임대구분과 임대료 등의 구분이 불분명한 경우에는 다음의 순서에 따라 계산 〈1단계〉 • 총임대료(임대료+간주임대료+관리비수입)를 토지분과 건물분으로 안분 : 기준시가비율로 안분(예정신고기간 또는 과세기간이 끝난 날 현재의 기준시가) － 토지분 임대료 : 총임대료 × 토지기준시가/(토지기준시가+건물기준시가) － 건물분 임대료 : 총임대료 × 건물기준시가/(토지기준시가+건물기준시가) 〈2단계〉 • 구분된 임대료 중 과세분을 계산 : 과세되는 면적비율로 안분 － 토지임대 공급가액 : 토지분 임대료 × 과세되는 토지임대면적/총토지임대면적 － 건물임대 공급가액 : 건물분 임대료 × 과세되는 건물임대면적/총건물임대면적 〈3단계〉 • 공급가액=토지임대 공급가액+건물임대 공급가액

3 대손세액공제와 가산

3-1 의의

- 대손세액공제 : 부가가치세가 과세되는 재화·용역을 공급하고 외상매출금이나 그 밖의 매출채권(부가가치세를 포함한 것)의 전부 또는 일부가 공급받은 자의 파산·강제집행 등 일정한 사유로 대손되어 회수할 수 없는 경우 그 대손이 확정된 날이 속하는 과세기간의 매출세액에서 회수하지 못한 부가가치세를 빼 주는 것
- 대손세액가산 : 공급자가 대손세액공제를 받은 후 대손대금의 전부 또는 일부를 회수한 경우에 당초 공제받은 대손세액을 회수한 날이 속하는 과세기간의 매출세액에 가산하는 것

3-2 부가가치세법상 대손세액의 처리방법

	외상매출 2,000 ↓	대손확정 ↓	대손금 회수(변제) ↓
	x1년 1기	x1년 2기	x2년 1기
공급자	매출세액 200 납부	매출세액에서 200 차감	매출세액에 200 가산
		대손세액공제	**대손세액가산**
공급받는자	매입세액 200 공제	매입세액에서 200 차감	매입세액에 200 가산
		대손처분받은 세액	**변제대손세액**

구분	공급자	공급받는 자
대손 확정시	대손이 확정된 날이 속하는 과세기간의 매출세액에서 뺌(대손세액공제) ➡ 대손확정된 날이 속하는 과세기간의 확정신고시 대손세액공제를 받지 못한 경우에는 경정청구에 의해 공제 가능	대손이 확정된 날이 속하는 과세기간의 매입세액에서 뺌(대손처분받은 세액) ➡ 공급받은 자가 차감하지 않은 경우 관할 세무서장이 결정·경정하여야 하며, 이 경우 무신고가산세, 과소신고·초과환급신고가산세 및 납부지연가산세 중 지연이자분은 적용하지 않음
대손금 회수(변제)시	대손금액을 회수한 날이 속하는 과세기간의 매출세액에 더함(대손세액가산)	대손금액을 변제한 날이 속하는 과세기간의 매입세액에 더함(변제대손세액)

㊟ 대손세액 회계처리

공급자	공급받은 자
■ 매출 (차) 매출채권 2,200 (대) 매 출 2,000 부가가치세예수금 200	■ 매입 (차) 매 입 2,000 (대) 매입채무 2,200 부가가치세대급금 200
■ 대손세액공제(대손확정시) (차) 대손충당금 2,000 (대) 매출채권 2,200 부가가치세예수금 200	■ 대손처분받은 세액(대손확정시) (차) 매입채무 200 (대) 부가가치세대급금 200
■ 대손세액가산(회수시) (차) 현금 2,200 (차) 대손충당금 2,000 부가가치세예수금 200	■ 변제대손세액(변제시) (차) 매입채무 2,000 (차) 현금 2,200 부가가치세대급금 200

3-3 대손세액공제의 요건(아래 4가지 요건 모두 충족시 공제)

구 분	내 용
대손채권요건	• 공제대상 채권에 해당될 것 : 부가가치세가 과세되는 재화·용역을 공급한 것에 대한 채권 ➡ 과세대상이 아닌 자금의 대여와 면세대상의 공급에 대한 채권은 대손세액공제대상 채권에 해당되지 않음
대손사유요건	① 법인세법 및 소득세법에 따라 대손금으로 인정되는 경우 • 상법·어음법·수표법·민법에 의한 소멸시효가 완성된 채권 • '채무자 회생 및 파산에 관한 법률'에 따른 회생계획인가의 결정 또는 법원의 면책결정에 따라 회수불능으로 확정된 채권 • 민사집행법에 따라 채무자의 재산에 대한 경매가 취소된 압류채권 • 채무자의 파산, 강제집행, 형의 집행, 사업의 폐지, 사망, 실종 또는 행방불명으로 회수할 수 없는 채권 • 부도발생일부터 6개월 이상 지난 수표·어음상의 채권 및 외상매출금(중소기업의 외상매출금으로서 부도발생일 이전의 것에 한정). 다만, 저당권이 설정된 것 제외 ➡ 부도발생일 : 소지하고 있던 부도수표나 부도어음의 지급기일(지급기일 전에 해당수표나 어음을 제시하여 금융회사 등으로부터 부도확인을 받은 경우에는 그 부도확인일) ➡ 부도발생일부터 6개월 이상 지난 수표·어음과 중소기업의 외상매출금 –부도발생일 20x1년 6월 30일 ~ 20x1년 12월 29일인 경우 : 20x2년 1기 과세기간 확정신고시에 대손세액공제를 받을 수 있음 –부도발생일 20x1년 12월 30일 ~ 20x2년 6월 29일인 경우 : 20x2년 2기 과세기간 확정신고시에 대손세액공제를 받을 수 있음

구 분	내 용
대손사유요건	• 중소기업의 외상매출금・미수금으로서 회수기일이 2년 이상 지난 외상매출금・미수금. 다만, 특수관계인과의 거래로 인하여 발생한 외상매출금・미수금은 제외 • 재판상 화해 등 확정판결과 같은 효력을 가지는 것으로서 기획재정부령으로 정하는 것에 따라 회수불능으로 확정된 채권 • 회수기일이 6개월 이상 지난 채권 중 채무자별 채권가액의 합계가 30만원 이하인 채권 • 금융회사 등의 채권 중 금융감독원장으로부터 대손금으로 승인받은 것 등 • 벤처투자회사의 창업자에 대한 채권으로서 중소기업청장이 기획재정부장관과 협의하여 정한 기준에 해당한다고 인정한 것 ② '채무자 회생 및 파산에 관한 법률'에 따른 법원의 회생계획인가 결정에 따라 채무를 출자 전환하는 경우(대손되어 회수할 수 없는 금액은 출자전환하는 시점의 출자전환된 매출채권 장부가액과 출자전환으로 취득한 주식 또는 출자자분의 시가와의 차액으로 함)
기간요건	• 재화・용역을 공급한 후 그 공급일로부터 10년이 지난 날이 속하는 과세기간에 대한 확정신고기한까지 대손사유로 인하여 확정되는 대손세액 ➟ 2016년 6월 25일에 공급한 재화의 경우 - 2026년 7월 25일 대손확정시 : 2025년 제2기의 매출세액에서 차감 - 2026년 7월 26일 이후 대손확정시 : 대손세액공제불가
신고요건	• 대손세액공제를 받으려 하거나 대손세액을 매입세액에 더하려는 사업자는 부가가치세 확정신고와 함께 대손세액공제(변제)신고서 및 대손사실 또는 변제사실을 증명하는 서류를 관할 세무서장에게 제출 ➟ 예정신고시에는 대손세액공제 불가, 증명서류 미제출시에는 대손세액공제 불가

3-4 대손세액

$$대손세액 = 대손금액(부가가치세\ 포함) \times \frac{10}{110}$$

정리문제

제5장

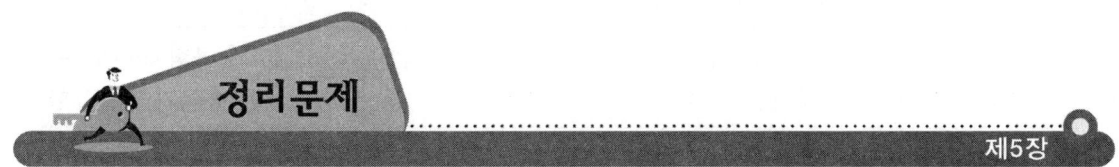

1. 다음 중 부가가치세법상 과세표준과 세율에 관한 설명으로 가장 옳지 않은 것은?

① 일반과세자의 경우 세율은 과세표준의 10%이다.

② 간이과세자의 경우는 당해 과세기간의 과세표준에 업종별 부가가치율을 곱한 금액에 10%의 세율을 적용한다.

③ 간이과세자의 과세표준에 부가가치세는 포함되지 않는다.

④ 일반과세자의 과세표준은 해당 과세기간에 공급한 재화 또는 용역의 공급가액을 합한 금액으로 한다.

2. 부가가치세법상 공급가액에 대한 설명으로 옳지 않은 것은?

① 공급에 대한 대가를 약정기일 전에 받았다는 이유로 사업자가 당초 공급가액에서 할인해 준 금액은 공급가액 계산시 차감하지 않는다.

② 공급가액은 부가가치세를 포함하지 아니한 금액으로 한다.

③ 금전 외의 대가를 받는 경우 공급가액은 자기가 공급한 재화 또는 용역의 시가로 한다.

④ 대가를 외국통화나 그 밖의 외국환으로 받는 경우로서 공급시기가 되기 전에 원화로 환가한 경우에는 환가한 금액을 공급가액으로 한다.

3. 부가가치세법상 공급가액 또는 과세표준에 대한 설명으로 가장 옳지 않은 것은?

① 수입재화에 대한 부가가치세의 과세표준은 관세의 과세가격과 관세・개별소비세・주세・교육세・농어촌특별세・교통・에너지・환경세를 합한 금액으로 한다.

② 확정된 공급대가에 대한 대가의 지급이 지연되었음을 이유로 받는 연체이자는 공급가액에 포함하지 아니한다.

③ 재화나 용역의 공급과 직접 관련되지 않는 국고보조금과 공공보조금은 공급가액에 포함하지 아니한다.

④ 용역의 공급에 대하여 부당하게 낮은 대가를 받거나 대가를 받지 아니하는 경우에는 자기가 공급한 용역의 시가를 공급가액으로 한다.

4. 다음 중 부가가치세법상 아래의 괄호에 알맞은 것은?

사업자가 재화 또는 용역을 공급하고 그 대가로 받은 금액에 부가가치세가 포함되어 있는지가 분명하지 아니한 경우에는 그 대가로 받은 금액에 (　　)을 곱한 금액을 공급가액으로 한다.

① 110분의 100
② 100분의 110
③ 100분의 90
④ 90분의 100

5. 부가가치세법상 공급가액에 대한 설명이다. 옳지 않은 것은?

① 공급가액은 대금, 요금, 수수료, 그 밖에 어떤 명목이든 상관없이 재화 또는 용역을 공급받는 자로부터 받는 금전적 가치 있는 모든 것을 포함하되, 부가가치세를 포함한다.
② 금전 외의 대가를 받는 경우 : 자기가 공급한 재화 또는 용역의 시가
③ 폐업하는 경우 : 폐업시 남아 있는 재화의 시가
④ 국내통화로 대가를 받는 경우 : 그 대가

6. 다음 중 부가가치세법상 공급가액에 포함되는 것은?

① 재화나 용역을 공급할 때 그 품질이나 수량, 인도조건 또는 공급대가의 결제방법이나 그 밖의 공급조건에 따라 통상의 대가에서 일정액을 직접 깎아주는 금액
② 공급의 대가를 할부로 받게 되었을 때 받는 이자상당액
③ 공급에 대한 대가의 지급이 지체되었음을 이유로 받는 연체이자
④ 공급에 대한 대가를 약정기일 전에 받았다는 이유로 사업자가 당초의 공급가액에서 할인해 준 금액

7. 다음은 부가가치세의 공급가액 또는 과세표준에 대한 설명이다. 가장 옳지 않은 것은?

① 매출에누리, 환입된 재화의 가액 및 매출할인은 공급가액에 포함하지 않는다.
② 대손금, 판매장려금과 이와 유사한 금액은 과세표준에서 공제하지 아니한다.
③ 재화를 할부판매 및 장기할부조건으로 판매한 경우 판매가격에 포함된 이자상당액은 공급가액에서 제외한다.
④ 특수관계인이 아닌 자에게 용역을 무상으로 공급한 경우 과세표준은 0이다.

8. 부가가치세법상 공급가액에 관한 설명으로 가장 옳지 않은 것은?

① 사업자가 재화 또는 용역을 공급하고 금전 외의 대가를 받는 경우에는 자기가 공급한 재화 또는 용역의 시가를 과세표준으로 한다.

② 재화의 공급에 대하여 부당하게 낮은 대가를 받거나 대가를 받지 아니하는 경우에는 자기가 공급한 재화의 시가를 과세표준으로 한다.

③ 사업자가 고객에게 매출액의 일정비율에 해당하는 마일리지를 적립해 주고 향후 그 고객이 재화를 공급받고 그 대가의 일부 또는 전부를 적립된 마일리지로 결제하는 경우 해당 마일리지 상당액은 공급가액에서 차감한다.

④ 용역의 공급에 대하여 대가를 받지 아니하는 경우에는 항상 과세하지 아니한다.

9. 다음 자료를 보고 부가가치세법상 제조업을 영위하는 ㈜경인의 20×5년 제1기 예정신고 시 공급가액의 합계액을 계산하면 얼마인가?

거래일자	거래내용	장부가액	시가
1월 22일	제품A를 조기에 소진시키기 위하여 특수관계 없는 신규거래처에 장부가액으로 할인판매 하였다.	80,000,000원	100,000,000원
2월 21일	제품B를 거래처에게 무상으로 제공하였다.	4,000,000원	6,000,000원
3월 15일	제품C가 화재로 모두 소실 되었다.	8,000,000원	5,000,000원

* 단, 위 제품은 모두 매입세액공제를 받았으며, 거래금액은 부가가치세가 제외된 금액이다.

① 86,000,000원
② 91,000,000원
③ 109,000,000원
④ 112,000,000원

10. 다음 중 부가가치세법상 공급가액에 포함되는 것은?

① 할부판매의 이자상당액
② 매출에누리액
③ 환입된 재화의 가액
④ 재화를 공급한 후의 그 공급가액에 대한 할인액

11. 부가가치세법상 부가가치세 과세표준에 포함되지 않는 항목은?

① 수입재화에 대한 관세
② 할부판매의 경우 이자상당액
③ 환입된 재화의 가격
④ 대가의 일부로 받는 운송비

12. 다음 중 부가가치세의 공급가액에 포함하는 항목은 어느 것인가?

① 대가의 일부로 받는 운송보험료, 산재보험료, 운송비, 포장비, 하역비 등
② 재화 또는 용역의 공급과 직접 관련되지 아니하는 국고보조금과 공공보조금
③ 환입된 재화의 가액
④ 공급에 대한 대가의 지급이 지체되었음을 이유로 받는 연체이자

13. 다음의 부가가치세 과세표준에 관한 설명 중 옳지 않은 것은?

① 일반과세자의 과세표준은 공급대가의 금액으로 한다.
② 대손금은 과세표준에 포함하였다가 대손세액으로 공제한다.
③ 매출에누리와 환입은 과세표준에 포함되지 않는다.
④ 공급받는 자에게 도달하기 전에 파손, 멸실된 재화의 가액은 과세표준에 포함되지 않는다.

14. 다음 중 부가가치세 공급가액에 포함하지 않는 금액은?

① 폐업하는 경우 잔존하는 재고재화에 대한 시가
② 하자보증금
③ 대손금액
④ 재화나 용역공급과 직접 관련되지 않는 국고보조금과 공공보조금

15. 다음 중 부가가치세법상 공급가액에 포함하여야 하는 것은?

① 부가가치세
② 공급받는 자에게 도달하기 전에 파손, 훼손 또는 멸실된 재화의 가액
③ 대가와 구분하여 세금계산서, 영수증, 신용카드매출전표 등에 적은 종업원 봉사료(사업자가 자기의 수입금액에 계상하는 경우 제외)로서 봉사료를 해당 종업원에게 지급한 사실이 확인되는 봉사료
④ 판매촉진을 위하여 거래수량 또는 거래금액에 따라 지급하는 장려금품

16. 다음 중 부가가치세법상 공급가액에 포함하는 것은?

① 환입된 재화의 가액
② 할부판매의 이자상당액
③ 공급대가를 약정기일 전에 받았다는 이유로 당초의 공급가액에서 할인해 준 금액
④ 에누리액

17. 부가가치세법상 부가가치세 과세표준에 포함되지 않는 항목은?

① 환입된 재화의 가격
② 개별소비세, 주세, 교통・에너지・환경세와 그 교육세 및 농어촌특별세 상당액
③ 할부판매의 경우 이자상당액
④ 대가의 일부로 받는 운송비

18. 다음 중 부가가치세법상 과세표준에 포함되는 항목은?

① 용기 또는 포장의 회수를 보장하기 위해 받는 보증금
② 반환조건부 용기대금, 포장비용
③ 장기할부판매 또는 할부판매의 이자상당액
④ 재화 또는 용역 공급 후 그 공급가액에 대한 매출할인액

19. 다음 중 부가가치세 공급가액에 포함되지 않는 것은?

① 할부판매 및 장기할부판매의 이자상당액
② 대가의 일부로 받은 운송보험료
③ 특수관계인에게 공급하는 재화 또는 부동산임대 용역
④ 공급받는 자에게 도달하기 전에 공급자의 귀책사유로 인하여 파손, 훼손 또는 멸실된 재화의 가액

20. 다음 중 부가가치세법상 과세표준에 포함되는 것은?

① 통상의 대가에서 일정액을 직접 깎아주는 금액
② 환입된 재화의 가액
③ 재화수입시 관세의 과세가격
④ 공급에 대한 대가의 지급이 지체되었음을 이유로 받는 연체이자

21. 다음 중 부가가치세법상 과세표준에 대한 설명으로 가장 옳지 않은 것은?

① 폐업 시 남아있는 재고자산은 그 재고자산의 시가에 따라 과세표준을 산정한다.
② 재화를 공급한 후의 공급가액에 대한 장려금은 과세표준에서 공제하지 않는다.
③ 공급받는 자에게 도달하기 전에 파손된 재화의 가액은 과세표준에 포함한다.
④ 대가를 외국통화나 그 밖의 외국환으로 받는 경우로서 공급시기가 되기 전에 원화로 환가한 경우 그 환가한 금액을 공급가액으로 한다.

22. 다음 중 부가가치세법상 공급가액에 대한 설명 중 틀린 것은?

① 금전으로 대가를 받는 경우 그 대가
② 금전 외의 대가를 받는 경우 자기가 공급한 재화 또는 용역의 시가
③ 특수관계인에 대한 재화의 공급에 대하여 부당하게 낮은 대가를 받는 경우 공급한 재화의 시가
④ 특수관계인이 아닌 자에 대한 용역의 공급에 대하여 부당하게 낮은 대가를 받는 경우 공급한 용역의 시가

23. 다음 중 부가가치세법상 과세표준인 공급가액에 관한 설명으로 가장 옳지 않은 것은?

① 금전으로 대가를 받는 경우 : 받은 대가
② 금전 이외의 대가를 받는 경우 : 자기가 공급한 재화 또는 용역의 시가
③ 부당하게 낮은 대가를 받은 경우 : 자기가 공급한 재화 또는 용역의 시가
④ 원재료를 면세사업에 전용하는 경우 : 취득 시 장부가액

24. 부가가치세법상 공급가액에 가감하는 내용이다. 잘못 설명하고 있는 것은?

① 장기할부판매 및 할부판매의 이자상당액은 공급가액에 포함한다.
② 에누리액 및 환입된 재화의 가액은 공급가액에 포함하지 않는다.
③ 공급에 대한 대가의 지급이 지체되었음을 이유로 받는 연체이자는 공급가액에 포함한다.
④ 공급 후 공급가액에 대한 대손금액 및 장려금은 과세표준에서 공제하지 아니한다.

25. 부가가치세법상 공급 형태별 공급가액의 계산에 대한 설명이다. 옳지 않은 것은?

① 외상판매 및 할부판매의 경우 : 공급한 재화의 총 가액
② 장기할부판매의 경우 : 계약에 따라 받기로 한 대가의 각 부분
③ 공급단위를 구획할 수 없는 재화나 용역을 계속적으로 공급하는 경우 : 계약에 따라 받기로 한 대가의 각 부분
④ 위탁가공무역 방식으로 수출하는 경우 : 총 투입원가에 이익률을 가산한 가액

26. 다음 중 부가가치세법상 거래유형별 과세표준에 대한 설명으로 옳지 않은 것은?

① 외상판매 및 할부판매인 경우 – 공급한 재화의 총가액
② 위탁가공무역 방식으로 수출하는 경우 – 위탁가공계약에 의하여 수출한 가공비
③ 장기할부판매의 경우 – 계약에 따라 받기로 한 대가의 각 부분
④ 완성도기준지급 중간지급조건부의 경우 – 계약에 따라 받기로 한 대가의 각 부분

27. 다음 중 부가가치세법상 공급가액에 관한 설명으로 옳지 않은 것은?

① 부가가치세 공급가액에는 거래상대자로부터 받은 대금·요금·수수료 기타 명목여하에 불구하고 대가관계에 있는 모든 금전적 가치 있는 것을 포함한다.
② 계약 등에 의하여 확정된 대가의 지급지연으로 인하여 지급받는 연체이자는 공급가액에 포함한다.
③ 공급받는 자에게 도달하기 전에 파손, 훼손 또는 멸실된 재화의 가액은 공급가액에 포함하지 아니한다.
④ 사업자가 재화나 용역을 공급하고 받은 대가에 공급가액과 세액이 별도 표시되어 있지 아니한 경우에는 당해 거래금액의 110분의 100에 해당하는 금액이 공급가액이 된다.

28. **다음 중 부가가치세를 신고할 때 과세표준에 반영되는 것은?**

① 의류생산회사에서 자체 생산한 의류를 무상으로 종업원의 작업복으로 제공하는 경우
② 회사가 생산한 과세대상 제품의 일부를 거래처에 접대용으로 무상제공하는 경우
③ 겸영사업자가 부가가치세가 면세대상인 재화를 외부에 공급하는 경우
④ 폐업을 하는 경우 잔존재화 중에 기존에 매입세액 불공제 받은 재화

29. **다음 중 부가가치세법상 공급가액에 포함하지 않는 것은?**

① 장기할부판매의 이자상당액
② 수입 재화에 대한 관세의 과세가격 및 해당 관세
③ 대가의 일부로 받는 운송비
④ 공급받는 자에게 도달하기 전에 파손된 재화의 가액

30. **다음은 부가가치세법상 공급가액(과세표준)에 대한 설명이다. 틀린 것은?**

① 부가가치세 포함여부가 불분명한 대가의 경우 110분의 100을 곱한 금액을 공급가액(과세표준)으로 한다.
② 상가를 임대하고 받은 보증금에 대하여도 간주임대료를 계산하여 과세표준에 포함하여야 한다.
③ 대가의 지급지연으로 받는 연체이자도 과세표준에 포함한다.
④ 대가를 외국환으로 받고 받은 외국환을 공급시기 이전에 환가한 경우 환가한 금액을 과세표준으로 한다.

31. **다음 부가가치세법상 과세표준에 대한 설명 중 잘못된 것은?**

① 판매장려물품은 시가를 공급가액으로 본다.
② 폐업시 재고재화는 그 취득원가를 공급가액으로 본다.
③ 금전으로 대가를 받은 경우에는 그 대가를 공급가액으로 본다.
④ 대가를 받지 아니하고 재화를 공급하는 경우에는 당해 시가를 공급가액으로 본다.

32. 다음 중 부가가치세법상 거래형태별 공급가액에 대한 설명이다. 옳지 않은 것은?

① 외상판매 및 할부판매의 경우 : 공급한 재화의 총가액
② 위탁가공무역방식으로 수출하는 경우 : 완성된 재화의 인도가액
③ 장기할부판매의 경우 : 계약에 따라 실제로 받은 대가의 각 부분
④ 완성도기준지급조건부 또는 중간지급조건부로 재화나 용역을 공급하는 경우 : 계약에 따라 받기로 한 대가의 각 부분

33. 부가가치세법상 과세표준에 대한 설명 중 틀린 것은?

① 대가를 외화로 받은 경우 공급시기 이후에 외국통화 기타 외국환의 상태로 보유하거나 지급받는 경우 환가한 날의 기준환율 또는 재정환율에 의해 계산한 금액을 과세표준으로 한다.
② 재화를 공급한 후의 그 공급가액에 대한 대손금 또는 장려금은 과세표준에서 공제하지 않는다.
③ 재화를 공급하고 받은 대가에 공급가액과 세액이 별도 표시되지 아니한 경우에는 거래금액 또는 영수할 금액의 100/110에 해당하는 금액을 과세표준으로 한다.
④ 매출에누리액 · 매출할인은 과세표준에 포함하지 않는다.

34. 다음 중 부가가치세법상 과세표준에 해당하지 않는 것은?

① 대가의 일부로 받는 운송보험료 · 산재보험료
② 금전 외의 대가를 받는 경우에 자기가 공급한 재화 또는 용역의 시가
③ 폐업시 남아 있는 재화의 장부가액
④ 장기할부판매의 경우 계약에 따라 받기로 한 대가의 각 부분

35. 부가가치세의 과세표준에 대한 설명이다. 옳지 않은 것은?

① 매출에누리, 환입된 재화의 가액 및 매출할인은 과세표준에 포함하지 않는다.
② 대손금 · 판매장려금과 이와 유사한 금액은 과세표준에서 공제하지 아니한다.
③ 재화를 할부판매 및 장기할부조건으로 판매한 경우 판매가격에 포함된 이자상당액은 과세표준에서 제외한다.
④ 특수관계인이 아닌 자에게 용역을 무상으로 공급한 경우 과세표준은 0이다.

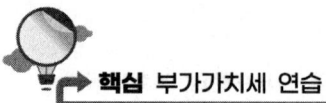

36. 다음 중 부가가치세의 과세표준에 포함하는 것은?

① 매출에누리, 매출환입
② 도달하기 전에 파손·훼손되거나 멸실한 재화의 가액
③ 공급에 대한 대가의 지급이 지체되었음을 이유로 받는 연체이자
④ 할부판매의 이자상당액

37. 다음 중 부가가치세법상 거래형태별 과세표준에 관한 설명으로 맞는 것은?

① 직매장 등의 재화반출에서 취득가액에 일정액을 가산하여 공급한 경우에도 취득가액만 과세표준으로 한다.
② 통상적으로 용기 또는 포장을 해당 사업자에게 반환할 것을 조건으로 그 용기대금과 포장비용을 공제한 금액을 공급하는 경우에는 그 용기대금과 포장비용은 공급가액에 포함한다.
③ 외상판매, 할부판매의 경우 공급한 재화의 총가액을 과세표준으로 한다.
④ 개별소비세가 부과되는 재화에 대하여는 각 재화의 공급가액만 과세표준으로 하고 개별소비세는 합산하지 아니한다.

38. 다음 중 부가가치세법상 과세표준 및 공급가액으로 가장 틀린 것은?

① 금전으로 대가를 받은 경우 - 그 대가
② 금전 외의 대가를 받은 경우 - 자기가 공급한 재화 또는 용역의 시가
③ 폐업하는 경우 재고자산 - 취득가액
④ 특수관계인에게 부당하게 낮은 대가를 받는 경우 - 자기가 공급한 재화 또는 용역의 시가

39. 다음 자료는 202x년 2기 확정신고기간의 자료이다. 부가가치세 과세표준은 얼마인가?

구분	금액	비고
세금계산서 발급 제품매출	100,000,000원 (공급가액)	• 할부판매, 장기할부판매의 이자 상당액 2,000,000원 포함 • 현금으로 지급한 판매장려금 1,000,000원 불포함 • 제품으로 지급한 판매장려물품 시가 1,000,000원(공급가액)불포함

① 99,000,000원　　② 100,000,000원
③ 101,000,000원　　④ 102,000,000원

40. 다음 자료에 의한 부가가치세법상 일반과세자의 부가가치세 과세표준은 얼마인가?

> • 총매출액 : 10,000,000원
> • 매출에누리액 : 2,000,000원
> • 총매입액 : 5,000,000원
> • 신용카드발행공제 : 400,000원
> • 대손금 : 1,000,000원

① 2,600,000원 ② 3,000,000원
③ 7,000,000원 ④ 8,000,000원

41. 부가가치세법상 재화 또는 용역의 공급이 아래와 같을 경우 세금계산서 발급 대상에 해당하는 공급가액의 합계액은 얼마인가?

> • 내국신용장에 의한 수출 : 25,000,000원
> • 외국으로의 직수출액 : 15,000,000원
> • 부동산임대보증금에 대한 간주임대료 : 350,000원
> • 견본품 무상제공(장부가액 : 4,000,000원, 시가 : 5,000,000원)

① 25,000,000원 ② 25,350,000원
③ 30,000,000원 ④ 30,350,000원

42. 과세사업자인 ㈜경인은 202x년 당사 제품인 기계장치를 공급하는 계약을 아래와 같이 체결하였다. 이 거래와 관련하여 202x년 2기 예정신고 기간의 과세표준에 포함되어야 할 공급가액은 얼마인가?

> • 총판매대금 : 6,500,000원(이하 부가가치세 별도)
> • 계약금(3월 15일) : 2,000,000원 지급
> • 중도금(5월 15일, 7월 15일) : 1,500,000원씩 각각 지급
> • 잔금(9월 30일) : 1,500,000원 지급
> • 제품인도일 : 9월 30일

① 6,500,000원 ② 5,000,000원
③ 3,000,000원 ④ 1,500,000원

43. 다음 자료를 참고하여 부가가치세 과세표준을 구하시오.(단, 부가가치세가 포함되지 않은 금액이며 세금계산서 등의 증명서류는 적법하게 수수하였다.)

1. 현금 매출 22,000,000원(매출할인액 2,000,000원이 포함되어 있음)
2. 업무에 사용하던 토지 공급가액 100,000,000원
3. 업무에 사용하던 건물 공급가액 50,000,000원(과세사업에만 사용)

44. 다음 자료에 의한 일반과세자의 부가가치세 매출세액은 얼마인가?

• 총매출액 : 10,000,000원
• 매출에누리액 : 2,000,000원
• 판매장려금 : 500,000원

① 750,000원 ② 800,000원
③ 950,000원 ④ 1,000,000원

45. 다음 중 부가가치세법상 일반과세사업자의 부가가치세 과세표준 금액은 얼마인가?(모든 금액은 부가가치세 제외 금액임)

• 총매출액 : 120,000,000원(영세율 매출액 30,000,000원 포함)
• 매출할인및에누리액 : 5,000,000원
• 매출환입액 : 7,000,000원
• 대손금 : 3,000,000원
• 총매입액 : 48,000,000원

① 108,000,000원 ② 70,000,000원
③ 60,000,000원 ④ 57,000,000원

46. 다음의 자료를 이용하여 부가가치세법상 과세표준을 계산하면 얼마인가?

• 상품 외상판매 : 1,000,000원(매출할인 60,000원 차감 전 금액)
• 거래처에 무상으로 견본품제공 : 원가 300,000원, 시가 500,000원
• 공급계약 해제로 위약금 수령 : 200,000원

① 940,000원 ② 1,200,000원
③ 1,500,000원 ④ 1,700,000원

47. 다음 자료에 의해 부가가치세 과세표준을 계산한 금액으로 옳은 것은? (단, 자료의 금액은 모두 공급가액이다).

- 총매출액 : 2,000,000원(매출할인액 차감 전 금액이며, 파손·훼손된 재화를 포함한 금액)
- 파손·훼손된 재화 : 100,000원(공급받는 자에게 도달하기 전 공급자 과실 사유)
- 판매장려물품 제공액 : 원가 150,000원(시가 200,000원)
- 매출할인액 : 300,000원

① 1,450,000원　　② 1,600,000원
③ 1,750,000원　　④ 1,800,000원

48. 다음 자료에 의하여 수입재화에 대한 부가가치세 과세표준을 계산하면 얼마인가?

1. 관세의 과세가격	10,400,000원
2. 개별소비세	1,500,000원
3. 관세	2,500,000원
4. 교육세	450,000원

① 14,850,000원　　② 14,400,000원
③ 13,300,000원　　④ 11,900,000원

49. 다음 자료에서 부가가치세법상 세관장이 거래징수할 부가가치세는 얼마인가?

- 관세의 과세가격 : 10,000원
- 개별소비세 : 1,000원
- 관세 : 1,000원

① 100원　　② 1,000원
③ 1,100원　　④ 1,200원

50. 다음에 의해 공급한 재화의 공급가액을 계산하면?

1. 직수출금액 : $10,000
2. 수출면허일 : 3월 16일(수출품선적일 : 4월 3일)
3. 은행결제일 : 4월 29일
4. 환율내용

일 자	기준환율	대고객외국환매도율
3월 16일	1,500원/$	1,600원/$
4월 3일	1,450원/$	1,550원/$
4월 29일	1,400원/$	1,500원/$

① 14,500,000원 ② 15,000,000원
③ 15,500,000원 ④ 16,000,000원

51. 다음에 의해 공급한 재화의 공급가액을 계산하면?

1. 직수출금액 : $100,000
2. 수출재화의 선적일 : 202x년 4월 15일
3. 환율 내용

일 자	기준환율
202x년 2월 13일(계약일)	1,210원/$
202x년 4월 15일(공급일)	1,200원/$
202x년 4월 10일(실제 환가일)	1,220원/$
202x년 6월 30일(해당 과세기간 종료일)	1,230원/$

① 120,000,000원 ② 121,000,000원
③ 122,000,000원 ④ 123,000,000원

52. 다음 자료에서 계산된 부가가치세법상 재화의 공급가액은 얼마인가?

1. 재화의 공급가액 : 외국환 표시가액 $500,000
2. 기준환율
   - 매출당시 기준환율(202x.1.10.) – $1:1,300원
   - 실제 환가할 때 기준환율(202x.2.12.) – $1:1320원

① 660,000,000원 ② 630,000,000원
③ 640,000,000원 ④ 650,000,000원

53. 다음 자료를 바탕으로 부가가치세법상 과세표준은 얼마인가?

- 4월 1일 로스앤젤레스사에 제품($10,000) 수출계약을 체결하고 계약금으로 $1,000(환율:1,200원/$)을 보통예금으로 수취하다.
- 4월 30일 로스앤젤레스 제품을 선적을 완료하고 나머지 잔금은 15일이내 받기로 하다.(선적일 기준환율 : 1,300원/$, 수출신고일 기준환율 : 1,270원/$)

① 12,000,000원 ② 11,700,000원
③ 12,900,000원 ④ 13,000,000원

54. 다음에 자료에 의한 부가가치세 과세표준은 얼마인가?

1. 거래처 A에게 현금매출 3,000,000원
2. 거래처 B에게 현금매출 40,000,000원
3. 거래처 C에게 견본품 무상제공(시가 6,000,000원, 장부가액 5,000,000원)
4. 선수금을 받고 선수금 받은 부분에 대하여 세금계산서를 발급한 금액 4,000,000원
5. 위의 금액은 모두 공급가액이다.

① 43,000,000원 ② 46,000,000원
③ 47,000,000원 ④ 48,000,000원

55. 다음 자료에 의하여 부가가치세 과세표준을 계산하면 얼마인가?

1. 제품판매액 : 50,000,000원
2. 대손금액 : 6,000,000원
3. 장려물품제공 : 원가 3,000,000원(시가 3,500,000원)
4. 판매할 제품 중 대표자 개인적 사용분 : 원가 3,000,000원(시가 5,000,000원)
5. 위의 금액은 모두 공급가액 기준이다.

① 56,000,000원 ② 57,000,000원
③ 58,500,000원 ④ 59,500,000원

56. 다음 자료에 의할 때 부가가치세법상의 매출세액은 얼마인가?(단, 아래 금액은 부가가치세가 포함되지 않은 금액이다.)

ㄱ. A업체에 상품 20,000,000원을 판매함
ㄴ. A업체에 판매한 상품에 매출할인 2,000,000원이 발생됨
ㄷ. B업체에 시가 500,000원짜리 견본품을 제공함(단, 대가 수령)
ㄹ. 영업외 용도로 사용하는 개별소비세 과세대상 자동차를 8,000,000원 (장부가액3,000,000원)에 매각
ㅁ. 일반과세사업자로서 영세율과 면세매출은 없다.

① 2,100,000원 ② 2,150,000원
③ 2,600,000원 ④ 2,650,000원

57. 보세구역 내에서 공장을 영위하는 ㈜경인이 외국에서 도착한 물품을 재가공하여 만든 제품을 국내의 ㈜세무에게 다음과 같이 공급한 경우 수입재화에 대해 세관장이 거래징수하여야 할 부가가치세 과세표준은 얼마인가?

1. 관세의 과세가격 : 20,000,000원
2. 관세 : 4,000,000원
3. 개별소비세 및 교육세 : 1,000,000원
4. 공급가액 : 40,000,000원

① 25,000,000원 ② 20,000,000원
③ 24,000,000원 ④ 33,000,000원

58. 다음 자료를 이용하여 부가가치세법상 일반과세자인 ㈜경인의 부가가치세 과세표준을 계산한 것으로 옳은 것은?

(1) ㈜경인은 제품을 ㈜세무에게 95,000,000원(부가가치세 별도)에 공급하였으나, 이 중 5,000,000원(부가가치세 별도)은 품질미달로 인하여 반품되었다.
(2) ㈜경인은 ㈜세무에게 제품을 30,000,000원(부가가치세 별도)에 판매하였으나, 운송 중에 제품이 파손되어 훼손된 가액이 3,000,000원(부가가치세 별도)이 있었다.

① 117,000,000원 ② 120,000,000원
③ 125,000,000원 ④ 90,000,000원

59. 부가가치세법상 재화 또는 용역의 공급이 다음과 같을 때, 세금계산서 발급가능 대상에 해당하는 공급가액의 합계액은 얼마인가?

(1) 외국으로 직수출액 : 5,000,000원 (2) 구매확인서에 의한 수출액 : 20,000,000원 (3) 견본품 무상제공(시가 6,000,000원, 장부가액 5,000,000원) (4) 공급시기 전 선수금을 받은 그 대가 : 4,000,000원 (5) 부동산임대에 따른 보증금에 대한 간주임대료 : 500,000원

① 24,000,000원 ② 24,500,000원
③ 34,500,000원 ④ 35,500,000원

60. 다음 자료를 이용하여 일반과세자인 ㈜경인의 제2기 부가가치세 확정신고시 과세표준을 계산한 것으로 옳은 것은?

(1) ㈜경인은 12월 31일 쿠팡 등 소셜매출이 발생하며, 총매출액 25,000,000원(공급가액)이고, 이에 대하여 티몬에 지급하는 수수료는 3,750,000원(공급가액)으로 매입세금계산서 수령하였다. (2) ㈜경인은 10월 1일 거래처에 10,000,000원(공급가액) 판매하였으나, 대금수령이 지연되어 연체이자 1,000,000원을 12월 20일에 함께 수령하였다. (3) ㈜경인은 직수출 $1,000을 11월 5일 선적하였다. 대금은 11월 3일 수령하여 원화로 환가하였다. (11월 5일 환율 : 1,000원/$, 11월 3일 환율 : 1,050원/$, 12월 31일 환율 : 1,020원/$)

① 33,250,000원 ② 36,050,000원
③ 32,300,000원 ④ 37,050,000원

61. 다음 자료에 의하여 부가가치세법상 과세표준을 계산하면 얼마인가? 단, 사업자는 주사업장총괄납부제도를 적용하지 않는다(아래 항목들은 모두 매입세액공제를 받은 것임).

가. 판매장려물품 제공액 : 원가 3,000,000원(시가 3,500,000원) 나. 제품 중 대표자 개인적 사용분 : 원가 3,000,000원(시가 5,000,000원) 다. 판매목적 타사업장 반출 : 5,000,000원

① 6,000,000원 ② 11,000,000원
③ 13,500,000원 ④ 16,000,000원

62. 과세사업을 영위하는 ㈜경인의 다음 자료(공급가액 기준)를 근거로 부가가치세액을 계산하면 얼마인가?

- 재화의 외상판매액 : 20,000,000원
- 사장 개인사유로 사용한 제품(매입시 매입세액공제 받음) : 원가 800,000원 (시가 1,200,000원)
- 영업외 용도로 사용하는 개별소비세 과세대상자동차 매각대금 : 1,000,000원

① 2,180,000원　　② 2,100,000원
③ 2,220,000원　　④ 2,080,000원

63. 사무용품판매업자인 A의 책상과 시계제조업자인 B의 시계를 상호 교환 하였을 때 각각의 부가가치세 공급가액은?

- A 책상의 시가 : 100,000원
- B 시계의 시가 : 95,000원

① A : 95,000원 B : 100,000원
② A : 100,000원 B : 95,000원
③ A : 100,000원 B : 100,000원
④ A : 95,000원 B : 95,000원

64. 다음 자료(공급가액 기준)를 근거하여 부가가치세 과세표준을 계산하면 얼마인가?

- 총매출액 : 6,000,000원
- 매출에누리 : 1,500,000원
- 공급받는 자에게 도달하기 전에 파손, 훼손된 재화(총매출액에 포함되어 있음) : 1,500,000원
- 대손금 : 500,000원

① 2,000,000원　　② 2,500,000원
③ 3,000,000원　　④ 3,500,000원

65. 다음 자료는 ㈜경인이 20x8.07.07 폐업 당시의 잔존재화이다. 이 자료를 통해 부가가치세법상 부가가치세 과세표준 금액을 계산하면 얼마인가(매입시 매입세액공제를 받을 수 있는 것은 매입세액공제를 받았음)?

자산종류	취 득 일	취득원가	시 가
제 품	20x7. 8. 20	20,000,000원	30,000,000원
토 지	20x2. 6. 20	500,000,000원	600,000,000원
건 물	20x7. 9. 20	200,000,000원	150,000,000원

① 130,000,000원
② 180,000,000원
③ 210,000,000원
④ 220,000,000원

66. 다음 자료에 의하여 일반과세자 김규혜씨의 부가가치세 매출세액을 계산하면 얼마인가?

- 납부세액은 100,000원이다.
- 세금계산서를 받고 매입한 물품의 공급가액은 3,000,000원이고 이 중 사업과 관련이 없는 물품의 공급가액 200,000원이 포함되어 있다.
- 매입에 대한 영세율세금계산서는 없다.

① 360,000원
② 380,000원
③ 400,000원
④ 420,000원

67. 다음 자료를 이용하여 부가가치세의 과세표준을 계산하면 얼마인가? (단, 아래 금액에는 부가가치세가 포함되지 않았다)

- 총매출액 : 1,000,000원
- 매출할인 : 50,000원
- 공급대가의 지급지연에 따른 연체이자 : 30,000원
- 폐업시 잔존재화의 장부가액 : 300,000원(시가 400,000원)

① 1,320,000원
② 1,350,000원
③ 1,380,000원
④ 1,450,000원

68. 다음 자료에 의하여 부가가치세 매출세액을 계산하면 얼마인가?

- 발급한 세금계산서 중 영세율세금계산서의 공급가액은 2,400,000원이고, 매입과 관련된 영세율세금계산서는 없다.
- 세금계산서를 받고 매입한 물품의 공급가액은 15,000,000원이고, 이 중 사업과 관련이 없는 물품의 공급가액 1,500,000원이 포함되어 있다.
- 납부세액은 1,500,000원이다.

① 2,850,000원　　② 3,000,000원
③ 3,090,000원　　④ 3,150,000원

69. 다음 자료에 의한 부가가치세 과세표준을 계산하면 얼마인가?

- 총매출액 : 50,000,000원
- 매출에누리액 : 4,000,000원
- 매출할인 : 3,000,000원
- 대손금 : 2,000,000원

① 40,000,000원　　② 43,000,000원
③ 48,000,000원　　④ 50,000,000원

70. 다음 자료에 의한 부가가치세법상 과세표준은 얼마인가?

㉠ 거래처 갑에게 현금 매출 3,000,000원
㉡ 거래처 을에게 외상 매출 40,000,000원
㉢ 무상으로 견본품 제공(시가 6,000,000원, 장부가액 5,000,000원)
㉣ 선수금을 받고 그 대가에 대해서 세금계산서 발행 4,000,000원
㉤ 위에 제시된 금액은 모두 공급가액이다.

① 43,000,000원　　② 46,000,000원
③ 47,000,000원　　④ 48,000,000원

71. 다음 자료는 ㈜경인의 제1기 예정신고기간의 자료이다. 부가가치세 과세표준은 얼마인가?

> 1. 다음 자료는 1월 1일부터 3월 31일까지의 자료이다.
> 2. 손익계산서상 매출액은 100,000,000원이며, 여기에는 수출액 20,000,000원과 외상매출금의 회수지연에 따른 연체이자 1,000,000원이 포함되어 있다.
> 3. 위의 매출은 매출에누리액 15,000,000원과 매출할인액 2,000,000원이 차감된 후의 금액이다.

① 100,000,000원 ② 101,000,000원
③ 99,000,000원 ④ 85,000,000원

72. 부가가치세법상 간주공급에 대한 과세표준 산정시 공급가액을 장부가액으로 계산해야 하는 사항에 해당하는 것은?

① 폐업시 잔존재화 ② 사업상 증여
③ 개인적 공급 ④ 직매장 반출

73. 다음 중 부가가치세법상 자가공급 등의 공급가액 계산에 대한 설명으로 틀린 것은?

① 사업자가 취득한 재화 중 폐업할 때 남아있는 재화는 자기에게 공급하는 것으로 본다.
② 사업자가 과세사업에 쓰던 재화를 면세사업에 쓰는 경우에 재화의 공급으로 본다.
③ 비품의 경과된 과세기간의 수가 4를 초과할 때는 4로 한다.
④ 건물 등 부동산에 대하여는 적용하지 않는 규정이다.

74. 사무용품을 판매(과세사업)하는 ㈜경인은 20x2년 7월 4일 폐업하였다. 폐업시 재고자산과 그 밖의 자산 현황이 다음과 같은 경우 부가가치세 과세표준은 얼마인가? 단, 과세재화의 경우 모두 매입세액공제를 받았다고 가정한다.

구분	취득시기	취득가액	장부가액	시가
재고자산	20x1년 10월	5,000,000원	5,000,000원	6,000,000원
집기비품	20x1년 4월	2,000,000원	420,000원	300,000원
토지	20x1년 3월	1,000,000원	1,000,000원	2,000,000원

① 5,500,000원 ② 6,300,000원
③ 6,500,000원 ④ 7,300,000원

75. 부가가치세법상 과세사업과 면세사업에 공통으로 사용하던 재화를 20x2년 2월 2일에 1,000,000원에 매각하였다. 다음 자료로 이 재화의 공급에 대한 부가가치세 공급가액을 계산하면 얼마인가?

과세기간	과세사업 공급가액	면세사업 공급가액	합 계
해당과세기간(20x2년 1기)	4,000,000원	6,000,000원	10,000,000원
직전과세기간(20x1년 2기)	9,600,000원	400,000원	10,000,000원
직전전과세기간(20x1년 1기)	6,000,000원	4,000,000원	10,000,000원

① 1,000,000원 ② 960,000원
③ 600,000원 ④ 400,000원

76. 부가가치세 과세사업자인 ㈜A가 202x.04.10.에 토지와 건물을 ㈜B에게 240,000,000원(VAT별도)에 일괄양도한 경우에 부가가치세법상 건물의 공급가액은 얼마인가?

구분	토지	건물	합계
장부가액	45,000,000원	50,000,000원	95,000,000원
감정평가액	140,000,000원	100,000,000원	240,000,000원
기준시가	95,000,000원	50,000,000원	145,000,000원

① 87,777,777원 ② 100,000,000원
③ 120,000,000원 ④ 125,000,000원

77. 부가가치세 과세사업자인 ㈜A가 202x.05.10.에 토지와 건물을 ㈜B에게 250,000,000원(VAT포함)에 일괄양도한 경우에 부가가치세법상 건물의 공급가액은 얼마인가?

구분	토지	건물	합계
장부가액	45,000,000원	50,000,000원	95,000,000원
감정평가액	140,000,000원	100,000,000원	240,000,000원
기준시가	95,000,000원	50,000,000원	145,000,000원

① 87,777,777원 ② 100,000,000원
③ 120,000,000원 ④ 125,000,000원

78. 다음 자료에 의하여 부가가치세법상 일반과세자의 부가가치세 과세표준을 계산하면 얼마인가?

- 세금계산서 발급분 공급가액 : 10,000,000원(영세율 4,000,000원 포함)
- 신용카드 매출전표상의 매출액 : 1,100,000원(부가가치세액 포함 금액임)

① 6,000,000원 ② 6,100,000원
③ 11,000,000원 ④ 11,100,000원

79. 부가가치세법상 간주공급의 과세표준 계산시 감가상각자산에 적용하는 상각률이 다른 것은?

① 구축물 ② 차량운반구
③ 비품 ④ 기계장치

80. 부가가치세법상 과세사업을 영위하던 A씨는 20x2년 10월 15일 해당 사업을 폐업하였다. 폐업할 당시의 남은 재화가 다음과 같다면 공급가액은 얼마인가(단, 아래 재화는 매입 당시 매입세액공제를 받은 것임)?

종류	취득일	취득원가	시가
제품	20x2. 2. 10	30,000,000원	32,000,000원
기계장치	20x1. 8. 12	50,000,000원	10,000,000원

① 42,000,000원 ② 40,000,000원
③ 48,000,000원 ④ 57,000,000원

81. 일반과세사업을 영위하던 개인사업자가 20x8년 10월 10일에 당해 사업을 폐업하였다. 폐업하는 시점에 사업장 내에 잔존하는 재화의 내역이 다음과 같을 때 부가가치세법상 공급가액은 얼마인가?

- 기계장치 : 20x3.6.27. 10,000,000원에 구입, 중고시세 7,500,000원, 장부상 미상각잔액 7,705,000원

① 0원 ② 7,500,000원
③ 7,705,000원 ④ 2,500,000원

82. 다음 자료를 보고 ㈜경인상사의 공급가액을 계산하면?

㈜경인상사는 판매용 노트북컴퓨터(시가:600,000원)를 ㈜동양전자에 판매하고, 그에 대한 대가로서 ㈜동양전자의 판매용 TV(시가:650,000)를 인도받았다. 단, ㈜경인상사와 ㈜동양전자 간에는 특수관계가 없으며, 이외의 대가는 수수한 사실이 없다.

① 660,000원　② 650,000원
③ 600,000원　④ 50,000원

83. 다음 자료에 의하여 부가가치세법상 일반과세자의 부가가치세 공급가액은 얼마인가?

• 매출액 : 10,000,000원 • 매출에누리액 : 1,000,000원 • 매출할인액 : 500,000원 ※ 위의 금액은 모두 공급가액이며, 매출액은 매출에누리액과 매출할인액이 차감된 후의 금액이다.

① 9,500,000원　② 8,500,000원
③ 9,000,000원　④ 10,000,000원

84. 다음 자료를 토대로 (주)경인의 202x년 제1기 예정신고기간(1.1.~3.31.)의 부가가치세 과세표준을 구하시오.

1/1~3/31의 거래 (VAT 별도)	(1) 상품을 10,000,000원에 외상으로 판매하다. (2) 거래처에 견본품으로 제품(시가 1,000,000원, 원가 800,000원)을 시가로 유상 공급하다. (3) 위 (1)의 외상매출금을 기일 전 회수하면서 100,000원을 할인해 주다.

① 11,000,000원　② 10,900,000원
③ 10,700,000원　④ 9,900,000원

85. 다음 자료에 의하여 부가가치세 과세표준을 계산하면 얼마인가?

- 발급한 세금계산서 중 영세율세금계산서의 공급가액은 1,500,000원이고, 그 외의 매출, 매입과 관련된 영세율 거래는 없다.
- 세금계산서를 받고 매입한 물품의 공급가액은 6,200,000원이고, 이 중 사업과 관련이 없는 물품의 공급가액 400,000원이 포함되어 있다.
- 납부세액은 270,000원이다.

① 7,000,000원 ② 8,500,000원
③ 10,000,000원 ④ 11,500,000원

86. 다음 자료에 의하여 계산시 부가가치세법상 일반과세자의 부가가치세 과세표준은 얼마인가?

- 총매출액 : 10,000,000원
- 매출에누리액 : 2,000,000원
- 판매장려금 : 500,000원

① 7,500,000원 ② 8,000,000원
③ 9,500,000원 ④ 10,000,000원

87. 부가가치세 과세표준을 구하면 얼마인가? 단, 제시된 금액은 모두 공급가액이다.

- 외상매출액(매출에누리 3,000원이 차감되어 있음) : 100,000원
- 거래처에 무상증여한 견본품 : 4,000원
- 상가의 건물 해당분의 처분액 : 200,000원
- 거래처로부터 채무면제이익 : 10,000원
- 하치장 반출액 : 3,000원

① 100,000원 ② 300,000원
③ 304,000원 ④ 317,000원

88. 다음 자료는 ㈜경인의 202x년 제1기 부가가치세 과세기간의 거래내용이다. 202x년 1기 부가가치세법상 과세표준금액은 ?

• 현금 판매액 : 20,000,000원
• 외상 판매액 : 10,000,000원
• 하치장 반출 : 20,000,000원
• 직매장 반출 : 10,000,000원 (총괄납부 사업자 아님)
• 사업상 증여 : 10,000,000원 (시가)
• 도난자산의 가액 : 10,000,000원
※ 상기의 모든 금액은 공급가액임

89. 다음 거래내역을 보고 부가가치세법상 과세표준을 산출하면 얼마인가?

• 1월 20일 : 영국의 잉글랜드사에 제품을 총 $30,000에 수출하기로 계약하고, 계약금으로 $5,000을 수령하여 동일자로 원화로 환전하였다.
• 2월 15일 : 제품을 부산항에서 선적하였다.
• 2월 28일 : 잔금 $25,000을 수령하고 동 금액을 원화로 환전하였다.
※ 기준환율 : 1월 20일(1,100/$), 2월 15일(1,200/$), 2월 28일(1,000/$)

① 22,200,000원 ② 24,000,000원
③ 25,800,000원 ④ 35,500,000원

90. 부가가치세법상 일반과세자의 부가가치세 과세표준은 얼마인가?

ⓐ 매출액 : 50,000,000원
ⓑ 환입된 재화의 가액 : 4,500,000원
ⓒ 매출할인액 : 5,500,000원
※ 위의 금액은 공급가액이며, 매출액 ⓐ에는 ⓑ와 ⓒ의 금액이 포함됨.

① 30,000,000원 ② 40,000,000원
③ 45,500,000원 ④ 50,000,000원

91. 부가가치세법상 제2기 확정신고시 건물에 대한 과세표준으로 옳은 것은?(단, 계약내용과 같이 대금 지급을 완료하였고 잔금지급일에 건물을 인도하였다)

구 분	계약금	중도금	잔금	계
건 물	1억(4월 1일)	4억원(10월 1일)	5억원(12월 2일)	10억원

① 5억원
② 10억원
③ 11억원
④ 9억원

92. 보세구역 내에서 공장을 운영하고 있는 일반과세자인 A씨는 수입된 플라스틱 부품을 가지고 인형을 제조하여 보세구역 외의 국내사업자에게 공급하고 있다. 아래의 자료를 이용하여 A씨의 부가가치세의 과세표준을 계산하면? 단, 세관장은 부가가치세를 적법하게 징수하였고, 예시된 것 이외의 세금은 부과되지 않은 것으로 간주한다.

(1) 인형의 공급가액 : 50,000,000원
(2) 수입된 플라스틱 부품에 대한 관세의 과세가격 : 10,000,000원
(3) 관세 : 2,000,000원

① 38,000,000원
② 40,000,000원
③ 50,000,000원
④ 60,000,000원

93. 부가가치세법상 과세사업을 영위하던 김정록씨는 20x8년 10월 5일 해당 사업을 폐업하였다. 폐업 당시에 잔존하는 재화가 다음과 같다면 그 부가가치세 공급가액은 얼마인가?(단, 아래 재화 중 취득 당시 매입세액 공제가 가능한 재화는 매입세액공제를 받았으며, 취득원가나 시가에는 부가가치세가 포함되어 있지 않음)

종류	취득일	취득원가	시가
제품	20x7년 9월 16일	7,000,000원	9,000,000원
토지	20x3년 7월 10일	120,000,000원	200,000,000원
건물	20x4년 7월 20일	200,000,000원	180,000,000원
기계장치	20x7년 6월 20일	40,000,000원	10,000,00원

① 120,000,000원
② 129,000,000원
③ 139,000,000원
④ 140,000,000원

94. 부가가치세법상 간주공급의 과세표준 계산시 과세기간의 경과에 따른 체감률이 맞게 된 것은?

구분	①	②	③	④
건물・구축물 기타감가상각자산	5% 15%	5% 20%	5% 25%	10% 25%

95. 부가가치세법상 사업자가 20x1년 6월 1일에 구입한 기계장치를 면세사업분에 사용하다가 20x2년 1월 15일에 과세사업에 사용하게 되는 경우 다음 ⓐ, ⓑ의 합은 얼마인가?

> 해당 재화의 매입세액 ×(1− <u>(ⓐ)</u>% × <u>ⓑ경과된 과세기간의 수</u>)

① 8
② 13
③ 27
④ 32

96. 202x년 1월 1일 ~ 6월 30일까지의 다음 금액 중에서 부가가치세 과세표준금액은 얼마인가? (단, 주사업장총괄납부나 사업자 단위 과세적용 사업자가 아님)

- 매출액 : 50,000,000원
- 위 매출액에 포함된 금액 : 특수관계인에 대한 매출액 4,000,000원(시가 6,000,000원) 포함(부당 저가공급에 해당)
- 위 매출액에 제외된 금액 :
  - 지방자치단체에 무상기증 재고자산 : 3,000,000원
  - 영업외 용도로 사용하는 개별소비세 과세대상 자동차 매각대금 : 1,000,000원
  - 판매목적 타사업장 반출 : 취득가액 1,000,000원
- 별도의 언급이 없는 한 위 금액은 공급가액임

① 17,000,000원
② 27,000,000원
③ 35,000,000원
④ 54,000,000원

97. 다음 자료에 의하여 20x2년 제1기 부가가치세 공급가액을 계산하면?

> 김규혜씨는 과세사업을 영위하던 중 20x2년 5월 1일에 면세사업을 추가로 시작하였다. 김규혜씨는 기존에 과세사업에 사용하던 기계장치(매입세액공제를 받은 것)를 면세사업에도 함께 공동으로 사용하게 되었다.
> - 기계장치는 20x1년 7월 20일에 10,000,000원(부가가치세 별도)에 취득하였으며, 20x2년 현재 장부 가액은 7,200,000원이며, 20x2년 5월 1일 현재 시가는 8,000,000원이다.
> - 20x2년 1기 면세공급가액은 100,000,000원이며, 과세공급가액은 200,000,000원이다.

① 1,666,666원 ② 2,400,000원
③ 2,500,000원 ④ 2,666,666원

98. ㈜경인은 관광버스운수사업에 사용하던 건물을 20x2년 12월 1일부터 시내버스 운수사업에 사용하게 되었다. 다음 자료에 의하여 건물의 면세사업전용에 따른 부가가치세 공급가액을 계산하면 얼마인가(해당 건물은 매입세액공제를 받은 것임)?

> - 건물의 취득일자 : 20x1. 10. 15
> - 건물의 장부상 취득가액 : 500,000,000원
> - 건물의 감가상각비 : 150,000,000원
> - 면세사업전용일 현재의 건물 시가 : 480,000,000원

① 440,000,000원 ② 350,000,000원
③ 480,000,000원 ④ 450,000,000원

99. 사업자 갑은 202x년 6월 1일에 미국의 거래처에 제품을 100달러에 직수출하기로 계약하고 계약금으로 10달러를 수령하고 6월 2일 10,000원에 환가하였다. 이후 202x년 6월 23일에 당해 제품을 선적하였고 대금 잔액 90달러는 202x년 6월 30일에 수령하고 90,000원에 전부 환가하였다. 기준환율이 다음과 같을 때 부가가치세법상 사업자 갑의 202x년 제1기 과세기간의 과세표준에 합산되는 금액을 구하면 얼마인가?

비고	6/1	6/2	6/23	6/30
1달러당 기준환율	990원	1,000원	1,100원	1,000원

① 99,000원 ② 108,900원
③ 109,000원 ④ 110,000원

100. 부가가치세법상 일반과세사업자인 기계제조업자가 다음과 같은 공장용 토지와 건물을 매매한 경우 건물의 공급가액은?

- 매매가액 : 500,000,000원(VAT 별도)
- 토지 기준시가액 : 200,000,000원
- 건물 기준시가액 : 200,000,000원

101. 제조업을 영위하는 부가가치세 과세사업자인 ㈜경인은 20x1년 10월 1일에 토지와 건물을 300,000,000원(부가가치세 포함)에 ㈜동양에게 양도하기로 계약을 체결하면서 계약금 100,000,000원을 수령하고, 20x2년 2월 15일 잔금 200,000,000원을 수령하면서 토지와 건물을 일괄 양도하고 소유권 이전등기를 완료하였다. 건물의 공급가액은 얼마인가?

구분	토지	건물	비고
장부가액	45,000,000원	50,000,000원	20x1. 10. 1. 당시
감정평가액	140,000,000원	100,000,000원	20x1. 8. 1. 감정평가법인의 감정평가액
기준시가	95,000,000원	50,000,000원	20x2. 1. 1. 기준시가

① 125,000,000원 ② 120,000,000원
③ 109,090,909원 ④ 100,000,000원

102. 실지거래가액으로 토지와 건물을 일괄공급시 토지의 가액과 건물의 가액이 불분명한 경우 안분하여 부가가치세 공급가액을 계산한다. 이때 안분계산하는 방법의 순서로 올바른 것은?

① 감정평가가액 → 기준시가 → 장부가액 → 취득가액
② 감정평가가액 → 기준시가 → 취득가액 → 장부가액
③ 기준시가 → 취득가액 → 감정평가가액 → 취득가액
④ 취득가액 → 장부가액 → 기준시가 → 감정평가가액

103. 제조업을 영위하는 김규혜씨는 202x년 4월 10일에 공장을 이전하면서 건물과 토지를 일괄하여 10억원(부가가치세 별도)에 양도하였다. 다음 자료에 의하여 해당 공장 양도에 대한 부가가치세 공급가액을 계산하면 얼마인가?

구분	감정평가가액	기준시가	취득가액	장부가액
토지	5억원	6억원	4억원	4억원
건물	없음	2억원	1억원	0.5억원
계	-	8억원	5억원	4.5억원

① 188,000,000원 ② 190,000,000원
③ 194,000,000원 ④ 250,000,000원

104. ㈜경인은 토지・기계장치・건물을 1억원(부가가치세 별도)에 양도하였는데, 토지・기계장치・건물의 실지거래가액은 불분명하다. 매각대금은 인도시점에서 전액 수령하였고, 각 자산의 관련 자료는 다음과 같으며, 각 자산의 감정평가가액은 알려져 있지 않다. ㈜경인의 자산양도와 관련된 부가가치세 과세표준은 얼마인가?

구분	토지	기계장치	건물	계
기준시가	4,000,000원	-	36,000,000원	40,000,000원
장부가액	6,000,000원	20,000,000원	24,000,000원	50,000,000원
취득가액	6,000,000원	30,000,000원	24,000,000원	60,000,000원

① 88,000,000원 ② 90,000,000원
③ 94,000,000원 ④ 95,000,000원

105. 다음 자료에 의하여 개인사업자 A씨의 202x년 제2기 과세기간(202x년 7월 1일 ~ 202x년 12월 31일)의 부가가치세 공급가액을 계산하면?

- B씨에게의 임대내역
  - 기간 : 202x년 1월 1일 ~ 202x년 10월 30일
  - 임대 보증금 : 없음 - 월임대료 : 매월 1,500,000원
  - 월관리비 : 매월 1,300,000원(전기료 징수 대행분 매월 200,000원 포함)
- 단, B씨에게 임대한 후인 202x년 11월 1일 ~ 202x년 12월 31일까지 공실임

① 10,400,000원 ② 10,800,000원
③ 11,200,000원 ④ 16,600,000원

106. 다음 자료에 의하여 부동산임대업을 영위하는 ㈜경인의 20x2년 제1기 예정신고기간(1월 1일~3월 31일)의 부가가치세 과세표준을 계산하면? (1년은 365일로 가정)

- 임대기간 : 20x1년 10월 1일 ~ 20x2년 9월 30일
- 임대보증금 100,000,000원, 월임대료 1,500,000원(공급가액)
- 1년 만기 정기예금이자율은 10%라고 가정한다.

① 6,965,753원 ② 5,239,726원
③ 4,839,726원 ④ 4,639,726원

107. ㈜경인교통은 프리미엄고속버스사업과 시내버스사업에 공통으로 사용하고 있던 수리설비를 20x2년 4월 12일에 1천만원(부가가치세 제외)에 매각하였다. 다음 자료에 의하여 이 수리설비의 부가가치세 과세표준을 구하면 얼마인가?

과세기간	프리미엄고속버스사업	시내버스사업	합계
20x1년 제1기	4억	5억	9억
20x1년 제2기	6억	4억	10억
20x2년 제1기	5억	6억	11억

108. 부가가치세법상 부동산임대용역의 간주임대료에 대한 설명이다. 옳지 않은 것은?

① 적용대상자는 과세사업인 부동산임대용역을 공급하고 임대보증금을 받은 사업자이다.
② 적용대상 자산에 주택임대는 포함되지 않는다.
③ 간주임대료 계산시 임대용 부동산의 건설비 상당액을 차감하여 계산한다.
④ 간주임대료 계산시 임대사업에서 발생한 금융수익을 차감하지 않고 계산한다.

109. 당기에 면세사업과 과세사업에 공통으로 사용하던 업무용 트럭 1대를 매각하였다. 다음 중 공급가액의 안분계산이 필요한 경우는?

	공통사용재화 공급가액	직전과세기간 총공급가액	직전과세기간 면세공급가액	당기과세기간 총공급가액	당기과세기간 면세공급가액
①	490,000원	100,000,000원	50,000,000원	150,000,000원	10,000,000원
②	45,000,000원	신규사업개시로 없음		200,000,000원	150,000,000원
③	35,000,000원	300,000,000원	14,000,000원	500,000,000원	41,000,000원
④	55,000,000원	200,000,000원	9,000,000원	150,000,000원	20,000,000원

110. 다음 중 부가가치세법상 과세사업과 면세사업에 공통사용재화를 공급하는 경우에 과세표준 안분계산을 배제하는 요건으로 틀린 것은?

① 직전과세기간의 면세공급가액이 5% 미만이고 해당 재화의 공급가액이 5천만원 미만인 경우
② 재화의 공급가액이 50만원 미만인 경우
③ 신규로 사업을 개시하여 직전 과세기간이 없는 경우
④ 면세공급면적이 50㎡ 이하인 경우

111. 부가가치세법상 과세되는 사업과 면세되는 사업에 공통으로 사용되는 재화를 공급하는 경우에 그 공급가액을 과세표준을 안분계산하여야 하는데, 안분계산을 배제하는 요건에 해당하지 않는 것은?

① 직전 과세기간의 총공급가액 중 면세공급가액이 100분의 5미만인 경우. 다만, 해당 재화의 공급가액이 5천만원 이상인 경우는 제외한다.
② 재화의 공급가액이 50만원 미만인 경우
③ 휴업 등으로 직전 과세기간의 공급가액이 없는 경우
④ 재화를 공급하는 날이 속하는 과세기간에 신규로 사업을 개시하여 직전 과세기간이 없는 경우

112. 당기에 면세사업과 과세사업에 공통으로 사용하던 업무용 지게차 1대를 매각하였다. 다음 중 공통사용재화 공급가액의 안분계산이 반드시 필요한 경우는?

① 재화의 공급가액이 50만원 미만인 경우
② 해당 재화의 공급가액의 5천만원 이상인 경우
③ 신규로 사업을 개시하여 직전 과세기간이 없는 경우
④ 직전 과세기간의 총공급가액 중 면세공급가액 비율이 5% 미만인 경우

113. 다음 중 부가가치세법상 공급가액 계산특례에 관한 설명으로 옳지 않은 것은?

① 과세・면세 공통사용재화를 공급하는 경우 원칙적으로 직전과세기간의 공급가액을 기준으로 공급가액을 안분계산한다.
② 직전기에 휴업 등으로 인하여 직전과세기간이 없는 경우에는 그 재화를 공급한 날에 가장 가까운 과세기간의 공급가액에 의하여 계산한다.
③ 면세 토지와 과세되는 건물 등을 함께 공급하는 경우에 그 건물 등의 공급가액은 실지거래가액이 불분명하면 감정가액, 기준시가 등의 방법을 순차적으로 적용하여 공급가액을 안분계산한다.
④ 재화를 공급하는 날이 속하는 과세기간에 신규로 사업을 시작하여 직전 과세기간이 없는 경우 원칙적으로 당해 과세기간의 공급가액을 기준으로 공급가액을 안분계산한다.

114. 다음 중 부가가치세법상 공급가액 계산의 특례에 관한 설명으로 옳지 않은 것은?

① 과·면세 등 겸영사업자가 과·면세 공통사용재화의 공급시 직전기에 휴업 등으로 직전기 공급가액이 없는 경우에는 그 재화를 공급한 날에 가장 가까운 과세기간의 공급가액으로 안분 계산한다.
② 토지와 건물을 함께 공급하는 경우에 그 건물 등의 공급가액은 실지거래가액에 의한다.
③ 토지와 건물을 함께 공급하는 경우에 토지와 건물의 가액이 불분명한 경우에는 감정가액, 기준시가 등의 방법을 순차적으로 적용하여 안분 계산한다.
④ 직전기의 공급가액이 없는 경우에는 당해 과세기간의 매입가액을 기준으로 안분 계산한다.

115. **부가가치세법상 대손세액공제와 관련된 다음 사항 중 잘못된 것은?**

① 재화 또는 용역을 공급한 후 그 공급일로부터 10년이 지난 날이 속하는 과세기간에 대한 확정신고기한까지 대손사유로 인한 대손이 확정되어야 한다.
② 대손세액공제신고서는 그 절차상 확정신고시에 제출하여야 한다.
③ 공제되는 대손세액은 대손금액에 100분의 10을 곱한 금액으로 한다.
④ 대손세액공제를 받은 후 회수한 대손금액과 관련된 대손세액은 회수한 날이 속하는 과세기간의 매출세액에 더한다.

116. **다음 중 부가가치세법상 대손세액공제에 대한 설명 중 가장 잘못된 것은?**

① 대손세액은 대손이 확정된 날이 속하는 과세기간의 매출세액에서 빼거나 더한다.
② 대손세액을 공제받으려 하는 사업자는 부가가치세 확정신고서와 함께 대손세액공제신고서와 대손사실을 증명할 수 있는 서류를 첨부하여 관할세무서장에게 제출하여야 한다.
③ 대손세액공제를 받은 사업자가 대손금액을 회수한 경우에는 회수한 대손금액에 관련된 대손세액을 회수한 날이 속하는 과세기간의 매입세액에서 뺀다.
④ 사업자가 채무자의 재산에 대하여 저당권을 설정하고 있는 경우에는 해당 채무자로부터 받은 어음이 부도가 되어 부도발생일로부터 6개월 이상 지난 경우라 할지라도 대손세액공제를 받을 수 없다.

117. **다음 중 부가가치세법상 대손세액공제의 사유에 해당하지 않는 것은?**

① 부도발생일로부터 6개월 이상 지난 수표 또는 어음상의 채권
② 부도발생한 외상매출금으로 6개월 이상 지난 경우로서 채무자의 재산에 대하여 저당권을 설정한 채권
③ 채무자 회생 및 파산에 관한 법률에 의한 회사회생계획인가의 결정
④ 회수기일이 6개월 이상 지난 채권 중 30만원 이하(채무자별 채권가액을 합한 금액을 기준)인 채권

118. **부가가치세법상 대손세액공제에 대한 설명이다. 틀린 것은?**

① 사망, 실종으로 채권을 회수할 수 없는 경우 대손세액공제 사유가 된다.
② 대손세액공제를 적용받기 위해서는 대손금액이 발생한 사실을 증명하는 서류를 제출하는 경우에 한한다.
③ 예정신고시에도 대손세액공제를 적용할 수 있다.
④ 공급자가 대손세액공제를 받은 후 대손금의 전부 또는 일부를 회수한 경우, 회수한 날이 속하는 과세기간의 매출세액에 더한다.

119. **다음 중 부가가치세법상 대손세액공제를 받은 사업자가 대손금액의 전부 혹은 일부를 회수한 경우의 처리방법으로 옳은 것은?**

① 회수한 대손금액에 관련된 대손세액을 회수한 날이 속하는 과세기간의 매출세액에서 차감한다
② 회수한 대손금액에 관련된 대손세액을 회수한 날이 속하는 과세기간의 매출세액에서 가산한다
③ 회수한 대손금액에 관련된 대손세액을 회수한 날이 속하는 이전 과세기간의 매출세액에서 차감한다
④ 회수한 대손금액에 관련된 대손세액을 회수한 날이 속하는 이전 과세기간의 매출세액에서 가산한다

120. **㈜경인은 부가가치세가 과세되는 재화를 공급하고, 그 매출채권 중 일부를 아래 자료에 따라 대손처리하였다. 공제가능한 대손세액은 얼마인가?**

- 채무자의 파산에 따른 매출채권 : 33,000,000원(부가가치세 포함)
- 부도수표(부도발생일로부터 6개월 이상 지난 수표로서, 채무자의 재산에 대하여 저당권이 설정되어 있지 않음) : 5,500,000원(부가가치세 포함)
- 상법에 따른 소멸시효가 완성된 매출채권 : 2,200,000원(부가가치세 포함)
- 회수기일이 6개월 이상 지난 채권 : 165,000원(거래처 ㈜인천에 대한 금액으로 부가가치세 포함)

① 3,000,000원　　② 3,200,000원
③ 3,700,000원　　④ 3,715,000원

121. 다음 중 부가가치세법상 대손세액공제액 산식으로 옳은 것은?

① 대손금액×10/110 ② 매출액×10/100
③ 대손금액×10/100 ④ 매출액×10/110

122. 부가가치세법상 대손세액공제에 대한 설명으로 틀린 것은?

① 사망 실종으로 채권을 회수할 수 없는 경우 대손세액공제사유가 된다.
② 대손세액 공제의 범위는 사업자가 부가가치세가 과세되는 재화 또는 용역을 공급한 후 그 공급일부터 10년이 지난 날이 속하는 과세기간에 대한 확정신고기한까지 확정되는 대손세액으로 한다.
③ 회수기일이 6개월 이상 지난 채권 중 채권가액이 50만원 이하(채무자별 채권가액의 합계액을 기준)인 채권은 대손세액공제를 받을 수 있다.
④ 공급자가 대손세액공제를 받은 후 대손금의 전부 또는 일부를 회수한 경우, 회수한 대손금에 대한 대손세액공제액은 회수한 날이 속한 과세기간의 매출세액에 더한다.

123. 다음 자료를 토대로 20x2년도 제1기 부가가치세 확정신고시 대손세액공제를 계산하면 얼마인가?

20x1년도 8월 10일 ㈜동양전자에 제품 10,000,000원(부가가치세 별도)을 외상매출하고 동사발행 어음을 수령하였으나, 20x1년 10월 31일 부도 발생하였다.

① 1,000,000원 ② 3,000,000원
③ 5,000,000원 ④ 6,000,000원

124. 괄호 안에 들어갈 알맞은 것은 무엇인가?

부가가치세법상 대손세액공제를 받기 위해서는 재화의 공급일로부터 (   )이 지난 날이 속하는 과세기간에 대한 확정신고 기한까지 대손요건이 확정되어야 한다.

① 3년 ② 5년
③ 8년 ④ 10년

125. ㈜경인은 202x년 2월 4일에 부가가치세가 과세되는 재화를 공급한 후 그 공급대가로 받은 약속어음 11,000,000원(부가가치세 포함)이 202x년 4월 6일에 부도가 발생하였다. 채무자의 재산에 저당권을 설정하고 있지 않다면 이 경우 부가가치세법상 대손세액공제를 받는 시기는 언제인가? (대손관련 회계처리는 정상적으로 처리되었다)

① 202x년 1기 예정신고시　　② 202x년 1기 확정신고시
③ 202x년 2기 예정신고시　　④ 202x년 2기 확정신고시

126. ㈜경인은 20x1년 11월 20일 ㈜인천에게 기계장치를 11,000,000원(부가가치세 포함)에 공급하고 어음을 교부받았다. 그런데 20x2년 2월 10일 ㈜인천에 부도가 발생하여 은행으로부터 부도확인을 받았다.(㈜인천의 재산에 대한 저당권 설정은 없다.) ㈜경인이 대손세액공제를 받을 수 있는 부가가치세 신고시기와 공제대상 대손세액으로 가장 올바른 것은?

	공제시기	공제대상 대손세액
①	20x2년 1기 예정신고	1,000,000원
②	20x2년 1기 확정신고	1,100,000원
③	20x2년 2기 예정신고	1,100,000원
④	20x2년 2기 확정신고	1,000,000원

127. 다음 자료에 의하여 부가가치세 매출세액을 계산하면 얼마인가?

- 과세되는 공급가액 : 52,000,000원
- 매출환입 : 2,000,000원
- 매출할인 : 3,000,000원
- 대손처리된 채권 : 7,700,000원(이 중 세법상 대손요건을 충족하지 못한 채권 2,200,000원을 포함하고 있으며, 채권금액은 공급대가이다)

① 4,300,000원　　② 4,200,000원
③ 4,100,000원　　④ 4,000,000원

128. 다음 중 부가가치세법상 대손세액공제에 관한 설명으로 옳은 것은?

① 대손세액공제의 범위는 사업자가 부가가치세가 과세되는 재화나 용역을 공급한 후 그 공급일로부터 10년이 지난 날이 속하는 과세기간에 대한 확정신고기한까지 확정되는 대손세액으로 한다.

② 중소기업의 외상매출금은 부도발생일로부터 6개월 이상 지난 사유로는 대손세액공제를 받을 수 없다.

③ 사업자는 수표 또는 어음의 부도발생일로부터 6개월 이상 지난 경우 채무자의 재산에 저당권을 설정하고 있는 때에도 대손세액을 공제할 수 있다.

④ 대손세액은 부가가치세를 제외한 대손금액에 110분의 10을 곱한 금액으로 한다.

129. 부가가치세법상 공급일이 2014년 5월 20일 경우 대손세액공제를 받기 위해서는 대손사유가 언제까지 확정되어야 하는가?

① 2024년 4월 30일　　② 2024년 5월 25일

③ 2024년 7월 25일　　④ 2024년 12월 25일

130. 다음 자료에서 부가가치세법상 설명하는 내용은?

대손이 확정된 날이 속하는 과세기간의 매출세액에서 해당 거래징수하지 못한 부가가치세 상당액을 차감할 수 있도록 하는 제도이다.

① 의제매입세액공제　　② 대손세액공제

③ 재활용폐자원세액공제　　④ 공제받지 못할 매입세액명세서

131. 다음 중 부가가치세법상 대손세액공제 사유가 아닌 것은?

① 수표나 어음의 부도발생일로부터 3개월이 된 경우

② 파산, 강제집행, 회사정리계획인가의 결정

③ 사망, 실종선고

④ 상법, 수표법, 어음법, 민법상의 소멸시효가 완성된 경우

132. 다음 중 부가가치세법상 대손세액공제의 범위에 해당하지 않는 것은?

① 재화를 공급받은 업체가 파산 하였을때
② 법원의 회생계획인가 결정에 따라 채무를 출자전환하는 경우
③ 상법에 따른 소멸시효가 완성된 외상매출금 및 미수금
④ 재화를 공급받은 업체가 경영악화로 세무서에 체납이 있는 경우

133. 부가가치세법상 대손세액공제에 관한 설명으로 가장 틀린 것은?

① 회수할 수 없는 대손세액을 대손이 확정된 날이 속하는 과세기간의 매출세액에서 차감한다.
② 부가가치세법상 대손세액 공제를 받을 수 있는 사유는 법인세법 및 소득세법상 대손사유와 일치한다.
③ 부도발생일 이후의 중소기업의 외상매출금은 대손세액공제가 가능하다.
④ 대손세액공제를 받기 위해서는 과세표준확정신고와 함께 대손세액공제신고서에 대손금액이 발생한 서류를 첨부하여 제출해야 한다.

134. 다음 자료를 바탕으로 부가가치세 확정신고 납부세액 계산시 매출세액에서 차감할 수 있는 대손세액은 얼마인가? (단, 세부담 최소화를 가정한다.)

- 파산에 따른 매출채권 : 11,000,000원
- 상법상 소멸시효가 완성된 매출채권 : 5,500,000원
  (단, 위 금액은 부가가치세가 포함된 공급대가이며, 10년 이내 과세기간에서 발생한 채권이다.)
- 세법에서 정하는 대손요건은 충족하였다.

① 0원
② 1,000,000원
③ 1,500,000원
④ 1,650,000원

135. **다음 중 부가가치세법상 대손세액공제의 사유에 해당하지 않는 것은?**

① 수표 또는 어음의 부도발생일로부터 6개월 미만인 경우

② 해당 채권의 상법상 소멸시효 완성

③ 채무자 회생 및 파산에 관한 법률에 의한 회사회생계획인가의 결정으로 회수불능한 경우

④ 회수기일이 6개월 이상 지난 채권 중 30만원(채무자별 채권가액을 합한 금액을 기준)이하의 채권

136. **부가가치세법상 예정신고시의 제출 서류가 아닌 것은?**

① 부동산임대공급가액명세서

② 대손세액공제신고서

③ 공제받지못할매입세액명세서

④ 의제매입세액공제신고서

제6장 매입세액과 차가감납부세액

1 매입세액의 계산구조와 신고서 작성방법

구분			금액	세율	세액
매입세액	세금계산서수취분①	일반매입			
		수출기업수입분납부유예			
		고정자산매입②			
	예정신고누락분				
	매입자발행세금계산서				
	그 밖의 공제매입세액	신용카드매출전표등수령명세서제출분③			
		의제매입세액			
		과세사업전환매입세액			
		재고매입세액			
		변제대손세액			
	합계				
	공제받지못할 매입세액	공제받지못할매입세액			
		공통매입세액 중 면세사업 등 해당 세액④			
		대손처분받은세액			
	차감계				
	매입세액공제액				

① '세금계산서 수취분' : 세금계산서 수취분에 기재되는 매입세액은 매입세액 공제여부와 상관없이 발급받은 세금계산서 수취분을 모두 기재한 후, 세금계산서를 발급받았지만 부가가치세법상 매입세액불공제되는 것을 '공제받지 못할 매입세액'란에 기재

➠ '세금계산서 수취분 세액란'에는 '매입가액×10%'를 기재하는 것이 아니라 '발급받은 세금계산서에 적혀 있는 세액의 합계'를 기재

② '고정자산매입' : 감가상각자산을 구입한 경우 기재

③ '신용카드매출전표 등 수령명세서제출분' : 불공제되는 매입세액을 제외한 공제대상만 기재

④ '공통매입세액 중 면세사업 등 해당세액' : 공통매입세액의 안분계산, 공통매입세액의 정산, 공통매입세액의 재계산(납부·환급세액의 재계산) 내용 기재

② 매입세액

2-1 세금계산서 수취분 매입세액

- 매입세액의 범위
  ① 사업자가 자기의 사업을 위하여 사용하였거나 사용할 목적으로 공급받은 재화·용역에 대한 부가가치세액(사업의 포괄양도시 양수자의 대리납부에 따라 납부한 부가가치세액 포함)
  ② 사업자가 자기의 사업을 위하여 사용하였거나 사용할 목적으로 수입하는 재화의 수입에 대한 부가가치세액
- 공제시기 : 사용시점이 속하는 과세기간에 공제받는 것이 아님
  ① 사업자가 공급받은 재화·용역에 대한 부가가치세액 : 재화·용역을 공급받는 시기가 속하는 과세기간의 매출세액에서 공제
  ② 사업자가 수입하는 재화의 수입에 대한 부가가치세액 : 재화의 수입시기가 속하는 과세기간의 매출세액에서 공제
- 발급받은 세금계산서상의 공급가액과 세액을 '일반 매입'란과 '고정자산 매입'란으로 구분 집계하여 적고, 재화의 수입에 대한 부가가치세 납부유예를 승인받아 납부유예된 세액은 '수출기업 수입분 납부유예'란에 별도 기재
- 세금계산서 수취분 : 일반매입 - 수출기업 수입분 납부유예 + 고정자산매입

2-2 예정신고 누락분 매입세액

예정신고를 할 때 누락한 매입세액을 확정신고하는 경우에 공제받을 수 있도록 한 것으로, 발급받은 세금계산서에 의한 누락분과 그 밖의 공제매입세액 누락분을 구분하여 기재

2-3 매입자발행 세금계산서 매입세액

구 분	내 용
의 의	• 매입자발행세금계산서 : 납세의무자로 등록한 세금계산서 발급의무가 있는 사업자(영수증 발급대상 사업을 하는 사업자로서 공급받는 사업자가 사업자등록증을 제시하고 세금계산서의 발급을 요청하는 경우에 세금계산서 발급의무가 있는 사업자 포함)가 재화·용역을 공급하고 세금계산서 발급시기에 세금계산서를 발급하지 아니한 경우(공급자의 부도·폐업, 공급계약의 해제·변경, 소재불명 또는 연락두절, 휴업이나 그 밖의 부득이한 사유로 사업자가 (수정)세금계산서 또는 (수정)전자세금계산서를 발급하지 아니한 경우 포함) 그 재화·용역을 공급받은 자가 관할 세무서장의 확인을 받아 발급하는 세금계산서 • 매입자발행세금계산서 발행 가능자(매입자) : 모든 사업자(간이과세자·면세사업자 포함) • 매입자발행세금계산서 발행 대상자(매출자) : 납세의무자로 등록한 세금계산서 발급의무가 있는 사업자(영수증 발급대상 사업을 하는 사업자로서 공급받는 사업자가 사업자등록증을 제시하고 세금계산서의 발급을 요구하는 경우에 세금계산서 발급의무가 있는 사업자 포함)
발 행 절 차	① 공급받은 자(매입자, 신청인)가 관할 세무서장에게 거래사실 확인신청(증빙서류첨부) ➠ 거래사실 확인신청 대상거래 : 거래 건당 공급대가가 5만원 이상인 거래 ➠ 공급받은 자는 재화·용역의 공급시기가 속하는 과세기간의 종료일부터 1년 이내에 관할 세무서장에게 거래사실 확인신청을 해야 함(신청을 받은 관할 세무서장은 신청일부터 7일 이내의 일정한 기간을 정해 보정요구 가능) ② 공급받은 자 관할 세무서장이 공급자(매출자) 관할 세무서장에게 신청서와 증빙서류 송부 ③ 공급자 관할 세무서장이 공급자에게 거래사실 확인하여 신청일의 다음 달 말일까지 공급자와 공급받은 자(신청인) 관할 세무서장에게 확인 통지 ④ 공급받은 자(신청인) 관할 세무서장이 신청인에게 거래사실 확인결과 통지 ⑤ 거래사실 확인 통지를 받은 공급받은 자(신청인)은 공급자 관할 세무서장이 확인한 거래일자를 작성일자로 하여 공급자에게 매입자발행세금계산서 발급(다만, 신청인 및 공급자가 관할 세무서장으로부터 거래 사실 확인 통지를 받은 때에는 신청인이 매입자발행세금계산서를 공급자에게 발급한 것으로 봄)
효 과	매입자발행세금계산서를 공급자에게 발급하였거나 발급한 것으로 보는 경우 신청인은 예정신고·확정신고·경정청구를 할 때 매입자발행세금계산서합계표를 제출한 경우에 매입세액공제(간이과세자는 매입세금계산서 등 수취세액공제) 가능

2-4 그 밖의 공제매입세액

2-4-1 신용카드매출전표 등 수령명세서 제출분

<table>
<tr><th>구 분</th><th colspan="2">내 용</th></tr>
<tr><td>의 의</td><td colspan="2">사업자가 세금계산서 발급의무가 있는 사업자로부터 재화·용역을 공급받고 부가가치세액이 별도로 구분되는 신용카드매출전표 등을 발급받은 경우로서 일정한 요건을 모두 충족하면 매입세액으로 공제 가능</td></tr>
<tr><td>세금계산서 발급 의무가 있는 사업자</td><td colspan="2">• 일반과세자 및 간이과세자 다만, 다음의 사업자는 제외
① 영수증 발급대상 사업 중 세금계산서 발급금지업종을 경영하는 사업자
② 간이과세자 중 다음 어느 하나에 해당하는 자
–직전 연도의 공급대가의 합계액이 4,800만원 미만인 자[직전 과세기간에 신규로 사업을 시작한 개인사업자의 경우 사업개시일부터 그 과세기간 종료일까지의 공급대가의 합계액을 12개월로 환산한 금액(1개월 미만의 끝수가 있으면 1개월로 함)]
–신규로 사업을 시작하는 개인사업자로서 간이과세자로 하는 최초의 과세기간 중에 있는 자
• 세금계산서 발급발급금지업종
① 미용·욕탕·유사서비스업
② 여객운송업(전세버스운송사업 제외)
③ 입장권을 발행하여 경영하는 사업
④ 부가가치세가 과세되는 미용목적 성형수술 등의 진료용역을 공급하는 사업
⑤ 부가가치세가 과세되는 수의사가 제공하는 동물의 진료용역
⑥ 자동차운전학원 및 무도학원
⑦ 간편사업자등록을 한 사업자가 국내에 전자적 용역을 공급하는 사업</td></tr>
<tr><td>일정한 요건</td><td>증빙 요건</td><td>• 발급받은 신용카드매출전표 등에 부가가치세액이 별도로 구분되어야 함
➠ 신용카드매출전표 등(금전등록기계산서 포함 안됨)
① 신용카드매출전표
② 직불카드영수증
③ 선불카드영수증(실지명의가 확인되는 것에 한함)
④ 현금영수증
⑤ 결제대행업체를 통한 신용카드매출전표
⑥ 직불전자지급수단 영수증
⑦ 전자지급결제대행에 관한 업무를 금융회사 또는 전자금융업자를 통한 신용카드매출전표
⑧ 선불전자지급수단 영수증(실지 명의가 확인되는 것에 한함)</td></tr>
</table>

구 분		내 용
일정한 요건	제출·보관 등 요건	① 신용카드매출전표 등 수령명세서를 제출할 것 ② 신용카드매출전표 등을 그 거래사실이 속하는 과세기간에 대한 확정신고기한 후 5년간 보관할 것 ③ 간이과세자가 영수증을 발급하여야 하는 기간에 발급한 신용카드매출전표 등이 아닐 것

2-4-2 의제매입세액

구분	내 용
의 의	사업자가 부가가치세를 면제받아 공급받거나 수입한 농산물·축산물·수산물·임산물·소금·단순가공식료품 등(면세농산물 등)을 원재료로 하여 제조·가공한 재화 또는 창출한 용역의 공급에 대하여 부가가치세가 과세되는 경우(면세를 포기하고 영세율을 적용받는 경우는 제외)에는 면세농산물 등을 공급받거나 수입할 때 매입세액이 있는 것으로 보아 면세농산물 등의 가액 중 일부를 매입세액으로 공제할 수 있도록 한 것 • 의제매입세액 공제대상 면세농산물 등의 범위 ① 면세로 공급받은 미가공식료품 ② 면세로 공급받은 국내생산 비식용 농·축·수·임산물 ③ 면세로 수입한 미가공식료품
공 제 요 건	• 사업자등록을 한 과세사업자(업종제한 없음)가 • 면세농산물 등을 공급받아 • 이를 원재료로 하여 제조·가공한 재화 또는 창출한 용역의 공급이 과세되는 경우 • 면세농산물 등을 공급받은 증명서류를 제출할 것
공 제 시 기	해당 원재료를 실제로 공급받은 때가 속하는 예정신고·확정신고시 매출세액에서 공제
증 명 서 류	• 원칙 : 부가가치세 예정신고 및 확정신고와 함께 의제매입세액공제신고서 및 면세농산물 등을 공급받은 사실을 증명하는 서류(매입처별계산서합계표, 신용카드매출전표 등 수령명세서, 매입자발행계산서합계표)를 관할 세무서장에게 제출 ➡ 증명서류는 수정신고·경정청구·기한후 신고와 함께 제출하거나 경정을 할 때 경정기관의 확인을 거쳐 제출하는 경우에도 의제매입세액공제가 가능 • 특례 : 제조업을 경영하는 사업자가 농어민으로부터 면세농산물 등을 직접 공급받는 경우에는 의제매입세액공제신고서만을 제출해도 의제매입세액공제 가능(제조업을 제외한 다른 업종을 경영하는 사업자가 농어민으로부터 면세농산물 등을 직접 공급받는 경우에는 증명서류가 없는 경우 의제매입세액공제를 받을 수 없음)

구분	내 용

공제액

- 의제매입세액 = Min(①, ②)
  ① 면세농산물 등의 매입가액 × 공제율
  ② 한도 : 해당 과세기간에 해당 사업자가 면세농산물 등과 관련하여 공급한 과세표준 × 한도율 × 공제율
- 면세농산물 등의 매입가액
  ① 국내매입 면세농산물 등 : 운임 등의 부대비용을 제외한 매입원가
  ➠ 면세사업자가 농산물 등을 운반하고 대가와 함께 받는 운임의 경우는 주된 거래에 부수되는 용역의 공급에 해당되어 면세대상이므로 의제매입세액계산시 면세농산물 등의 매입가액에 포함
  ② 수입되는 면세농산물 등 : 관세의 과세가격(관세는 포함하지 않음)
- 공제율

구분			공제율
① 음식점업	과세유흥장소의 경영자		2/102
	과세유흥장소 외의 음식점을 경영하는 사업자 중 개인사업자		8/108*
	과세유흥장소 외의 음식점을 경영하는 사업자 중 법인사업자		6/106
② 제조업	개인사업자	과자점업 · 도정업 · 제분업 및 떡류 제조업 중 떡방앗간의 경영자	6/106
		위 외의 제조업의 경영자	4/104
	개인사업자 외의 사업자 (법인사업자)	중소기업	4/104
		중소기업 외의 사업자	2/102
③ 위 '① · ②' 외의 사업			2/102

* 과세표준이 2억원 이하인 경우에는 2026.12.31.까지는 9/109

- 한도율

구분		2025.12.31.까지		2026.1.1. 부터
		음식점업	그 밖의 업종	
① 개인사업자	과세표준*이 1억원 이하	75%	65%	50%
	과세표준*이 1억원 초과 2억원 이하	70%		
	과세표준*이 2억원 초과	60%	55%	40%
② 법인사업자		50%		30%

* 해당 과세기간에 해당 사업자가 면세농산물 등과 관련하여 공급한 과세표준

- 의제매입세액 공제한도는 확정신고시에 적용하며, 예정신고 또는 조기환급신고시 이미 공제받은 의제매입세액을 확정신고시 정산

구분	내 용
겸영사업자 의제매입세액	• 과세사업과 면세사업 등을 겸영하는 사업자가 면세농산물 등을 매입한 경우는 그 과세기간 종료일까지 해당 원재료의 실지귀속에 따라 의제매입세액 공제대상 여부를 구분 • 실지귀속구분이 불가능한 경우와 차기이월 원재료의 경우 의제매입세액 = Min(①, ②) ① 면세농산물 등의 매입가액 × 공제율 × (해당 과세기간 과세공급가액/해당 과세기간 총공급가액) ② 한도 : 해당 면세농산물 등과 관련하여 공급한 과세표준 × 한도율 × 공제율 • 겸영사업자가 예정신고기간 중에 면세농산물 등을 매입한 경우의 의제매입세액 – 예정신고시 : 예정신고기간(3개월분)의 과세공급비율로 안분하여 의제매입세액 계산 – 확정신고시 : 확정신고기간(6개월분)의 과세공급비율로 의제매입세액 정산
의제매입세액 공제액 추징	• 구입한 과세기간에 의제매입세액으로서 공제한 면세농산물 등을 ① 그대로 양도·인도하거나 ② 부가가치세가 면제되는 재화·용역을 공급하는 사업, 그 밖의 목적에 사용·소비하는 때에는 그 공제한 금액을 납부세액에 가산(또는 환급세액에서 공제) ➡ 납부세액에서 공제(또는 환급세액에 가산) 규정 없음

㈜ 1. 의제매입세액 회계처리

매입시				의제매입세액 공제시			
(차) 원재료	2,040	(대) 현금	2,040	(차) 부가가치세대급금	40	(대) 원재료	40

㈜ 2. 면세농산물 등의 매입이 특정기간에 집중되는 제조업에 대한 의제매입세액 공제 계산 특례

• 적용대상사업자 : 다음의 요건을 모두 충족하는 사업자
① 제1기 과세기간에 공급받은 면세농산물 등의 가액을 1역년에 공급받은 면세농산물 등의 가액으로 나누어 계산한 비율이 75% 이상이거나 25% 미만일 것
② 해당 과세기간이 속하는 1역년 동안 계속하여 제조업을 영위하였을 것

• 제1기 과세기간

의제매입세액공제액 : Min(①, ②)
① 제1기 과세기간에 공급받은 면세농산물 등의 매입가액 × 공제율
② 제1기의 공제한도 = 제1기 과세기간에 면세농산물 등과 관련하여 공급한 과세표준 × 한도율* × 공제율
* 한도율 : 법인사업자(50%, 2026.1.1.부터는 30%), 개인사업자[1역년의 과세표준 합계액이 4억원 이하인 경우 65%(2026.1.1.부터는 50%), 1역년의 과세표준 합계액이 4억원 초과인 경우 55%(2026.1.1.부터는 40%)]

• 제2기 과세기간 : 제2기 과세기간에 대한 납부세액을 확정신고할 때, 다음의 금액을 매입세액으로 공제할 수 있음

의제매입세액공제액 : Min(①, ②) − 제1기 과세기간의 의제매입세액공제액
① 1역년에 공급받은 면세농산물 등의 매입가액 × 공제율
② 1역년의 의제매입세액 공제한도 : 1역년에 면세농산물 등과 관련하여 공급한 과세표준 합계액 × 한도율* × 공제율
* 한도율 : 법인사업자(50%, 2026.1.1.부터는 30%), 개인사업자[1역년의 과세표준 합계액이 4억원 이하인 경우 65%(2026.1.1.부터는 50%), 1역년의 과세표준 합계액이 4억원 초과인 경우 55%(2026.1.1.부터는 40%)]

㈜ 3. 재활용폐자원 등 매입세액공제 특례(조세특례제한법상 매입세액공제 특례)

- 재활용폐자원 및 중고자동차를 수집하는 사업자가 세금계산서를 발급할 수 없는 자로부터 재활용폐자원을 2025년 12월 31일까지, 중고자동차를 2025년 12월 31일까지 취득하여 제조·가공하거나 이를 공급하는 경우에는 취득가액의 일부를 매출세액에서 매입세액으로 공제할 수 있음
- 재활용폐자원수집업자 매입세액 공제액 = 재활용폐자원의 취득가액 × 3/103
  중고자동차매매업자 매입세액 공제액 = 중고자동차의 취득가액 × 10/110
- 재활용폐자원 매입가액의 한도(확정신고시 한도 적용) ➠ 중고자동차는 한도 규정 ×
  : 해당 과세기간에 공급한 재활용폐자원 관련 부가가치세 과세표준 × 80% − 세금계산서를 발급받고 매입한 재활용폐자원 매입가액(사업용 고정자산 매입가액 제외)
- 재활용폐자원 매입세액의 정산 ➠ 중고자동차는 정산 규정 ×
  : 부가가치세 예정신고 및 조기환급을 할 때 이미 재활용폐자원 매입세액공제를 받은 금액이 있는 경우 확정신고를 할 때 정산

2-4-3 과세사업전환 매입세액

구 분	내 용
의 의	사업자가 면세사업 등과 관련된 매입세액으로 해당 매입세액이 공제되지 않은 감가상각자산을 매입하여 사용하다가 추후에 과세사업에 사용·소비하는 경우, 매입시 불공제된 매입세액 중 일부를 그 과세사업에 사용·소비한 날이 속하는 과세기간의 매입세액으로 공제해 주는 것
공 제 시 기	해당 감가상각자산을 과세사업에 사용·소비한 날이 속하는 과세기간에 대한 확정신고시에만 적용
공제액	• 공제액 ① 과세사업으로 전부 전환시(감가율 : 건축·구축물은 5%, 그 밖의 감가상각자산은 25%) $\text{매입세액 공제액} = \text{취득당시 불공제세액} \times \left\{1 - \text{감가율} \times \text{경과된 과세기간수}\right\}$ ② 과세사업으로 일부 전환시(감가율 : 건축·구축물은 5%, 그 밖의 감가상각자산은 25%) $\text{매입세액 공제액} = \text{취득당시 불공제세액} \times \left\{1 - \text{감가율} \times \text{경과된 과세기간수}\right\} \times \left\{\dfrac{\text{일부전환일이 속하는 과세기간의 과세공급가액}}{\text{일부전환일이 속하는 과세기간의 과세기간의 총공급가액}}\right\}$ ➠ 일부 전환일이 속하는 과세기간의 과세공급가액비율이 5%미만이면 안분생략 (공제액 = 0) - 해당 과세기간 중 과세사업 공급가액과 면세사업의 공급가액이 없거나 어느 한 사업의 공급가액이 없는 경우에는 ㉠ 전환일이 속하는 과세기간에는 대체비율로 안분계산하고, ㉡ 공급가액 또는 사용면적이 확정되는 과세기간에 대한 납부세액 확정신고시 정산 ㉠ 대체비율로 안분시 공제액 $\text{매입세액 공제액} = \text{취득당시 불공제세액} \times \left\{1 - \text{감가율} \times \text{경과 과세기간수}\right\} \times \left\{\text{일부전환일이 속하는 과세기간의 대체비율}\right\}$

<table>
<tr><th>구 분</th><th>내 용</th></tr>
<tr><td>공제액</td><td>ⓛ 정산액
(+)이면 추가로 매입세액 공제 → 납부세액에서 차감(환급세액에 가산)
(-)이면, 추가로 매입세액 불공제 → 납부세액에 가산(환급세액에서 차감)
$정산액 = \frac{정산대상}{매입세액} \times \frac{확정된\ 과세기간의}{과세공급(면적)비율} - 대체비율로\ 안분시\ 공제세액$
➡ 안분시 대체비율과 정산시 확정비율
대체비율 / 확정비율
① 매입가액비율 ─┐
② 예정공급가액비율 ─┘── 공급가액비율
③ 예정사용면적비율 ── 실제사용면적비율
[적용순서] 일반적인 경우 : ①→②→③
건물의 신축·취득 : ③→①→②
• 과세사업전환 매입세액이 공제된 후 면세공급가액비율 또는 면세사용면적비율이 증감한 경우에는 납부세액 또는 환급세액 재계산 규정 적용</td></tr>
</table>

2-4-4 재고매입세액

<table>
<tr><th>구 분</th><th>내 용</th></tr>
<tr><td>의 의</td><td>• 간이과세자에서 일반과세자로 과세유형이 변경된 경우, 간이과세자일 때 적게 공제받은 부분인 '매입세액(매입세액×100%) − 매입세금계산서 등 수취세액공제액(매입세액×5.5%)'을 일반과세자로 과세유형이 변경된 시점에서 추가로 공제해 주는 매입세액공제액 차이조정 제도
• 매입세액공제액의 조정
[간이과세자('매입세금계산서 등 수취세액공제액' 공제)] → [일반과세자('매입세액' 공제)]
↓
[• 재고매입세액 : 간이과세자일 때 일반과세자보다 적게 공제받은 매입세액의 일정부분을 일반과세자로 변경된 시점에서 추가로 공제]</td></tr>
<tr><td>계 산
대 상
자 산</td><td>• 과세유형이 변경되는 날 현재에 있는 다음의 자산으로서 매입세액 공제대상인 것(매입세액 불공제 대상자산은 계산대상이 아님)
① 재고품 : 상품, 제품(반제품 및 재공품 포함), 재료(부재료 포함)
➡ 저장품은 계산대상이 아님
② 건설중인 자산
③ 감가상각자산
- 건물 또는 구축물의 경우 취득·건설·신축 후 10년 이내의 것으로 한정
- 그 밖의 감가상각자산의 경우 취득·제작 후 2년 이내의 것으로 한정</td></tr>
</table>

구 분	내 용
계 산 방 법	• 재고품 - 재고금액 × 10/110 × (1 − 0.5% × 110/10)* • 건설중인 자산 - 건설중인 자산 관련 매입세액 × (1 − 0.5% × 110/10)* • 매입한 건물·구축물 - 취득가액 × 10/110 × (1 − 10% × 경과과세기간 수) × (1 − 0.5% × 110/10)* • 매입한 그 밖의 감가상각자산 - 취득가액 × 10/110 × (1 − 50% × 경과과세기간 수) × (1 − 0.5% × 110/10)* • 제작한 건물·구축물 - 제작관련 매입세액 × (1 − 10% × 경과과세기간 수) × (1 − 0.5% × 110/10)* • 제작한 그 밖의 감가상각자산 - 제작관련 매입세액 × (1 − 50% × 경과과세기간 수) × (1 − 0.5% × 110/10)* * 2021.7.1. 이후에 공급받은 분은 '(1−0.5% × 110/10)'을 적용하고, 2021.6.30. 이전에 공급받은 분은 '(1−부가가치율)'을 적용하며, 이때 부가가치율은 일반과세자로 변경되기 직전일(감가상각자산은 취득일)이 속하는 과세기간의 부가가치율을 의미 • 재고매입세액 계산시 유의점 ① '계산대상이 되는 자산(재고품, 건설중인 자산, 감가상각자산)'은 매입세액 공제 대상인 것에 한함 ② '재고금액' 및 '취득가액'은 부가가치세가 포함된 금액으로 장부 또는 세금계산서에 의하여 확인되는 금액을 의미 ➠ 확인되지 아니하는 경우 재고매입세액공제 안됨
대 상 자 산 신 고	과세유형이 변경되는 날 현재에 있는 재고품 등에 대하여 '일반과세전환시의 재고품 등 신고서'를 작성하여 그 변경되는 날의 직전 과세기간에 대한 신고와 함께 각 납세지 관할 세무서장에게 신고
승 인 통 지	신고를 받은 관할 세무서장은 재고매입세액으로 공제할 수 있는 재고금액을 조사·승인하고 신고기한이 지난 후 1개월 이내에 통지 ➠ 미통지시 승인으로 간주
공 제 방 법	승인을 받은 날이 속하는 예정신고기간 또는 과세기간의 매출세액에서 공제[미공제분은 환급(공제한도 없음)]

2-4-5 변제대손세액

- 대손세액을 매입세액에서 뺀(대손처분받은 세액) 후 대손금액의 일부 또는 전부를 변제한 경우에는 변제한 대손금액에 관련된 대손세액(변제대손세액)을 변제한 날이 속하는 과세기간의 매입세액에 더함 ➠ 확정신고시에만 가능
- 변제대손세액을 공제받기 위해서는 부가가치세 확정신고서에 대손세액변제신고서와 변제사실 증명서류를 첨부하여 관할 세무서장에게 제출

2-5 공제받지 못할 매입세액

2-5-1 공제받지 못할 매입세액

구 분	내 용
매입처별세금계산서합계표 미제출·부실 기재분 매입세액	• 불공제 범위 : 매입처별세금계산서합계표 미제출분 매입세액, 부실기재분(제출한 매입처별세금계산서합계표의 기재사항 중 거래처별 등록번호 또는 공급가액의 전부 또는 일부가 적히지 않았거나 사실과 다르게 적힌 부분) 매입세액 • 매입세액공제가 허용되는 경우 ① 지연제출(스스로 정정 ○) : 매입처별세금계산서합계표 또는 신용카드매출전표 등 수령명세서를 과세표준수정신고서·경정청구서·기한후과세표준신고서와 함께 제출하는 경우 ➠ 매입처별세금계산서합계표불성실가산세 적용하지 않음 ② 지연제출(스스로 정정 ×) : 발급받은 세금계산서 또는 신용카드 매출전표 등을 세무서장 등의 경정시 경정기관의 확인을 거쳐 해당 경정기관에 제출하는 경우 ➠ 매입처별세금계산서합계표불성실가산세 적용 ③ 착오기재 : 매입처별세금계산서합계표의 거래처별 등록번호 또는 공급가액이 착오로 사실과 다르게 기재된 경우로서 세금계산서에 의하여 거래사실이 확인되는 경우 ➠ 매입처별세금계산서합계표불성실가산세 적용하지 않음
세금계산서 미수령·부실 기재분 매입세액	• 불공제 범위 : 세금계산서 미수령분 매입세액, 부실기재분(발급받은 세금계산서에 필요적 기재사항의 전부 또는 일부가 적히지 않았거나 사실과 다르게 적힌 경우) 매입세액(공급가액이 사실과 다른 경우에는 실제 공급가액과 사실과 다르게 적힌 금액의 차액에 해당하는 세액을 말함) • 매입세액공제가 허용되는 경우 ① 주민등록번호 기재 : 사업자등록신청 사업자가 사업자등록증 발급일까지의 거래에 대하여 해당 사업자 또는 대표자의 주민등록번호를 적어 발급받은 경우 ② 착오기재 : 발급받은 세금계산서의 필요적 기재사항 중 일부가 착오로 사실과 다르게 적혔으나 그 세금계산서에 적힌 나머지 필요적 기재사항 또는 임의적 기재사항으로 보아 거래사실이 확인되는 경우 ③ 지연수령 : 재화·용역의 공급시기 이후에 발급받은 세금계산서로서 해당 공급시기가 속하는 과세기간에 대한 확정신고기한까지 발급받은 경우 ➠ 매입처별세금계산서합계표불성실세가산세 적용

<table>
<tr><th>구 분</th><th>내 용</th></tr>
<tr><td>세금계산서
미수령 · 부실
기재분
매입세액</td><td>④ 전자세금계산서 미전송 : 전자세금계산서 의무발급사업자로부터 발급받은 전자세금계산서로서 국세청장에게 전송되지 않았으나 발급한 사실이 확인되는 경우
⑤ 종이세금계산서 발급 : 전자세금계산서 의무발급사업자로부터 발급받은 전자세금계산서 외의 세금계산서로서 재화 · 용역의 공급시기가 속하는 과세기간에 대한 확정신고기한까지 발급받았고, 그 거래사실도 확인되는 경우
⑥ 실제로 재화 · 용역을 공급하거나 공급받은 사업장이 아닌 사업장을 적은 세금계산서를 발급받았더라도 그 사업장이 총괄하여 납부하거나 사업자 단위 과세 사업자에 해당하는 사업장인 경우로서 그 재화 · 용역을 실제로 공급한 사업자가 납세지 관할 세무서장에게 해당 과세기간에 대한 납부세액을 신고하고 납부한 경우
⑦ 지연수령 : 재화 · 용역의 공급시기가 속하는 과세기간에 대한 확정신고기한이 지난 후 세금계산서를 발급받았더라도 그 세금계산서의 발급일이 확정신고기한 다음 날부터 1년 이내이고 다음 중 어느 하나에 해당하는 경우
➠ 매입처별세금계산서합계표불성실세가산세 적용
- 과세표준수정신고서와 경정청구서를 세금계산서와 함께 제출하는 경우
- 해당 거래사실이 확인되어 납세지 관할 세무서장, 납세지 관할 지방국세청장 또는 국세청장이 결정 또는 경정하는 경우
⑧ 선발급 세금계산서 : 재화 · 용역의 공급시기 전에 세금계산서를 발급받았더라도 재화 · 용역의 공급시기가 그 세금계산서의 발급일부터 6개월 이내에 도래하고 해당 거래사실이 확인되어 납세지 관할 세무서장, 납세지 관할 지방국세청장 또는 국세청장이 결정 또는 경정하는 경우
➠ 매입처별세금계산서합계표불성실세가산세 적용
⑨ 위탁매매와 일반매매 거래 구분 오류
- 거래의 실질이 위탁매매(또는 대리인에 의한 매매)에 해당함에도 불구하고 거래 당사자 간 계약에 따라 위탁매매(또는 대리인에 의한 매매)가 아닌 거래로 하여 발급하는 경우로서 그 거래사실이 확인되고 거래 당사자가 납세지 관할 세무서장에게 해당 납부세액을 예정 · 확정신고하고 납부한 경우
- 거래의 실질이 위탁매매(또는 대리인에 의한 매매)에 해당하지 않음에도 불구하고 거래 당사자 간 계약에 따라 위탁매매(또는 대리인에 의한 매매)로 하여 세금계산서를 발급하는 경우로서 그 거래사실이 확인되고 거래 당사자가 납세지 관할 세무서장에게 해당 납부세액을 예정 · 확정신고하고 납부한 경우</td></tr>
</table>

구 분	내 용
세금계산서 미수령 · 부실 기재분 매입세액	⑩ 용역의 주선 · 중개와 직접공급의 구분 오류 - 거래의 실질이 용역의 공급에 대한 주선 · 중개에 해당함에도 불구하고 거래당사자 간 계약에 따라 용역의 공급에 대한 주선 · 중개가 아닌 거래로 하여 세금계산서를 발급받은 경우 - 거래의 실질이 용역의 공급에 대한 주선 · 중개에 해당하지 않음에도 불구하고 거래당사자 간 계약에 따라 용역의 공급에 대한 주선 · 중개로 하여 세금계산서를 발급받은 경우 ⑪ 위탁용역에서 사업비 귀속자 구분 오류 - 다른 사업자로부터 용역공급사업을 위탁받아 수행하는 사업자가 위탁받은 사업의 수행에 필요한 비용을 사업을 위탁한 사업자로부터 지급받아 지출한 경우로서 해당 비용을 공급가액에 포함해야 함에도 불구하고 거래 당사자 간 계약에 따라 이를 공급가액에서 제외하여 세금계산서를 발급받은 경우 - 다른 사업자로부터 용역공급사업을 위탁받아 수행하는 사업자가 위탁받은 사업의 수행에 필요한 비용을 사업을 위탁한 사업자로부터 지급받아 지출한 경우로서 해당 비용을 공급가액에 제외해야 함에도 불구하고 거래 당사자 간 계약에 따라 이를 공급가액에서 포함하여 세금계산서를 발급받은 경우 ⑫ 매출에누리와 판매장려금의 구분 오류 - 매출에누리를 공급가액에서 제외해야 함에도 불구하고 거래당사자 간 계약에 따라 이를 공급가액에 포함하여 세금계산서를 발급받은 경우(공급하는 자가 해당 금액을 공급가액에서 제외하는 수정세금계산서를 발행하지 않은 경우에 한정)
사업과 직접 관련 없는 지출에 대한 매입세액	• 사업과 직접 관련없는 지출의 범위 ① 공동경비 중 공동사업자가 분담비율을 초과하여 지출하는 경우 ② 업무무관자산을 취득 · 관리함으로써 생기는 비용 · 유지비 · 수선비 및 이에 관련되는 비용 ③ 업무와 관련없는 지출
영업 외 용도로 사용하는 개별소비세 과세대상 자동차의 구입 · 임차 · 유지에 관한 매입세액	• 영업외 용도 : 차량을 직접 영업에 사용하는 것이 아닌 것(비영업용) • 개별소비세 과세대상 자동차 ① 정원 8인 이하의 승용자동차 및 전기승용자동차 (배기량 1000cc 이하의 것으로 길이가 3.6m 이하이고 폭이 1.6m이하인 경차는 제외) ② 2륜 자동차(내연기관을 원동기로 하는 것은 총배기량이 125cc를 초과하는 것에 한정, 내연기관 외의 것을 원동기로 하는 것은 정격출력이 12kw를 초과하는 것으로 한정)

구 분	내 용
	③ 캠핑용자동차(캠핑용 트레일러 포함)
기업업무추진비 및 이와 유사한 비용의 지출 관련 매입세액	접대, 교제, 사례 또는 그 밖의 어떠한 명목이든 상관없이 이와 유사한 비용의 지출 관련 매입세액
면세사업 등에 관련된 매입세액	면세사업과 비과세사업과 관련된 매입세액
토지 조성 등을 위한 자본적 지출 관련 매입세액	• 토지조성 등을 위한 자본적 지출관련 매입세액의 범위 ① 토지의 취득 및 형질변경, 공장부지 및 택지의 조성 등에 관련된 매입세액 ② 건축물이 있는 토지를 취득하여 그 건축물을 철거하고 토지만을 사용하는 경우에는 철거한 건축물의 취득 및 철거비용과 관련된 매입세액 ③ 토지의 가치를 현실적으로 증가시켜 토지의 취득원가를 구성하는 비용에 관련된 매입세액
사업자등록 전 매입세액	• 불공제 범위 : 사업자등록을 신청하기 전의 매입세액 • 매입세액공제가 허용되는 경우 – 공급시기가 속하는 과세기간이 끝난 후 20일 이내에 등록신청한 경우 등록신청일부터 공급시기가 속하는 과세기간 기산일(1월 1일 또는 7월 1일)까지 역산한 기간 이내의 매입세액(이 경우 사업자등록증 발급일 전의 거래에 대해서는 사업자 또는 대표자의 주민등록번호를 기재하여 세금계산서를 발급받아야 함)

㈜ **지연발급 · 지연수령한 세금계산서에 대한 처리**

구 분	공급자	공급받은 자
재화 · 용역의 공급시기 이후에 발급받은 세금계산서로서 공급시기가 속하는 과세기간에 대한 확정신고기한까지 발급 · 수령되는 경우	• 가산세 적용 (지연발급 : 1%)	• 매입세액공제 가능 • 가산세 적용 (지연수령 : 0.5%)
재화 · 용역의 공급시기가 속하는 과세기간에 대한 확정신고기한이 지난 후 세금계산서를 발급받았더라도 그 세금계산서의 발급일이 확정신고기한 다음 날부터 1년 이내에 발급 · 수령되는 경우	• 가산세 적용 (미발급 : 2%)	• 매입세액공제 가능 : 수정신고 · 경정청구 · 세무서장 등의 결정 · 경정시 매입세액공제 가능 • 가산세 적용 (지연수령 : 0.5%)

구 분	공급자	공급받은 자
재화・용역의 공급시기가 속하는 과세기간에 대한 확정신고기한이 지난 후 세금계산서를 발급받았더라도 그 세금계산서의 발급일이 확정신고기한 다음 날부터 1년이 지난 후 발급・수령되는 경우	• 가산세 적용 (미발급 : 2%)	• 매입세액 불공제 • 가산세 미적용 (미수령)

2-5-2 공통매입세액 중 면세사업 등 해당 세액

구 분	내 용
의 의	• 과세사업과 면세사업 등을 겸영하는 경우에 과세사업과 면세사업 등에 관련된 매입세액의 계산은 실지귀속에 따라 하되, 실지귀속을 구분할 수 없는 매입세액(공통매입세액)이 있는 경우 면세사업 등에 관련된 매입세액은 안분계산하여 공제하지 아니하는 것
안분계산상황	• 사업자가 과세・면세사업 등을 겸영하면서, 과세사업과 면세사업 등에 공통으로 사용하기 위해 매입세액 공제대상인 재화・용역을 구입한 경우로서 실지귀속을 구분할 수 없는 경우 ➠ 당초 공제받지 못할 매입세액 대상인 항목(사업과 직접 관련 없는 지출에 대한 매입세액, 접대비 및 이와 유사한 비용의 지출 관련 매입세액, 영업 외 용도로 사용하는 개별소비세 과세대상 자동차의 구입・임차・유지에 관한 매입세액 등)은 안분하지 않고 전액 불공제 처리
안분계산방법	• 일반적인 경우 $\text{면세사업 등에 관련된 매입세액} = \text{공통매입세액} \times \dfrac{\text{해당 과세기간 면세공급가액}}{\text{해당 과세기간 총공급가액}}$ • 과세사업과 면세사업 등에 공통으로 사용되는 재화를 공급받은 과세기간 중에 그 재화를 공급하여 직전 과세기간의 비율로 공급가액을 계산한 경우(동일한 과세기간에 매입과 공급이 발생한 경우) $\text{면세사업 등에 관련된 매입세액} = \text{공통매입세액} \times \dfrac{\text{직전 과세기간 면세공급가액}}{\text{직전 과세기간 총공급가액}}$ • 공급가액 : 총공급가액은 공통매입세액에 관련된 해당 과세기간의 과세사업에 대한 공급가액과 면세공급가액의 합계액을 말하며, 면세공급가액이란 면세사업 등에 대한 공급가액과 사업자가 해당 면세사업 등과 관련하여 받았으나 과세표준에 포함되지 아니하는 국고보조금과 공공보조금 및 이와 유사한 금액의 합계액을 의미
안분계산생략 : 공통매입세액 전 액 공 제	• 해당 과세기간의 총공급가액 중 면세공급가액이 5% 미만인 경우의 공통매입세액(다만, 공통매입세액이 5백만원 이상인 경우는 제외) • 해당 과세기간 중의 공통매입세액이 5만원 미만인 경우의 매입세액(해당 과세기간 중 발생한 공통매입세액의 합계액 개념)

구 분	내 용
	• 재화를 공급받은 날이 속하는 과세기간에 신규로 사업을 개시하여 직전 과세기간이 없는 사업자가 해당 과세기간 중에 공급받은 재화를 해당 과세기간 중에 공급하는 경우의 그 공급받은 재화에 대한 매입세액
공통매입 세액정산	• 예정신고기간 중 해당 재화를 매입한 경우 : 예정신고기간에 발생한 공통매입세액은 ① 예정신고를 할 때에는 예정신고기간(3개월분)의 면세공급가액 비율로 안분하고, ② 확정신고를 할 때 과세기간(6개월분)의 면세공급가액 비율로 정산 ① 예정신고를 할 때 $\text{매입세액불공제액} = \text{공통매입세액} \times \frac{\text{3개월분 면세공급가액}}{\text{3개월분 총공급가액}}$ ② 확정신고를 할 때 $\text{매입세액불공제액} = \text{공통매입세액} \times \frac{\text{6개월분 면세공급가액}}{\text{6개월분 총공급가액}} - \text{예정신고시 불공제액}$ • 공급가액이 없는 경우 : 해당 과세기간 중 과세사업과 면세사업 등의 공급가액이 없거나 어느 한 사업의 공급가액이 없는 경우는 ① 해당 과세기간에는 대체비율로 안분계산하고, ② 공급가액 또는 사용면적이 확정되는 과세기간에 확정비율로 정산 ① 대체비율로 안분시 : 매입세액공제액= 공통매입세액 × (1 - 대체비율) ② 확정비율로 정산시 : 가산・환급되는 세액 = 대체비율로 안분했던 공통매입세액 × (1 - 확정비율) - 기공제세액 (+)이면 추가로 매입세액 공제 (-)이면 그 만큼 매입세액 불공제 ➡ 안분시 대체비율과 정산시 확정비율 대체비율 → 확정비율 ① 매입가액(공통매입가액 제외)비율 → 공급가액비율 ② 예정공급가액비율 → 공급가액비율 ③ 예정사용면적비율 → 실제사용면적비율 [적용순서] 일반적인 경우 : ①→②→③ 건물・구축물의 신축・취득 : ③→①→②

㊟ 공통매입세액의 재계산(납부 · 환급세액의 재계산)

구 분	과 세 기 간
의 의	과세사업과 면세사업에 공통으로 사용되는 감가상각자산의 취득과 관련하여 발생한 매입세액을 안분계산한 이후의 과세기간에 과세 · 면세비율이 증감한 경우 면세사업에 관련된 매입세액을 재계산하여 증감사유가 발생한 과세기간의 납부세액 또는 환급세액에 공제 또는 가산하는 것
재계산 대상	• 대상 자산 : 과세사업과 면세사업에 공통으로 사용되는 감가상각자산 • 대상 매입세액 – 당초 안분계산(정산을 행한 경우 정산) 대상이 되었던 공통매입세액 – 면세사업용 재화의 과세전환 매입세액으로 공제된 매입세액 • 면세증감비율 : 해당 과세기간의 면세비율과 취득한 과세기간(재계산한 과세기간)의 면세비율의 차이가 5% 이상
재계산 방법	• 건물 · 구축물 = 공통매입세액×(1−5% × 경과 과세기간수) × 증감된 면세비율 • 그 밖의 감가상각자산 = 공통매입세액 × (1−25% × 경과 과세기간수) × 증감된 면세비율
재계산 배제	• 과세사업에 사용하던 감가상각자산이 간주공급에 해당되어 과세되는 경우 • 공통사용재화를 공급하는 경우
재계산시기	확정신고를 할 때에만 재계산하여 신고 · 납부 ➠ 예정신고를 할 때에는 재계산하지 않음

1-5-3 대손처분받은 세액

• 확정된 대손금에 대한 세액을 대손이 확정된 과세기간의 매입세액에서 차감

❸ 차가감납부할 세액의 계산구조

구 분		금 액	세 율	세 액
납부세액(매출세액합계 − 매입세액합계)				
경감 · 공제세액	그 밖의 경감 · 공제세액			
	신용카드매출전표등발행공제등			
예정신고미환급세액				
예정고지세액				
수시부과세액				
가산세				
차감 · 가감하여납부할세액(환급받을세액)				

㊟ 부가가치세의 세액 등에 관한 특례

• 납부세액에서 부가가치세법 및 다른 법률에서 규정하고 있는 부가가치세의 감면세액 및 공제세액을 빼고 가산세를 더한 세액의 74.7%를 부가가치세로 하고, 25.3%를 지방소비세로 함
• 부가가치세와 지방세법에 따른 지방소비세를 신고 · 납부 · 경정 · 환급할 경우에는 부가가치세와 지방소비세를 합친 금액을 신고 · 납부 · 경정 · 환급함

3-1 경감 · 공제세액

구 분	내 용
전자신고세액공제	• 납세자가 직접 전자신고방법으로 부가가치세 확정신고를 하는 경우 해당 납부세액에서 1만원을 공제하거나 환급세액에 가산 ➠ 예정신고시에는 전자신고세액공제 적용 안함 • 매출가액과 매입가액이 없는 일반과세자에 대해서는 전자신고세액공제를 적용하지 않음
전자세금계산서 발급 전송 세액공제	• 직전 연도 사업장별 재화 · 용역의 공급가액(부가가치세 면세공급가액을 포함)의 합계액이 3억원 미만인 개인사업자(해당 연도에 신규로 사업을 개시한 개인사업자 포함)가 전자세금계산서를 2027.12.31.까지 발급(전자세금계산서 발급명세를 전송기한인 전자세금계산서 발급일의 다음날까지 국세청장에게 전송한 경우로 한정)하는 경우에는 해당 공제금액을 납부세액에서 공제 • 공제금액 : Min(①, ②) ① 전자세금계산서 발급건수×200원 ② 한도 : 연간 100만원 ➠ 공제받는 금액이 그 금액을 차감하기 전의 납부할 세액[납부세액에서 부가가치세법 · 국세기본법 · 조세특례제한법에 따라 빼거나 더할 세액(가산세는 제외)을 빼거나 더하여 계산한 세액을 말하며, 그 계산한 세액이 영보다 작으면 영으로 봄]을 초과하면 그 초과하는 부분은 없는 것으로 봄 : 납부세액에서 공제만 되고 환급세액에 가산은 되지 않음
신용카드매출전표등 발행공제 등	• 공제요건 : 영수증 발급대상 일반과세자가 ① 부가가치세가 과세되는 재화 · 용역을 공급하고 ② 세금계산서 발급시기에 신용카드매출전표 등을 발급하거나 전자적 결제수단에 의하여 대금을 결제받는 경우 납부세액에서 공제 • 영수증 발급대상 일반과세자 : 주로 사업자가 아닌 자에게 재화 · 용역을 공급하는 사업으로서 영수증 발급대상 사업을 하는 사업자(법인사업자, 직전 연도의 재화 · 용역의 공급가액의 합계액이 사업장을 기준으로 10억원을 초과하는 개인사업자 제외) • 신용카드 매출전표 등 : 신용카드매출전표, 직불카드영수증, 선불카드영수증(실지명의가 확인되는 것에 한함), 현금영수증, 결제대행업체를 통한 신용카드매출전표, 직불전자지급수단 영수증, 전자지급결제대행에 관한 업무를 하는 금융회사 또는 전자금융업자를 통한 신용카드매출전표, 선불전자지급수단 영수증(실지 명의가 확인되는 것에 한함) • 공제세액 : Min(①, ②) ① 발급금액 · 결제금액(부가가치세 포함 금액)×1.3%(2027.1.1.부터는 1%)

구 분	내 용
신용카드매출전표등 발행공제 등	② 연간 1,000만원(2027.1.1.부터는 500만원) ➡ 공제받는 금액이 그 금액을 차감하기 전의 납부할 세액[납부세액에서 부가가치세법・국세기본법・조세특례제한법에 따라 빼거나 더할 세액(가산세는 제외)을 빼거나 더하여 계산한 세액을 말하며, 그 계산한 세액이 영보다 작으면 영으로 봄]을 초과하면 그 초과하는 부분은 없는 것으로 봄 : 납부세액에서 공제만 되고 환급세액에 가산은 되지 않음
일반택시운송사업자 부가가치세 납부세액 경감	일반택시 운송사업자에 대해서는 부가가치세 납부세액의 99%를 2026.12.31. 이전에 끝나는 과세기간분까지 경감함

3-2 예정신고미환급세액

• 부가가치세법에서는 조기환급(영세율 적용, 사업설비 신설・취득・확장・증축 또는 사업자가 재무구조개선계획을 이행 중인 경우)의 경우 외에는 환급세액은 확정신고기한 경과 후 30일 이내에 환급
➡ 예정신고기간 중 발생한 환급세액은 예정신고시 환급되지 않고, 확정신고시 납부세액에서 공제세액으로 차감

3-3 예정고지세액

• 예정신고의무가 면제된 개인사업자와 영세법인사업자(직전 과세기간 공급가액의 합계액이 1억 5천만원 미만인 법인사업자를 말함)는 예정신고 기간분에 대해서 직전 과세기간 납부세액의 1/2에 상당하는 금액을 세무서장이 결정하여 고지한 세액을 납부
➡ 예정신고의무가 면제된 사업자가 확정신고하는 경우에는 해당 과세기간(6개월)분에 대하여 신고하고 예정신고기간에 납부한 예정고지세액은 확정신고시 공제세액으로 차감

3-4 가산세

3-4-1 신고 관련 가산세(국세기본법상 가산세)

구 분	일반적인 경우 가산세액	부정행위에 의한 경우 가산세액
무신고 가산세	법정신고기한까지 과세표준 신고(예정신고 포함)를 하지 않은 경우 • ①+② ① 무신고납부세액×20% ② 영세율 과세표준×0.5%[*2]	부정행위로 법정신고기한까지 과세표준 신고(예정신고 포함)를 하지 않은 경우 • ①+② ① 무신고납부세액×40%[*1] ② 영세율 과세표준×0.5%[*2]

구 분	일반적인 경우 가산세액	부정행위에 의한 경우 가산세액
과소신고·초과환급 신고 가산세	법정신고기한까지 과세표준 신고(예정신고 포함)를 한 경우로서 납부세액을 과소신고하거나 환급받을 세액을 초과신고한 경우 • ①+② ① (과소신고 납부세액+초과신고 환급세액)×10% ② 영세율 과세표준을 과소신고(무신고한 경우 포함)한 경우 : 과소신고(무신고) 영세율 과세표준×0.5%*3	부정행위로 납부세액을 과소신고하거나 환급받을 세액을 초과신고한 경우 • ①+②+③ ① (부정과소신고 납부세액+부정초과신고 환급세액)×40%*1 ② (일반과소신고 납부세액*4+일반초과신고 환급세액*5)×10% ③ 영세율 과세표준을 과소신고(무신고한 경우 포함)한 경우 : 과소신고(무신고) 영세율 과세표준×0.5%*3

*1 역외거래에서 발생한 부정행위로 과세표준을 신고하지 않은 경우 60%
*2 사업자가 예정신고·확정신고를 하지 않은 경우로서 영세율 과세표준이 있는 경우 적용
*3 사업자가 예정신고·확정신고를 한 경우로서 영세율 과세표준을 과소신고(무신고)한 경우 적용
*4 일반과소신고 납부세액=과소신고 납부세액-부정과소신고 납부세액
*5 일반초과신고 환급세액=초과신고분 환급세액-부정초과신고 환급세액

3-4-2 납부 관련 가산세(국세기본법상 가산세)

구 분	내용
납부지연가산세	납부기한까지 납부(예정신고납부 포함)를 하지 않거나 과소납부하거나 초과환급받은 경우 • 가산세액=①+②(②는 부가가치세를 납부고지서에 따른 납부기한까지 완납하지 않은 경우에 한정) ① 지연이자분 : ㉠+㉡ ㉠ 미납부·과소납부분 세액×미납기간×0.022% ㉡ 초과환급세액×초과환급기간×0.022% ② 체납에 따른 제재분 : 납부기한까지 납부하여야 할 세액(세법에 따라 가산하여야 할 이자상당가산액이 있는 경우 그 금액을 포함) 중 납부고지서에 따른 납부기한까지 납부하지 않은 세액 또는 과소납부분 세액×3% ➡ 미납부·과소납부분 세액 : 세법에 따라 가산하여 납부하여야 할 이자상당가산액이 있는 경우 포함 ➡ 미납기간 : 납부기한의 다음날 ~ 납부일까지 기간(납부고지일부터 납부고지서에 따른 납부기한까지의 기간은 제외) ➡ 초과환급기간 : 환급받은 날의 다음 날 ~ 납부일까지 기간(납부고지일부터 납부고지서에 따른 납부기한까지의 기간은 제외)

구 분	내용
대리납부지연가산세 (국세기본법상 원천징수 등 납부지연가산세)	국외사업자로부터 국내에서 공급받은 용역 등에 대한 대리납부의 대리납부의무자가 징수하여야 할 세액을 세법에 따른 납부기한까지 납부하지 않거나 과소납부한 경우 • 가산세액＝Min(①, ②) ① ㉠+㉡ ㉠ 미납부・과소납부분 세액×3% ㉡ 미납부・과소납부분 세액×미납기간×0.022% ② 한도 : 미납부・과소납부분 세액×50%(위 '㉠의 금액'과 위 '㉡ 중 납부기한의 다음 날부터 납부고지일까지의 기간에 해당하는 금액'을 합한 금액은 10%) ➠ 미납기간 : 납부기한의 다음날 ~ 납부일까지 기간(납부고지일부터 납부고지서에 따른 납부기한까지의 기간은 제외)

㈜ **신고 관련 가산세와 납부 관련 가산세 적용시 유의사항**

1. 간이과세자에 대한 납부의무의 면제 규정에 따라 납부의무가 면제되는 경우에는 무신고가산세를 적용하지 아니한다.
2. 부가가치세법에 따른 사업자가 납부기한까지 어느 사업장에 대한 부가가치세를 다른 사업장에 대한 부가가치세에 더하여 신고납부한 경우에는 납부지연가산세 중 지연이자분(법정납부기한의 다음 날부터 납부고지일까지의 기간에 한정)을 적용하지 않는다.
3. 신고 관련 가산세, 납부지연가산세를 적용할 때 예정신고・납부와 관련하여 가산세가 부과되는 부분에 대해서는 확정신고・납부와 관련하여 가산세를 적용하지 아니한다.
4. 영세율첨부서류를 제출하지 않은 경우에도 신고 관련 가산세를 적용한다.
5. 원천징수 등 납부지연가산세가 부과되는 부분에 대해서는 국세의 납부와 관련하여 납부지연가산세를 부과하지 않는다.
6. 납부지연가산세 및 원천징수 등 납부지연가산세를 적용할 때 납부고지서에 따른 납부기한의 다음 날부터 납부일까지의 기간이 5년을 초과하는 경우에는 그 기간을 5년으로 한다.
7. 체납된 국세의 납부고지서별・세목별 세액이 150만원 미만인 경우에는 납부지연가산세 중 '지연이자분' 및 '원천징수 등 납부지연가산세 중 ①의 ㉡'을 적용하지 않는다.
8. 부정한 행위란 ① 이중장부의 작성 등 장부의 거짓 기장 ② 거짓 증빙 또는 거짓 문서의 작성 및 수취 ③ 장부와 기록의 파기 ④ 재산의 은닉, 소득・수익・행위・거래의 조작 또는 은폐 ⑤ 고의적으로 장부를 작성하지 아니하거나 비치하지 아니하는 행위 또는 계산서, 세금계산서, 계산서합계표, 세금계산서합계표의 조작 ⑥ 전사적 기업자원관리설비의 조작 또는 전자세금계산서의 조작 ⑦ 그 밖의 위계에 의한 행위 또는 부정한 행위 중 어느 하나에 해당하는 행위로서 조세의 부과와 징수를 불가능하게 하거나 현저히 곤란하게 하는 적극적 행위를 말한다.

3-4-3 부가가치세법상 가산세

구 분	적용대상	가산세액
사업자 등록 불성실 가산세	① 미등록가산세 : 사업자 또는 국외사업자가 사업개시일부터 20일 이내에 사업자등록을 신청하지 않은 경우(전자적 용역을 공급하는 국외사업자의 간편사업자등록 포함) ➡ 사업개시일부터 등록신청일 직전일까지의 공급가액 × 1%	공급가액×1%
	② 타인명의등록가산세 : 사업자 또는 국외사업자가 타인의 명의로 사업자등록을 하거나 그 타인 명의의 사업자등록을 이용하여 사업을 하는 것으로 확인되는 경우 ➡ 타인이란 자기의 계산·책임으로 사업을 영위하지 않는 자를 말하며, 사업자의 배우자 또는 상속으로 인하여 피상속인이 경영하던 사업이 승계되는 경우에는 상속개시일부터 상속세 과세표준 신고기한까지의 기간 동안 피상속인 명의의 사업자등록을 활용하여 사업을 하는 경우는 제외 ➡ 타인 명의의 사업개시일부터 실제 사업을 하는 것으로 확인되는 날의 직전일까지의 공급가액 × 1%	공급가액×2%
세금 계산서 불성실 가산세	① 세금계산서 지연발급 : 세금계산서의 발급시기가 지난 후 해당 재화·용역의 공급시기가 속하는 과세기간에 대한 확정신고기한까지 세금계산서를 발급하는 경우	공급가액×1%
	② 세금계산서 부실기재 : 발급한 세금계산서의 필요적 기재사항의 전부 또는 일부가 착오 또는 과실로 적혀 있지 아니하거나 사실과 다른 경우(해당 세금계산서에 적힌 나머지 필요적 기재사항 또는 임의적 기재사항으로 보아 거래사실이 확인되는 경우에는 사실과 다른 세금계산서로 보지 않음)	공급가액×1%
	③ 전자세금계산서 발급명세 지연전송 : 전자세금계산서 의무발급 사업자가 발급명세 전송기한이 지난 후 재화·용역의 공급시기가 속하는 과세기간에 대한 확정신고기한까지 발급명세를 전송한 경우	공급가액×0.3%
	④ 전자세금계산서 발급명세 미전송 : 전자세금계산서 의무발급 사업자가 발급명세 전송기한이 지난 후 재화·용역의 공급시기가 속하는 과세기간에 대한 확정신고기한까지 발급명세를 전송하지 아니한 경우	공급가액×0.5%

<table>
<tr><th>구 분</th><th>적용대상</th><th>가산세액</th></tr>
<tr><td rowspan="5">세금
계산서
불성실
가산세</td><td>⑤ 세금계산서 미발급 : 세금계산서의 발급시기가 지난 후 재화·용역의 공급시기가 속하는 과세기간에 대한 확정신고기한까지 세금계산서를 발급하지 않은 경우(전자세금계산서 의무발급자가 전자세금계산서를 발급하지 아니하고 세금계산서의 발급시기에 전자세금계산서 외의 세금계산서를 발급한 경우 또는 둘 이상의 사업장을 가진 사업자가 재화 또는 용역을 공급한 사업장 명의로 세금계산서를 발급하지 않고 세금계산서 발급시기에 자신의 다른 사업장 명의로 세금계산서를 발급한 경우는 그 공급가액의 1%를 가산세로 함)</td><td>공급가액×2%</td></tr>
<tr><td>⑥ 가공세금계산서 발급 및 수령
• 재화·용역을 공급하지 않고 세금계산서 또는 신용카드매출전표 등을 발급한 경우
• 재화·용역을 공급받지 않고 세금계산서 또는 신용카드매출전표 등을 발급받은 경우</td><td>세금계산서 등에 적힌 공급가액×3%</td></tr>
<tr><td>⑦ 위장세금계산서 발급 및 수령
• 재화·용역을 공급하고 실제로 재화·용역을 공급하는 자가 아닌 자 또는 실제로 재화·용역을 공급받는 자가 아닌 자의 명의로 세금계산서 또는 신용카드매출전표 등을 발급한 경우
• 재화·용역을 공급받고 실제로 공급하는 자가 아닌 자의 명의로 세금계산서 또는 신용카드매출전표 등을 발급받은 경우</td><td>공급가액×2%</td></tr>
<tr><td>⑧ 비사업자의 가공세금계산서 발급 및 수령 : 사업자가 아닌 자가 재화·용역을 공급하지 않고 세금계산서를 발급하거나 재화·용역을 공급받지 않고 세금계산서를 발급받은 경우
➡ 비사업자를 사업자로 보고 그 세금계산서를 발급하거나 발급받은 자에게 납세지 관할 세무서장이 가산세 징수(이 경우 납부세액은 ‘0’)</td><td>세금계산서에 적힌 공급가액×3%</td></tr>
<tr><td>⑨ 공급가액 과다기재 세금계산서 발급 및 수령
• 재화·용역을 공급하고 세금계산서 또는 신용카드매출전표 등의 공급가액을 과다하게 기재한 경우
• 재화·용역을 공급받고 공급가액을 과다하게 기재한 세금계산서 또는 신용카드매출전표 등을 발급받은 경우</td><td>실제보다 과다하게 기재하거나 기재된 부분에 대한 공급가액×2%</td></tr>
</table>

구 분	적용대상	가산세액
매출처별 세금 계산서 합계표 불성실 가산세	① 미제출 : 매출처별 세금계산서합계표를 제출하지 않은 경우	공급가액×0.5%
	② 부실기재 : 제출한 매출처별 세금계산서합계표의 기재사항 중 거래처별등록번호 또는 공급가액의 전부 또는 일부가 적혀 있지 않거나 사실과 다르게 적혀 있는 경우 ➡ 기재사항이 착오로 적힌 경우(지연제출 제외)로서 사업자가 발급한 세금계산서에 따라 거래사실이 확인되는 공급가액에 대해서는 가산세 적용 ×	
	③ 지연제출 : 예정신고를 할 때 제출하지 못하여 해당 예정신고기간이 속하는 과세기간에 확정신고를 할 때 매출처별 세금계산서합계표를 제출하는 경우로서 위 '② 부실기재'에 해당하지 않는 경우	공급가액×0.3%
매입처별 세금 계산서 합계표 불성실 가산세	① 지연제출 : 매입처별세금계산서합계표의 미제출・부실기재로 인하여, 발급받은 세금계산서를 경정시 경정기관의 확인을 거쳐 경정기관에 제출하여 매입세액을 공제받는 경우(다만, 다음의 경우에는 가산세 적용 ×) • 예정신고 누락분을 확정신고시 제출하는 경우 • 매입처별세금계산서합계표를 수정신고・경정청구・기한후신고와 함께 제출하는 경우 • 매입처별세금계산서합계표의 기재사항이 착오로 잘못 적힌 경우로서 사업자가 수령한 세금계산서에 따라 거래사실이 확인되는 부분의 공급가액	세금계산서에 따라 공제받은 매입세액에 해당하는 공급가액 ×0.5%
	② 지연수령 : 재화・용역의 공급시기 이후에 발급받은 세금계산서로서 그 공급시기가 속하는 과세기간에 대한 확정신고기한까지 발급받아 매입세액을 공제받는 경우	
	③ 지연수령 : 재화・용역의 공급시기가 속하는 과세기간에 대한 확정신고기한이 지난 후 세금계산서를 발급받았더라도 그 세금계산서의 발급일이 확정신고기한 다음 날부터 1년 이내이고 다음 중 어느 하나에 해당하는 경우 • 과세표준수정신고서・경정청구서를 세금계산서와 함께 제출하는 경우 • 해당 거래사실이 확인되어 납세지 관할 세무서장, 납세지 관할 지방국세청장 또는 국세청장(납세지 관할 세무서장 등)이 결정・경정하는 경우	

구 분	적용대상	가산세액
매입처별 세금 계산서 합계표 불성실 가산세	④ 세금계산서 선발급 : 재화·용역의 공급시기 전에 세금계산서를 발급받았더라도 재화·용역의 공급시기가 그 세금계산서의 발급일부터 6개월 이내에 도래하고 해당 거래사실이 확인되어 납세지 관할 세무서장 등이 결정·경정하는 경우	세금계산서에 따라 공제받은 매입세액에 해당하는 공급가액 ×0.5%
	⑤ 과다기재 : 제출한 기재사항 중 공급가액을 사실과 다르게 과다하게 적어 신고한 경우	과다기재분 공급가액×0.5%
현금매출 명세서 등 미제출 가산세	① 예식장업·부동산중개업·보건업(병원, 의원에 한정)·변호사·회계사·세무사 등 전문자격사업자가 현금매출명세서를 미제출하거나 수입금액이 허위기재된 경우	미제출·허위기재분 수입금액×1%
	② 부동산임대업자가 부동산임대공급가액명세서를 미제출하거나 수입금액이 허위기재된 경우	
신용카드 매출전표 등 불성실 가산세	① 지연제출 : 사업자가 신용카드매출전표등수령명세서를 예정·확정신고를 할 때 제출하지 않고, 발급받은 신용카드매출전표 등을 경정시 경정기관의 확인을 거쳐 해당 경정기관에 제출하여 매입세액을 공제받는 경우	공급가액×0.5%
	② 과다기재 : 매입세액을 공제받기 위하여 제출한 신용카드매출전표등수령명세서에 공급가액을 과다하게 적은 경우	과다기재분 공급가액×0.5%

3-4-4 가산세의 중복적용 배제

우선 적용 가산세	적용 배제 가산세
• 등록불성실가산세(1%)	• 세금계산서불성실가산세 중 ① 세금계산서 지연발급분(1%) ② 세금계산서 부실기재분(1%) ③ 전자세금계산서발급명세 지연전송분(0.3%) ④ 전자세금계산서발급명세 미전송분(0.5%) • 매출처별세금계산서합계표불성실가산세(0.5%, 0.3%) • 신용카드매출전표등불성실가산세(0.5%)
• 세금계산서불성실가산세 중 ① 세금계산서 미발급분(2%, 1%) ② 가공세금계산서 발급 및 수령분(3%) ③ 위장세금계산서 발급 및 수령분(2%) ④ 공급가액 과다기재 세금계산서 발급 및 수령분(2%)	• 등록불성실가산세(1%) • 매출처별세금계산서합계표불성실가산세(0.5%, 0.3%) • 매입처별세금계산서합계표불성실가산세(0.5%)
• 세금계산서불성실가산세 중 ① 세금계산서 지연발급분(1%) ② 세금계산서 부실기재분(1%) ③ 전자세금계산서발급명세 지연전송분(0.3%) ④ 전자세금계산서발급명세 미전송분(0.5%)	• 매출처별세금계산서합계표불성실가산세(0.5%, 0.3%)
• 세금계산서불성실가산세 중 ① 세금계산서 지연발급분(1%) 또는 ② 세금계산서 미발급분(2%, 1%)	• 세금계산서불성실가산세 중 ① 세금계산서 부실기재분(1%) ② 전자세금계산서발급명세 지연전송분(0.3%) ③ 전자세금계산서발급명세 미전송분(0.5%)
• 세금계산서불성실가산세 중 세금계산서 부실기재분(1%)	• 세금계산서불성실가산세 중 ① 전자세금계산서발급명세 지연전송분(0.3%) ② 전자세금계산서발급명세 미전송분(0.5%)
• 세금계산서불성실가산세 중 위장세금계산서 발급분(2%)	• 세금계산서불성실가산세 중 세금계산서 미발급분(2%)
• 세금계산서불성실가산세 중 공급가액 과다기재 세금계산서 발급 및 수령분(2%)	• 세금계산서불성실가산세 중 세금계산서 부실기재분(1%)
• 법인세법 또는 소득세법상 현금영수증발급불성실가산세	• 세금계산서불성실가산세 중 세금계산서 미발급분(2%) • 매출처별세금계산서합계표불성실가산세 중 부실기재분(0.5%)

3-4-5 가산세 감면

가산세 감면사유	감면세액	감면대상 가산세
• 과세표준신고서를 법정신고기한까지 제출한 자가 법정신고기한이 지난 후 다음의 기한 내에 수정신고한 경우(과세표준과 세액을 결정할 것을 미리 알고 과세표준수정신고서를 제출한 경우 제외) ① 1개월 이내 ② 1개월 초과 3개월 이내 ③ 3개월 초과 6개월 이내 ④ 6개월 초과 1년 이내 ⑤ 1년 초과 1년 6개월 이내 ⑥ 1년 6개월 초과 2년 이내	① 가산세액×90% ② 가산세액×75% ③ 가산세액×50% ④ 가산세액×30% ⑤ 가산세액×30% ⑥ 가산세액×10%	• 과소신고・초과환급신고 가산세
• 과세표준신고서를 법정신고기한까지 제출하지 않는 자가 법정신고기한이 지난 후 다음의 기한 내에 기한후신고한 경우(과세표준과 세액을 결정할 것을 미리 알고 기한후과세표준신고서를 제출한 경우 제외) ① 1개월 이내 ② 1개월 초과 3개월 이내 ③ 3개월 초과 6개월 이내	① 가산세액×50% ② 가산세액×30% ③ 가산세액×20%	• 무신고가산세
• 과세전적부심사 결정・통지기간 내에 결과통지를 안한 경우	가산세액×50%	• 결정・통지가 지연됨으로써 해당 기간에 부과되는 납부지연가산세
• 세법에 따른 제출・신고・가입・등록・개설의 기한이 지난 후 1월 이내에 제출 등의 의무를 이행하는 경우	가산세액×50%	• 등록불성실가산세 • 매출처별세금계산서합계표 불성실가산세 • 매입처별세금계산서합계표 불성실가산세 • 기타 제출 등의 의무위반에 대하여 세법에 따라 부과되는 가산세

가산세 감면사유	감면세액	감면대상 가산세
• 과세표준신고서를 법정신고기한까지 제출한 자가 법정신고기한이 지난 후 기한 내에 수정신고한 경우의 가산세 감면 규정 중 '④ 6개월 초과 1년 이내(30%감면) ⑤ 1년 초과 1년 6개월 이내(20%감면) ⑥ 1년 6개월 초과 2년 이내(10%감면)' 에도 불구하고, 예정신고기한까지 예정신고를 하였으나 과소신고하거나 초과신고한 경우로서 확정신고기한까지 과세표준을 수정하여 신고한 경우(과세표준과 세액을 경정할 것을 미리 알고 과세표준 수정신고를 하는 경우 제외)	가산세액×50%	• 해당 기간에 부과되는 과소신고・초과환급신고가산세
• 과세표준신고서를 법정신고기한까지 제출하지 않는 자가 법정신고기한이 지난 후 기한 내에 기한후신고한 경우의 가산세 감면 규정에도 불구하고, 예정신고기한까지 예정신고를 하지 않았으나 확정신고기한까지 과세표준신고를 한 경우(과세표준과 세액을 경정할 것을 미리 알고 과세표준 수정신고를 하는 경우 제외)	가산세액×50%	• 해당 기간에 부과되는 무신고 가산세

3-4-6 가산세 한도

• 다음 중 어느 하나에 해당하는 가산세에 대하여는 그 의무위반의 종류별로 각각 1억원(중소기업은 5천만원)을 한도로 함(해당 의무를 고의적으로 위반한 경우에는 한도 적용하지 않음)

① 등록불성실가산세
② 세금계산서불성실가산세(세금계산서 미발급분, 가공세금계산서 발급 및 수령분, 위장세금계산서 발급 및 수령분, 공급가액 과다기재 세금계산서 발급 및 수령분, 비사업자의 가공세금계산서 발급 및 수령분 제외)
③ 매출처별세금계산서합계표불성실가산세
④ 매입처별세금계산서합계표불성실가산세
⑤ 신용카드매출전표 등 불성실가산세
⑥ 현금매출명세서 등 미제출가산세

정리문제

제6장

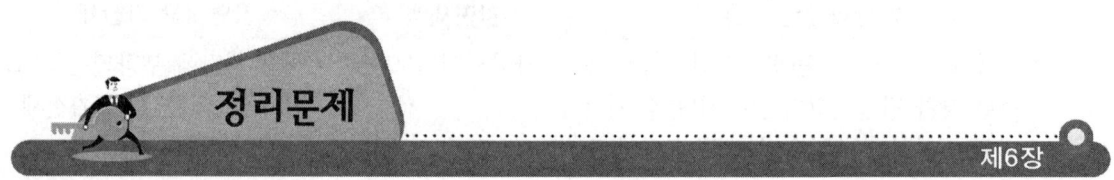

1. 다음은 일반과세자 김규혜씨의 202x.7.1.~202x.12.31. 기간의 부가가치세 신고관련 자료이다. 김규혜씨의 2기 부가가치세 확정신고시 부가가치세법상 과세표준과 납부세액을 계산하면? 단, 아래 자료 이외의 매출, 매입은 없으며, 관련 매입세액은 모두 공제가능한 것으로 가정한다.

매출자료	• 세금계산서 발급분(공급가액) : 60,000,000원 • 계산서 매출분(공급가액) : 10,000,000원
매입자료	• 세금계산서 수취분(공급가액) : 35,000,000원 • 계산서 매입분(공급가액) : 5,000,000원
기타사항	• 2기 예정고지세액 : 1,700,000원

	과세표준	납부세액
①	60,000,000원	2,500,000원
②	50,000,000원	800,000원
③	60,000,000원	2,000,000원
④	50,000,000원	1,300,000원

2. 다음 중 부가가치세법상 매입자발행세금계산서에 대한 설명으로 옳지 않은 것은?

① 세금계산서 발급의무가 있는 사업자가 세금계산서를 발급하지 아니한 경우에 신청할 수 있다.

② 매입자발행세금계산서에 수정사유가 발생한 경우 수정세금계산서를 발급할 수 있다.

③ 거래사실의 확인신청 대상거래는 거래건당 공급가액이 10만원 이상인 경우에 한한다.

④ 매입자발행세금계산서를 발행할 수 있는 사업자에는 면세사업자도 포함된다.

3. 다음은 부가가치세법상 매입자발행세금계산서에 대한 설명이다. 괄호에 알맞은 것은?

부가가치세법상 세금계산서 발급의무가 있는 사업자가 재화 또는 용역을 공급하고 세금계산서 발급시기에 세금계산서를 발행하지 않은 경우, 그 재화 또는 용역을 공급받은 자는 관할 세무서장의 확인을 받아 세금계산서를 발행할 수 있다. 매입자발행세금계산서를 발행하려는 자는 재화 또는 용역의 공급시기가 속하는 과세기간의 종료일부터 (㉮) 이내에 기획재정부령으로 정하는 거래사실확인신청서에 거래사실을 객관적으로 입증할 수 있는 서류를 첨부하여 관할 세무서장에게 거래사실의 확인을 신청하여야 한다. 이 때 거래사실의 확인신청 대상이 되는 거래는 거래건당 공급대가가 (㉯) 이상인 경우로 한다.

	㉮	㉯
①	6개월	5만원
②	6개월	10만원
③	1년	10만원
④	1년	5만원

4. 다음은 부가가치세법상 의제매입세액공제에 대한 설명이다. 옳지 않은 것은?

① 의제매입세액공제를 받을 수 있는 사업자는 사업자등록을 한 자에 한정한다.
② 면세를 포기하고 영세율을 적용받는 영세율사업자의 경우 부가가치세를 면제받아 공급받은 면세농산물 등에 대해서 의제매입세액공제가 된다.
③ 일반과세자인 제조업을 영위하는 사업자가 농어민으로부터 면세농산물 등을 직접 공급받는 경우에는 의제매입세액신고서만을 제출한다.
④ 과세유흥장소 외의 음식점을 경영하는 개인사업자의 의제매입세액은 면세농산물가액의 8/108(과세표준이 2억원 이하인 경우에는 2026년 12월 31일까지는 9/109)이다.

5. 다음 중 부가가치세법상 의제매입세액공제에 대한 내용으로 가장 올바른 것은?

① 의제매입세액공제는 부가가치세 확정신고때만 공제받을 수 있다.
② 음식점업의 경우에는 개인사업자와 법인사업자의 의제매입세액 공제율은 같다.
③ 의제매입세액공제를 받은 면세농산물 등을 그대로 양도하는 경우, 그 공제액은 납부세액에 가산하지 못한다.
④ 사업자가 공급받은 면세농산물 등을 원재료로 하여 가공한 재화의 공급이 과세되는 경우에 적용한다.

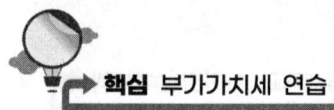

6. 다음 중 부가가치세법상 의제매입세액공제에 관한 내용으로 틀린 것은?

① 간이과세자는 음식점업자와 제조업자에 한해서만 의제매입세액공제를 받을 수 있다.
② 일반과세자인 음식점업은 정규증빙 없이 농어민으로부터 구입시 의제매입세액공제를 받을 수 없다.
③ 의제매입세액의 공제대상이 되는 면세농산물 등의 매입가액은 운임 등의 부대비용을 포함하지 않는다.
④ 유흥주점(과세유흥장소) 외 법인음식점의 의제매입세액 공제율은 8/108로 한다.

7. 다음 중 부가가치세법상 의제매입세액공제에 대한 설명으로 가장 옳지 않은 것은?

① 의제매입세액공제를 적용받기 위해서는 면세농산물 등을 원재료로 하여 제조 또는 가공한 재화 또는 용역의 공급이 과세되어야 한다.
② 수입한 면세농산물 등도 의제매입세액공제대상이 된다.
③ 간이과세자의 경우 의제매입세액공제 규정이 없다.
④ 일반과세자인 제조업을 영위하는 사업자가 농어민으로부터 면세농산물 등을 직접 공급받는 경우에는 의제매입세액신고서와 함께 관련 증명서류를 제출하여야만 의제매입세액공제를 받을 수 있다.

8. 다음 자료에 의하여 일반과세자인 ㈜경인(음식점업이 아니며 중소기업 제조업도 아니다)의 제1기 확정신고시 부가가치세 납부세액은 얼마인가?

구분	공급가액	부가가치세
농수산물 가공제품 매출액	150,000,000원	15,000,000원
농수산물매입액	40,800,000원	–
기타 원재료 매입액	50,000,000원	5,000,000원

① 6,977,778원 ② 7,690,566원
③ 9,200,000원 ④ 9,228,679원

9. 다음 중 부가가치세법상 의제매입세액공제와 관련된 설명 중 가장 틀린 것은?

① 음식점에서 양념하지 않은 돼지고기를 구입해 계산서를 받은 경우 의제매입세액공제 대상이다.
② 의제매입세액공제는 법인사업자에게도 적용된다.
③ 의제매입세액의 공제시기는 면세농산물 등을 구입하여 과세사업에 사용하는 시점이다.
④ 예정신고시에도 의제매입세액공제를 적용한다.

10. 다음 중 부가가치세법상 의제매입세액 공제율이 잘못 짝지어진 것은?

① 일반(과세유흥장소외) 음식점업(개인) : 108분의 8(과세표준이 2억원 이하인 경우에는 2026년 12월 31일까지는 109분의 9)
② 과세유흥장소 음식점업 : 102분의 2
③ 일반(과세유흥장소외) 음식점업(법인) : 106분의 6
④ 음식점업 외 업종 : 103분의 3

11. 다음 중 부가가치세법상 의제매입세액공제에 관한 내용으로 옳지 않은 것은?

① 사업자가 면세농산물 등을 원재료로 하여 제조·가공한 재화 등이 과세되는 경우에 적용한다.
② 개인사업자 음식점업(과세유흥장소 제외)의 경우 의제매입세액 공제율은 106분의 6이다.
③ 의제매입세액공제를 받은 자가 그 농산물을 면세사업의 목적으로 사용하는 경우 공제한 의제매입세액은 추징당한다.
④ 음식점업을 영위하는 간이과세자는 의제매입세액공제를 받을 수 없다.

12. 다음 중 2024년 현재 과세표준 2억인 개인음식점(과세유흥장소 아님)을 운영하는 과세사업자의 부가가치세법상 의제매입세액 공제율로 옳은 것은?

① 2/102
② 6/106
③ 8/108
④ 9/109

13. 다음 중 부가가치세법상 빈칸에 알맞은 것은?

과세유흥장소 외의 음식점을 경영하는 법인사업자의 의제매입세액공제율은 (   )이다.

① 2/102 ② 4/104
③ 6/106 ④ 8/108

14. 부가가치세법상 일반과세자인 제조업(과자점업)을 영위하는 개인사업자가 다음 자료에 의해 제2기 부가가치세 확정신고시 의제매입세액공제액을 계산하면 얼마인가?(소숫점 첫째자리 반올림)

- 제2기 과세표준 : 2억원
- 식재료(면세농산물) 매입액(계산서수취) : 1천만원

① 196,078 ② 384,615
③ 566,038 ④ 740,741

15. 다음 자료에 의하여 과세사업과 면세사업을 겸영하는 ㈜경인(제조업으로 중소기업이 아님)의 제1기 부가가치세 과세기간에 대한 의제매입세액공제액을 계산하면 얼마인가?(100원 미만 버림)

- 공급가액 : 과세사업 38,000,000원, 면세사업 : 26,000,000원
- 매입한 농산물 가액 : 8,000,000원
- 의제매입세액공제율은 2/102를 적용함
- 매입한 농산물은 과세사업과 면세사업에 공통으로 사용한다.

① 93,100원 ② 70,000원
③ 78,000원 ④ 73,000원

16. 다음은 부가가치세법상 의제매입세액공제에 관한 내용이다. 옳지 않은 것은?

① 의제매입세액은 부가가치세가 면제된 농산물 등의 매입가액에 대하여 계산한다.
② 간이과세자의 경우에는 의제매입세액공제를 적용받을 수 있다.
③ 일반과세자인 음식점업자의 경우 적격증빙 수취분에 한하여 의제매입세액공제를 적용한다.
④ 의제매입세액공제는 예정신고시에도 공제받을 수 있다.

17. **다음 중 부가가치세법상 의제매입세액에 대한 설명으로 옳지 않은 것은?**

① 부가가치세 과세사업자가 면세로 공급받은 농산물 등을 원재료로 하여 제조·가공한 재화 또는 창출한 용역의 공급이 과세되는 경우 일정한 금액을 매입세액으로 공제하는 제도이다.

② 외국으로부터 수입한 농산물도 의제매입세액공제 대상이다.

③ 의제매입세액공제를 받은 재화를 그대로 양도하는 경우에는 그 공제한 금액을 납부세액에 가산하거나 환급세액에서 공제한다.

④ 제조업을 영위하는 사업자가 농어민으로부터 면세농산물 등을 직접 공급받는 경우 의제매입세액공제를 받을 수 없다.

18. **다음은 복숭아통조림제조업을 영위하는 일반과세자인 개인사업자의 20x2년 2기 확정분 부가가치세신고와 관련된 자료이다. 이 경우 부가가치세법상 매입세액공제를 받을 수 있는 금액은 얼마인가?(단, 의제매입세액 공제대상이 된다면 한도는 없는 것으로 가정)**

• 공장전력비매입액 : 1,100,000원(부가가치세 포함) • 사업용 비품매입 : 2,200,000원(부가가치세 포함) • 기업업무추진비 지출 : 1,100,000원(부가가치세 포함) • 복숭아매입 : 10,400,000원(부가가치세 제외)

① 100,000원 ② 300,000원

③ 400,000원 ④ 700,000원

19. **다음 중 부가가치세법상 의제매입세액공제에 관한 내용으로 옳지 않은 것은?**

① 사업자가 면세농산물 등을 원재료로 하여 제조·가공한 재화 등이 과세되는 경우에 적용한다.

② 일반과세자로서 개인사업자인 음식점업의 경우 2025년도 제2기 과세기간에 대한 부가가치세 신고까지는 해당 사업자가 면세농산물 등과 관련하여 공급한 과세표준이 1억원 이하인 경우에 면세인 농산물 등의 매입액에 대하여 과세표준의 75%를 한도로 의제매액세액공제를 받을 수 있다.

③ 음식점업을 영위하는 간이과세자는 의제매입세액공제를 받을 수 있다.

④ 의제매입공제를 받은 자가 그 농산물을 면세사업의 목적으로 사용하는 경우 공제한 의제매입세액을 추징당한다.

20. 부가가치세법상 면세농산물 등의 의제매입세액공제에 관한 설명으로 틀린 것은?

① 의제매입세액은 원칙적으로 면세농산물 등을 공급받은 날이 속하는 예정신고기간 또는 확정신고기간의 매출세액에서 공제한다.

② 외국으로부터 수입한 농산물 등도 의제매입세액공제의 대상이 된다.

③ 의제매입세액의 공제를 받은 면세농산물 등을 그대로 판매하는 때에는 그 판매가액을 부가가치세의 과세표준에 가산하여야 한다.

④ 과세유흥장소 외의 음식점을 경영하는 법인사업자의 경우 공제율은 6/106이다.

21. 부가가치세법상 (　　)에 알맞은 의제매입세액 공제율은?

제조업을 영위하는 법인사업자(중소기업)가 부가가치세가 면세되는 농·축·수산물 등을 원재료로 하여 부가가치세가 과세되는 재화를 생산·공급하는 경우에 원재료 매입가액의 (　　)를(을) 적용하여 의제매입세액으로 부가가치세 신고시 공제받을 수 있다.

① 2/102　　② 4/104

③ 6/106　　④ 8/108

22. 다음 중 부가가치세법상 의제매입세액공제에 대한 내용으로 가장 올바르지 않은 것은?

① 사업자가 공급받은 면세농산물 등을 원재료로 하여 가공한 재화나 용역의 공급이 과세되는 경우에 적용한다.

② 일반적으로 의제매입세액은 면세농산물 등을 사용하는 날이 속하는 과세기간에 공제한다.

③ 의제매입세액공제를 받은 면세농산물 등을 그대로 양도하는 경우, 그 공제액은 납부세액에 가산하거나 환급세액에서 공제한다.

④ 음식점업의 경우에는 개인사업자와 법인사업자의 의제매입세액 공제율은 다르다.

23. 다음은 부가가치세법상 의제매입세액공제에 관한 내용이다. 올바른 것은?

① 의제매입세액공제는 구입한 원재료에 대한 한도없이 전액에 대하여 의제매입세액 공제율을 적용하여 공제받을 수 있다.
② 의제매입세액공제는 부가가치세 확정신고 뿐만 아니라, 부가가치세 예정신고할 때에도 공제받을 수 있다.
③ 간이과세자도 의제매입세액공제를 받을 수 있다.
④ 개인사업자(일반과세자임)인 음식점업은 정규증빙 없이 농어민으로부터 구입시 의제매입세액공제를 받을 수 있다.

24. 부가가치세법과 관련한 다음 설명 중 틀린 것은?

① 의제매입세액공제는 예정신고기간에도 적용된다.
② 대손세액공제신청은 확정신고할 때에 가능하고, 예정신고할 때에는 신청할 수 없다.
③ 수입한 면세농산물은 의제매입세액공제 대상이 되지 아니한다.
④ 면세포기로 영세율이 적용되는 경우에는 의제매입세액공제를 적용하지 아니한다.

25. 다음 중 부가가치세법상 의제매입세액공제에 대한 설명으로 가장 옳지 않은 것은?

① 제조업을 영위하는 사업자가 농・어민으로부터 면세농산물 등을 직접 공급받는 경우에는 의제매입세액 공제신고서만을 제출하여도 의제매입세액공제가 가능하다.
② 과세사업자가 매입한 면세농산물 등을 원재료로 하여 제조・가공한 재화 또는 창출한 용역의 공급에 대하여 과세되는 경우 의제매입세액공제를 적용하며 이 경우 면세포기에 의한 영세율사업자도 의제매입세액공제가 가능하다.
③ 면세농산물 등의 범위는 면세대상인 미가공식료품 및 국내생산 비식용 농・축・수・임산물을 말한다.
④ 제조업을 영위하는 중소기업의 경우 의제매입세액은 면세농산물가액의 4/104이다.

26. 다음 중 부가가치세법상 의제매입세액의 공제요건에 대한 설명 중 가장 옳지 않은 것은?

① 사업자가 면세농산물 등을 원재료로 제조·가공한 재화 또는 창출한 용역의 공급에 대하여 부가가치세가 과세되어야 한다.

② 음식점업을 영위하는 법인사업자는 6/106 공제율을 적용한다.

③ 음식점업을 영위하는 개인사업자의 과세표준이 1억원 이하인 경우 과세표준의 60/100을 곱한 금액을 한도로 의제매입세액공제를 적용한다.

④ 의제매입세액공제를 받은 농산물등을 그대로 양도하는 경우에 공제한 금액을 납부세액에 가산하여야 한다.

27. 다음 중 부가가치세법상 의제매입세액 공제율로 맞는 것은?

① 음식점업을 경영하는 법인사업자 = 8/108

② 음식점업을 경영하는 개인사업자(과세표준 1억인 경우) = 2/102

③ 과세유흥장소인 음식점업을 경영하는 개인사업자 = 6/106

④ 음식점업 및 제조업 외의 사업자 = 2/102

28. 다음 중 부가가치세법상 의제매입세액 공제율이 가장 큰 것은?(보기의 업종은 모두 의제매입세액을 적용받는 것으로 가정)

① 과세유흥장소가 아닌 개인 음식점업(과세표준 2억 이하)

② 과세유흥장소인 음식점업

③ 제조업을 하는 개인사업자

④ 과세유흥장소가 아닌 법인 음식점업

29. 다음 자료에서 부가가치세법상 빈 칸에 들어갈 숫자는 무엇인가?

음식점업을 경영하는 개인사업자(일반과세자)는 2025년 제2기 과세기간에 대한 부가가치세 신고까지는 과세표준이 1억원 이하인 경우 과세표준에 100분의 ( )를 곱하여 계산한 금액을 한도로 의제매입세액공제를 적용할 수 있다.

30. 다음 자료에 의하여 부가가치세법상 의제매입세액을 구하시오(100원 미만은 버림).

- 업종 : 과세유흥장소 외의 음식점업(개인사업자, 일반과세자)
- 제2기 면세농산물 매입분(계산서 수취분) : 21,600,000원
- 운송업자에 대한 운송료(세금계산서 수취분) : 200,000원
- 제2기 과세표준 : 200,000,000원

31. 다음 중 부가가치세에 대한 설명으로 틀린 것은?

① 부가가치세는 전단계세액공제법을 채택하고 있다.
② 부가가치세는 0% 또는 10%의 세율을 적용한다.
③ 면세사업과 관련한 매입세액은 부가가치세 매입세액공제가 불가능하다.
④ 접대비 및 이와 유사한 지출도 사업과 관련이 있는 지출이므로 부가가치세 매입세액 공제가 가능하다.

32. 다음 중 부가가치세법상 매입세액으로 공제 가능한 것으로 가장 옳은 것은?

① 공장부지 정지작업에 대한 매입세액
② 영업외 용도로 구입한 소나타승용차에 대한 매입세액
③ 공급시기가 속하는 과세기간이 끝난 후 20일 이내에 사업자등록을 신청한 경우, 등록 신청일부터 공급시기가 속하는 과세기간의 기산일까지 역산한 기간 이내의 사무실 인테리어비용에 대한 매입세액
④ 영수증발급대상 사업 중 세금계산서 발급금지업종을 경영하는 사업자로부터 사무용품을 구입하고 신용카드매출전표를 발급받은 경우의 매입세액

33. 다음 중 부가가치세법상 매입세액 불공제인 것은?

① 신입직원 사무용으로 구입한 책상
② 전 직원에게 제공한 회사 단체유니폼
③ 거래처 사장님과의 저녁 식사비
④ 생수 유통회사에서 20L생수배달을 위해 구입한 1톤 트럭

34. **다음 중 부가가치세법상 매입세액 공제가 가능한 것은?**

① 기업업무추진비관련 매입세액
② 영업외 용도로 사용하는 개별소비세 과세대상 자동차의 구입·유지 관련 매입세액
③ 사실과 다르게 발급받은 세금계산서상 매입세액
④ 사업장 임차관련 매입세액

35. **다음 중 부가가치세법상 매입세액공제가 가능한 것은?**

① 제품 운반용 트럭 구입 관련 매입세액
② 사업과 직접 관련 없는 지출에 대한 매입세액
③ 기업업무추진비관련 매입세액
④ 토지조성을 위한 자본적 지출관련 매입세액

36. **다음 중 부가가치세법상 매입세액이 공제되는 것은?**

① 일반과세자가 면세사업자에게 공급하기 위한 재화에 필요한 과세대상인 원재료매입에 대한 매입세액
② 사업과 직접 관련없는 지출에 대한 매입세액
③ 토지조성 등을 위한 자본적 지출 관련 매입세액
④ 기업업무추진비 및 이와 유사한 비용의 지출 관련 매입세액

37. **다음 중 부가가치세법상 매출세액에서 공제할 수 있는 매입세액은?**

① 사업과 직접 관련 없는 지출에 대한 매입세액
② 영업외 용도로 사용하는 개별소비세 과세대상 자동차의 구입과 유지에 관한 매입세액
③ 면세사업과 관련된 매입세액
④ 자기의 과세사업을 위하여 사용될 재화 또는 용역의 공급에 대한 매입세액

38. 다음 중 부가가치세법상 매입세액으로 공제 가능한 것은?

① 거래처에 선물로 지급할 물품을 구입하고 세금계산서를 발급받은 경우
② 가구제조업을 영위하는 자가 영업외 용도로 사용하는 개별소비세 과세대상 자동차를 수리하고 세금계산서를 발급받은 경우
③ 간이과세자(세금계산서 발급금지업종을 경영하는 사업자)로부터 원재료를 매입하고 신용카드매출전표를 수령한 경우
④ 일반과세자(세금계산서 발급금지업종을 경영하는 사업자가 아님)로부터 원재료를 구입하고 부가가치세가 별도로 구분 기재된 신용카드매출전표를 수령한 경우

39. 부가가치세법상 일정한 매입세액은 실제로 거래징수당한 경우에도 매출세액에서 공제하지 않는다. 이러한 매입세액 불공제 항목에 해당하지 않는 것은?

① 영업용도로 사용하는 개별소비세 과세대상 자동차의 구입관련 매입세액
② 기업업무추진비와 관련된 매입세액
③ 사업과 직접 관련이 없는 지출로서 법인세법상 업무무관비용에 대한 매입세액
④ 면세사업에 관련된 매입세액

40. 다음 중 부가가치세법상 매입세액으로 공제받을 수 있는 것은?

① 사업주의 출・퇴근용으로 구입한 개별소비세 과세대상 자동차의 매입세액
② 과세사업과 관련하여 취득한 재화를 국가에 무상으로 공급한 경우 재화의 매입세액
③ 건축물이 있는 토지를 취득하여 그 건축물을 철거하고 토지만을 사용하는 경우 철거한 건축물의 취득 및 철거비용에 관련된 매입세액
④ 임차인이 부담하는 간주임대료에 대한 부가가치세

41. 부가가치세법상 매입세액공제 대상에 해당하는 것은?

① 영업 외 용도로 사용하는 개별소비세 과세대상 자동차 관련 매입세액
② 사업과 직접 관련이 없는 지출에 대한 매입세액
③ 접대비 관련 매입세액
④ 발급받은 매입세금계산서 누락분을 과세표준수정신고서와 함께 제출하는 경우

42. 다음은 컴퓨터제조업을 영위하는 ㈜경인의 202x년 예정신고기간 매입세금계산서 수취 내역이다. 아래와 같이 공급가액을 표시하고 있을 때 ㈜동양의 공제매입세액은 얼마인가?

- 원재료 매입 : 국내분 200,000,000원, 수입분 100,000,000원
- 기계구입 : 50,000,000원
- 기업업무추진비지출 : 2,000,000원
- 토지 정지비 : 40,000,000원

43. 다음 중 부가가치세법상 공제되지 아니하는 부가가치세 매입세액은?

① 전자세금계산서 의무발급자로부터 발급받은 전자세금계산서로서 국세청장에게 전송되지 않았으나 발급한 사실이 확인되는 경우

② 재화의 공급시기 이후에 발급받은 세금계산서로서 공급시기가 속하는 과세기간에 대한 확정신고기한이 지난 후 발급받은 경우(세금계산서 발급일이 확정신고기한 다음 날부터 6개월 경과)

③ 사업자등록을 신청한 사업자가 사업자등록증 발급일까지의 거래에 대하여 해당 대표자의 주민등록번호를 기재하여 발급받은 경우

④ 발급받은 세금계산서의 필요적 기재사항 중 일부가 착오로 사실과 다르게 적혔으나 해당 세금계산서의 그 밖의 기재사항으로 보아 거래사실이 확인되는 경우

44. 부가가치세법상 세금계산서 등의 필요적 기재사항이 사실과 다른 경우에는 세금계산서를 수취하였어도 매입세액을 공제하지 않는다. 하지만 예외적으로 매입세액공제가 허용되는 경우가 있는데, 다음 중 예외적으로 매입세액공제가 허용되는 경우가 아닌 것은?

① 발급받은 세금계산서의 필요적 기재사항 중 일부가 착오로 사실과 다르게 적혔으나 그 세금계산서에 적힌 나머지 필요적 기재사항 또는 임의적 기재사항으로 보아 거래사실이 확인되는 경우

② 발급받은 전자세금계산서로서 국세청장에게 전송되지 않았으나 발급한 사실이 확인되는 경우

③ 사업자등록을 신청한 사업자가 사업자등록증 발급일까지의 거래에 대하여 해당 사업자 또는 대표자의 주민등록번호를 적어 발급받은 경우

④ 해당 공급시기가 속하는 과세기간의 확정신고기한 이후에 발급(세금계산서 발급일이 확정신고기한 다음 날부터 1년 경과)받았으나, 거래명세서를 수취하고 대금의 지급을 확인할 수 있는 경우

45. **다음 중 부가가치세법상 매입세액을 공제받을 수 있는 경우에 해당하지 아니하는 것은?**

① 발급받은 세금계산서에 대한 매입처별 세금계산서합계표를 과세표준 수정신고서와 함께 제출할 때

② 재화 또는 용역의 공급시기 이후에 발급받은 세금계산서로서 해당 공급시기가 속하는 과세기간의 확정신고기한까지 발급받은 경우(가산세 부과됨)

③ 경정에 있어서 사업자가 발급받은 세금계산서를 경정기관의 확인을 거쳐 정부에 제출하는 경우(가산세 부과됨)

④ 제출된 매입처별세금계산서합계표에 필요적 기재사항의 전부 또는 일부가 기재되지 아니하였거나 그 내용이 사실과 다른 경우

46. **다음 중 부가가치세법상 매입세액불공제 대상이 아닌 것은?**

① 기업업무추진비 및 이와 유사한 비용의 지출에 관련된 매입세액

② 직원들과의 회식과 관련된 매입세액

③ 사장의 영업외 용도 차량인 소나타의 수리비 관련 매입세액

④ 소득세법상 사업과 직접 관련 없는 지출에 대한 매입세액

47. **부가가치세법상 공제받을 수 있는 매입세액은?**

① 간주임대료에 대한 매입세액

② 영업외 용도로 사용하는 개별소비세 과세대상 자동차의 임차관련 매입세액

③ 접대비 및 이와 유사한 비용에 대한 지출관련 매입세액

④ 과세표준 수정신고서와 함께 제출한 매입처별세금계산서합계표의 매입세액

48. **다음 중 부가가치세법상 일반과세사업자가 해당 과세기간분 부가가치세 확정신고시 공제받을 수 있는 매입세액은?**

① 접대비 관련 매입세액

② 직전 과세기간 부가가치세 확정신고시 누락한 세금계산서상의 매입세액

③ 세금계산서 대신에 발급받은 거래명세표상의 매입세액

④ 해당 과세기간 부가가치세 예정신고시 누락된 상품매입 세금계산서상의 매입세액

49. 부가가치세법상 일반과세사업자가 다음과 같이 과세사업용으로 수취한 매입세액 중 매입세액이 공제되지 않는 것은?

① 일반과세사업자(세금계산서 발급금지업종을 경영하는 사업자가 아님)로부터 컴퓨터를 구입하고 법인카드로 결제한 후 공급가액과 세액을 별도로 기재한 신용카드매출전표를 받았다.

② 간이과세자(세금계산서 발급금지업종을 경영하는 사업자)로부터 소모품을 매입하고 공급가액과 세액을 별도로 기재한 사업자지출증빙용 현금영수증을 발급받았다

③ 원재료를 6월 30일에 구입하고 공급가액과 세액을 별도로 기재한 세금계산서(작성일자 6월 30일)를 수취하였다.

④ 공장의 사업용 기계장치를 수리하고 수리비에 대하여 공급가액과 세액을 별도로 기재한 전자세금계산서를 받았다.

50. 다음 중 부가가치세법상 납부세액 계산시 공제대상 매입세액에 해당되는 것은?

① 대표자의 개인적인 구입과 관련된 부가가치세 매입세액

② 공장부지 및 택지의 조성 등에 관련된 부가가치세 매입세액

③ 렌트카업의 영업에 직접 사용되는 승용자동차 부가가치세 매입세액

④ 거래처 체육대회 증정용 과세물품 부가가치세 매입세액

51. 다음 중 부가가치세법상 일반과세자의 경우 매입세액공제 대상에 대한 설명으로 가장 옳지 않은 것은?

① 직원들의 야유회와 관련된 매입세액을 공제하였다.

② 백화점에서 거래처의 추석선물로 구입한 홍삼 선물세트의 매입세액을 공제하였다.

③ 직원들에게 무상으로 제공하는 작업복관련 매입세액을 공제하였다.

④ 사업과 관련하여 구입한 자동차(차종 : 모닝)의 매입세액을 공제하였다.

52. 다음 자료에 의하여 부가가치세법상 매입세액 불공제 금액을 계산하면 얼마인가?(모두 업무관련성이 있고 법적 증빙을 정상적으로 수령하였음)

• 인테리어 공사비	4,400,000원(부가가치세 포함)
• 비품 구입	2,200,000원(부가가치세 포함)
• 기업업무추진비 지출	2,200,000원(부가가치세 포함)
• 영업외 용도로 사용하는 개별소비세 과세대상 자동차의 유지비	1,100,000원(부가가치세 포함)

① 900,000원 ② 800,000원
③ 400,000원 ④ 300,000원

53. 부가가치세법상 매입세액 공제대상에 해당하는 것은?

① 간이영수증 수취분 매입세액
② 면세사업에 관련된 매입세액
③ 기업업무추진비 관련 매입세액
④ 발급받은 매입세금계산서 누락분을 경정기관의 확인을 거쳐 제출하는 경우

54. 다음 중 부가가치세법상 매출세액에서 공제 가능한 매입세액은?

① 부가가치세법상 영세율이 적용되는 사업과 관련한 매입세액
② 부가가치세가 면제되는 재화를 공급하는 사업과 관련된 매입세액
③ 사업과 직접 관련이 없는 지출에 대한 매입세액
④ 토지의 조성 등을 위한 자본적 지출에 관련된 매입세액

55. 다음 중 부가가치세법상 공제 가능한 매입세액으로 옳은 것은?

① 토지 형질변경 관련 매입세액
② 영업외 용도로 사용하는 개별소비세 과세대상 자동차의 구입과 유지에 관한 매입세액
③ 음식점 사업자가 면세로 구입한 농산물의 의제매입세액
④ 사업과 직접 관련이 없는 지출에 대한 매입세액

56. 다음 중 부가가치세법상 매입세액 불공제대상에 해당하지 않는 것은?

① 매입처별 세금계산서 합계표를 제출하지 않은 경우의 매입세액
② 자기회사 직원에게 선물하기 위한 물품의 매입세액
③ 영업외 용도로 사용하는 개별소비세 과세대상 자동차의 구입과 임차 및 유지에 관한 매입세액
④ 공장부지 및 택지의 조성에 대한 매입세액

57. 부가가치세법상 다음의 매입세액 중 매출세액에서 공제되는 매입세액은?

① 기업업무추진비 관련 매입세액
② 면세사업 관련 매입세액
③ 화물차 구입 관련 매입세액
④ 사업과 직접 관련 없는 지출에 대한 매입세액

58. 부가가치세법상 매입세액 공제가 되지 않는 것은?

① 사업과 관련된 기계장치 구입 ② 1,000cc미만의 업무용 승용차
③ 기업업무추진비 및 이와 유사한 경비 ④ 사업관련 인터넷, 통신비, 전기요금

59. 다음 중 부가가치세법상 공제 가능한 매입세액은?

① 면세사업과 관련하여 지출된 매입세액
② 과세사업 관련 지출된 접대비에 대한 매입세액
③ 과세사업 관련 취득한 비품에 대한 매입세액
④ 토지 형질 변경 관련 매입세액

60. 다음 중 부가가치세법상 매출세액에서 공제되는 매입세액은?

① 사업과 직접 관련이 없는 지출에 대한 매입세액
② 영업용을 제외한 소형승용자동차의 구입과 임차 및 유지에 관한 매입세액
③ 기업업무추진비 및 이와 유사한 비용의 지출에 관련된 매입세액
④ 공급시기가 속하는 과세기간이 끝난 후 20일 이내에 사업자등록신청을 한 경우

61. 다음 중 부가가치세법상 매입세액공제가 되는 것은?

① 세금계산서 미제출 및 필요적 기재사항 누락
② 사업과 관련없는 지출
③ 운수업용 개별소비세 과세대상 자동차의 구입과 유지에 대한 매입세액
④ 접대비관련지출 부가가치세매입세액

62. 다음 중 부가가치세법상 매입세액공제를 적용 받을 수 없는 것은?

① 자동차임대업에 사용할 목적으로 구입한 소형승용차의 매입세액
② 과세사업과 관련하여 취득한 재화를 국가에 무상으로 공급한 경우 재화의 매입세액
③ 건축물이 있는 토지를 취득하여 그 건축물을 철거하고 토지만을 사용하는 경우, 철거한 건축물의 취득 및 철거비용에 관련된 매입세액
④ 복리후생비관련 매입세액

63. 다음 중 부가가치세 매입세액으로 공제되는 것으로 적절한 것은?

① 기계부품 제조업자가 일반과세자(세금계산서 발급금지업종을 경영하는 사업자가 아님)로부터 원재료를 매입하고 부가가치세액이 별도로 구분되는 신용카드매출전표를 수취한 경우
② 농산물(배추) 도매업자가 운송용 트럭을 매입하는 경우
③ 거래처에 접대하기 위하여 선물을 매입하는 경우
④ 비사업자로부터 원재료를 매입하면서 세금계산서 등을 수취하지 않은 경우

64. 다음 중 부가가치세 납부세액 계산시 공제대상 매입세액에 해당되는 것은?

① 사업과 무관한 부가가치세 매입세액
② 공장부지 및 택지의 조성 등에 관련된 부가가치세 매입세액
③ 자동차판매업의 영업에 직접 사용되는 8인승 승용자동차 부가가치세 매입세액
④ 거래처 체육대회 증정용 과세물품 부가가치세 매입세액

65. 다음 중 부가가치세법상 공제되는 매입세액이 아닌 것은?

① 공급시기 이후에 발급하는 세금계산서로서 해당 공급시기가 속하는 과세기간에 대한 확정신고기한 경과 후 발급받은 경우 해당 매입세액(세금계산서 발급일이 확정신고기한 다음 날부터 1년 경과)

② 매입처별세금계산서합계표를 경정청구나 경정시에 제출하는 경우 해당 매입세액

③ 예정신고시 매입처별 세금계산서합계표를 제출하지 못하여 해당 예정신고기간이 속하는 과세기간의 확정신고시에 제출하는 경우 해당 매입세액

④ 발급받은 전자세금계산서로서 국세청장에게 전송되지 아니 하였으나 발급한 사실이 확인되는 경우 해당 매입세액

66. 부가가치세법상 공제 가능한 매입세액으로 옳은 것은?

① 면세 사업 관련 매입세액

② 영업외용도 소형승용자동차(1,000cc 초과)의 구입과 유지에 관한 매입세액

③ 직원의 복리후생 관련한 매입세액

④ 사업과 직접 관련이 없는 지출에 대한 매입세액

67. 다음 중 부가가치세 매입세액공제가 가능한 경우는?

① 토지의 취득에 관련된 매입세액

② 관광사업자의 영업외용도 소형승용자동차(5인승 2,000cc) 취득에 따른 매입세액

③ 음식업자가 계산서를 받고 면세로 구입한 축산물의 의제매입세액

④ 소매업자가 사업과 관련하여 받은 영수증에 의한 매입세액

68. 다음 중 부가가치세법상 매출세액에서 공제받을 수 있는 매입세액은?

① 업무용 차량(정원 8인 이하, 배기량 2000cc 이하) 취득시 부담한 매입세액

② 시내버스회사의 버스차량용 타이어 구입에 관한 매입세액

③ 과세사업과 관련하여 구입한 비품의 매입세액

④ 호텔에서 식사(접대)를 하고 부담한 매입세액

69. 다음 자료에서 부가가치세법상 공제 받을 수 있는 매입세액공제액은 얼마인가?

- 사업과 무관한 부가가치세 매입세액 : 500,000원
- 공장부지 및 택지의 조성 등에 관련된 부가가치세 매입세액 : 200,000원
- 종업원 사기 진작 야유회 개최와 관련한 매입세액 : 300,000원
- 거래처 체육대회 증정용 과세물품 부가가치세 매입세액 : 400,000원

① 300,000원　　② 500,000원
③ 600,000원　　④ 700,000원

70. 다음은 과세사업을 영위하는 ㈜경인에서 발생한 매입세액이다. 이 중 부가가치세법상 매입세액불공제금액은?

- 토지 취득시 발생한 중개수수료 매입세액 : 2,200,000원
- 건물의 취득과 관련된 감정평가수수료(건물분) 매입세액 : 5,500,000원
- 과세사업에 사용하던 건물과 부속토지를 양도하면서 발생한 중개수수료 매입세액 : 3,000,000원

① 7,700,000원　　② 2,200,000원
③ 8,500,000원　　④ 5,200,000원

71. 다음은 제조업을 영위하는 과세사업자인 ㈜경인의 20x2년 4월 1일부터 6월 30일까지의 매입내역이다. 부가가치세법상 20x2년 제1기 확정신고시 공제 가능한 매입세액은 얼마인가? 단, 세금계산서는 모두 적정하게 수취하였다.

매입내역	매입가액	매입세액
비품	10,000,000원	1,000,000원
상품	150,000,000원	15,000,000원
임원용 승용자동차(3,000cc)	100,000,000원	10,000,000원

① 1,000,000원　　② 11,000,000원
③ 16,000,000원　　④ 26,000,000원

72. 다음 자료는 일반과세자인 ㈜경인(음식점업)의 20x2년 1기 예정신고기간에 대한 세금계산서 수취 내역이다. 부가가치세법상 공제받을 수 있는 매입세액은 얼마인가?

내 역	매입세액
① 1월11일 : 음식원재료인 면세농산물 가공을 위한 기계구입비	5,400,000원
② 1월15일 : 카니발(7인승)유류대금	300,000원
③ 2월 6일 : 종업원 회식비	500,000원

① 500,000원
② 5,400,000원
③ 5,900,000원
④ 6,200,000원

73. 다음 부가가치세법상 매입세액공제 범위 설명 중 괄호 안에 들어갈 날짜로 맞는 것은?

사업자등록 신청 전 매입세액은 공제하지 않는다. 다만, 공급시기가 속하는 과세기간이 끝난 후 ( )일 이내에 등록을 신청한 경우 등록신청일부터 공급시기가 속하는 과세기간 기산일까지 역산한 기간 이내의 매입세액은 공제한다.

① 10
② 15
③ 20
④ 30

74. 다음 중 부가가치세법상 거래내역과 과세유형이 잘못 연결된 것은?

① 일반과세자가 제품을 납품하고 전자세금계산서를 발행하다. ➜ 과세
② 부가가치세 과세사업에 사용하기 위해 프린터를 구입하고 전자세금계산서를 수취하다. ➜ 매입세액공제
③ 영업부에서 사용하는 4인승 승용차(999cc) 수리비를 지급하고 전자세금계산서를 수취하다. ➜ 매입세액불공제
④ 공장건물 신축용 토지를 구입하고 전자계산서를 발급받았다. ➜ 면세

75. 다음 자료에 의하여 부가가치세법상 제조업을 영위하는 일반과세사업자의 납부세액은?

- 전자세금계산서 교부에 의한 제품매출액 : 48,400,000원(공급대가)
- 지출증빙용 현금영수증에 의한 원재료 매입액 : 30,800,000원(부가세 별도)
- 신용카드에 의한 영업외용도 승용차(1,200CC) 구입 : 13,000,000원(부가세 별도)

① 1,320,000원 ② 1,160,000원
③ 720,000원 ④ 20,000원

76. 다음 자료에 의하여 부가가치세신고서상 일반과세사업자의 납부세액은?

- 전자세금계산서 교부에 의한 제품매출액 : 28,050,000원(공급대가)
- 지출증빙용 현금영수증에 의한 원재료 매입액 : 3,000,000원(부가가치세 별도)
- 신용카드에 의한 제품운반용 소형화물차 구입 : 15,000,000원(부가가치세 별도)
- 신용카드에 의한 매출거래처 선물구입 : 500,000원(부가가치세 별도)

① 700,000원 ② 750,000원
③ 955,000원 ④ 1,050,000원

77. 컴퓨터를 제조하여 판매하는 ㈜백두산의 다음 자료를 이용하여 부가가치세법상 납부세액을 계산하면 얼마인가?

- 매출처별세금계산서합계표상의 공급가액은 10,000,000원이다.
- 매입처별세금계산서합계표상의 공급가액은 5,000,000원이다. 이중 개별소비세 과세대상 소형 승용자동차의 렌트비용과 관련한 공급가액은 100,000원이다.
- 모든 자료 중 영세율 적용 거래는 없다.

① 410,000원 ② 490,000원
③ 500,000원 ④ 510,000원

78. **다음 설명 중 맞는 것은?**

① 부가가치세 예정신고기간에 대손요건을 갖춘 경우 예정신고시 반드시 대손세액공제 신고를 하여야 한다.

② 영업외 용도로 사용하는 개별소비세 과세대상 자동차의 구입비용은 매입세액공제가 안되지만, 사업에 직접 사용이 입증된 임차와 유지비용은 매입세액공제대상이다.

③ 사업에 직접 사용이 입증된 접대비는 매입세액공제 대상이다.

④ 토지의 조성 등을 위한 자본적 지출과 관련된 매입세액은 매입세액을 공제받지 못한다.

79. **부가가치세법상 공통매입세액의 안분계산에 관한 설명이다. 가장 옳은 것은?**

① 공통매입세액은 각 과세기간별로 안분계산하며, 예정신고기간에는 예정신고기간의 공급가액 비율로 안분계산하고 확정신고시 정산한다.

② 해당 과세기간의 공통매입세액이 2만원 미만인 경우에는 매입세액 전액을 불공제한다.

③ 공통매입세액의 안분계산을 생략하는 경우란 해당 재화 또는 용역에 대한 매입세액을 전액 공제하지 않는다는 의미이다.

④ 과세와 면세사업에 공통으로 사용하는 재화를 공급받은 과세기간 중에 해당 재화를 공급하여 과세표준을 안분계산한 경우에는 그 재화에 대한 매입세액의 안분계산은 해당 과세기간의 공급가액 실적을 기준으로 한다.

80. **다음 중 부가가치세법상 공통매입세액의 계산에 대한 설명으로 옳지 않은 것은?**

① 총공급가액 중 면세공급가액이 5% 미만인 경우의 공통매입세액 전액을 매출세액에서 공제한다. 다만, 공통매입세액이 5백만원 이상인 경우는 제외한다.

② 공통매입세액 합계액이 5만원 미만인 경우 공통매입세액 전액을 매출세액에서 공제한다.

③ 과세사업과 면세사업의 공급가액이 없거나 한쪽의 공급가액이 없는 경우 공통매입세액 전액을 매출세액에서 공제한다.

④ 신규로 사업을 시작한 사업자로 직전 과세기간이 없는 경우 공통매입세액 전액을 매출세액에서 공제한다.

81. **다음 중 부가가치세법상 공통매입세액 안분계산을 생략할 수 있는 경우에 해당하는 것은?**

① 해당 과세기간의 공통매입세액 합계액이 50만원 미만인 경우의 매입세액
② 공통재화를 매입한 과세기간에 과세분 공급가액이 없는 경우
③ 공통매입세액을 총예정사용면적에 대한 비율로 안분하는 경우 면세사업의 예정사용면적 비율이 5% 미만인 경우의 매입세액
④ 공통으로 사용할 재화를 매입한 과세기간에 신규로 사업을 개시한 사업자가 동 공통사용재화를 해당 과세기간에 공급한 경우의 매입세액

82. **부가가치세법상 공통매입세액 안분계산 없이 해당 재화 또는 용역의 매입세액을 전부 공제하는 경우에 해당하지 않는 것은?**

① 해당 과세기간 중의 공통매입세액이 50만원 미만인 경우의 매입세액
② 해당 과세기간의 총공급가액 중 면세공급가액이 5% 미만인 경우의 공통매입세액. 다만, 공통매입세액이 5백만원 이상인 경우는 제외한다.
③ 해당 과세기간 중의 공통매입세액이 5만원 미만인 경우의 매입세액
④ 해당 과세기간에 신규로 사업을 시작한 사업자가 공통사용재화를 공급받은 과세기간 중에 그 재화를 공급한 경우

83. **과세사업과 면세사업을 겸영하는 경우의 부가가치세법상 설명으로 옳지 않은 것은?**

① 공통으로 사용하던 재화를 공급하는 경우 과세표준은 해당 재화를 공급한 날이 속하는 과세기간의 직전 과세기간의 공급가액을 기준으로 안분계산하는 것이 원칙이다.
② 공통사용 재화의 공급가액이 공급단위별로 50만원 미만인 경우에는 안분계산을 생략하고 전액을 과세표준으로 한다.
③ 공통매입세액이 5백만원 이상인 경우에는 해당 과세기간의 총공급가액 중 면세공급가액 비율이 5% 미만이어도 안분계산하는 것이 원칙이다.
④ 해당 과세기간 중의 공통매입세액이 과세기간 합계액 기준으로 50만원 미만인 경우는 안분계산을 생략하고 공통매입세액을 전액 공제되는 매입세액으로 한다.

84. 다음 중 부가가치세법상 공통매입세액 안분에 대한 설명 중 옳지 않은 것은?

① 과세사업과 면세사업 등을 겸영하는 경우로서 실지귀속을 구분할 수 있는 매입세액은 실지귀속에 따라 하되, 실지귀속을 구분할 수 없는 매입세액은 일정한 기준을 적용하여 안분하여야 한다.

② 예정신고를 할 때에는 예정신고기간에 있어서 총공급가액에 대한 면세공급가액의 비율에 따라 안분하여 계산하고, 확정신고를 할 때에 정산한다.

③ 해당 과세기간의 총 공급가액 중 면세공급가액이 5퍼센트 미만인 경우의 공통매입세액은 모두 공제되는 매입세액으로 한다. (다만, 공통매입세액이 5백만원 이상인 경우는 제외)

④ 해당 과세기간 중의 공통매입세액이 50만원 미만인 경우의 매입세액은 모두 공제되는 매입세액으로 한다.

85. 부가가치세법상 과세・면세 겸영사업자에 대한 설명으로 가장 옳지 않은 것은?

① 재화를 공급하는 날이 속하는 과세기간에 신규로 사업을 시작하여 직전 과세기간이 없는 경우 안분계산을 생략하고 해당 재화의 공급가액 전부를 과세표준으로 한다.

② 공통매입세액이란 과세사업과 면세사업을 겸영하는 사업자의 매입세액 중 과세사업과 면세사업에 공통으로 사용되어 실지귀속을 구분할 수 없는 매입세액을 말한다.

③ 당해 재화 매입 시 공통매입세액을 공급가액 비율로 안분계산한 경우에 당해 재화 공급 시 과세표준은 사용면적비율로 안분계산 할 수 없다.

④ 해당 과세기간의 면세공급가액 비율이 5%미만인 경우에는 항상 공통매입세액 안분계산을 생략한다.

86. 다음의 사업자가 공제받을 수 있는 부가가치세법상 매입세액은 얼마인가?

사업부문	공급가액	매입세액
과세부문	40,000,000원	2,000,000원
면세부문	80,000,000원	6,000,000원
과세・면세 공통부문	-	3,000,000원

① 2,000,000원　　② 3,000,000원

③ 4,000,000원　　④ 5,000,000원

87. 다음 자료에 의하여 부가가치세법상 해당 과세기간에 불공제되는 면세사업과 관련된 매입세액을 계산하시오.

> 1. 해당 과세기간의 공통매입세액 : 1,000,000원
> 2. 해당 과세기간
>   - 과세공급가액 : 30,000,000원
>   - 면세공급가액 : 10,000,000원
> 3. 해당 과세기간
>   - 총 매입가액(공통매입가액은 제외, 세금계산서 수취분) : 40,000,000원 (부가가치세 별도, 이 금액 중 과세사업에 귀속되는 매입가액은 30,000,000원)

88. 다음 자료에 의하여 과세사업과 면세사업을 겸영하는 사업자 김정록씨의 공제되는 부가가치세 매입세액을 계산하면 얼마인가?

> - 과세·면세사업의 공통매입세액 : 7,000,000원
> - 공통매입세액에는 해당 과세기간에 매입하여 해당 과세기간에 공급한 재화의 매입세액 1,000,000원이 포함되어 있다.
> - 직전 과세기간의 과세공급가액은 3억원이며, 면세공급가액은 2억원이다.
> - 해당 과세기간의 과세공급가액은 2.4억원이며, 면세공급가액은 3.6억원이다.

① 1,000,000원　　② 3,000,000원
③ 3,500,000원　　④ 7,000,000원

89. 다음 중 부가가치세법상의 절차상 확정신고시에만 적용하는 것이 아닌 것은?

① 납부 및 환급세액의 재계산(공통매입세액의 재계산)
② 공통매입세액의 안분계산
③ 면세사업용 감가상각자산의 과세사업용 전환시 매입세액공제
④ 대손세액공제

90. 다음은 부가가치세법상 공통매입세액 안분계산에 관한 설명이다. 이 중 옳지 않은 것은?

① 사업자가 과세사업과 면세사업을 겸영하는 경우에만 적용된다.

② 해당 과세기간의 총공급가액 중 면세공급가액이 5%미만인 경우(다만, 공통매입세액이 5백만원 이상인 경우 제외)에는 원칙적으로 해당 공통매입세액은 납부세액 계산시 매출세액에서 전액 공제한다.

③ 예정신고시에는 당해 예정신고기간분에 대한 면세공급가액비율에 의하고, 확정신고시에는 확정신고기간분(예정신고기간분 제외)에 대한 면세공급가액비율에 의한다.

④ 공통매입세액에 해당하는 매입세금계산서도 부가가치세 예정 또는 확정신고시 매입처별세금계산서합계표에 반영하여야 한다.

91. ㈜경인의 다음 내용에 의하여 확정신고시 매입세액불공제할 공통매입세액을 계산하면? 다만, 예정신고시 적법하게 공통매입세액을 안분계산하였다.

구분	예정신고기간	확정신고기간	합계
공통매입세액	6,000,000원	4,000,000원	10,000,000원
과세공급가액	100,000,000원	300,000,000원	400,000,000원
면세공급가액	300,000,000원	100,000,000원	400,000,000원
공급가액합계	400,000,000원	400,000,000원	800,000,000원

① 500,000원
② 1,000,000원
③ 3,000,000원
④ 5,000,000원

92. ㈜경인은 면세사업과 과세사업을 위해 20x2년 1월부터 4층 건물을 신축하여 20x2년 10월에 준공한 바 있다. ㈜경인은 제1기 공통매입세액 2천만원을 예정비율에 의해 안분 계산하여 공제받았으며, 면세사업은 제2기 중에 시작되었다. 다음 자료를 이용하여 20x2년 제2기에 제1기분 공통매입세액을 정산한 결과 추가납부금액을 계산하면? 단, 제1기에 공통매입세액을 제외한 다른 매입세액은 발생하지 아니하였다.

구분	제1기 예정금액 및 면적		제2기 실제금액 및 면적	
	면세사업 관련	과세사업 관련	면세사업 관련	과세사업 관련
공급가액	6억원	2억원	9억원	1억원
사용면적	100평	300평	250평	150평

① 4,000,000원
② 5,000,000원
③ 7,500,000원
④ 12,500,000원

93. 다음 중 부가가치세법상 납부세액 또는 환급세액의 재계산(공통매입세액의 재계산)에 대한 설명으로 틀린 것은?

① 감가상각자산에 대해서만 납부 및 환급세액 재계산을 한다.

② 취득일 또는 그 후 재계산한 과세기간의 면세비율이 당해 과세기간의 면세비율과 5% 이상 차이가 나는 경우에 한하여 납부세액 재계산을 한다.

③ 예정신고시에도 면세비율의 증감이 있으면 납부세액을 재계산하고 확정신고시 다시 정산한다.

④ 취득 후 2년이 지난 기계장치의 경우 면세비율이 5% 이상 증감하였다 하더라도 납부세액 재계산을 할 필요가 없다.

94. 다음 중 부가가치세법상 납부세액 또는 환급세액의 재계산(공통매입세액의 재계산)에 대한 설명으로 옳지 않은 것은?

① 납부세액 또는 환급세액의 재계산은 토지를 포함한 모든 자산에 한정한다.

② 재계산의 대상이 되는 자산은 과세사업과 면세사업에 공통으로 사용되고 있는 것이어야 한다.

③ 해당 과세시간의 면세비율과 취득일 또는 직전에 재계산하였던 과세기간의 면세비율 간의 차이가 5퍼센트 이상인 경우에만 적용한다.

④ 당초 취득시 매입세액공제 또는 안분계산의 대상이 되었던 매입세액에 한정한다.

95. 부가가치세법상 납부세액과 환급세액의 재계산(공통매입세액의 재계산)에 관한 설명 중 잘못된 것은?

① 감가상각자산은 물론이고 재고품에 대하여도 적용된다.

② 납부세액과 환급세액의 재계산은 확정신고를 하는 경우에만 적용되며, 예정신고시에는 재계산을 하지 않는다.

③ 해당 과세기간의 면세비율과 취득일이 속하는 과세기간(또는 재계산한 과세기간)의 면세비율간의 차이가 5% 이상인 경우에 한하여 적용한다.

④ 재화의 공급의제 또는 공통사용재화의 공급에 해당하는 경우에는 그 과세기간에는 재계산을 하지 않는다.

96. 부가가치세법상 납부세액 또는 환급세액의 재계산(공통매입세액의 재계산)에 대한 설명으로 가장 틀린 것은?

① 면세비율이 5% 이상 증감되는 경우에 한한다.
② 과세기간 개시 후에 감가상각자산을 취득한 경우에는 그 과세기간 개시일에 취득한 것으로 보아 경과된 과세기간 수를 계산한다.
③ 공통매입세액을 안분하여 공제한 후 면세비율이 증가하는 경우에 한하여 당초에 과다공제한 매입세액을 추징하는 제도이다.
④ 공통사용재화를 공급하는 경우에는 납부세액 또는 환급세액의 재계산이 배제된다.

97. 다음 중 공통매입세액과 관련하여 부가가치세상 납부세액 또는 환급세액의 재계산(공통매입세액의 재계산)의 요건으로 옳지 않은 것은?

① 당초 공통매입세액의 안분계산의 대상이 되었던 매입세액이어야 한다.
② 재계산의 대상이 되는 자산은 감가상각자산으로 한정한다.
③ 공통사용재화를 공급하는 경우에도 재계산해야 한다.
④ 면세비율간의 차이가 5% 이상인 경우에만 적용한다.

98. ㈜경인은 20x1년 3월 1일에 건물을 신축 완료하여 과세사업과 면세사업에 공통으로 사용하고 있다. 해당 건물의 신축에 관련된 매입세액은 10,000,000원이며, 과세기간별 공급가액 및 건물의 사용면적에 관한 자료는 다음과 같다. 20x2년 제1기 확정신고시 재계산하여 납부세액에 가산 또는 공제해야 할 금액은 얼마인가? 단, 이전까지의 공통매입세액의 안분과 정산은 적법하게 이루어졌다.

구분	공급가액		사용면적	
	면세사업	과세사업	면세사업	과세사업
20x1년 제2기	35,000,000원	15,000,000원	600평	400평
20x2년 제1기	30,000,000원	20,000,000원	700평	300평

① 납부세액에서 850,000원 차감
② 납부세액에 850,000원 가산
③ 납부세액에서 900,000원 차감
④ 납부세액에 900,000원 가산

99. 다음은 부가가치세법상 매입세액공제에 대한 설명이다. 가장 옳은 것은?

① 종업원에게 지급한 작업복은 개인적 공급으로 보지 않아 매출세액이 발생하지 않으므로 작업복을 매입시 매입세액은 공제되지 아니한다.

② 영업외 용도의 개별소비세 과세대상 자동차의 구입·유지와 관련된 매입세액은 공제하지 아니하나, 임차관련 매입세액은 공제한다.

③ 당초 구입시 면세사업과 관련된 재화로서 매입세액 불공제된 감가상각자산을 과세사업에 사용하는 경우에는 소정 금액을 매입세액으로 공제받을 수 있다.

④ 면세를 포기함으로써 영세율을 적용받는 경우에는 매입세액공제는 물론 의제매입세액공제도 적용받을 수 있다.

100. 다음 중 부가가치세법상 적용하고 있는 세액공제를 〈보기〉에서 모두 고르면 무엇인가?

(가) 정치자금세액공제	(나) 대손세액공제
(다) 재고매입세액공제	(라) 월세세액공제

① (가), (나)　　② (가), (다)

③ (나), (다)　　④ (다), (라)

101. 다음 (　)에 알맞은 금액은?

> 직전연도의 재화·용역의 공급가액 합계액이 사업장을 기준으로 10억원 이하인 음식점업을 영위하는 간이과세자가 아닌 개인사업자(영수증발급대상 일반과세자임)가 음식물을 판매하고 신용카드 등 매출전표를 발행하는 경우, 부가가치세법상 신용카드 등 발행금액의 (　)%(2027.1.1.부터는 1%)에 상당하는 금액을 연간 1,000만원(2027.1.1.부터는 500만원)을 한도로 납부세액에서 공제한다.

① 1　　② 1.3

③ 1.6　　④ 2.6

102. 다음은 부가가치세법상 신용카드 매출전표 등 발행세액공제에 대한 설명이다. 다음 중 괄호 안에 알맞은 것은?

> 주로 사업자가 아닌 자에게 재화 또는 용역을 공급하는 사업으로서 일정한 요건을 충족하는 일반과세자인 개인사업자와 간이과세자가 부가가치세가 과세되는 재화 또는 용역을 공급하고 「여신전문금융업법」에 따른 신용카드 매출전표, 「조세특례제한법」에 따른 현금영수증 또는 그 밖에 이와 유사한 것으로서 대통령령으로 정하는 것을 발급하는 경우, 다음의 금액을 납부세액에서 공제한다.
> 1) 간이과세자 : 발급금액 또는 결제금액에 ㉮를 곱한 금액(2026.12.31.까지에 해당)
> 2) 일반과세자 : 발급금액 또는 결제금액에 ㉯ 를 곱한 금액(2026.12.31.까지에 해당)

	㉮	㉯
①	2.3%	1%
②	2.3%	1.3%
③	2.6%	1%
④	1.3%	1.3%

103. 다음 중 부가가치세법상 신용카드 매출전표 발행에 따른 세액공제에 대한 설명으로 잘못된 것은?

① 간이과세자의 경우 발급금액 또는 결제금액에 1.3퍼센트(2027.1.1.부터는 1%)를 곱한 금액을 납부세액에서 공제한다.

② 신용카드매출전표 등 발행세액공제의 각 과세기간별 한도는 1,000만원(2027.1.1.부터는 500만원)이다.

③ 직전연도의 재화 또는 용역의 공급가액의 합계액이 사업장을 기준으로 10억원을 초과하는 개인사업자는 신용카드매출전표 등 발행세액공제를 적용할 수 없다.

④ 법인사업자는 신용카드매출전표 등 발행세액공제를 적용받을 수 없다.

104. 아래의 자료는 개인사업자인 김이박씨의 제2기 부가가치세 확정신고를 위해 파악한 내용이다. 부가가치세법상 신용카드매출전표등 발행세액공제액은 얼마인가?

- 일반과세자로 영수증 발급 대상 사업을 영위하고 있다.
- 제2기에 현금영수증을 발행한 공급대가는 10,000,000원이다.
- 직전 연도 공급가액의 합계액은 5억원이다.
- 제1기에 공제받은 신용카드매출전표 등 발행세액공제액은 1,500,000원이다.
- 신용카드매출전표등발행세액공제액이 그 금액을 차감하기 전의 납부할 세액을 초과하지 않는다.

① 50,000원 ② 100,000원
③ 130,000원 ④ 150,000원

105. 다음 중 부가가치세법상 가산세에 대한 설명으로 가장 옳지 않은 것은?

① 미등록가산세에 해당하는 경우에는 사업개시일로부터 등록을 신청한 날까지의 공급가액에 대하여 1%(일반과세자의 경우)에 상당하는 금액을 가산세로 부과한다.
② 사업자가 타인(사업자의 배우자를 제외)명의로 사업자등록을 하거나 그 타인 명의의 사업자등록을 이용하여 사업을 하는 것으로 확인되는 경우에는 타인명의등록가산세를 부과한다.
③ 재화 또는 용역을 공급받고 실제로 재화 또는 용역을 공급하는 자가 아닌 자의 명의로 세금계산서를 발급받은 경우에도 가산세를 부과한다.
④ 등록불성실가산세가 적용되는 부분에 대하여는 매출처별세금계산서합계표가산세를 적용하지 아니한다.

106. 부가가치세의 가산세에 대한 설명 중 가장 옳지 않은 것은?

① 세금계산서합계표불성실가산세는 법인과 일반과세자인 개인이 동일하다.
② 과세표준신고서를 법정신고기한까지 제출한 자가 법정신고기한이 지난 후 1개월 이내에 수정신고・납부하면 과소신고・초과환급신고가산세의 90%가 감면된다.
③ 납부지연가산세는 초과환급받은 경우에는 적용하지 아니한다.
④ 납부지연가산세 계산시 미납기간 계산은 법정 납부기한의 다음 날부터 납부일까지의 기간이다.

107. 다음 중 부가가치세법상 가산세에 대한 설명 중 가장 틀린 것은?

① 사업개시일로부터 20일 이내에 사업자등록을 신청하면 미등록가산세를 적용하지 않는다.

② 영세율과세표준 신고불성실가산세의 가산세율은 과소신고되거나 무신고된 영세율과세표준의 1%이다.

③ 재화 또는 용역의 공급시기 이후에 발급받은 세금계산서로서 그 공급시기가 속하는 과세기간에 대한 확정신고기한까지 발급받아서 매입세액을 공제받는 경우에는 매입처별세금계산서합계표불성실(지연수령) 가산세를 적용한다.

④ 매출처별세금계산서합계표의 지연제출가산세는 예정신고를 할 때 제출하지 못하여 예정신고기간이 속하는 과세기간에 확정신고를 할 때 매출처별세금계산서합계표를 제출하는 경우로서 부실기재에 해당하지 않는 경우에만 적용된다.

108. ㈜경인은 당해 연도 2월 10일 사업을 개시하였으나 8월 10일에 사업자등록신청을 하였다. 다음 자료에 의하여 미등록가산세를 계산하면 얼마인가?

- 2월 10일 ~ 3월 31일 까지의 공급가액 : 100,000,000원
- 4월 1일 ~ 6월 30일 까지의 공급가액 : 300,000,000원
- 7월 1일 ~ 8월 9일 까지의 공급가액 : 120,000,000원
- 8월 10일 ~ 9월 30일 까지의 공급가액 : 50,000,000원
- 10월 1일 ~ 12월 31일 까지의 공급가액 : 400,000,000원

① 5,200,000원　　② 5,700,000원

③ 10,400,000원　　④ 11,400,000원

109. 다음 중 부가가치세법상 일반과세사업자에게 공급가액의 100분의 1에 상당하는 금액을 가산세로 부과하는 경우는?

① 사업자가 타인의 명의로 사업자등록을 하고 실제 사업을 영위하는 것으로 확인되는 경우

② 사업자가 재화를 공급하고 실제로 재화를 공급받는 자 외의 명의로 세금계산서를 발급한 경우

③ 전자세금계산서 의무발급사업자가 발급명세 전송기한이 지난 후 재화·용역의 공급시기가 속하는 과세기간에 대한 확정신고기한까지 발급명세를 전송하지 않는 경우

④ 사업자가 법정기한 이내에 사업자등록을 신청하지 않은 경우

110. 부가가치세법상 가산세에 대한 설명으로 (가)에 들어갈 숫자는?

전자세금계산서를 발급하여야 할 의무가 있는 자가 전자세금계산서를 발급하지 아니하고 세금계산서의 발급시기에 전자세금계산서 외의 세금계산서를 발급한 경우에는 그 공급가액의 (가) 퍼센트를 곱한 금액을 납부세액에 더하거나 환급세액에서 뺀다.

111. 다음 중 부가가치세법상 가산세율에 대한 내용 중 가장 틀린 것은?

① 세금계산서 지연발급 : 1%
② 매출처별세금계산서합계표 지연제출 : 1%
③ 현금매출명세서 미제출 : 1%
④ 세금계산서 미발급 : 2%

112. 부가가치세법상 재화 또는 용역을 공급받고 실제로 재화 또는 용역을 공급하는 자가 아닌 자의 명의로 세금계산서 등을 발급 받은 경우의 가산세는?

① 공급가액의 2%
② 납부세액의 2%
③ 공급가액의 1%
④ 납부세액의 1%

113. 부가가치세법상 전자세금계산서 발급 의무자가 종이세금계산서를 발급한 경우 공급가액이 3,000,000원인 경우 가산세를 계산한 금액으로 옳은 것은?

① 15,000원
② 30,000원
③ 45,000원
④ 60,000원

114. 부가가치세법상 개인사업자의 재화의 공급시기가 20x2년 2월 15일이고 세금계산서를 7월 15일에 발행한 경우 가산세는 그 공급가액의 몇 % 인가?

① 0.5%
② 1%
③ 2%
④ 5%

115. 법인사업자가 10월 30일에 공급가액 10,000,000원에 대한 재화를 공급하고 세금계산서를 한 달 후인 11월 30일에 발행하였다. 이 경우 부가가치세법상 세금계산서 지연발급 가산세는 얼마인가?

① 10,000원 ② 50,000원
③ 100,000원 ④ 200,000원

116. 다음 중 부가가치세법상 재화를 공급받고 타인명의로 세금계산서를 발급받은 경우 가산세율로 옳은 것은?

① 공급가액의 0.5% ② 공급가액의 1%
③ 공급가액의 2% ④ 공급가액의 3%

117. 다음 중 부가가치세법상 가산세에 대한 설명으로 틀린 것은?

① 사업개시일부터 20일 이내에 사업자등록신청을 하지 않은 경우 : 1%
② 세금계산서 발급시기가 지난 후 해당 재화 공급시기가 속하는 과세기간의 확정신고기한까지 세금계산서를 발급하는 경우 : 1%
③ 세금계산서 발급시기가 지난 후 해당 재화 공급시기가 속하는 과세기간의 확정신고기한까지 세금계산서를 발급하지 않은 경우 : 2%
④ 재화 또는 용역을 공급받지 아니하고 세금계산서 등을 발급받은 경우 : 2%

118. 부가가치세법상 사업자가 그 공급가액 또는 세금계산서 등에 적힌 금액에 2%의 가산세를 적용하여야 하는 대상에 해당하지 않는 경우는?

① 사업자가 발급한 세금계산서의 필요적 기재사항의 전부 또는 일부가 착오 또는 과실로 적혀있지 않거나 사실과 다른 경우
② 세금계산서의 발급시기가 지난 후 재화・용역의 공급시기가 속하는 과세기간에 대한 확정신고기한까지 세금계산서를 발급하지 않은 경우
③ 재화 또는 용역을 공급하고 실제로 재화 또는 용역을 공급하는 자가 아닌 자 또는 실제로 재화 또는 용역을 공급받는 자가 아닌 자의 명의로 세금계산서 등을 발급한 경우
④ 재화 또는 용역을 공급하고 세금계산서 또는 신용카드매출전표 등의 공급가액을 과다하게 기재한 경우

119. 현금매출명세서 제출대상 사업자가 현금매출명세서를 예정신고 또는 확정신고를 할 때 제출하지 않거나 허위기재된 경우에는 제출하지 않은 수입금액 또는 허위기재된 수입금액에 대하여 (　)%에 상당하는 금액을 납부세액에 가산하거나 환급세액에서 공제한다. (　)안에 알맞은 것은?

① 1%　　② 0.5%

③ 0.3%　　④ 0.1%

120. 다음 중 부가가치세법상 일반과세사업자에게 공급가액의 1%에 상당하는 금액을 가산세로 부과하는 경우로 가장 틀린 것은?

① 사업자가 타인의 명의로 사업자등록을 하고 실제 사업을 하는 것으로 확인되는 경우
② 사업자가 발급한 세금계산서의 필요적 기재사항의 전부 또는 일부가 착오 또는 과실로 적혀 있지 않거나 사실과 다른 경우
③ 사업자가 매입처별세금계산서합계표의 미제출 또는 부실기재로 인하여, 발급받은 세금계산서를 경정시 경정기관의 확인을 거쳐 경정기관에 제출하여 매입세액을 공제받는 경우
④ 사업자가 재화를 공급하고 실제로 재화를 공급받는 자가 아닌 자의 명의로 세금계산서를 발급한 경우

121. 다음 중 부가가치세 관련 가산세에 대한 설명으로 가장 옳은 것은?

① 일반과세자인 개인사업자가 사업개시일로부터 20일 이내에 사업자등록을 신청하지 아니한 때에는 사업개시일부터 사업자등록 신청일 전날까지 공급가액의 2%를 가산세로 가산한다.
② 법인사업자가 매출처별 세금계산서합계표를 예정신고시 제출하지 아니하고 확정신고시 제출(지연제출)하는 경우로서 부실기재에 해당하지 아니하는 경우 공급가액 0.5%를 가산세로 가산한다.
③ 일반과세사업자가 세금계산서 발급대상인 재화 또는 용역을 공급하고 공급시기가 속하는 과세기간에 대한 확정신고기한까지 세금계산서를 발급하지 아니한 때에는 공급가액의 2%를 세금계산서발급불성실가산세로 가산한다.
④ 법인사업자가 부가가치세 확정신고시 납부세액을 과소하게 납부한 때에는 과소납부세액의 5%를 납부지연가산세로 가산한다.

122. 다음 중 부가가치세법상 가산세에 대한 설명으로 틀린 것은?

① 배우자 명의로 사업자등록을 한 경우 공급가액의 1%를 가산세로 내야 한다.

② 세금계산서 발급시기가 지난 후 재화의 공급시기가 속하는 과세기간 확정신고기한까지 세금계산서를 발급하는 경우 공급가액의 1%를 가산세로 내야한다.

③ 세금계산서의 필요적 기재사항의 일부가 착오로 기재되었으나 나머지 사항으로 보아 거래사실이 확인되는 경우 가산세 대상에 해당되지 않는다.

④ 용역을 공급받고 실제 공급한 자가 아닌 자의 명의로 세금계산서를 발급받은 경우 공급가액의 2%를 가산세로 내야한다.

123. 법인이 20x2년 1기 부가가치세 예정신고・납부(4/25)를 할 때, 사업상 증여분에 대한 공급가액 30,000,000원이 신고 누락되어 확정신고・납부(7/24)를 할 때 포함하여 신고・납부할 예정이다. 부가가치세 예정신고 누락분에 대하여 추가로 납부해야 하는 세액은 얼마인가? (단, 부가가치세 신고서상 뜻을 부기하였으며 미납부 일수는 90일로 가정한다)

124. 과세사업자인 ㈜경인은 20x2년 제1기 예정신고・납부를 20x2년 4월 23일에 하면서 매출세액 3,000,000원과 매입세액 2,000,000원을 누락한 후 20x2년 제1기 확정신고・납부를 20x2년 7월 22일에 하면서 누락한 매출세액과 매입세액을 모두 포함시켰다. 이때 부과되는 가산세 총액은 얼마인가?(단, 세금계산서는 모두 적법하게 발급하거나 발급받았고 부정행위에 의한 경우가 아니며, 가산세 감면은 고려하지 말 것)

① 209,360원 ② 186,400원
③ 263,200원 ④ 326,400원

125. 다음 중 부가가치세법상 가산세율이 잘못된 것은?

① 세금계산서의 발급시기가 지난 후 해당 재화나 용역의 공급시기가 속하는 과세기간에 대한 확정신고기한까지 세금계산서를 미발급한 경우 : 2%

② 세금계산서의 필요적 기재사항 중 일부가 착오나 과실로 적혀 있지 않은 경우로 세금계산서의 그 밖의 기재사항으로 보아 거래사실이 확인되는 경우 : 0.3%

③ 매출처별세금계산서합계표를 확정신고기한까지 미제출한 경우 : 0.5%

④ 부동산임대업자가 부동산임대공급가액명세서를 확정신고기한까지 미제출하거나 수입금액이 허위기재된 경우 : 1%

126. ㈜경인상사는 제1기 예정신고(4월 23일)시 매출 10,000,000원(공급가액)을 신고 누락하였다. 세금계산서는 주고 받았으나 매출처별 세금계산서합계표를 제출분에는 누락되었다. 제1기 확정신고(7월 25일)시 매출처별 세금계산서합계표를 제출하면서 수정신고・납부하려고 한다. 이 경우의 부가가치세법상 신고불성실가산세를 계산하면 얼마인가?(부정행위에 의한 경우가 아님)

① 0원　　② 25,000원
③ 50,000원　　④ 300,000원

127. 부가가치세법상 전자세금계산서 의무발급대상사업자인 김경인씨가 매출 1,000,000원(부가가치세 제외)에 대하여 세금계산서 발급시기에 종이세금계산서를 발급하였을 때 부담해야 할 가산세는?

① 5,000원　　② 5,500원
③ 10,000원　　④ 11,000원

128. 부가가치세법상 일반과세자의 가산세에 대한 내용 중 가장 틀린 것은?

① 매출처별세금계산서합계표를 확정신고시 제출하지 아니한 경우 공급가액의 0.5%를 과세한다.
② 사업자가 사업개시일로부터 20일 이내에 사업자등록을 신청하지 아니한 경우 공급가액의 1%를 과세한다.
③ 사업자가 세금계산서를 발급하지 아니한 경우에는 그 공급가액의 2%를 과세한다.
④ 세금계산서 미발급가산세와 매출처별세금계산서합계표 불성실가산세가 중복되는 경우 매출처별세금계산서합계표 불성실가산세만 적용한다.

129. 다음은 부가가치세법상의 가산세에 대한 설명이다. 가장 옳은 것은?

① 신규로 사업을 개시한 사업자가 기한 내에 등록을 신청하지 않은 경우에도 그 신청기한이 경과한 다음 날부터 신청일까지의 공급가액에 대하여 1%의 가산세가 적용된다.
② 확정신고와 함께 제출하여야 할 매출처별세금계산서합계표를 수정신고에 있어서 제출한 경우에는 그 공급가액에 대하여 1%의 가산세가 적용된다.
③ 매입처별세금계산서합계표를 제출하지 않은 때에는 그 공급가액에 대하여 1%의 가산세가 적용된다.
④ 영세율이 적용되는 과세표준을 신고하지 않거나 미달하게 신고한 경우에는 그 신고하지 않은 과세표준 또는 미달한 과세표준의 0.5%의 가산세가 적용된다.

130. 다음 중 부가가치세법상 가산세율이 가장 잘못 표시된 것은?

① 실제로 재화 또는 용역을 공급하는 자가 아닌 자 또는 실제로 재화 또는 용역을 공급받는 자가 아닌 자의 명의로 세금계산서 등을 발급한 경우 : 그 공급가액의 1%

② 전자세금계산서 의무발급자가 전자세금계산서 외의 세금계산서를 발급한 경우 : 그 공급가액의 1%

③ 세금계산서의 발급시기가 지난 후 해당 재화 또는 용역의 공급시기가 속하는 과세기간에 대한 확정신고기한까지 세금계산서를 발급하는 경우 : 그 공급가액의 1%

④ 매출처별 세금계산서합계표를 예정신고시 제출하지 못하여 해당 예정신고기간이 속하는 과세기간의 확정신고시 제출하는 경우 : 그 공급가액의 0.3%

131. 다음 중 부가가치세법상 가산세에 대한 설명으로 가장 틀린 것은?

① 일반과세자 사업자미등록 가산세의 가산세율은 1%이다.

② 재화나 용역의 공급없이 발급하는 가공매출세금계산서의 경우 공급가액의 2%가 가산세로 부과된다.

③ 재화를 공급하고 실제 공급자가 아닌 다른 사람의 명의로 발급하는 위장세금계산서의 경우 공급가액의 2%가 가산세로 부과된다.

④ 납부지연가산세는 무납부, 과소납부, 초과환급을 받은 경우 부과된다.

132. 부가가치세법상 가산세에 대한 설명이다. 다음 (㉠), (㉡)에 알맞은 숫자는?

일반과세사업자가 법정 기한까지 사업자등록을 신청하지 아니한 경우에는 사업 개시일부터 등록을 신청한 날의 직전일까지의 공급가액의 합계액에 (㉠)%를 곱한 금액을 사업자등록 불성실가산세로 부과한다. 다만, 사업자등록 신청기한이 지난 후 1개월 이내에 신청하는 경우 해당 가산세액의 (㉡)%를 감면한다.

133. 다음은 부가가치세법상 일반과세자인 개인사업자 김정록씨에 대한 제2기 부가가치세신고와 관련된 자료이다. 제2기 확정신고시 차가감납부할 세액(지방소비세 포함)은?

- 업종 : 과세유흥장소가 아닌 음식점업(개인사업자)
- 공급가액 : 500,000,000원
- 공제가능 매입세액 : 30,000,000원
- 면세농산물 구입액 : 108,000,000원
- 제2기 부가가치세 예정고지분 납부세액 : 5,000,000원

① 5,000,000원　② 7,000,000원
③ 7,500,000원　④ 13,000,000원

제7장 부가가치세의 신고와 납부 등

1 신고와 납부

1-1 재화 · 용역의 공급에 대한 신고와 납부

납세의무자		예정신고기간	확정신고기간
법인사업자 (영세법인 사업자* 제외)		• 예정신고 · 납부(3개월분 거래) 예정신고기간이 끝난 후 25일 이내에 각 예정신고기간에 대한 과세표준과 납부세액 또는 환급세액을 납세지 관할 세무서장에게 신고 · 납부 ➡ 이미 조기환급을 받기 위해 신고한 내용은 예정신고대상에서 제외 ➡ 예정신고기간의 납부세액(해당 예정신고기간에 대해 수시부과한 세액은 공제)을 부가가치세 예정신고서와 함께 각 납세지 관할 세무서장에게 납부하거나, 납부서를 작성하여 한국은행 또는 체신관서에 납부	• 확정신고 · 납부(3개월분 거래) 과세기간이 끝난 후 25일(폐업하는 경우 폐업일이 속한 달의 다음 달 25일) 이내에 해당 과세기간에 대한 과세표준과 납부세액 또는 환급세액을 납세지 관할 세무서장에게 신고 · 납부 ➡ 예정신고를 한 사업자 또는 조기환급신고한 사업자는 이미 신고한 과세표준과 납부한 납부세액(또는 환급받은 환급세액)은 확정신고대상에서 제외 ➡ 예정신고미환급세액은 확정신고시 납부세액에서 차감 ➡ 확정신고시의 납부세액에서 조기환급받을 환급세액 중 환급되지 않은 세액과 수시부과한 세액을 빼고 부가가치세 확정신고서와 함께 각 납세지 관할 세무서장에게 납부하거나, 납부서를 작성하여 한국은행 또는 체신관서에 납부
개인사업자 · 영세법인사업자*	원칙	• 예정고지 · 납부 납세지 관할 세무서장은 각 예정신고기간마다 직전 과세기간에 대한 납부세액에 50%를 곱한 금액을 결정하여 해당 예정신고기간이 끝난 후 25일까지 징수 ➡ 1천원 미만의 단수는 버림 ➡ ① 징수하여야 할 금액이 50만원 미만이	• 확정신고 · 납부(6개월분 거래) 과세기간이 끝난 후 25일(폐업하는 경우 폐업일이 속한 달의 다음 달 25일) 이내에 해당 과세기간에 대한 과세표준과 납부세액 또는 환급세액을 납세지 관할 세무서장에게 신고 · 납부 ➡ 예정고지세액은 확정신고시 납부세액에서 차감

납세의무자		예정신고기간	확정신고기간
개인사업자 · 영세법인사업자*	원칙	거나 ② 간이과세자에서 해당 과세기간 개시일 현재 일반과세자로 변경된 경우 ③ 국세기본법에서 규정하고 있는 사유(재난 등의 사유)로 관할 세무서장이 징수하여야 할 금액을 사업자가 납부할 수 없다고 인정되는 경우 징수하지 않음 ➠ 고지기한 : ① 제1기 예정신고기간분(4월 1일부터 4월 10일까지) ② 제2기 예정신고기간분(10월 1일부터 10월 10일까지)	
	예외	• 예정신고 · 납부(3개월분 거래) 예정신고기간이 끝난 후 25일 이내에 각 예정신고기간에 대한 과세표준과 납부세액 또는 환급세액을 납세지 관할 세무서장에게 신고 · 납부 ➠ 개인사업자와 영세법인사업자의 선택적 예정신고(다음 어느 하나에 해당하는 자는 예정신고할 수 있음) ① 휴업 · 사업부진 등으로 인하여 각 예정신고기간의 공급가액 또는 납부세액이 직전 과세기간의 공급가액 또는 납부세액의 1/3에 미달하는 자 ② 각 예정신고기간분에 대하여 조기환급을 받으려는 자 ➠ 예정신고를 한 경우에는 예정고지세액의 결정은 없었던 것으로 봄 ➠ 예정신고를 한 경우에는 그 예정신고기간의 납부세액(해당 예정신고기간에 수시부과한 세액은 공제)을 납세지 관할 세무서장에게 납부	• 확정신고 · 납부(3개월분 거래) 과세기간이 끝난 후 25일(폐업하는 경우 폐업일이 속한 달의 다음 달 25일) 이내에 해당 과세기간에 대한 과세표준과 납부세액 또는 환급세액을 납세지 관할 세무서장에게 신고 · 납부 ➠ 예정신고 및 조기환급신고에 있어서 이미 신고한 내용은 확정신고대상에서 제외 ➠ 예정신고미환급세액은 확정신고시 납부세액에서 차감

* 영세법인사업자 : 직전 과세기간 공급가액의 합계액이 1억 5천만원 미만인 법인사업자

㊟ 예정고지분에 대한 전자고지세액공제

- 납세자가 국세기본법에 따른 전자송달의 방법으로 납부고지서의 송달을 신청한 경우 신청한 달의 다음다음 달 이후 송달하는 분부터 결정 · 징수하는 납부세액에서 납부고지서 1건당 1천원을 공제
- 전자고지세액공제는 각 세법에 따라 부과하는 국세의 납부세액에서 국세기본법에 따른 고지금액의 최저한도(1만원)를 차감한 금액을 한도로 함.

1-2 재화의 수입에 대한 신고와 납부

구 분	내 용
원칙	재화를 수입하는 자는 재화의 수입에 대하여 관세법에 따라 관세를 세관장에게 신고·납부하는 경우에는 재화의 수입에 대한 부가가치세를 함께 신고·납부하고, 그 이후에 세무서장에게 해당 과세기간에 대한 납부세액 또는 환급세액을 신고할 때 매입세액공제 받음
재화의 수입에 대한 부가가치세 납부의 유예	세관장은 일정한 요건을 만족시키는 수출 중소·중견기업 사업자가 물품을 제조·가공하기 위한 원재료 등으로서 자기의 과세사업에 사용하기 위한 재화(매출세액에서 공제되지 아니하는 매입세액과 관련된 재화는 제외)의 수입에 대하여 납부유예를 미리 신청하는 경우에는 해당 재화를 수입할 때 부가가치세의 납부를 유예할 수 있도록 한 제도(수출 중소·중견 기업의 자금부담을 완화하기 위한 목적) ➡ 세관장에게 납부하던 부가가치세의 납부를 유예하고, 그 이후에 세무서장에게 납부세액 등을 신고할 때 납부가 유예된 부가가치세를 납부

㈜ **재화의 수입에 대한 부가가치세 납부의 유예**

- 납부유예 적용대상 사업자 : 다음의 요건을 모두 충족하는 중소·중견사업자
  ① 직전 사업연도에 조세특례제한법 시행령에 따른 중소기업 또는 중견기업에 해당하는 법인일 것(제조업을 주된 사업으로 경영하는 기업에 한정)
  ② 직전 사업연도에 부가가치세법(재화의 수출)에 따라 영세율을 적용받은 재화의 공급가액의 합계액('수출액')이 다음 어느 하나에 해당할 것
  ㉠ 직전 사업연도에 중소기업인 경우 : 직전 사업연도에 공급한 재화 또는 용역의 공급가액의 합계액에서 수출액이 차지하는 비율이 30% 이상이거나 수출액이 50억원 이상일 것
  ㉡ 직전 사업연도에 중견기업인 경우 : 직전 사업연도에 공급한 재화 또는 용역의 공급가액의 합계액에서 수출액이 차지하는 비율이 30% 이상일 것
  ③ 확인 요청일 현재 다음의 요건에 모두 해당할 것
  ㉠ 최근 3년간 계속하여 사업을 경영하였을 것
  ㉡ 최근 2년간 국세(관세를 포함)를 체납한 사실이 없을 것(다만, 납세고지서에 따른 납부기한의 다음 날부터 15일 이내에 체납된 국세를 모두 납부한 경우는 제외)
  ㉢ 최근 2년간 조세범처벌법 또는 관세법 위반으로 처벌받은 사실이 없을 것
  ㉣ 최근 2년간 재화의 수입에 대한 부가가치세의 납부유예가 취소된 사실이 없을 것
  ④ 적용대상 확인 요청 : 중소·중견사업자는 직전 사업연도에 대한 각 사업연도 소득 또는 연결사업연도 소득에 대한 법인세 과세표준과 세액의 신고기한의 만료일과 직전 사업연도에 대한 부가가치세 확정신고기한의 만료일 중 늦은 날부터 3개월 이내에 관할 세무서장에게 적용대상자 요건 충족 여부의 확인을 요청할 수 있음(확인 요청을 받은 관할 세무서장은 요청일로부터 1개월 이내에 확인서 발급)
- 납부유예 신청·통보
  ① 신청 : 부가가치세 납부를 유예받으려는 중소·중견사업자는 발급받은 확인서를 첨부하여 부가가치세 납부유예적용신청서를 관할 세관장에게 제출

② 통보 : 신청을 받은 관할 세관장은 신청일로부터 1개월 이내에 납부유예의 승인여부 결정하여 통지(승인 시 그 유예기간은 1년)

• 정산 및 납부
  ① 재화수입시 : 세관장은 중소·중견사업자가 물품을 제조·가공하기 위한 원재료 등으로서 중소·중견사업자가 자기의 과세사업에 사용하기 위한 재화(매출세액에서 공제되지 않는 매입세액과 관련된 재화는 제외)의 수입에 대하여 부가가치세의 유예를 미리 신청하는 경우에는 해당 재화를 수입할 때 부가가치세의 납부를 유예할 수 있음
  ② 부가가치세 신고시 : 납부 유예를 받은 중소·중견사업자가 예정신고, 확정신고 또는 조기환급신고를 할 때 해당 재화에 대하여 공제하는 재화의 수입에 대한 부가가치세 매입세액과 납부가 유예된 세액을 정산하여 납부하여야 함(이 경우 납세지 관할 세무서장에게 납부한 세액은 세관장에게 납부한 것으로 봄)

• 납부유예의 취소와 효과
  ① 취소 : 세관장은 부가가치세의 납부가 유예된 중소·중견사업자가 국세를 체납하는 등의 취소사유에 해당하는 경우에는 그 납부의 유예를 취소 가능(해당 중소·중견사업자에게 취소사실 통보해야 함.)
  ② 취소효과 : 납부유예 취소는 중소·중견사업자가 부가가치세 납부를 유예받고 수입한 재화에 대해서는 영향을 미치지 않음

1-3 국외사업자로부터 국내에서 공급받은 용역 등에 대한 대리납부

구분	내 용
의 의	• 비거주자 또는 외국법인(국외사업자)으로부터 국내에서 용역 또는 권리를 공급받는 경우에 그 공급받는 자가 그 대가를 지급하는 때에 공급자로부터 부가가치세를 징수하여 납부하도록 한 것 ➡ 소비지국과세원칙을 구현하기 위한 제도
대리납부대상	• 국내에서 부가가치세 과세대상인 용역 또는 권리를 공급받아야 함 ➡ 부가가치세가 면세되는 용역 또는 권리는 대리납부대상이 아님 ➡ 관세와 함께 부가가치세를 신고·납부하여야 하는 재화의 수입은 대리납부대상이 아님(세관장이 거래징수)
공 급 자	• 국내사업장이 없는 비거주자 또는 외국법인 • 국내사업장이 있는 비거주자 또는 외국법인(비거주자 또는 외국법인의 국내사업장과 관련 없이 용역 또는 권리를 공급하는 경우로서 해당 용역 또는 권리의 제공이 국내사업장과 실질적으로 관련되지 않거나 국내사업장에 귀속되지 않는 경우에 한정)
공급받는자 (대리납부의무자)	• 공급받는 자가 공급받은 용역 또는 권리를 과세사업에 제공하는 경우 : 대리납부의무를 지지 않음(다만, 매입세액이 공제되지 아니하는 용역 등을 공급받는 경우에는 대리납부의무를 짐) • 공급받는 자가 공급받은 용역 또는 권리를 과세사업 외의 사업에 제공하는 경우(면세사업·비과세사업에 제공 또는 비사업자인 경우) : 대리납부의무를 짐

구분	내 용
대리납부 징수시기	• 대리납부의무자는 그 대가를 지급하는 때(용역의 제공이 완료된 때가 아님)에 그 대가를 받은 자로부터 부가가치세 징수
대리납부 세액계산	• 용역 또는 권리의 공급가액 × 10%
대리납부세액 납부	• 부가가치세를 징수한 대리납부의무자는 예정신고·납부 또는 확정신고·납부 규정을 준용하여 징수한 부가가치세를 대리납부신고서와 함께 부가가치세를 징수한 사업장 또는 주소지 관할 세무서장에게 납부(국세징수법에 의한 납부서를 작성하여 한국은행 또는 체신관서에 납부 가능)
대리납부지연 가산세 (국세기본법상 원천징수 등 납부지연가산세)	• 대리납부의무자가 징수한 세액을 세법에 따른 납부기한까지 납부하지 아니하거나 과소납부한 경우에는 가산세를 부과 • 가산세액=Min(①, ②) ① '㉠ + ㉡' ㉠ 납부하지 않은 세액 또는 과소납부분 세액×3% ㉡ 납부하지 않은 세액 또는 과소납부분 세액×미납기간×0.022% ② 한도 : 납부하지 않은 세액 또는 과소납부분 세액×50%("㉠의 금액과 ㉡ 중 법정납부기한의 다음 날부터 납부고지일까지의 기간에 해당하는 금액"을 합한 금액은 10%) ➟ 미납기간 : 법정납부기한의 다음 날부터 납부일까지의 기간(납부고지일부터 납부고지에 따른 납부기한까지의 기간은 제외함)

㈜ **국외사업자의 용역 또는 권리의 공급에 대한 특례**

1. 국외사업자의 위탁판매용역에 대한 특례
   국외사업자(대리납부대상 용역 또는 권리를 공급하는 비거주자 또는 외국법인)가 사업자등록의 대상인 위탁매매인 등을 통하여 국내에서 용역 또는 권리를 공급하는 경우에는 위탁매매인 등이 해당 용역 또는 권리를 공급한 것으로 봄
   - 위탁매매인 등 : 위탁매매인, 준위탁매매인, 대리인, 중개인(구매자로부터 거래대금을 수취하여 판매자에게 지급하는 경우에 한정)
2. 국외사업자의 권리공급에 대한 공급장소 특례
   국외사업자로부터 권리를 공급받는 경우에는 부가가치세법의 공급장소 규정에도 불구하고 공급받는 자의 국내에 있는 사업장 소재지 또는 주소지를 해당 권리가 공급되는 장소로 봄

1-4 사업포괄양도에 대한 양수자의 대리납부

구분	내 용
의 의	• 사업장별로 그 사업에 관한 모든 권리·의무를 포괄승계시키는 거래는 재화의 공급으로 보지 아니하는 거래이지만, 사업을 포괄적으로 양수받는 자(양수자)가 그 대가를 지급하는 때에 그 대가를 받은 자(양도자)로부터 부가가치세를 징수하여 그 대가를 지급하는 날이 속하는 달의 다음달 25일까지 부가가치세 대리납부신고서와 함께 사업장 관할 세무서장에게 납부한 경우에는 재화의 공급으로 보아 사업을 양수한 자가 부가가치세 매입세액을 공제받을 수 있도록 한 것
대리납부한 세액의 처리	• 사업양수자 : 사업양수자가 대리납부하는 경우에는 재화의 공급으로 보고 양수자가 징수하여 납부한 세액을 매출세액에서 공제 가능 • 사업양도자 : 사업양수자가 대리납부하는 경우에는 재화의 공급으로 보기 때문에 사업양도자는 사업양수자에게 거래징수는 하지 않았지만 세금계산서를 발급하고, 사업양수자가 대리납부한 세액은 기납부세액으로 하여 납부세액에서 공제

1-5 전자적 용역을 공급하는 국외사업자에 대한 특례

구분	내 용
의 의	• 해외개발자가 해외에서 직접 공급하거나 해외 오픈마켓(구글·애플 등)을 통해서 전자적 용역(앱, 게임, 음성, 영화 등)을 공급하는 것에 대하여 해외 개발자 또는 해외 오픈마켓 사업자에게 간편하게 사업자등록을 하여 부가가치세를 납부할 수 있도록 한 제도 ➡ 종전에는 국내오픈마켓을 통한 전자적 용역의 공급은 국내·해외 개발자 모두에게 부가가치세가 과세되었으나, 해외 개발자가 해외 오픈마켓 또는 직접 전자적 용역을 공급하는 경우에는 부가가치세가 과세되지 않는 과세형평상의 문제가 제기되어 시행
전자적 용역 범위	• 게임·음성·동영상 파일·전자문서 또는 소프트웨어와 같은 저작물 등으로서 광(光) 또는 전자적 방식으로 처리하여 부호·문자·음성·음향 및 영상 등의 형태로 제작 또는 가공된 것(기존의 전자적 용역을 개선시키는 것 포함) _ 광고게재영역, 클라우드컴퓨팅서비스
전자적 용역 공급시기	국내로 공급되는 전자적 용역의 공급시기는 아래의 시기 중 빠른 때로 함 • 구매자가 공급하는 자로부터 전자적 용역을 제공받은 때 • 구매자가 전자적 용역을 구매하기 위하여 대금의 결제를 완료하는 때
해외개발자	다음 중 어느 하나에 해당하는 비거주자 또는 외국법인 • 국내사업장이 없는 비거주자 또는 외국법인 • 국내사업장이 있는 비거주자 또는 외국법인(비거주자 또는 외국법인의 국내사업장과 관련없이 용역 또는 권리를 공급하는 경우로서 해당 용역 또는 권리의 제공이 국내사업장과 실질적으로 관련되지 않거나 국내사업장에 귀속되지 않는 경우에 한정)

구분	내 용
해외 오픈마켓 사업자	• 정보통신망 등을 이용하여 전자적 용역의 거래가 가능하도록 오픈마켓이나 그와 유사한 것을 운영하고 관련 서비스를 제공하는 자 • 전자적 용역의 거래에서 중개에 관한 행위 등을 하는 자로서 구매자로부터 거래대금을 수취하여 판매자에게 지급하는 자 • 그 밖에 위와 유사하게 전자적 용역의 거래에 관여하는 자로서 대통령령으로 정하는 자
간편사업자 등록	• 해외개발자와 해외오픈마켓 사업자로서 국내에 전자적 용역을 공급하는 자는 그 사업의 개시일로부터 20일 이내에 국세정보통신망에 접속하여 아래의 사항을 입력하는 방식으로 국세청장에게 간편사업자등록을 신청하여야 함 ① 사업자 및 대표자의 이름과 전화번호, 우편번호, 이메일주소 및 웹사이트 주소 등의 연락처(법인인 사업자가 법인 이름과 다른 이름으로 거래하는 경우 거래이름 포함) ② 등록국가 · 주소 및 등록번호 등 용역을 제공하는 사업장이 소재하는 국외 사업자 등록 관련 정보 ③ 제공하는 전자적 용역의 종류, 국내에 전자적 용역을 공급하는 사업개시일 및 납세관리인이 있는 경우 납세관리인의 성명, 주민등록번호, 주소 또는 거소 및 전화번호, 부가가치세 환급금을 지급받기 위하여 금융회사 또는 체신관서에 계좌를 개설한 경우 그 계좌번호 • 국세청장은 간편사업자등록을 한 자에 대하여 간편사업자등록번호를 부여하고, 사업자(납세관리인이 있는 경우 납세관리인 포함)에게 통지
부가가치세 신고 · 납부 등	• 신고 : 국세정보통신망에 접속하여 아래의 사항을 입력하는 방식으로 예정신고와 확정신고 함 ① 사업자이름 및 간편사업자등록번호 ② 신고기간 동안 국내에 공급한 전자적 용역의 총공급가액, 공제받을 매입세액 및 납부할 세액 ③ 그 밖에 필요한 사항으로서 기획재정부령으로 정하는 것 • 납부 : 국세청장이 정하는 바에 따라 외국환은행의 계좌에 납입하는 방식으로 납부 • 간편사업자 등록을 한 사업자가 국내에 공급하는 전자적 용역은 세금계산서 · 영수증 발급의무 면제

1-6 신용카드 등 결제금액에 대한 부가가치세의 대리납부

구분	내 용
의 의	• 체납률이 높거나 부가가치세 탈루가 많은 소비자 대상 특정 업종의 B2C(business to consumer) 거래에 대해 소비자가 재화 또는 용역을 공급받을 때 신용카드로 결제하는 경우 공급자가 아닌 신용카드사가 해당 부가가치세액을 대리납부하도록 한 제도
대리납부자	• 여신전문금융업법의 신용카드업자로서 부가가치세 대리납부를 안정적으로 운영할 수 있다고 인정되어 국세청장이 지정한 자(신용카드업자)
대리납부 적용대상 사업자	• 과세되는 재화와 용역을 공급하는 사업자(간이과세자 제외)로서 다음의 업종을 영위하는 사업자(특례사업자) ① 일반유흥 주점업(단란주점영업을 포함) ② 무도유흥 주점업
신용카드업자 대리납부	• 신용카드업자는 특례사업자가 부가가치세가 과세되는 재화 또는 용역을 공급(신용카드·직불카드 또는 선불카드를 사용한 거래로 한정)하고 그 신용카드업자로부터 신용카드업자로부터 공급대가를 받는 경우에는 거래징수 규정에도 불구하고 해당 공급대가를 특례사업자에게 지급하는 때에 대리납부금액을 부가가치세로 징수하여 대리납부기한까지 대리납부신고서와 함께 신용카드업자의 관할 세무서장에게 납부 • 징수하는 대리납부금액 : 공급대가 × 4/110 • 대리납부기한 : 매 분기가 끝나는 날의 다음 달 25일까지
특례사업자(공급자)의 대리납부 금액에 대한 처리	• 예정신고 및 확정신고시 ① 기납부세액으로 공제 : 신용카드업자가 납부한 부가가치세액은 특례사업자가 부가가치세 예정신고 및 확정신고시 이미 납부한 세액으로 봄 ② 세액공제 : 신용카드업자가 납부한 부가가치세액에 1%를 곱한 금액을 부가가치세 예정신고 및 확정신고시 납부세액에서 공제 가능 ➡ 이 경우 해당 공제세액을 차감한 후 납부할 세액[납부세액에서 빼거나 더할 세액(가산세는 제외)을 빼거나 더하여 계산한 세액을 의미]이 음수인 경우에는 영으로 봄 • 예정고지납부시 : 특례사업자에 대하여 예정고지 또는 예정부과 규정에 따라 부가가치세를 결정하여 징수하는 경우에는 그 결정세액에서 해당 예정신고기간 또는 예정부과기간 종료일 현재 신용카드업자가 신용카드업자의 관할 세무서장에게 납부할 부가가치세를 뺀 금액을 각각 징수(다만, 그 산정한 세액이 음수인 경우에는 영으로 봄)

구분	내 용
특례사업자(공급자)에 대한 통지	• 관할 세무서장은 사업자가 대리납부의 적용대상이 되는 특례사업자에 해당하는 경우에는 해당 규정을 적용하여야 하는 과세기간이 시작되기 1개월 전까지 해당 사업자에게 통지(대리납부규정이 적용되어야 하는 과세기간이 시작되기 1개월 전까지 통지를 받지 못한 경우에는 통지서를 받은 날이 속하는 달의 다음 달 1일부터 대리납부제도 적용) • 관할 세무서장은 신규로 사업을 시작하는 자가 대리납부 적용대상에 해당하는 경우에는 사업자등록증을 발급할 때 그 사실을 통지(해당 사업자의 최초 과세기간부터 대리납부규정 적용)
정보제공과 경비지원	• 국세청장은 신용카드업자가 부가가치세액을 대리납부할 수 있도록 신용카드업자에게 대리납부에 필요한 특례사업자에 대한 정보를 제공하여야 함 • 국세청장은 신용카드업자에게 대리납부에 필요한 경비를 지원

2 환급

의 의	부가가치세 납부세액을 계산할 때 매입세액이 매출세액을 초과하게 되면, 그 초과하는 금액을 납세의무자에게 되돌려 주는 것

2-1 일반환급

- 각 과세기간별로 그 과세기간에 대한 환급세액을 확정신고한 사업자에게 그 확정신고기한이 지난 후 30일 이내에 환급해야 함
- 예정신고기간에 대한 일반환급세액은 환급하지 않고 확정신고시 납부세액에서 공제(예정신고 미환급세액)함

2-2 조기환급

구분	내 용
조기환급대상	• 사업자가 영세율을 적용받는 경우 • 사업자가 사업설비(감가상각자산)를 신설·취득·확장·증축하는 경우 • 사업자가 재무구조개선계획을 이행중인 경우
조기환급유형	• 예정신고기간별 또는 확정신고기간별 조기환급 ① 신고 : 조기환급을 받으려는 사업자가 예정신고서 또는 확정신고서를 제출한 경우에는 조기환급을 신고한 것으로 봄(사업자가 사업설비를 신설·취득·확장·증축하는 경우에는 건물 등 감가상각자산취득명세서를, 사업

구분	내 용
조기환급유형	자가 재무구조개선계획을 이행 중인 경우에는 재무구조개선계획서를 각각 그 신고서에 첨부) ➡ 별도의 조기환급에 대한 신고서를 제출할 필요가 없고, 이미 신고한 조기환급분은 제외 ② 환급 : 각 예정신고기간별로 그 예정신고기한이 지난 후 15일 이내에 환급하거나, 각 확정신고기간별로 그 확정신고기한이 지난 후 15일 이내에 환급 • 조기환급기간별 조기환급 ① 조기환급기간 : 예정신고기간 중 매월 또는 매 2월, 과세기간 최종 3월 중 매월 또는 매 2월 예 제1과세기간의 경우 1월, 2월, 4월, 5월('매월'의 경우) 또는 1월~2월, 4월~5월('매 2월'의 경우) ② 신고 : 조기환급기간이 끝난 날부터 25일 이내(조기환급신고기한)에 조기환급기간에 대한 과세표준과 환급세액을 신고하여야 함 ③ 조기환급신고서에 조기환급사유에 따라 해당 과세표준에 대한 영세율 첨부서류와 매입·매출처별 세금계산서합계표, 건물 등 감가상각자산 취득명세서, 재무구조개선계획서를 첨부 ④ 환급 : 조기환급기간별로 조기환급기한이 지난 후 15일 이내에 환급 • 조기환급세액은 영세율이 적용되는 공급분에 관련된 매입세액·사업설비에 관련된 매입세액 또는 국내공급분에 대한 매입세액을 구분하지 아니하고 사업장별로 매출세액에서 매입세액을 공제하여 계산 • 영세율을 적용받아 조기환급을 받을 수 있는 사업자는 해당 영세율 등 조기환급신고기간·예정신고기간 또는 과세기간 중에 각 신고기간 단위별로 영세율의 적용대상이 되는 과세표준이 있는 경우에 한함

2-3 경정시 환급

• 관할 세무서장은 결정·경정에 의하여 추가로 발생한 환급세액이 있는 경우 지체없이 사업자에게 환급

3 결정 · 경정 및 징수

3-1 결정과 경정의 의의

- 신고납세방식을 채택하고 있는 부가가치세 제도에서 납세의무자가 과세표준과 납부세액을 신고하지 않거나 불성실하게 신고할 경우 과세관청이 행하는 행위
- 결정 : 납세자의 신고가 없는 경우 과세관청이 최초로 과세표준과 세액을 확정하는 것
- 경정 : 납세자의 신고내용이 불성실하여 이를 바로 잡기 위하여 과세관청이 행하는 것

3-2 결정 · 경정의 사유

- 납세지 관할 세무서장은 사업자가 다음 어느 하나에 해당하는 경우에만 해당 예정신고기간 및 과세기간에 대한 부가가치세의 과세표준과 납부세액 또는 환급세액을 조사하여 결정 또는 경정할 수 있음(다만, 국세청장이 특히 중요하다고 인정되는 경우에는 납세지 관할 지방국세청장 또는 국세청장이 결정하거나 경정할 수 있음)

① 예정신고 또는 확정신고를 하지 아니한 경우
② 예정신고 또는 확정신고를 한 내용에 오류가 있거나 내용이 누락된 경우
③ 확정신고를 할 때 매출처별 세금계산서합계표 · 매입처별 세금계산서합계표를 제출하지 아니하거나 제출한 합계표의 기재사항의 전부 · 일부가 적혀 있지 아니하거나 사실과 다르게 적혀 있는 경우
④ 그 밖의 다음 사유로 부가가치세를 포탈할 우려가 있는 경우
  - 사업장의 이동이 빈번한 경우
  - 사업장의 이동이 빈번하다고 인정되는 지역에 사업장이 있는 경우
  - 휴업 · 폐업상태에 있을 경우
  - 신용카드가맹점 또는 현금영수증가맹점 가입 대상자로 지정받은 사업자가 정당한 사유없이 가맹점으로 가입하지 아니한 경우로서 사업규모나 영업상황으로 보아 신고내용이 불성실하다고 판단되는 경우
  - 조기환급 신고의 내용에 오류가 있거나 내용이 누락된 경우

- 재경정 : 납세지 관할 세무서장 등은 결정 또는 경정한 과세표준과 납부세액 또는 환급세액에 오류가 있거나 누락된 내용이 발견되면 즉시 다시 경정

3-3 결정 · 경정방법

구 분	내 용
원칙 : 실지조사 결정·경정	• 납세지 관할 세무서장 등은 각 예정신고기간 및 과세기간에 대한 과세표준과 납부세액 또는 환급세액을 조사하여 결정 · 경정하는 경우에는 세금계산서, 수입세금계산서, 장부 또는 그 밖의 증명자료를 근거로 하여야 함
예외 : 추계 결정·경정	• 다음 어느 하나에 해당하는 경우에는 추계할 수 있음 ① 과세표준을 계산할 때 필요한 세금계산서, 수입세금계산서, 장부 또는 그 밖의 증명자료가 없거나 그 중요한 부분이 갖추어지지 아니한 경우 ② 세금계산서, 수입세금계산서, 장부 또는 그 밖의 증명자료의 내용이 시설규모, 종업원 수와 원자재 · 상품 · 제품 또는 각종 요금의 시가에 비추어 거짓임이 명백한 경우 ③ 세금계산서, 수입세금계산서, 장부 또는 그 밖의 증명자료의 내용이 원자재 사용량, 동력 사용량이나 그 밖의 조업 상황에 비추어 거짓임이 명백한 경우

㈜ **추계 결정 · 경정방법**

1. 동업자권형법 : 장부의 기록이 정당하다고 인정되고 신고가 성실하여 경정을 받지 않은 같은 업종과 같은 현황의 다른 사업자와의 권형에 따라 계산하는 방법
2. 생산수율법 : 국세청장이 업종별로 투입원재료에 대하여 조사한 생산수율을 적용하여 계산한 생산량에 그 과세기간 중에 공급한 수량의 시가를 적용하여 계산하는 방법
3. 영업효율법 : 국세청장이 사업의 종류 · 지역 등을 감안하여 사업과 관련된 인적 · 물적 시설의 수량 또는 가액과 매출액의 관계를 정한 영업효율이 있을 때에는 영업효율을 적용하여 계산하는 방법
4. 재무비율법 : 국세청장이 사업의 종류별 · 지역별로 정한 재무비율(투입량과 생산량의 관계를 정한 원단위 투입량, 영업비용과 매출액과의 관계를 정한 비용관계비율, 상품회전율, 매매총이익률, 부가가치율)에 따라 계산하는 방법
5. 회사기준법 : 추계 경정 · 결정 대상 사업자에 대하여 위 '2~4'의 비율을 계산할 수 있는 경우에는 그 비율을 적용하여 계산하는 방법
6. 입회조사법 : 주로 최종소비자를 대상으로 거래하는 음식 및 숙박업과 서비스업에 대해서는 국세청장이 정하는 입회조사기준에 따라 계산하는 방법

3-4 수시부과의 결정

구 분	내 용
수시부과의 사유	납세지 관할 세무서장 등은 사업자가 과세기간 중에 아래 어느 하나에 해당하는 경우 수시로 그 사업자에 대한 부가가치세를 부과할 수 있음 • 가공세금계산서 발급 및 수령 ① 재화·용역을 공급하기 않고 세금계산서·신용카드매출전표 등을 발급한 경우 ② 재화·용역을 공급하기 않고 세금계산서·신용카드매출전표 등을 발급받은 경우 • 위장세금계산서 발급 및 수령 ① 재화·용역을 공급하고 실제로 재화·용역을 공급하는 자가 아닌 자 또는 실제로 재화·용역을 공급받는 자가 아닌 자의 명의로 세금계산서·신용카드매출전표 등을 발급한 경우 ② 재화·용역을 공급받고 실제로 재화·용역을 공급하는 자가 아닌 자의 명의로 세금계산서·신용카드매출전표 등을 발급한 경우 • 공급가액 과다기재 세금계산서 발급 및 수령 ① 재화·용역을 공급하고 세금계산서·신용카드매출전표 등의 공급가액을 과다하게 기재하여 발급한 경우 ② 재화·용역을 공급받고 공급가액이 과다하게 기재된 세금계산서·신용카드매출전표 등을 발급받는 경우 • 부가가치세를 포탈한 우려가 있는 사유 ① 사업장의 이동이 빈번한 경우 ② 사업장의 이동이 빈번하다고 인정되는 지역에 사업장이 있는 경우 ③ 휴업·폐업 상태에 있는 경우 ④ 신용카드가맹점·현금영수증가맹점 가입대상자로 지정받은 사업자가 정당한 사유 없이 가맹점으로 가입하지 않은 경우로서 사업규모나 영업상황으로 보아 신고내용이 불성실하다고 판단되는 경우 ⑤ 조기환급 신고의 내용에 오류가 있거나 내용이 누락된 경우
수시부과 적용 기간	• 해당 과세기간의 개시일부터 수시부과사유가 발생한 날까지를 수시부과기간으로 하여 적용 • 수시부과사유가 확정신고기한 이전에 발생한 경우로서 사업자가 직전 과세기간에 대하여 확정신고를 하지 않은 경우에는 직전 과세기간을 수시부과기간에 포함

3-5 징수

구 분	내 용
추가납부세액에 대한 징수	납세지 관할 세무서장은 • 사업자가 예정신고·확정신고를 할 때에 신고한 납부세액을 납부하지 아니하거나 납부하여야 할 세액보다 적게 납부한 경우 그 세액을 징수 • 결정 또는 경정을 한 경우 추가로 납부하여야 할 세액과 수시부과한 경우 수시부과한 세액을 징수
재화수입에 대한 징수	• 세관장이 관세법에 따라 징수

■ 부가가치세법 시행규칙 [별지 제21호서식] <개정 2025. 7. 4.>　　홈택스(www.hometax.go.kr)에서도 신청할 수 있습니다.

일반과세자 부가가치세 [ ]예정 [ ]확정 [ ]기한후과세표준 [ ]영세율 등 조기환급 신고서

※ 제2쪽 및 제3쪽의 작성방법을 읽고 작성하시기 바랍니다.　　(6쪽 중 제1쪽)

관리번호				처리기간	즉시
신고기간	년 제 기 (월 일 ~ 월 일)				
사업자	상호(법인명)		성명(대표자명)	사업자등록번호	- -
	생년월일		전화번호	사업장 / 주소지 / 휴대전화	
	사업장 주소			전자우편 주소	

① 신고내용

구분				금액	세율	세액
과세표준 및 매출세액	과세	세금계산서 발급분	(1)		10 / 100	
		매입자발행 세금계산서	(2)		10 / 100	
		신용카드·현금영수증 발행분	(3)		10 / 100	
		기타(정규영수증 외 매출분)	(4)		10 / 100	
	영세율	세금계산서 발급분	(5)		0 / 100	
		기타	(6)		0 / 100	
	예정신고 누락분		(7)			
	대손세액 가감		(8)			
	합계		(9)		㉮	
매입세액	세금계산서 수취분	일반매입	(10)			
		수출기업 수입분 납부유예	(11)			
		고정자산매입	(12)			
	예정신고 누락분		(13)			
	매입자발행 세금계산서		(14)			
	그 밖의 공제매입세액		(15)			
	합계 (10)-(11)+(12)+(13)+(14)+(15)		(16)			
	공제받지 못할 매입세액		(17)			
	차감계 (16)-(17)		(18)		㉯	
납부(환급)세액 (매출세액㉮-매입세액㉯)					㉰	
경감·공제세액	그 밖의 경감·공제세액		(19)			
	신용카드매출전표등 발행공제 등		(20)			
	합계		(21)		㉱	
소규모 개인사업자 부가가치세 감면세액			(22)		㉲	
예정신고 미환급세액			(23)		㉳	
예정고지세액			(24)		㉴	
수시부과세액			(25)		㉵	
사업양수자가 대리납부한 세액			(26)		㉶	
매입자 납부특례에 따라 납부한 세액			(27)		㉷	
신용카드업자가 대리납부한 세액			(28)		㉸	
가산세액 계			(29)		㉹	
차감·가감하여 납부할 세액(환급받을 세액)(㉰-㉱-㉲-㉳-㉴-㉵-㉶-㉷-㉸+㉹)					(30)	
총괄 납부 사업자가 납부할 세액(환급받을 세액)						

② 국세환급금 계좌신고	거래은행		은행 지점	계좌번호	
③ 폐업 신고	폐업일		폐업 사유		
④ 영세율 상호주의	해당[ ] 미해당[ ]	적용구분		업종	해당 국가

⑤ 과세표준명세

업태	종목	생산요소	업종 코드	금 액
(31)				
(32)				
(33)				
(34)수입금액 제외				
(35)합 계				

「부가가치세법」 제48조·제49조 또는 제59조와 「국세기본법」 제45조의3에 따라 위의 내용을 신고하며, 위 내용을 충분히 검토하였고 신고인이 알고 있는 사실 그대로를 정확하게 적었음을 확인합니다.

년　　월　　일

신고인:　　　　(서명 또는 인)

세무대리인은 조세전문자격자로서 위 신고서를 성실하고 공정하게 작성하였음을 확인합니다.

세무대리인:　　　　(서명 또는 인)

세무서장 귀하

첨부서류	뒤쪽 참조

세무대리인	성 명		사업자등록번호		
	관리번호		생년월일		전화번호

210㎜×297㎜[백상지 (80g/㎡) 또는 중질지(80g/㎡)]

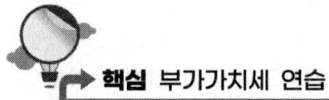

(6쪽 중 제2쪽)

신고인 제출서류	1. 매출처별 세금계산서합계표　　2. 매입처별 세금계산서합계표 3. 매입자발행 세금계산서합계표　　4. 영세율 첨부서류 5. 대손세액 공제(변제)신고서와 대손사실 또는 변제사실을 증명하는 서류 6. 공제받지 못할 매입세액 명세서　　7. 매출처별 계산서합계표 8. 매입처별 계산서합계표　　9. 신용카드매출전표등 수령명세서 10. 전자화폐결제명세서(전산작성분 첨부 가능) 11. 부동산임대공급가액명세서 및 임대계약서 사본(사업장을 임대한 후 임대차계약을 갱신한 경우에만 첨부합니다) 12. 건물관리명세서(주거용건물관리의 경우는 제외합니다) 13. 현금매출명세서 14. 사업장별 부가가치세 과세표준 및 납부세액(환급세액) 신고명세서(주사업장 총괄 납부를 하는 경우만 첨부합니다) 15. 사업자 단위 과세의 사업장별 부가가치세 과세표준 및 납부세액(환급세액) 신고명세서(사업자 단위 과세 사업자인 경우만 첨부합니다) 16. 건물 등 감가상각자산 취득명세서　　17. 의제매입세액 공제신고서 18. 그 밖에 필요한 증명서류	수수료 없음
담당공무원 확인사항	사업자등록증(사업을 폐업하고 확정신고하는 사업자의 경우에는 해당 서류를 제출하게 하고 이를 확인)	

행정정보 공동이용 동의서

본인은 이 건 업무처리와 관련하여 담당 공무원이 「전자정부법」 제36조제1항에 따른 행정정보의 공동이용을 통하여 위의 담당 공무원 확인 사항을 확인하는 것에 동의합니다. 동의하지 않는 경우에는 신고인이 직접 관련 서류를 제출해야 합니다.

신고인　　　　　　(서명 또는 인)

작성방법[① 신고내용란의 (15)란까지]

1. 이 신고서는 한글과 아라비아 숫자로 적고, 금액은 원 단위까지 표시합니다.
2. 색상이 어두운 란은 사업자가 적지 않습니다.
3. ① 신고내용란
   가. (1)란부터 (4)란까지: 해당 신고대상기간에 부가가치세가 과세되는 사업실적 중 세금계산서 발급분은 (1)란에, 매입자로부터 받은 매입자발행 세금계산서의 금액과 세액은 (2)란에, 신용카드매출전표등 발행분과 전자화폐수취분은 (3)란에, 세금계산서 발급의무가 없는 분 등 그 밖의 매출은 (4)란에 적습니다(세액란에는 금액란에 적힌 금액에 해당 항목의 세율을 곱하여 계산한 금액을 적습니다).
   나. (5)란 및 (6)란: 해당 신고대상기간에 영세율이 적용되는 사업실적 중 세금계산서 발급분은 (5)란에, 세금계산서 발급의무가 없는 분은 (6)란에 적습니다.
   다. (7)란: 예정신고를 할 때 누락된 금액을 확정신고할 때 신고하는 경우에 적으며, 제4쪽 (40) 합계란에 적힌 금액과 세액을 적습니다.
   라. (8)란: 부가가치세가 과세되는 재화 또는 용역의 공급에 대한 외상매출금 등이 대손되어 대손세액을 공제받는 사업자가 적으며, 대손세액을 공제받는 경우에는 대손세액을 차감표시(△)하여 적고, 대손금액의 전부 또는 일부를 회수하여 회수금액에 관련된 대손세액을 납부하는 경우에는 해당 납부 세액을 적습니다.
   마. (10)란부터 (12)란까지: 발급받은 세금계산서상의 공급가액 및 세액을 고정자산매입분[(12)란]과 일반매입분[(10)란]으로 구분 집계하여 각각의 난에 적고, 「부가가치세법 시행령」 제91조의2제8항에 따라 재화의 수입에 대한 부가가치세 납부유예를 승인받아 납부유예된 세액을 수출기업 수입분 납부유예란[(11)란]에 적습니다.
   바. (13)란: 예정신고를 하였을 때 누락된 금액을 확정신고하는 경우에 적으며, 제4쪽 (43)합계란의 금액과 세액을 적습니다.
   사. (14)란: 매입자가 관할 세무서장으로부터 거래사실확인 통지를 받고 발행한 매입자발행 세금계산서의 금액과 세액을 적습니다.
   아. (15)란: 발급받은 신용카드매출전표등의 매입세액, 면세농산물등 의제매입세액, 2019 광주 세계수영선수권대회 관련 사업자에 대한 의제매입세액, 재활용폐자원 등에 대한 매입세액, 재고매입세액, 변제대손세액, 외국인 관광객 숙박용역에 대한 환급세액 또는 외국인 관광객 미용성형 의료용역에 대한 환급세액이 있는 사업자가 적으며, 제4쪽 (52)합계란의 금액과 세액을 적습니다.

210㎜×297㎜[백상지 (80g/㎡) 또는 중질지(80g/㎡)]

(6쪽 중 제3쪽)

작성방법[① 신고내용란의 (17)란부터 세무대리인란까지]

1. ① 신고내용란
   가 (17)란: 발급받은 세금계산서의 매입세액 중 공제받지 못할 매입세액, 과세사업과 면세사업등에 공통으로 사용된 공통매입세액 중 면세사업등과 관련된 매입세액 또는 대손처분받은 세액이 있는 사업자가 적으며, 제4쪽 (56) 합계란의 금액 및 세액을 적습니다.
   나. (19)란: 제4쪽의 (63)합계란에 적힌 세액을 적습니다.
   다. (20)란: 개인사업자(직전 연도의 과세공급가액이 10억원을 초과하는 사업자는 제외)로서 소매업자, 음식점업자, 숙박업자 등 「부가가치세법 시행령」 제73조제1항 및 제2항에 따른 사업자가 신용카드 및 전자화폐에 의한 매출이 있는 경우에 적으며, 금액란에는 신용카드매출전표 발행금액 등과 전자화폐 수취금액을, 세액란에는 그 금액의 13/1,000에 해당하는 금액(연간 500만원 한도, 2026년 12월 31일까지는 연간 1,000만원을 한도로 합니다)을 적습니다.
   라. (22)란: 「조세특례제한법」 제108조의4에 따른 소규모 개인사업자 부가가치세 감면세액을 적습니다.
   마. (23)란: 예정신고를 할 때 일반환급세액이 있는 것으로 신고한 경우 그 환급세액을 적습니다.
   바. (24)란: 해당 과세기간 중에 예정고지된 세액이 있는 경우 그 예정고지세액을 적습니다.
   사. (25)란: 해당 과세기간 중에 수시부과된 세액이 있는 경우 그 수시부과세액을 적습니다.
   아. (26)란: 「부가가치세법 시행령」 제95조제5항에 따라 사업양수자가 국고에 납입한 부가가치세액을 적습니다.
   자. (27)란: 「조세특례제한법 시행령」 제106조의9제5항 및 제106조의13제4항에 따른 부가가치세 관리기관이 국고에 직접 입금한 부가가치세액을 적습니다.
   차. (28)란: 「조세특례제한법」 제106조의10제1항에 따라 신용카드업자가 국고에 납입한 부가가치세액을 적습니다.
   카. (29)란: 신고한 내용에 가산세가 적용되는 경우가 있는 사업자만 적으며, 제4쪽 (83)합계란의 세액을 적습니다.
2. ② 국세환급금 계좌신고란: (30)란에 "환급받을 세액"이 발생한 사업자만 적습니다.
3. ③ 폐업신고란: 사업을 폐업하고 확정신고하는 사업자만 적습니다.
4. ④ 영세율 상호주의란
   가. 「부가가치세법」 제25조 또는 같은 법 시행령 제33조제2항제1호 단서 및 제2호에 따라 영세율에 대한 상호주의가 적용되어 (5)란 및 (6)란에 영세율 과세표준 금액이 존재하는 사업자가 적습니다.
   나. 적용 구분란에는 부가가치세법령상 근거조항(예: 법 제21조, 법 제22조, 법 제23조, 법 제24조제1항제1호, 법 제24조제1항제2호, 영 제33조제2항제1호 단서, 영 제33조제2항제2호)을 적고, 업종란에는 부가가치세 영세율이 적용된 재화・용역 또는 그 업종을 적습니다.
5. ⑤ 과세표준명세란
   가. (31)란부터 (33)란까지: (9)란에 적힌 과세표준 합계액을 업태, 종목, 생산요소별로 구분하여 적되, 생산요소는 임의적 기재사항으로 2015. 1. 1. 이후 신고분부터 적습니다.
   나. (34) 수입금액 제외란: 고정자산매각[「소득세법」 제19조제1항제20호에 따른 사업용 유형고정자산(같은 법 시행령 제62조제2항제1호가목은 제외합니다)의 매각금액은 (31)란부터 (33)란까지의 해당란에 기재], 직매장공급 등 소득세수입금액에서 제외되는 금액을 적습니다.
   다. (35)란의 합계액은 (9)란의 금액과 일치해야 합니다.
6. 세무대리인란
   가. 관리번호란에는 「세무사법」 제6조 또는 제20조의2에 따라 세무사등록부 또는 세무대리업무등록부에 등록 시 부여받은 관리번호를 적되, 2025년 12월 31일까지는 관리번호를 적지 않고 생년월일란에 생년월일을 적습니다
   나. 생년월일란에는 관리번호가 없는 경우에만 세무대리인(세무대리인이 법인인 경우에는 이 신고의 대리업무를 담당하는 소속 세무사 등)의 생년월일을 적습니다.

210㎜×297㎜[백상지 (80g/㎡) 또는 중질지(80g/㎡)]

(6쪽 중 제4쪽)

※ 이 쪽은 해당 사항이 있는 사업자만 사용합니다.
※ 제5쪽 및 제6쪽의 작성방법을 읽고 작성하시기 바랍니다.

사업자등록번호	□□□ - □□ - □□□□□	*사업자등록번호는 반드시 적으시기 바랍니다.

구분				번호	금액	세율	세액
예정신고 누락분 명세	(7)매출	과세	세금계산서	(36)		10 / 100	
			기타	(37)		10 / 100	
		영세율	세금계산서	(38)		0 / 100	
			기타	(39)		0 / 100	
		합계		(40)			
	(13)매입	세금계산서		(41)			
		그 밖의 공제매입세액		(42)			
		합계		(43)			

구분			번호	금액	세율	세액
(15) 그 밖의 공제 매입세액 명세	신용카드매출전표등 수령명세서 제출분	일반매입	(44)			
		고정자산매입	(45)			
	의제매입세액		(46)		제5쪽 참조	
	재활용폐자원등 매입세액		(47)		제5쪽 참조	
	과세사업전환 매입세액		(48)			
	재고매입세액		(49)			
	변제대손세액		(50)			
	외국인 관광객에 대한 환급세액		(51)			
	합계		(52)			

구분		번호	금액	세율	세액
(17) 공제받지 못할 매입세액 명세	공제받지 못할 매입세액	(53)			
	공통매입세액 중 면세사업등 해당 세액	(54)			
	대손처분받은 세액	(55)			
	합계	(56)			

구분		번호	금액	세율	세액
(19) 그 밖의 경감·공제 세액 명세	전자신고 세액공제	(57)			
	전자세금계산서 발급세액 공제	(58)			
	일반택시 운송사업자 경감세액	(59)			
	대리납부 세액공제	(60)			
	현금영수증사업자 세액공제	(61)			
	기타	(62)			
	합계	(63)			

구분			번호	금액	세율	세액
(29) 가산세액 명세	사업자미등록 등		(64)		제6쪽 참조	
	세금계산서	지연발급 등	(65)		1 / 100	
		지연수취	(66)		5 / 1,000	
		미발급 등	(67)		제6쪽 참조	
	전자세금계산서 발급명세 전송	지연전송	(68)		3 / 1,000	
		미전송	(69)		5 / 1,000	
	세금계산서 합계표	제출 불성실	(70)		5 / 1,000	
		지연제출	(71)		3 / 1,000	
	신고 불성실	무신고(일반)	(72)		제6쪽 참조	
		무신고(부당)	(73)		제6쪽 참조	
		과소·초과환급신고(일반)	(74)		제6쪽 참조	
		과소·초과환급신고(부당)	(75)		제6쪽 참조	
	납부지연		(76)		제6쪽 참조	
	영세율 과세표준신고 불성실		(77)		5 / 1,000	
	현금매출명세서 불성실		(78)		1 / 100	
	부동산임대공급가액명세서 불성실		(79)		1 / 100	
	매입자 납부특례	거래계좌 미사용	(80)		제6쪽 참조	
		거래계좌 지연입금	(81)		제6쪽 참조	
	신용카드매출전표 등 수령명세서 미제출·과다기재		(82)		5 / 1,000	
	합계		(83)			

면세사업 수입금액		업태	종목	코드번호	금액
	(84)				
	(85)				
	(86)	수입금액 제외			
				(87) 합계	

계산서 발급 및 수취 명세		
	(88) 계산서 발급금액	
	(89) 계산서 수취금액	

210㎜×297㎜[백상지(80g/㎡) 또는 중질지(80g/㎡)]

(6쪽 중 제5쪽)

작성방법[예정신고 누락분 명세란부터 (19) 그 밖의 경감·공제 세액 명세란까지]

1. 예정신고 누락분 명세의 (7) 매출란[(36)란부터 (39)란까지] 및 (13) 매입란[(41)란 및 (42)란]: 제1쪽 (7)란 및 (13)란의 예정신고 누락분을 합계하여 적은 경우 그 예정신고 누락분의 명세를 적습니다. 다만, 매입자발행 세금계산서는 세금계산서란에 포함하여 적습니다.
2. (15) 그 밖의 공제매입세액 명세란
   가. (44)란 및 (45)란: 사업과 관련한 재화나 용역을 공급받고 발급받은 신용카드매출전표 등을 신용카드매출전표등 수령명세서에 작성하여 제출함으로써 매입세액을 공제하는 경우에 일반매입과 고정자산매입을 구분하여 적습니다.
   나. (46)란: 면세농산물등을 원재료로 제조·창출한 재화 또는 용역이 과세되어 의제매입세액을 공제받는 사업자의 경우 금액란에는 「부가가치세법 시행규칙」 별지 제15호서식의 면세농산물등의 매입가액을, 세액란에는 공제할 세액을 적고, 「조세특례제한법」 제104조의28제5항에 따라 매입세액을 공제받는 사업자의 경우 금액란에는 「조세특례제한법 시행규칙」 별지 제64호의25서식 앞쪽 ⑥ 매입가액란에 적힌 금액을, 세액란에는 공제할 세액을 적으며, 「조세특례제한법」 제104조의29제1항에 따라 매입세액을 공제받는 사업자는 금액란에는 「조세특례제한법 시행규칙」 별지 제64호의26서식 앞쪽 ⑥ 매입가액란에 적힌 금액을, 세액란에는 공제할 세액을 적습니다.
   다. (47)란: 재활용폐자원 등에 대한 매입세액을 공제받는 사업자가 적고, 금액란에는 재활용폐자원 등의 취득가액을, 세액란에는 「조세특례제한법 시행규칙」 별지 제69호서식(1) 재활용폐자원 및 중고자동차 매입세액 공제신고서(갑)의 공제할 세액을 적습니다.
   라. (48)란: 면세사업등에 사용하는 감가상각자산을 과세사업에 사용하거나 소비하는 경우 해당 자산 취득 시 공제받지 않은 매입세액을 공제받는 경우에 적습니다.
   마. (49)란: 간이과세자에서 일반과세자로 변경된 사업자가 그 변경되는 날 현재의 재고품등에 대하여 매입세액을 공제받는 경우에 적습니다.
   바. (50)란: 공급받은 재화나 용역에 대한 외상매입금, 그 밖에 매입채무가 대손확정되어 매입세액을 미공제받은 후 대손금액의 전부 또는 일부를 변제한 경우 변제한 대손금액에 관련된 대손세액을 적습니다.
   사. (51)란: 「조세특례제한법 시행령」 제109조의2제6항에 따른 특례적용관광숙박시설(2025년 3월 31일까지는 특례적용관광호텔) 사업자 또는 같은 영 제109조의3제8항에 따른 특례적용의료기관 사업자가 공제받을 부가가치세액을 적습니다.
3. (17) 공제받지 못할 매입세액 명세란
   가. (53)란: 발급받은 세금계산서 중 매입세액을 공제받지 못할 세금계산서의 공급가액, 세액의 합계액을 적습니다.
   나. (54)란: 부가가치세 과세사업과 면세사업등에 공통으로 사용하는 공통매입세액 중 면세사업등에 해당하는 분을 안분(按分)하여 계산한 공급가액과 세액을 적습니다.
   다. (55)란: 부가가치세가 과세되는 재화 또는 용역을 공급받고 매입세액을 공제받은 외상매입금 그 밖에 매입채무가 폐업 전에 대손이 확정되어 거래상대방이 대손세액을 공제받은 경우 관련 대손처분을 받은 세액을 적습니다.
4. (19) 그 밖의 경감·공제세액 명세란
   가. (57)란: 「조세특례제한법」 제104조의8제2항에 따른 전자신고 세액공제 금액(10,000원)을 확정신고할 때 적습니다.
   나. (58)란: 직전연도의 사업장별 재화 및 용역의 공급가액(부가가치세 면세공급가액을 포함)의 합계액이 3억원 미만인 개인사업자 또는 해당 연도에 신규로 사업을 개시한 개인사업자가 전자세금계산서를 발급하고 발급명세를 국세청에 전송한 경우 공제세액(발급 건수 당 200원씩, 연간 100만원 한도)을 적습니다.
   다. (59)란: 「여객자동차 운수사업법 시행령」 제3조제2호다목에 따른 일반택시 운송사업자만 적되, 제1쪽 ㉯란에 적은 납부세액의 99/100에 해당하는 금액을 적습니다.
   라. (60)란: 「조세특례제한법」 제106조의10제4항에 따른 부가가치세 대리납부세액 공제금액을 적습니다.
   마. (61)란: 「조세특례제한법」 제126조의3에 따른 현금영수증사업자에 대한 부가가치세 공제액을 적습니다.

210㎜×297㎜[백상지 (80g/㎡) 또는 중질지(80g/㎡)]

(6쪽 중 제6쪽)

작성방법[(29) 가산세액 명세란부터 계산서 발급 및 수취 명세란까지]

1. (29) 가산세액 명세란
가. (64)란: 사업자등록을 하지 않거나 타인의 명의로 등록한 경우 또는 타인 명의의 사업자등록을 이용한 경우 그 공급가액과 세액을 적습니다.
1) 사업자등록을 하지 않은 경우 : 공급가액 합계액의 1%
2) 타인의 명의로 등록한 경우 또는 타인 명의의 사업자등록을 이용한 경우 : 공급가액 합계액의 2%
나. (65)란: 세금계산서 발급시기를 경과하여 발급하거나 세금계산서의 필요적 기재사항의 전부 또는 일부가 착오 또는 과실로 적혀 있지 않거나 사실과 다른 경우 그 공급가액과 세액을 적습니다.
다. (66)란: 재화 또는 용역의 공급시기 이후에 발급받은 세금계산서로서 해당 공급시기가 속하는 과세기간의 확정 신고기한까지 발급받아 매입세액공제를 받은 경우 그 공급가액과 세액을 적습니다.
라. (67)란: 세금계산서를 발급하지 않거나 재화 또는 용역의 공급 없이 세금계산서등을 발급 및 수취하거나 실제로 재화 또는 용역을 공급하는 자 및 공급받는 자가 아닌 자의 명의로 세금계산서 등을 발급 및 수취하거나 재화 또는 용역의 공급가액을 과다하게 기재하여 세금계산서 등을 발급 및 수취한 경우 그 공급가액과 세액을 적습니다.
1) 세금계산서를 발급하지 않은 경우 : 공급가액의 2%,
2) 재화 또는 용역의 공급 없이 세금계산서등을 발급 및 수취한 경우 : 세금계산서등에 적힌 금액의 3%,
3) 실제로 재화 또는 용역을 공급하는 자 및 공급받는 자가 아닌 자의 명의로 세금계산서 등을 발급 및 수취하거나 재화 또는 용역의 공급가액을 과다하게 기재하여 세금계산서 등을 발급 및 수취한 경우 : 공급가액의 2%
마. (68)란: 전자세금계산서 발급 의무 사업자가 전자세금계산서 발급일의 다음 날이 경과한 후 재화 또는 용역의 공급시기가 속하는 과세기간에 대한 확정신고기한까지 세금계산서 발급명세를 전송한 경우 그 공급가액과 세액을 적습니다.
바. (69)란: 전자세금계산서 발급 의무 사업자가 전자세금계산서 발급일의 다음 날이 경과한 후 재화 또는 용역의 공급시기가 속하는 과세기간에 대한 확정신고기한까지 세금계산서 발급명세를 전송하지 않은 경우 그 공급가액과 세액을 적습니다.
사. (70)란: 「부가가치세법」 제60조제6항 및 제7항에 해당하는 경우(매출·매입처별 세금계산서합계표를 미제출·부실기재 등) 그 공급가액과 세액을 적습니다. 다만, 「부가가치세법」 제60조제6항제3호에 해당하는 경우는 (71)란에 적습니다.
아. (71)란: 매출처별 세금계산서합계표를 각 예정신고와 함께 제출하지 않고 해당 예정신고기간이 속하는 과세기간의 확정신고와 함께 제출하는 경우 그 공급가액과 세액을 적습니다.
자. (72)란 및 (73)란: 법정신고기한까지 신고하지 않은 무신고납부세액 및 「국세기본법」 제47조의2에 따른 가산세액을 적습니다.
1) 부정행위에 따른 부당 무신고가산세: 납부세액의 40%,
2) 그 밖의 일반 무신고가산세: 납부세액의 20%
※ 법정신고기한이 지난 후 1개월 이내에 기한 후 신고한 경우 가산세액의 50%, 1개월 초과 3개월 이내 30%, 3개월 초과 6개월 이내 20% 감면
차. (74)란 및 (75)란:과소신고한 납부세액 또는 초과신고한 환급세액과 「국세기본법」 제47조의3에 따른 가산세액을 적습니다.
1) 부정행위에 따른 부당 과소·초과환급신고 가산세: 납부세액의 40%,
2) 그 밖의 일반 과소·초과환급신고 가산세: 납부세액의 10%
※ 법정신고기한이 지난 후 1개월 이내에 수정신고한 경우 가산세액의 90%, 1개월 초과 3개월 이내 75%, 3개월 초과 6개월 이내 50%, 6개월 초과 1년이내 30%, 1년 초과 1년 6개월 이내 20%, 1년 6개월 초과 2년 이내 10% 감면
카. (76)란: 법정납부기한까지 납부하지 않거나 적게 납부한 세액 및 환급신고해야 할 환급세액을 초과한 환급세액과 「국세기본법」 제47조의4에 따른 가산세액을 적으며, 가산세율은 $\frac{22 \times (경과일수)}{100,000}$ 입니다.
※ 경과일수는 당초 납부기한의 다음 날부터 납부일까지 또는 환급받은 날의 다음 날부터 납부일까지의 기간의 일수를 말합니다.
타. (77)란: 영세율이 적용되는 과세표준을 신고하지 않거나 미달하게 신고한 경우 그 공급가액과 세액을 적습니다.
파. (78)란: 현금매출명세서를 제출해야 할 사업자가 그 명세서를 제출하지 않거나 사실과 다르게 적은 경우 그 공급가액과 세액을 적습니다.
하. (79)란: 부동산임대공급가액명세서를 제출해야 할 사업자가 그 명세서를 제출하지 않거나 사실과 다르게 적은 경우 그 공급가액과 세액을 적습니다.
거. (80)란: 「조세특례제한법」 제106조의4제7항, 제106조의9제6항 및 제106조의11제5항에 따라 금거래계좌, 스크랩등거래계좌 및 면세점송객용역거래계좌를 사용하지 않고 결제받은 경우 그 가산세액을 적으며, 가산세율은 제품가액의 100분의 10에 해당하는 금액입니다.
너. (81)란: 「조세특례제한법」 제106조의4제8항, 제106조의9제7항 및 제106조의11제6항에 따라 거래시기에 부가가치세액을 거래계좌에 입금하지 않은 경우 공급일(공급일이 세금계산서 발급일보다 빠른 경우 세금계산서 발급일)의 다음 날부터 부가가치세 입금일까지 기간에 대한 가산세액을 적으며, 가산세액은 지연입금액 × $\frac{22 \times (경과일수)}{100,000}$ 입니다.
더. (82)란: 「부가가치세법」 제60조제5항에 따라 신용카드매출전표등 수령명세서를 제출하지 않았거나 금액을 과다하게 기재한 경우 그 공급가액과 세액을 적습니다.
2. 면세사업 수입금액란, 계산서 발급 및 수취 명세란
가. (84)란 및 (85)란: 부가가치세가 면제되는 사업의 수입금액을 업태, 종목별로 구분하여 적습니다.
나. (86)란: 고정자산 매각 등 종합소득세 수입금액에서 제외되는 금액[「소득세법」 제19조제1항제20호에 따른 사업용 유형고정자산(같은 법 시행령 제62조제2항제1호가목은 제외합니다)의 매각금액은 (84)란 또는 (85)란 중 해당 란에 기재]을 적습니다.
다. (87)란: 수입금액 합계액을 적습니다.
라. (88)란: 부가가치세가 과세되지 않은 재화 또는 용역을 공급하고 발급한 계산서의 합계액을 적습니다.
마. (89)란: 거래상대방으로부터 발급받은 계산서의 합계액을 적습니다.

210㎜×297㎜[백상지 (80g/㎡) 또는 중질지(80g/㎡)]

정리문제

제7장

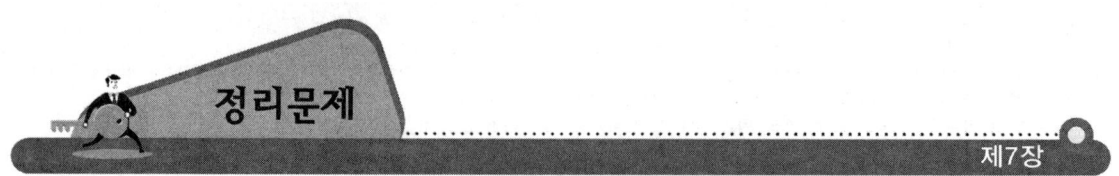

1. **다음 중 부가가치세의 신고와 납부에 대한 설명으로 옳지 않은 것은?**

① 법인사업자(영세법인사업자는 제외)는 예정신고시 이미 신고한 내용을 제외하고 과세표준과 납부세액을 확정신고한다.

② 예정신고 미환급세액은 확정신고 납부세액에서 공제하여 납부한다.

③ 법인사업자(영세법인사업자는 제외)는 예정신고를 반드시 하여야 한다.

④ 총괄납부사업자는 주사업장 관할 세무서장에게 종된 사업장분을 합산하여 신고・납부하여야 한다.

2. **다음 중 일반과세자의 부가가치세 신고와 관련하여 옳은 것은?**

① 원칙적으로 모든 개인사업자는 예정신고를 하여야 한다.

② 폐업한 경우에는 그 폐업일로부터 25일 내에 확정신고하여야 한다.

③ 법인사업자가 예정신고한 과세표준은 확정신고시 신고하지 아니한다.

④ 직전 과세기간에 환급세액이 있는 개인사업자는 예정신고를 하여야 한다.

3. **다음 중 부가가치세법상 신고와 납부에 대한 설명으로 가장 옳지 않은 것은?**

① 내국법인과 외국법인 모두 과세기간이 끝난 후 25일 이내에 납세지 관할 세무서장에게 신고하여야 한다.

② 사업자가 폐업하는 경우 과세기간은 그 과세기간 개시일부터 폐업일까지로 하며, 신고기한은 폐업일로부터 25일 이내로 한다.

③ 일반과세자인 개인사업자에 대해서는 각 예정신고기간마다 직전 과세기간에 대한 납부세액에 50%를 곱한 금액을 결정 고지하여 해당 예정신고기간이 끝난 후 25일까지 징수함을 원칙으로 한다.

④ 일반과세자인 개인사업자의 경우 예정고지하여 징수하여야 할 금액이 50만원 미만인 경우에는 이를 고지・징수하지 아니한다.

4. 다음은 부가가치세법상의 신고 · 납부에 관한 설명이다. 가장 옳지 않은 것은?

① 일반과세자인 개인사업자의 경우 예정고지에 의하여 징수하여야 할 금액이 50만원 미만인 경우에는 징수하지 아니한다.
② 휴업 또는 사업부진 등으로 인하여 각 예정신고기간의 공급가액 또는 납부세액이 직전 과세기간의 공급가액 또는 납부세액의 1/3에 미달하는 일반과세자인 개인사업자는 예정신고를 할 수 있다.
③ 국내에 사업장이 없는 비거주자 또는 외국법인으로부터 용역의 공급을 받는 자는 부가가치세를 대리납부해야 하는 경우가 있다.
④ 확정신고시 누락분은 다음 예정신고에 포함한다.

5. 다음 중 일반과세자인 개인사업자 중 부가가치세법상 예정신고 · 납부를 할 수 있는 경우는 어느 것인가?

① 각 예정신고기간분에 대해 조기환급을 받고자 하는 자
② 각 예정신고기간에 신규로 사업을 개시한 자
③ 직전 과세기간에 대한 납부세액이 없는 자
④ 주사업장 총괄납부승인을 얻은 자

6. 다음은 부가가치세의 신고납부와 관련된 내용이다. 가장 잘못 설명한 것은?

① 부가가치세 신고납부기한은 과세기간이 끝난 후 20일까지이다.
② 부가가치세 신고는 예정신고와 확정신고로 구분한다.
③ 사업자는 예정신고 때 이미 신고한 내용을 제외하고 과세표준과 납부세액을 확정신고하여야 한다.
④ 법인사업자(영세법인사업자는 제외)는 부가가치세를 예정신고, 확정신고 모두 신고, 납부하여 1년에 4번 신고 · 납부한다.

7. 다음 자료를 근거로 폐업한 사업자의 부가가치세 확정신고기한은 언제인가?

가. 20x1년 4월 1일 사업개시한 개인사업자(일반과세자)임. 나. 20x2년 7월 25일 1기 부가가치세 확정신고를 함. 다. 20x2년 9월 20일 영업부진으로 사업을 폐업함.

① 20x2년 9월 25일
② 20x2년 10월 25일
③ 20x2년 12월 25일
④ 20x3년 1월 25일

8. 다음 중 부가가치세법상 일반과세자인 김규혜씨는 사업이 부진하여 휴업을 결정하고 20x2년 4월 7일에 휴업신고를 한 경우 부가가치세 확정신고기한은 언제인가?

① 20x2년 4월 30일
② 20x2년 5월 25일
③ 20x2년 6월 25일
④ 20x2년 7월 25일

9. 다음 중 부가가치세법상 확정신고시에만 적용하는 것이 아닌 것은?

① 납부 및 환급세액의 재계산
② 공통매입세액의 안분계산
③ 전자신고세액공제
④ 대손세액공제

10. 부가가치세법상 다음 (㉠)에 알맞은 숫자는?(단, 분수로 쓸 것)

휴업 또는 사업부진 등으로 인하여 각 예정신고기간의 공급가액 또는 납부세액이 직전 과세기간의 공급가액 또는 납부세액의 (㉠)에 미달하는 일반과세자인 개인사업자는 관할 세무서장의 예정고지에 의하지 아니하고 각 예정신고 기간에 대한 과세표준과 납부세액 또는 환급세액을 신고할 수 있다.

11. 다음 (   )에 알맞은 숫자는 무엇인가?

부가가치세법상 일반과세자인 개인사업자에 대해서는 원칙적으로 해당 예정신고기간이 끝난 후 25일까지 부가가치세 예정고지세액을 징수한다. 다만, 징수하여야 할 금액이 (   )만원 미만이거나 간이과세자에서 해당 과세기간 개시일 현재 일반과세자로 변경된 경우에는 징수하지 않는다.

12. 부가가치세법상 예정신고납부에 대한 설명이다. 가장 옳지 않은 것은?

① 법인사업자(영세법인사업자는 제외)는 예정신고기간이 끝난 후 25일 이내에 부가가치세를 신고납부하여야 한다.

② 개인사업자는 예정신고기간이 끝난 후 25일 이내에 예정고지된 금액을 납부하여야 한다.

③ 개인사업자에게 징수하여야 할 예정고지금액이 30만원 미만인 경우 징수하지 아니한다.

④ 개인사업자는 사업실적이 악화된 경우 등 사유가 있는 경우에는 예정신고납부를 할 수 있다.

13. 다음 중 부가가치세 신고시 제출하는 서류가 아닌 것은?

① 부가가치세 신고서와 건물 등 감가상각자산취득명세서

② 매출처별 세금계산서 합계표와 매입처별 세금계산서 합계표

③ 공제받지 못할 매입세액명세서와 대손세액공제신고서

④ 총수입금액조정명세서와 조정후 총수입금액명세서

14. 다음 중 부가가치세법상 확정신고를 하는 경우 "해당 경우 – 제출서류"의 연결이 옳지 못한 것을 고르시오.

① 소매업의 현금매출이 있는 경우 – 현금매출명세서

② 음식점업을 영위하는 경우 – 사업장현황명세서

③ 건물 등의 고정자산을 취득한 경우 – 건물 등 감가상각자산 취득명세서

④ 불공제 대상 매입세액이 있는 경우 – 공제받지 못할 매입세액명세서

15. 다음 중 부가가치세법상 현금매출명세서 제출의무가 없는 것은?

① 부동산중개업　　② 공인회계사업

③ 기술지도사업　　④ 도매업

16. 다음 중 부가가치세법상 현금매출명세서 제출대상이 아닌 업종은?

① 부동산중개업　　② 전문서비스업

③ 예식장업　　④ 도매업

17. **다음 중 부가가치세법상 재화의 수입에 대한 부가가치세 납부유예 규정에 대한 설명으로 틀린 것은?**

① 세관장은 법정 요건을 충족하는 중소·중견기업사업자가 원재료의 수입에 대해 부가가치세 납부유예를 미리 신청하는 경우 해당 재화를 수입할 때 부가가치세의 납부를 유예할 수 있다.

② 중소·중견기업사업자의 국세가 체납된 경우라도 세관장은 납부유예를 취소할 수 없다.

③ 3년간 계속하여 사업한 중소기업(3년간 처벌 또는 체납 없음)의 경우 직전 사업연도에 공급한 재화 공급가액의 합계액에서 수출액이 차지하는 비율이 30퍼센트 이상 되는 경우 신청가능하다.

④ 관할 세관장은 신청일부터 1개월 이내 납부유예의 승인여부를 결정하여 해당 업자에게 통지하여야 한다.

18. **부가가치세법상 국외사업자로부터 국내에서 공급받은 용역 또는 권리에 대한 대리납부에 대한 설명으로 옳지 않은 것은?**

① 공급자가 국내사업장이 없는 비거주자 또는 외국법인인 경우에 한하여 적용한다.

② 공급받는 자는 원칙적으로 면세사업자·비과세사업에 제공 또는 비사업자인 경우에 한한다.

③ 대리납부징수시기는 대리납부의무자가 그 대가를 지급하는 때이다.

④ 대리납부의무자가 대리납부를 하지 아니하면 가산세가 적용된다.

19. **다음 중 부가가치세법상 국외사업자로부터 국내에서 공급받은 용역 또는 권리에 대한 대리납부에 대한 설명으로 가장 옳지 않은 것은?**

① 국내사업장이 없는 비거주자 또는 외국법인으로부터 용역의 공급을 받는 자가 공급받은 해당 용역을 면세사업에 사용하는 경우에는 대리납부의무가 있다.

② 국내사업장이 있는 외국법인 또는 비거주자로부터 용역을 공급받는 경우에는 특정한 경우에 한하여 대리납부의무가 있다.

③ 국내사업장이 없는 비거주자로부터 부가가치세 면세대상인 용역을 공급받는 경우에는 대리납부의무도 면제된다.

④ 대리납부 시기는 그 대가를 지급하는 때가 아니고 비거주자 또는 외국법인으로부터 용역의 제공이 완료되는 때이다.

20. 부가가치세법상 대리납부에 대한 설명으로 옳지 않은 것은?

① 공급받는 자는 원칙적으로 면세사업자 또는 비사업자 등인 경우에 적용한다.
② 대리납부세액은 공급받은 용역대가를 지급하는 때에 징수한다.
③ 대리납부의무자가 대리납부를 하지 아니하면 가산세가 적용된다.
④ 공급받은 용역을 과세사업에 사용하는 경우에 대리납부의무가 적용된다.

21. 부가가치세법에서는 국내사업장이 없는 비거주자 또는 외국법인 등으로부터 용역 또는 권리를 공급받는 경우(용역의 수입개념) 용역 또는 권리를 공급 받는 자가 공급하는 자를 대리하여 그 대가를 지급할 때 그 대가를 지급 받은 자로부터 부가가치세를 징수하여 납부하도록 하고 있다. 이는 무엇을 설명하고 있는지 부가가치세법상 정확한 용어를 쓰시오.

22. 부가가치세법상 환급에 대한 설명으로 옳지 않은 것은?

① 매월 또는 매 2월 조기환급을 받고자 하는 자는 조기환급기간이 끝난 날부터 25일 이내에 영세율 등 조기환급신고서를 제출하여야 한다.
② 영세율적용 사업자가 예정 또는 확정신고를 한 경우에는 조기환급에 관하여 신고서를 제출한 것으로 본다.
③ 조기환급은 조기환급 기간별로 해당 조기환급기한이 지난 후 15일 이내에 환급한다.
④ 관할 세무서장은 경정에 의하여 추가로 환급세액이 발생한 때에는 그 경정결정일로부터 15일 이내에 사업자에게 환급하여야 한다.

23. 일반과세자의 부가가치세 확정신고시 일반환급세액이 발생한 경우, 과세관청은 해당 환급세액을 부가가치세법상 그 확정신고기한이 지난 후 몇일 이내에 환급해 주어야 하는가?

① 15일 ② 20일
③ 30일 ④ 45일

24. ㈜경인은 20x2년 7월 5일 중국 K상사에 상품을 수출하기 위해 선적하였다. 7월분 부가가치세매입세액 환급을 가장 빨리 받기 위하여 부가가치세를 언제까지 신고하면 되는가?

① 20x2. 7.25. ② 20x2. 8.25.
③ 20x2.10.25. ④ 20x3. 1.25.

25. 다음 ( )에 공통으로 들어갈 숫자는?

> 사업자가 영세율을 적용받는 경우이거나 사업 설비를 신설·취득·확장 또는 증축하는 경우 또는 재무구조개선계획을 이행 중인 경우에 해당하면 환급세액의 조기환급을 신청을 할 수 있다. 모든 요건을 만족하고 서류를 구비하여 조기환급을 신청한 경우 관할 세무서장은 각 과세기간별로 그 과세기간에 대한 환급세액을 그 확정신고 기한이 지난 후 ( )일 이내에 확정신고를 한 사업자에게 환급하거나, 각 예정신고기간별로 그 예정신고기간의 환급세액을 그 예정신고기한이 지난 후 ( )일 이내에 예정신고한 사업자에게 환급하여야 한다.

26. 부가가치세법상 환급 대상 중 조기 환급대상이 아닌 것은?

① 영세율을 적용 받는 경우
② 상품 매입이 과다한 경우
③ 사업설비를 신설, 증축, 확장하는 경우
④ 재무구조개선계획을 이행중인 경우

27. 다음 중 부가가치세법상 조기환급을 신청할 수 있는 경우가 아닌 것은?

① 사업자가 사업용 기계장치를 신규로 취득하는 경우
② 사업자가 영세율을 적용받는 경우
③ 사업자의 경영악화로 인하여 긴급자금이 필요한 경우
④ 사업자가 사업에 사용하는 공장을 증축하는 경우

28. 다음 중 부가가치세법상 조기환급 대상에 대한 내용으로 가장 바르지 않은 것은?

① 영세율을 적용받는 경우
② 사업자가 대통령령으로 정하는 사업 설비를 신설·취득·확장 또는 증축하는 경우
③ 사업자가 대통령령으로 정하는 재무구조개선계획을 이행 중인 경우
④ 신규사업자의 최초 과세기간에 발생한 환급세액

29. 부가가치세법상 조기 환급 대상에 해당하지 않는 것은?

① 법인사업자 중 국내 공급 사업자인 경우
② 재화를 수출하는 경우
③ 사업 설비를 신설, 취득, 확장 또는 증축하는 경우
④ 재무구조개선계획을 이행 중인 경우

30. 부가가치세의 환급에 관한 다음 설명 중 가장 옳은 것은?

① 총괄납부를 적용하지 않는 2 이상의 사업장을 가진 사업자가 어느 한 사업장에서 조기 환급사유가 발생하는 경우에는 해당 사업장의 거래분만을 조기환급신고할 수 있다.
② 영세율 적용대상 사업자는 예정신고시까지 영세율 적용대상 과세표준이 없는 경우에도 예정신고기간분에 대한 조기환급을 받을 수 있다.
③ 사업설비를 신설·취득한 사업자에게 환급세액이 발생한 경우에는 그 환급세액 중 사업설비의 신설·취득과 관련한 매입세액에 한하여 조기환급한다.
④ 사업용 자산을 신설, 취득, 확장 또는 증축하는 경우에는 감가상각자산이 아니라 하더라도 조기환급을 받을 수 있다.

31. 202x년 5월 10일에 사업을 개시하면서 대규모 시설투자를 한 경우, 부가가치세법상 시설투자로 인한 조기환급을 신고할 수 있는 가장 빠른 신고기한과 환급기간은 언제인가?

	신고기한	환급기간		신고기한	환급기간
①	202x년 5월 31일	15일	②	202x년 6월 25일	15일
③	202x년 6월 25일	20일	④	202x년 7월 25일	25일

32. 개인사업자가 202x년 3월 30일에 사업설비를 취득하고, 4월 25일까지 부가가치세 조기환급신고를 한 경우 부가가치세법상 부가가치세의 조기환급기한은 언제까지인가?

① 1기 예정신고기한으로부터 10일 이내
② 1기 예정신고기한으로부터 15일 이내
③ 1기 예정신고기한으로부터 30일 이내
④ 1기 확정신고기한으로부터 30일 이내

33. 부가가치세법상 조기환급기간이라 함은 예정신고기간 중 또는 과세기간 최종 3개월 중 매월 또는 매2월을 말한다. 다음 중 조기환급기간으로 적절하지 않은 것은?

① 202x년 7월　② 202x년 7월~202x년 8월

③ 202x년 9월~202x년 10월　④ 202x년 11월

34. 다음 중 부가가치세법상 환급에 관한 설명으로 옳지 않은 것은?

① 일반환급의 경우 각 과세기간별로 그 확정신고기한이 지난 후 30일 이내에 환급한다.

② 조기환급은 조기환급기간별로 해당 조기환급신고기한이 지난 후 10일 이내에 환급한다.

③ 경정에 의하여 추가로 발생한 환급세액은 관할 세무서장이 지체없이 환급하여야한다.

④ 영세율이 적용되는 경우, 사업설비를 신설·취득·확장 또는 증축하는 경우, 재무구조 개선계획을 이행 중인 경우 어느 하나에 해당되면 조기환급 대상이다.

35. 다음 중 부가가치세법상의 환급에 대한 설명 중 잘못된 것은?

① 일반환급의 경우는 과세기간별로 환급세액을 확정신고기한 경과 후 30일 이내에 환급한다.

② 조기환급의 경우에는 조기환급 신고기한 경과 후 15일 이내에 환급한다.

③ 영세율을 적용받는 경우에는 조기환급을 신청할 수 있다.

④ 조기환급은 과세기간 또는 예정신고기간별로만 신고가능하다.

36. 부가가치세법상 조기환급과 관련한 설명 중 가장 옳은 것은?

① 예정신고기간에 대한 조기환급세액은 예정신고일로부터 25일 이내에 환급한다.

② 사업설비를 취득하였거나 과세표준에 영세율이 적용되는 경우에는 조기환급신고를 할 수 있다.

③ 영세율이 적용되는 사업자의 경우에는 해당 영세율이 적용되는 공급분과 관련된 매입세액에 대해서만 조기환급받을 수 있다.

④ 예정신고기간 중 조기환급신고를 한 부분은 확정신고시에도 신고하여야 한다.

37. **다음 중 부가가치세법상 조기환급과 관련된 내용으로 틀린 것은?**

① 조기환급 : 조기환급신고 기한 경과 후 25일 이내 환급
② 조기환급기간 : 예정신고기간 또는 과세기간 최종 3월 중 매월 또는 매 2월
③ 조기환급신고 : 조기환급기간 종료일부터 25일 이내에 조기환급기간에 대한 과세표준과 환급세액 신고
④ 조기환급대상 : 영세율을 적용받는 경우, 사업 설비를 신설, 취득, 확장 또는 증축하는 경우, 재무구조개선계획을 이행 중인 경우

38. **다음 중 부가가치세법상 환급과 관련된 설명으로 가장 바르지 않는 것은?**

① 초과 환급받은 세액이 있을 경우에는 환급불성실 가산세를 적용한다.
② 일반환급은 예정신고기간 또는 확정신고기간 경과 후 30일 이내에 환급하여야 한다.
③ 사업설비를 신설하는 경우와 영세율을 적용 받는 경우 조기 환급 대상이다.
④ 매출가액과 매입가액이 없는 일반과세자의 경우 전자신고세액공제에 대하여 환급을 받을 수 없다.

39. **부가가치세법상 환급 및 조기환급에 관한 설명으로 가장 옳지 않은 것은?**

① 예정신고기간에 대한 환급세액은 원칙적으로 환급하지 않고 확정신고시에 납부할 세액에서 정산하도록 되어있다.
② 일반환급은 각 과세기간의 확정신고기한 경과 후 30일 내에 환급한다.
③ 영세율을 적용받거나 사업설비를 취득하는 사유가 있는 경우 조기환급을 신청할 수 있다.
④ 조기환급세액은 영세율이 적용 또는 시설투자에 관련된 공급분에 관련된 매입세액과 국내공급분에 대한 매입세액을 구분하여 사업장별로 해당 매출세액에서 매입세액을 공제하여 계산한다.

40. 부가가치세법상 일반과세자의 신고와 납부 및 환급에 관한 설명으로 옳지 않은 것은?

① 휴업으로 인하여 각 예정신고기간의 공급가액이 직전 과세기간의 공급가액의 2분의 1에 미달하는 개인사업자는 예정신고를 할 수 있다.
② 예정신고 또는 조기환급 신고를 한 사업자는 이미 신고한 과세표준과 납부세액 또는 환급세액은 확정신고시에는 신고하지 아니한다.
③ 과세관청은 개인사업자에 대해 각 예정신고기간마다 직전 과세기간에 대한 납부세액의 50%를 곱한 금액을 징수하는 것이 원칙이다.
④ 일반환급의 경우 예정신고시에 환급되지 않고 확정신고시에 정산한다.

41. 다음 중 부가가치세법상 신고와 납부에 대한 설명으로 옳지 않은 것은?

① 부가가치세 납부세액이 1천만원을 초과하는 금액에 대해서는 분납신청을 할 수 있다.
② 사업자가 사업설비를 신설·취득·확장 또는 증축하는 경우 조기환급신청을 할 수 있다.
③ 주사업장 총괄납부사업자는 주된 사업장에서 총괄하여 납부할 수 있다.
④ 개인사업자는 예정고지가 원칙이나 직전 과세기간의 공급가액 또는 납부세액의 3분의 1에 미달하는 경우 예정신고를 할 수 있다.

42. 다음 중 부가가치세법상 결정과 경정의 사유에 해당하지 않는 것은?

① 예정신고 또는 확정신고를 하지 아니한 경우
② 사업자가 실제사업자가 아니고 명의대여로 의심되는 경우
③ 영세율 등 조기환급신고의 내용에 오류가 있거나 내용이 누락되어 있어 부가가치세를 포탈할 우려가 있는 경우
④ 확정신고를 할 때 매출처별세금계산서합계표 또는 매입처별세금계산서합계표를 제출하지 아니한 경우

43. 다음 중 부가가치세법상 결정 또는 경정사유로 가장 옳지 않은 것은?

① 국세청장이 정하는 일정기준에 미달하게 신고하는 경우
② 예정신고 또는 확정신고를 하지 아니한 경우
③ 확정신고를 한 내용에 오류가 있거나 내용이 누락된 경우
④ 사업장의 이동이 빈번하다고 인정되는 지역에 사업장이 있어 부가가치세를 포탈할 우려가 있는 경우

44. **다음 중 부가가치세법상 추계경정 방법으로서 가장 옳지 않은 것은?**

① 동업자 권형에 의한 방법 : 장부의 기록이 정당하다고 인정되고 신고가 성실하여 경정을 받지 아니한 같은 업종과 같은 현황의 다른 사업자와 권형(權衡)에 따라 계산하는 방법

② 상품재고율에 의한 방법 : 국세청장이 업종별로 상품재고율을 조사하여 조사한 상품재고율이 있을 때에는 상품재고율을 적용하여 계산한 생산량에 그 과세기간 중에 공급한 수량의 시가를 적용하여 계산하는 방법

③ 생산수율에 의한 방법 : 국세청장이 업종별로 투입원재료에 대하여 조사한 생산수율(生産收率)이 있을 때에는 생산수율을 적용하여 계산한 생산량에 그 과세기간 중에 공급한 수량의 시가를 적용하여 계산하는 방법

④ 영업효율에 의한 방법 : 국세청장이 사업의 종류·지역 등을 감안하여 사업과 관련된 종업원, 객실, 사업장, 차량, 수도, 전기 등 인적·물적 시설의 수량 또는 가액과 매출액의 관계를 정한 영업효율이 있을 때에는 영업효율을 적용하여 계산하는 방법

제8장 간이과세

1 간이과세제도

1-1 간이과세제도의 의의와 특징

구 분	내 용
의 의	• 영세한 개인사업자의 세부담 경감과 납세의무 이행의 편의를 위하여 공급대가에 업종별 부가가치율 및 세율을 적용하여 간단하게 납부세액을 계산하도록 한 제도
특 징	• 직전 연도의 공급대가의 합계액이 4,800만원 미만이거나 신규로 사업을 시작한 간이과세자는 세금계산서를 발급할 수 없고 영수증을 발급해야 함 ➡ 직전 연도의 공급대가의 합계액이 4,800만원 이상인 간이과세자는 세금계산서를 발급하여야 함 • 간이과세자는 매입세액공제가 적용되지 않음(납부세액을 계산할 때 부가가치율이 반영되어 계산되므로 매입세액공제를 적용하지 않음) ➡ 그러나 간이과세자가 세금계산서를 발급받는 것을 유도하기 위하여 '매입세금계산서 등 수취세액공제'를 공제세액으로 적용함 • 간이과세자의 과세기간은 원칙적으로 1월 1일~12월 31일까지로 함 ➡ 그러나 과세유형이 변경되어 간이과세자에서 일반과세자로 변경되거나 일반과세자에서 간이과세자로 변경되는 경우에는 6개월 단위의 과세기간이 적용되는 경우가 있음 • 간이과세포기제도(간이과세자에 해당되는 경우에도 간이과세적용을 받지 않을 수 있는 제도) ➡ 간이과세를 포기하는 경우 과세기간이 1년 미만일 수 있음 • 간이과세자는 '과세표준과 세액의 계산, 신고와 납부 등, 결정 · 경정 · 징수와 환급 규정'에 대해 일반과세자와 다른 별도의 '간이과세'규정을 적용함 ➡ 그러나 신용카드매출전표 등 발행세액공제는 간이과세자에게도 적용함

1-2 간이과세자의 범위

구 분	내 용
간이과세 적용기준	• 직전 연도의 재화·용역의 공급대가(부가가치세가 포함된 금액)의 합계액이 1억 4백만원(간이과세 기준금액)에 미달하는 개인사업자(법인사업자는 간이과세 기준금액에 미달하더라도 간이과세자가 될 수 없음) • 직전 연도의 사업기간이 1년 미만인 경우 공급대가의 확인 : 직전 과세기간에 신규로 사업을 시작한 개인사업자에 대해서는 그 사업개시일부터 그 과세기간 종료일까지의 공급대가를 합한 금액을 12개월로 환산한 금액을 기준으로 간이과세 기준금액 미달여부 판단(1개월 미만의 끝수가 있는 때에는 1개월로 함)
간이과세 적용배제 사업자	다음 중 어느 하나에 해당하는 사업자는 간이과세자로 보지 않음(간이과세 기준금액에 미달하는지 여부와 관계없이 간이과세적용 배제) • 간이과세 배제업종 영위 사업자 • 간이과세가 적용되지 않는 다른 사업장을 보유하고 있는 사업자 • 부동산임대업 또는 과세유흥장소를 경영하는 사업자로서 해당 업종의 직전 연도의 공급대가의 합계액이 4,800만원 이상인 사업자(부동산임대업 또는 과세유흥장소를 경영하는 사업자의 간이과세 기준금액은 4,800만원임) • 둘 이상의 사업장이 있는 사업자로서 그 둘 이상의 사업장의 직전 연도의 공급대가의 합계액이 1억 4백만원 이상인 사업자(부동산임대업 또는 과세유흥장소에 해당하는 사업장을 둘 이상 경영하고 있는 사업자의 경우 그 둘 이상의 사업장의 직전 연도의 공급대가의 합계액이 4,800만원 이상인 사업자) : 사업자 기준의 공급대가로 간이과세 해당 여부 판단
신규 사업자의 간이과세 적용	• 등록사업자 : 사업을 시작하는 날이 속하는 연도의 공급대가의 합계액이 간이과세 기준금액(12개월로 환산한 금액)에 미달할 것으로 예상되면, 사업자등록을 신청할 때 '간이과세적용신고서'를 제출한 경우 최초의 과세기간에는 간이과세자로 함(사업자등록신청서에 연간공급대가예상액과 그 밖의 참고사항을 적어 제출한 경우에는 간이과세적용신고서를 제출한 것으로 봄) ➡ 일반과세자 또는 간이과세자 선택적 적용 가능(간이과세 적용배제 업종은 제외) • 미등록사업자 : 사업을 시작한 날이 속하는 연도의 공급대가의 합계액이 간이과세 기준금액(12개월로 환산한 금액)에 미달하면 최초의 과세기간에는 간이과세자로 함 ➡ 무조건 일반과세자로 보는 것이 아님(간이과세 적용배제 업종은 제외)

㈜ 간이과세적용 배제업종

① 광업
② 제조업(다만, 주로 최종소비자에게 직접 재화를 공급하는 과자점업, 도정업, 제분업, 떡방앗간, 양복점업, 양장점업, 양화점업, 그 밖에 자기가 공급하는 재화의 50% 이상을 최종소비자에게 공급하는 사업으로서 국세청장이 정하는 것을 제외)
③ 도매업(소매업 겸영하는 경우 포함, 재생용 재료수집 · 판매업 제외)
④ 부동산매매업
⑤ 상품중개업
⑥ 전기 · 가스 · 증기 및 수도사업
⑦ 건설업(다만, 주로 최종소비자에게 직접 재화 또는 용역을 공급하는 사업으로서 기획재정부령으로 정하는 것은 제외)
⑧ 전문, 과학 및 기술서비스업과 사업시설 관리, 사업지원 및 임대서비스업(다만, 주로 최종소비자에게 직접 용역을 공급하는 사업으로서 기획재정부령으로 정하는 것은 제외)
⑨ 과세유흥장소를 경영하는 사업으로서 기획재정부령으로 정하는 것
⑩ 부동산임대업으로서 기획재정부령으로 정하는 것
⑪ 변호사업, 공인회계사업, 세무사업, 약사업, 한약사업, 수의사업, 공인노무사업, 의사업, 한의사업 등 그 밖의 이와 유사한 사업서비스업으로서 기획재정부령으로 정하는 것
⑫ 재화의 공급으로 보지 아니하는 사업양도에 따라 일반과세자로부터 양수한 사업(다만, 간이과세배제업종에 해당하지 않는 경우로서 사업을 양수한 이후 공급대가의 합계액이 간이과세 기준금액에 미달하는 경우는 제외)
⑬ 사업장의 소재 지역, 사업 종류, 규모 등을 감안하여 국세청장이 정하는 기준에 해당하는 것
⑭ 소득세법상 전전연도 기준 복식부기의무자가 경영하는 사업

2 과세유형의 변경

2-1 의의

• 직전 연도의 공급대가의 합계액이 간이과세 기준금액에 미달하거나 이상이 됨으로 인하여 일반과세자에서 간이과세자로 또는 간이과세자에서 일반과세자로 과세유형이 바뀌는 것

2-2 과세유형의 변경시기

구 분	내 용
계속사업자	• 해의 1월 1일부터 12월 31일까지(1역년)의 공급대가의 합계액이 간이과세 기준금액에 미달하거나 그 이상이 되는 해의 다음 해의 7월 1일부터 그 다음 해의 6월 30일까지 변경된 과세유형 적용
신규사업자	• 신규로 사업을 시작한 개인사업자의 경우에는 최초의 과세기간은 선택에 따라 간이과세 또는 일반과세를 적용하고, 최초로 사업을 개시한 해의

구 분	내 용
신규사업자	다음 해의 7월 1일부터 그 다음 해의 6월 30일까지를 공급대가 수준으로 과세유형을 판단 • 직전 과세기간에 신규로 사업을 시작한 개인사업자에 대해서는 그 사업 개시일부터 그 과세기간 종료일까지의 공급대가를 합한 금액을 12개월로 환산한 금액을 기준으로 하여 간이과세 기준금액에 미달하는지를 판단(1개월 미만의 끝수가 있으면 1개월로 함)
결정 · 경정에 의한 경우	• 결정 · 경정한 공급대가가 간이과세 기준금액 이상인 개인사업자는 그 결정 · 경정한 날이 속하는 과세기간까지는 간이과세자로 봄
간이과세 배제업종을 겸영하게 되는 경우	• 간이과세자가 간이과세 배제업종을 신규로 겸영하는 경우 해당 사업의 개시일이 속하는 과세기간의 다음 과세기간부터 간이과세자에 관한 규정을 적용하지 않음
간이과세 포기신고 사업장이 있는 경우	• 간이과세자가 간이과세의 포기신고를 하는 경우에는 일반과세자에 관한 규정을 적용받으려는 달이 속하는 과세기간의 다음 과세기간부터 해당 사업장 외의 사업장에 간이과세자에 관한 규정을 적용하지 않음
간이과세자가 일반과세 적용 사업장을 신설한 경우	• 간이과세자가 일반과세자에 관한 규정을 적용받는 사업장을 신규로 개설하는 경우에는 해당 사업 개시일이 속하는 과세기간의 다음 과세기간부터 간이과세자에 관한 규정을 적용하지 않음

2-3 과세유형의 변경절차

구분	내용
통 지	• 과세유형이 변경되는 경우에는 해당 사업자의 관할 세무서장은 간이과세자에 관한 규정이 적용되거나 적용되지 아니하게 되는 과세기간 개시 20일 전까지 그 사실을 통지하여야 하며, 사업자등록증을 정정하여 과세기간 개시 당일까지 발급하여야 함
통 지 효 력	• 일반과세자에서 간이과세자로 변경되는 사업자 : 변경통지와 관계없이 과세유형 변경시기에 간이과세자에 관한 규정을 적용 ➠ 부동산임대업을 경영하는 사업자의 경우에는 변경통지를 받은 날이 속하는 과세기간까지는 일반과세자에 관한 규정을 적용(부동산임대업의 경우 간이과세자로의 변경에 재고납부세액 규정이 적용되어 세금부담이 커질 수 있으므로 예외규정을 두고 있음) • 간이과세자에서 일반과세자로 변경되는 사업자 : 변경통지를 받은 날이 속하는 과세기간까지는 간이과세자에 관한 규정을 적용

③ 간이과세의 포기

3-1 의의

• 간이과세자(간이과세자로 과세유형이 변경될 예정인 일반과세자 및 신규로 사업을 시작한 개인 사업자 포함)가 간이과세자를 포기하고 일반과세자로 전환하는 것

3-2 간이과세 포기절차

구분	내용
간이과세포기신고	• 간이과세자 또는 과세유형의 변경으로 간이과세자에 관한 규정을 적용받게 되는 일반과세자가 간이과세자에 관한 규정의 적용을 포기하고 일반과세자에 관한 규정을 적용받으려는 경우 : 그 적용받으려는 달의 전달 마지막 날까지 납세지 관할 세무서장에게 간이과세포기신고서에 의해 간이과세 포기신고를 해야 함(승인 불필요) • 신규로 사업을 시작하는 개인사업자가 사업자등록을 신청할 때 납세지 관할 세무서장에게 간이과세자에 관한 규정의 적용을 포기하고 일반과세자에 관한 규정을 적용받으려고 신고한 경우에는 일반과세자에 관한 규정을 적용받을 수 있음(간이과세포기신고서 제출)
간이과세를 포기한 경우 과세기간	• 과세기간 개시일 ~ 간이과세포기신고일이 속하는 달의 마지막 날 : 간이과세자 적용 과세기간 • 간이과세포기신고일이 속하는 달의 다음 달 1일 ~ 과세기간 종료일 : 일반과세자 적용 과세기간

3-3 간이과세 재적용

구분	내용
간이과세 재적용 제한	• 원칙 : 간이과세포기신고를 한 개인사업자는 다음의 날부터 3년이 되는 날이 속하는 과세기간까지는 간이과세자에 관한 규정을 적용받지 못함 ① 간이과세자 또는 과세유형의 변경으로 간이과세자에 관한 규정을 적용받게 되는 일반과세자가 간이과세 포기신고를 한 경우 : 일반과세자에 관한 규정을 적용받으려는 달의 1일 ② 신규로 사업을 시작하는 개인사업자가 간이과세 포기신고를 한 경우 : 사업개시일이 속하는 달의 1일 • 예외 : 간이과세포기신고 당시 ① 공급대가의 합계액이 4천 8백만원 미만인 개인사업자(신규사업자 포함)가 ② 간이과세 재적용 신고를 한 날이 속하는 연도의 직전 연도 공급대가의 합계액이 4천 8백만원 이상 1억 4백만원 미만인 경우에는 간이과세 재적용을 제한하는 과세기간 이전이라도 간이과세 재적용을 받을 수 있음

구분	내용
간이과세 재적용 신고	• 간이과세포기신고서를 제출한 개인사업자가 간이과세 재적용 제한기간이 지난 후 또는 간이과세 재적용 제한기간 내에 다시 간이과세를 적용받으려면 그 적용받으려는 과세기간 개시 10일 전까지 간이과세적용신고서를 관할 세무서장에게 제출하여야 함(그 적용을 받을 수 있는 자는 해당 과세기간 직전 1역년의 재화·용역의 공급대가의 합계액이 간이과세 기준금액에 미달하는 개인사업자로 한정)

4 간이과세자 부가가치세액의 계산

4-1 계산구조

납 부 세 액	• 과세표준 × 업종별 부가가치율 × 세율(10% 또는 0%) －과세표준 : 공급대가의 합계액 －업종별 부가가치율 : 업종별로 15%, 20%, 25%, 30%, 40% • 대손세액공제 규정 없음
+	
재고납부세액	• 일반과세자에서 간이과세자로 과세유형이 변경될 때 과세유형간 매입세액을 조정하는 항목
－	
공 제 세 액 (납부세액 + 재고납부세액을 한도로 공제)	• 매입세금계산서 등 수취세액공제 : 간이과세자가 다른 사업자로부터 세금계산서(또는 신용카드매출전표 등)을 발급받아 매입처별세금계산서합계표(또는 신용카드매출전표 등 수령명세서)를 납세지 관할세무서장에게 제출하는 경우 적용 － 공제액 : 해당 과세기간에 세금계산서 등을 발급받은 재화·용역의 공급대가 × 0.5% • 공제받지 못할 매입세액은 매입세금계산서 등 수취세액공제 대상이 아님 • 전자신고세액공제 : 납세자가 직접 전자신고 방법으로 부가가치세 확정신고를 하는 경우 해당 납부세액에서 1만원을 공제 • 전자세금계산서 발급 전송 세액공제 : 세금계산서 발급의무가 있는 간이과세자가 전자세금계산서를 2024.12.31.까지 발급(전자세금계산서 발급명세를 전송기한까지 국세청장에게 전송한 경우로 한정)하는 경우에는 아래의 금액을 부가가치세 납부세액에서 공제 가능 • 전자세금계산서 발급 전송 세액공제액 : Min(①, ②) ① 전자세금계산서 발급건수 × 200원 ② 연간 100만원

공 제 세 액 (납부세액 + 재고납부세액을 한도로 공제)	• 신용카드매출전표 등 발행세액공제 : 영수증 발급대상 간이과세자가 부가가치세가 과세되는 재화·용역을 공급하고 세금계산서 발급시기에 신용카드매출전표 등을 발급하거나 전자적 결제수단에 의하여 대금을 결제받는 경우 적용 • 영수증 발급대상 간이과세자 : 간이과세자 중 다음 어느 하나에 해당하는 자 ① 직전 연도의 공급대가의 합계액이 4,800만원 미만인 자 ② 신규로 사업을 시작하는 개인사업자로서 간이과세자로 하는 최초의 과세기간 중에 있는 자 ③ 영수증 발급대상 사업을 하는 자 • 신용카드매출전표 등 발행세액공제액 : Min(①, ②) ① 발급금액·결제금액(부가가치세 포함 금액) × 1.3%(2027.1.1.부터는 1%) ② 연간 1,000만원(2027.1.1.부터는 500만원) • 의제매입세액공제 규정 없음

−

예정부과(신고)세액	• 해당 과세기간 중 예정부과(신고)된 세액이 있는 경우 차감

−

수시부과세액	• 해당 과세기간 중 수시부과된 세액이 있는 경우 차감

\+

가산세	• 사업자등록불성실가산세 • 세금계산서불성실가산세 • 세금계산서미수취가산세 • 매출처세금계산서합계표불성실가산세 • 결정·경정기관의 확인을 거쳐서 '매입세금계산서 등 수취세액공제'를 받는 경우에 대한 가산세 • 신고 관련 가산세 • 납부 관련 가산세

‖

차감납부할세액 (환급받을 세액)	• 차감납부할 세액의 74.7%는 부가가치세, 25.3%는 지방소비세 • 납부의무의 면제(사업자등록 및 신고의무는 면제 안됨) ① 간이과세자의 해당 과세기간에 대한 공급대가의 합계액이 4,800만원 미만이면 예정부과·납부 및 신고·납부의 규정에도 불구하고 납부세액의 납부의무를 면제(다만, 재고납부세액 납부의무는 면제되지 않음) ② 납부의무가 면제되는 사업자가 자진납부한 사실이 확인되면 납세지 관할세무서장은 납부한 세액을 환급해야 함 ③ 납부할 의무를 면제하는 경우에 대해서는 등록불성실가산세 규정을 적용하지 않음[다만, 납부의무면제자가 사업개시 후 20일 이내에 사업자등록을 신청하지 않은 경우(고정된 물적 시설을 갖추지 않고 공부에 등록된 사업장 소재지가 없는 경우에는 제외)에는 Max(공급대가의 합계액×0.5%, 5만원)의 미등록가산세 적용]

주 1. 업종별 부가가치율

- 직전 3년간 신고된 업종별 평균 부가가치율 등을 고려하여 5%에서 50%의 범위 내에서 대통령령으로 정하고 있음

업 종	부가가치율
소매업, 재생용 재료수집 및 판매업, 음식점업	15%
제조업, 농업・임업 및 어업, 소화물 전문 운송업	20%
숙박업	25%
건설업, 그 밖의 운수업, 창고업, 정보통신업, 그 밖의 서비스업	30%
금융 및 보험 관련 서비스업, 전문・과학 및 기술서비스업(인물사진 및 행사용 영상 촬영업 제외), 사업시설관리・사업지원 및 임대서비스업, 부동산 관련 서비스업, 부동산임대업	40%

주 2. 납부세액 계산시 부가가치율이 서로 다른 둘 이상의 업종을 겸영하는 경우 부가가치율

- 원칙 : 각각의 업종별로 계산한 금액의 합계액을 납부세액으로 함
- 둘 이상의 업종에 공통으로 사용하던 재화를 공급하여 업종별 실지귀속을 구분할 수 없는 경우 적용할 부가가치율은 다음 계산식에 따라 계산한 율의 합계로 함(이 경우 휴업 등으로 인하여 해당 과세기간의 공급대가가 없을 때에는 그 재화를 공급한 날에 가장 가까운 과세기간의 공급대가에 따라 계산)

$$\text{해당 재화와 관련된 각 업종별 부가가치율} \times \frac{\text{해당 재화의 공급일이 속하는 과세기간의 해당 재화와 관련된 각 업종의 공급대가}}{\text{해당 재화의 공급일이 속하는 과세기간의 해당 재화와 관련된 각 업종의 총공급대가}}$$

주 3. 과세사업과 면세사업 등을 겸영하는 경우의 매입세금계산서 등 수취세액공제액 계산

- 원칙 : 과세사업과 면세사업 등의 실지귀속에 따라 계산
- 실지귀속을 구분할 수 없는 부분 : 다음 계산식에 의하여 계산한 금액

$$\text{해당 과세기간에 세금계산서 등을 발급받은 재화・용역의 공급대가 합계액} \times \frac{\text{해당 과세기간의 과세공급대가}}{\text{해당 과세기간의 총공급대가}} \times 0.5\%$$

주 4. 과세기간이 12개월 미만인 간이과세자의 납부의무면제 여부 판정

- 다음의 어느 하나에 해당하는 간이과세자에 대해서는 해당 공급대가의 합계액을 12개월로 환산한 금액을 기준으로 납부의무면제 여부 판정(1개월 미만의 끝수가 있으면 1개월로 함)
  ① 해당 과세기간에 신규로 사업을 시작한 간이과세자 : 그 사업개시일부터 그 과세기간 종료일까지의 공급대가의 합계액
  ② 휴업자・폐업자 및 과세기간 중 과세유형을 전환한 간이과세자 : 그 과세기간 개시일부터 휴업일・폐업일 및 과세유형 전환일까지의 공급대가의 합계액
  ③ 일반과세자에서 간이과세자로 변경되어 7월 1일부터 12월 31일까지의 과세기간을 적용받는 간이과세자 : 해당 과세기간의 공급대가의 합계액

4-2 간이과세자의 가산세

구 분	적용대상	가산세액
사업자등록 불성실 가산세	① 미등록가산세 : 일반과세자의 가산세 내용과 동일	공급대가×0.5%
	② 타인명의등록가산세 : 일반과세자의 가산세 내용과 동일	공급대가×1%
세금계산서 불성실 가산세	① 세금계산서 지연발급 : 일반과세자의 가산세 내용과 동일	공급가액×1%
	② 세금계산서 부실기재 : 일반과세자의 가산세 내용과 동일	공급가액×1%
	③ 세금계산서 미발급 : 일반과세자의 가산세 내용과 동일	공급가액×2% (또는 1%)
	④ 전자세금계산서 발급명세 지연전송 : 일반과세자의 가산세 내용과 동일	공급가액×0.3%
	⑤ 전자세금계산서 발급명세 미전송 : 일반과세자의 가산세 내용과 동일	공급가액×0.5%
	⑥ 가공세금계산서 발급 : 재화·용역을 공급하지 않고 세금계산서 또는 신용카드 매출전표 등을 발급한 경우	세금계산서 등에 적힌 공급가액×3%
	⑦ 위장세금계산서 발급 : 재화·용역을 공급하고 실제로 재화·용역을 공급하는 자가 아닌 자 또는 실제로 재화·용역을 공급받는 자가 아닌 자의 명의로 세금계산서 또는 신용카드 매출전표 등을 발급한 경우	공급가액×2%
	⑧ 공급가액 과다기재 세금계산서 발급 : 재화·용역을 공급하고 세금계산서 또는 신용카드매출전표 등의 공급가액을 과다하게 기재한 경우	공급가액×2%
세금계산서 미수취 가산세	세금계산서를 발급받아야 하는 사업자로부터 재화·용역을 공급받고 세금계산서를 발급받지 않은 경우(영수증을 발급하여야 하는 기간에 세금계산서를 발급하지 않은 경우 제외)	공급대가×0.5%
결정·경정 기관 확인 매입세액 공제 가산세	세금계산서 또는 신용카드 매출전표 등을 발급받고 매입세금계산서 등 수취세액공제를 받지 않은 경우로서 결정 또는 경정기관의 확인을 거쳐 '결정·경정·수정신고의 경우 납부세액계산 특례 규정'에 따라 납부세액을 계산할 때 매입세액으로 공제받는 경우	공급가액×0.5%

구 분	적용대상	가산세액
매출처별 세금계산서 합계표 불성실 가산세	① 미제출 : 일반과세자의 가산세 내용과 동일	공급가액×0.5%
	② 부실기재 : 일반과세자의 가산세 내용과 동일	공급가액×0.5%
	③ 지연제출 : 예정신고를 할 때 제출하지 못하여 해당 예정부과기간이 속하는 확정신고를 할 때 매출처별세금계산서합계표를 제출하는 경우로서 '② 부실기재'에 해당하지 않는 경우	공급가액×0.3%
신고 관련 가산세	일반과세자의 가산세 내용과 동일	일반과세자와 동일
납부 관련 가산세	일반과세자의 가산세 내용과 동일	일반과세자와 동일

㊟ **간이과세자 가산세 중복적용 배제**

우선 적용 가산세	적용 배제 가산세
• 세금계산서불성실가산세 중 ③ 세금계산서 미발급분(2%, 1%) ⑥ 가공세금계산서 발급분(3%) ⑦ 위장세금계산서 발급분(2%) ⑧ 공급가액 과다기재 세금계산서 발급분(2%)	• 등록불성실가산세(1%, 0.5%) • 매출처별세금계산서합계표불성실가산세(0.5%, 0.3%)
• 세금계산서불성실가산세 중 ⑦ 위장세금계산서 발급분(2%)	• 세금계산서불성실가산세 중 ③ 세금계산서 미발급분(2%, 1%)
• 세금계산서불성실가산세 중 ⑧ 공급가액 과다기재 세금계산서 발급분(2%)	• 세금계산서불성실가산세 중 ② 세금계산서 부실기재분(1%)
• 등록불성실가산세(0.5%)	• 세금계산서불성실가산세 중 ① 세금계산서 지연발급분(1%) ② 세금계산서부실기재분(1%) ④ 전자세금계산서발급명세지연전송분(0.3%) ⑤ 전자세금계산서발급명세미전송분(0.5%) • 결정 · 경정기관 확인 매입세액공제가산세(0.5%) • 매출처별세금계산서합계표불성실가산세(0.5%, 0.3%)
• 세금계산서불성실가산세 중 ① 세금계산서 지연발급분(1%) ② 세금계산서부실기재분(1%) ④ 전자세금계산서발급명세지연전송분(0.3%) ⑤ 전자세금계산서발급명세미전송분(0.5%)	• 매출처별세금계산서합계표불성실가산세(0.5%, 0.3%)
• 소득세법상 현금영수증발급불성실가산세(고소득 전문직 등의 현금영수증 미발급분)	• 세금계산서불성실가산세 중 ③ 세금계산서 미발급분(2%, 1%) • 매출처별세금계산서합계표불성실가산세 중 ② 부실기재분(0.5%)

4-3 재고납부세액

구분	내 용
의 의	• 일반과세자에서 간이과세자로 과세유형이 변경된 경우, 일반과세자일 때 초과하여 공제받은 부분인 '매입세액(매입세액×100%)－매입세금계산서 등 수취세액공제액(매입세액×5.5%)'을 간이과세자로 과세유형이 변경된 시점에서 추가로 납부세액에 가산하는 매입세액공제액 차이조정 제도 • 매입세액공제액의 조정 일반과세자('매입세액' 공제) → 간이과세자('매입세금계산서 등 수취세액공제액' 공제) ↓ •재고납부세액 : 일반과세자일 때 간이과세자보다 초과하여 공제받은 매입세액의 일정부분을 간이과세자로 변경된 시점에서 추가로 납부
계 산 대 상 자 산	• 과세유형이 변경되는 날 현재에 있는 다음의 자산으로서 매입세액 공제대상인 것(매입세액 불공제대상 자산은 계산대상이 아님) ① 재고품 : 상품, 제품(반제품 및 재공품 포함), 재료(부재료 포함) ➠ 저장품은 계산대상이 아님 ② 건설중인 자산 ③ 감가상각자산 - 건물 또는 구축물의 경우 취득·건설·신축 후 10년 이내의 것으로 한정 - 그 밖의 감가상각자산의 경우 취득·제작 후 2년 이내의 것으로 한정
계 산 방 법	• 재고품 - 재고금액 × 10/100 × (1 - 0.5% × 110/10) • 건설중인 자산 - 건설중인 자산 관련 매입세액 × (1 - 0.5% × 110/10) • 매입한 건물·구축물 - 취득가액 × 10/100 × (1 - 5% × 경과과세기간 수) × (1 - 0.5% × 110/10) • 매입한 그 밖의 감가상각자산 - 취득가액 × 10/100 × (1 - 25% × 경과과세기간 수) × (1 - 0.5% × 110/10) • 제작한 건물·구축물 - 제작관련 매입세액 × (1 - 5% × 경과과세기간수) × (1 - 0.5% × 110/10) • 제작한 그 밖의 감가상각자산 - 제작관련 매입세액 × (1 - 25% × 경과과세기간 수) × (1 - 0.5% × 110/10) • 재고납부세액 계산시 유의점 ① '계산대상이 되는 자산(재고품, 건설중인 자산, 감가상각자산)'은 매입세액 공제대상인 것에 한함

구분	내　　용
계 산 방 법	② '재고금액' 및 '취득가액'은 부가가치세가 제외된 금액으로 장부 또는 세금계산서에 의하여 확인되는 금액을 의미 ➡ 확인되지 아니하는 경우 시가를 적용
대 상 자 산 신 고	과세유형이 변경되는 날 현재에 있는 재고품 등에 대하여 '간이과세전환시의 재고품 등 신고서'를 작성하여 그 변경되는 날의 직전 과세기간에 대한 확정신고와 함께 납세지 관할 세무서장에게 신고(해당 사업자가 재고금액을 신고하지 않거나 과소신고한 경우에는 관할 세무서장이 재고금액을 조사하여 해당 재고납부세액을 결정하여 통지)
승 인 통 지	신고를 받은 관할 세무서장은 재고금액을 조사·승인하고 간이과세자로 변경된 날부터 90일 이내에 통지 ➡ 미통지시 승인으로 간주
납 부 방 법	간이과세자로 변경된 날이 속하는 과세기간에 대한 확정신고를 할 때 납부할 세액에 더하여 납부

5 간이과세자 신고와 납부

구분	예정부과와 납부	신고와 납부
원 칙	• 예정부과·징수 직전 과세기간에 대한 납부세액[매입세금계산서 등 수취세액공제, 전자신고세액공제, 전자세금계산서 발급 전송 세액공제, 신용카드매출전표 등 발행세액공제가 있는 경우에는 그 세액을 뺀 금액으로 하고, 결정·경정과 수정신고·경정청구에 따른 결정이 있는 경우에는 그 내용이 반영된 금액]의 50%에 해당하는 금액을 예정부과기간(1.1~6.30)의 납부세액으로 결정하여 예정부과기간이 끝난 후 25일 이내(예정부과기한)까지 징수(일반과세자에서 간이과세자로 변경되어 직전 과세기간이 7.1~12.31인 경우에는 직전 과세기간에 대한 납부세액의 전액) ➡ 관할 세무서장은 7.1.부터 7.10.까지 납부고지서 발부 ➡ 1천원 미만의 단수는 버림 ➡ ① 징수하여야 할 금액이 50만원 미만이거나 ② 간이과세자가 일반과세자로 변경되어 변경 이전 1월1일~6월30일의 과세기간이 적용되는 간이과세자의 경우 ③ 국세기본법에서 규정하고 있는 사	• 신고·납부(12개월분 거래) 과세기간이 끝난 후 25일(폐업하는 경우 폐업일이 속한 달의 다음 달 25일) 이내에 과세기간에 대한 과세표준과 납부세액을 납세지 관할 세무서장에게 신고·납부 ➡ 예정부과세액 및 수시부과세액 납부액은 공제하고 납부 ➡ 매출처별세금계산서합계표, 매입처별세금계산서합계표를 해당 신고를 할 때 함께 제출

구분	예정부과와 납부	신고와 납부
원 칙	유(재난 등의 사유)로 관할 세무서장이 징수하여야 할 금액을 간이과세자가 납부할 수 없다고 인정되는 경우 징수하지 않음	
예 외	• 예정신고·납부(6개월분 거래) 예정부과기간의 과세표준과 납부세액을 예정부과기한까지 사업장 관할 세무서장에게 신고·납부(해당 예정신고기간에 대해 수시부과한 세액은 공제하고 납부) ➠ 간이과세자의 선택적 예정신고 : 휴업·사업부진 등으로 인하여 예정부과기간 의 공급대가 또는 납부세액이 직전 과세기간의 공급대가의 합계액 또는 납부세액의 1/3에 미달하는 간이과세자는 예정신고할 수 있음 ➠ 간이과세자의 필수적 예정신고 : 예정부과기간에 세금계산서를 발급한 간이과세자는 예정부과기간의 과세표준과 납부세액을 예정부과기한까지 사업장 관할 세무서장에게 신고하여야 함 ➠ 예정신고를 한 경우에는 예정부과세액의 결정은 없었던 것으로 봄 ➠ 매출처별세금계산서합계표, 매입처별세금계산서합계표를 예정신고를 할 때 제출(예정신고시 제출하지 못하는 경우에는 과세기간의 과세표준과 납부세액을 신고할 때 제출할 수 있음)	• 신고·납부(12개월분 거래) 과세기간이 끝난 후 25일 이내에 과세기간에 대한 과세표준과 납부세액을 납세지 관할 세무서장에게 신고·납부 ➠ 예정신고세액 및 수시부과세액 납부액은 공제하고 납부 ➠ 매출처별세금계산서합계표, 매입처별세금계산서합계표를 해당 신고를 할 때 함께 제출

㈜ **예정부과분에 대한 전자고지세액공제**

- 납세자가 국세기본법에 따른 전자송달의 방법으로 납부고지서의 송달을 신청한 경우 신청한 달의 다음다음 달 이후 송달하는 분부터 결정·징수하는 부가가치세의 납부세액에서 납부고지서 1건당 1천원을 공제
- 전자고지세액공제는 각 세법에 따라 부과하는 국세의 납부세액에서 국세기본법에 따른 고지금액의 최저한도(1만원)를 차감한 금액을 한도로 함

6 일반과세자와 간이과세자의 비교

구분	일반과세자	간이과세자
적용대상사업자	• 과세사업자 중 간이과세사업자 이외의 자	• 과세사업자 중 직전 연도 공급대가가 1억 4백만원에 미달하는 개인사업자
과세기간	• 제1기 : 1월 1일 ~ 6월 30일 • 제2기 : 7월 1일 ~ 12월 31일	• 1월 1일 ~ 12월 31일(원칙)
배제업종	없음	있음
세금계산서발급	발급이 원칙	발급해야 하는 간이과세자도 있고, 간이과세자 중 영세한 사업자는 영수증 발급
대손세액공제	적용 ○	적용 ×
의제매입세액공제	• 업종제한 없음 • 음식점업은 별도의 증명서류 없이 의제매입세액공제신고서로만으로는 공제되지 않음	• 적용되지 않음
포기제도	없음	있음
납부의무면제	없음	있음(해당 과세기간의 공급대가 합계액이 4,800만원에 미달하는 경우)
개인사업자	예정신고기간에는 예정고지가 원칙	예정부과기간에는 예정부과가 원칙
가산세	• 세금계산서 불성실 가산세 ○ • 미등록가산세 : 공급가액 × 1% • 타인명의 등록가산세 : 공급가액 × 2%	• 세금계산서 불성실 가산세 ○ • 미등록가산세 : 공급대가 × 0.5% • 타인명의 등록가산세 : 공급대가 × 1%

■ 부가가치세법 시행규칙 [별지 제44호서식] <개정 2025. 7. 4.>　　　홈택스(www.hometax.go.kr)에서도 신고할 수 있습니다.

간이과세자 부가가치세 [ ]예정신고서 [ ]신고서 [ ]기한후과세표준신고서

(4쪽 중 제1쪽)

관리번호		처리기간	즉시
신고기간	년 (월 일 ~ 월 일)		

사업자						
사업자	상호		성명(대표자명)		사업자등록번호	- -
	생년월일		전화번호	사업장	주소지	휴대전화
	사업장 소재지			전자우편주소		

① 신고내용

구분				금액	부가가치율	세율	세액
과세표준 및 매출세액	2021. 6. 30. 이전 과세분	전기·가스·증기 및 수도사업	(1)		5/100	10/100	
		소매업, 재생용 재료수집 및 판매업, 음식점업	(2)		10/100	10/100	
		제조업, 농·임·어업, 숙박업, 운수 및 통신업	(3)		20/100	10/100	
		건설업, 부동산임대업, 그 밖의 서비스업	(4)		30/100	10/100	
	2021. 7. 1. 이후 과세분	소매업, 재생용 재료수집 및 판매업, 음식점업	(5)		15/100	10/100	
		제조업, 농·임·어업, 소화물 전문 운송업	(6)		20/100	10/100	
		숙박업	(7)		25/100	10/100	
		건설업, 운수 및 창고업(소화물 전문 운송업 제외), 정보통신업, 그 밖의 서비스업	(8)		30/100	10/100	
		금융 및 보험 관련 서비스업, 전문·과학 및 기술서비스업(인물사진 및 행사용 영상 촬영업 제외), 사업시설관리·사업지원 및 임대서비스업, 부동산 관련 서비스업, 부동산임대업	(9)		40/100	10/100	
	영세율 적용분	세금계산서 발급분	(10)			0/100	
		기타	(11)			0/100	
	재고 납부세액		(12)				
	합계		(13)			㉮	
공제세액	매입세금계산서등 수취세액공제	2021. 6. 30. 이전 공급받은 분	(14)			제2쪽 참조	
		2021. 7. 1. 이후 공급받은 분	(15)				
	의제매입 세액공제		(16)				
	매입자발행 세금계산서 세액공제	2021. 6. 30. 이전 공급받은 분	(17)				
		2021. 7. 1. 이후 공급받은 분	(18)				
	전자신고 세액공제		(19)				
	전자세금계산서 발급세액 공제		(20)				
	신용카드매출전표등 발행세액공제	2021. 6. 30. 이전 공급한 분	(21)				
		2021. 7. 1. 이후 공급한 분	(22)				
	기타		(23)				
	합계		(24)			㉯	
매입자 납부특례 기납부세액			(25)			㉰	
예정부과(신고) 세액			(26)			㉱	
수시부과세액			(27)			㉲	
가산세액계			(28)			㉳	
차감 납부할 세액(환급받을 세액) (㉮-㉯-㉰-㉱-㉲+㉳)						(29)	

② 과세표준 명세

	업태	종목	업종코드	금액
(30)				
(31)				
(32)	기타(수입금액 제외분)			
(33)	합계			

③ 면세수입금액

	업태	종목	업종코드	금액
(34)				
(35)				
(36)	수입금액 제외분			
(37)	합계			

④ 국세환급금계좌신고	거래은행	은행 지점	계좌번호	

⑤ 폐업신고	폐업 연월일	. .	폐업사유	

⑥ 영세율 상호주의	해당[ ] 미해당[ ]	적용 구분		업종		해당 국가	

「부가가치세법 시행령」 제114조제3항 및 「국세기본법」 제45조의3에 따라 위의 내용을 신고하며, 위 내용을 충분히 검토하였고 신고인이 알고 있는 사실 그대로를 정확하게 작성하였음을 확인합니다.

년 월 일

신고인: (서명 또는 인)

세무대리인은 조세전문자격자로서 위 신고서를 성실하고 공정하게 작성하였음을 확인합니다.

세무대리인: (서명 또는 인)

세무서장 귀하

세무대리인	성명		사업자등록번호		전화번호	

210mm×297mm[백상지(80g/㎡) 또는 중질지(80g/㎡)]

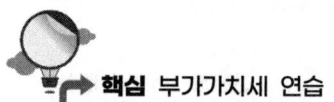

(4쪽 중 제2쪽)

첨부서류	1. 매입처별 세금계산서합계표 2. 매출처별 세금계산서합계표(세금계산서를 발급한 자만 제출합니다) 3. 매입자발행세금계산서합계표 4. 영세율 첨부서류(영세율 적용을 받는 자만 제출합니다) 5. 부동산임대공급가액명세서(부동산임대업자만 제출합니다) 6. 사업장현황명세서(음식, 숙박 및 그 밖의 서비스업자가 확정신고를 하는 경우만 제출합니다) 7. 의제매입세액 공제신고서 8. 그 밖에 「부가가치세법 시행규칙」 제74조제2항에 따른 해당 서류	수수료 없음

작 성 방 법

1. 이 신고서는 한글과 아라비아 숫자로 작성하며, 금액은 원 단위까지 표시합니다.
2. 색상이 어두운 란은 사업자가 적지 않습니다.
3. ① 신고내용란
   가. (1)란부터 (4)란까지: 해당 업종의 금액란에는 2021년 6월 30일 이전 매출액(과세분으로 공급한 재화 또는 용역의 공급대가)을 적습니다.
   나. (5)란부터 (9)란까지: 해당 업종의 금액란에는 제3쪽 (42) 합계란,(47) 합계란,(52) 합계란,(57) 합계란 및 (62) 합계란의 금액을 적습니다. 세액란에는 (금액×해당 업종의 부가가치율×10/100)에 따라 계산한 세액을 적습니다.
   다. (10)란 및 (11)란: 해당 신고대상기간에 영세율이 적용되는 사업실적 중 세금계산서 발급분은 (10)란에, 세금계산서 발급의 무가 없는 분은 (11)란에 적습니다.
   라. (12)란: 일반과세자에서 간이과세자로 변경된 사업자가 변경된 날 현재의 재고품 및 감가상각자산에 대한 재고 납부세액을 납부하는 경우에 적습니다.
   마. (14)란: 일반과세자로부터 받은 세금계산서 또는 신용카드매출전표 등에 적은 매입세액을 공제받는 경우에 적으며, 금액란에는 해당 매입세금계산서 또는 신용카드매출전표 등에 적은 부가가치세 합계액을, 세액란에는 (금액× 해당 업종의 부가가치율×세율)에 따라 계산한 세액을 적습니다.
   바. (15)란: 사업자로부터 세금계산서 또는 신용카드매출전표 등을 발급받아 납부세액에서 공제받는 경우에 적으며, 금액란에는 해당 매입세금계산서 또는 신용카드매출전표 등에 적은 공급대가 합계액을, 세액란에는 (금액× 0.5퍼센트)에 따라 계산한 세액을 적습니다.
   사. (16)란: 음식점업, 제조업 사업자가 2021년 6월 30일 이전에 공급받아 음식점업, 제조업에 사용된 면세농산물등에 대한 의제매입세액을 공제받는 경우에 적고, 금액란에는 의제매입세액 공제신고서의 면세농산물등의 매입가액을, 세액란에는 [음식점업 사업자 중 과세유흥장소 사업자는 면세농산물등의 가액 × 2/102, 과세유흥장소 외 음식점업 사업자는 면세농산물등의 가액 × 8/108(과세표준 4억원 이하인 경우 9/109), 제조업 사업자는 면세농산물등의 가액 × 6/106]에 따라 계산한 금액을 적습니다.
   아. (17)란: 매입자가 관할 세무서장으로부터 거래사실확인 통지를 받고 발행한 매입자발행 세금계산서에 적은 매입세액을 공제받는 경우에 적으며, 금액란에는 해당 매입세금계산서 또는 신용카드매출전표 등에 적은 부가가치세 합계액을, 세액란에는 (금액× 해당 업종의 부가가치율×세율)에 따라 계산한 세액을 적습니다.
   자. (18)란: 매입자가 관할 세무서장으로부터 거래사실확인 통지를 받고 발행한 매입자발행 세금계산서에 적은 매입세액을 공제받는 경우에 적으며, 금액란에는 해당 매입세금계산서 또는 신용카드매출전표 등에 적은 공급대가 합계액을, 세액란에는 (금액× 0.5퍼센트)에 따라 계산한 세액을 적습니다.
   차. (19)란: 「조세특례제한법」 제104조의8제2항에 따른 전자신고 세액공제 금액(10,000원)을 적되, 공제세액이 (13)란의 세액에서 (14)란부터 (18)란까지의 세액을 뺀 후의 세액을 초과할 때에는 그 초과하는 세액은 공제되지 않습니다.
   카. (20)란: 2023년 7월 1일 이후 공급한 재화 또는 용역에 대하여 전자세금계산서를 발급하고 발급명세를 국세청에 전송한 경우 발급 건수당 200원을 곱하여 계산한 금액(연간 100만원 한도)을 적습니다.
   타. (21)란: 2021년 6월 30일 이전에 신용카드 등이나 전자화폐에 의한 매출액이 있는 사업자가 적으며, 금액란에는 신용카드 등 및 전자화폐에 의한 매출액을, 세액란에는 (신용카드 등이나 전자화폐 매출액 × 13/1,000, 음식점업 또는 숙박업은 26/1,000)에 따라 계산한 금액을 적습니다.
   파. (22)란: 2021년 7월 1일 이후에 신용카드 등이나 전자화폐에 의한 매출액이 있는 사업자가 적으며, 금액란에는 신용카드 등 및 전자화폐에 의한 매출액을, 세액란에는 (신용카드 등이나 전자화폐 매출액 × 10/1,000, 2026년 12월 31일까지는 13/1,000)에 따라 계산한 금액을 적습니다.
   ※ (21)란의 세액과 (22)란의 세액을 더한 금액은 연간 500만원을 한도로 하되, 2026년 12월 31일까지는 1,000만원을 한도로 합니다.
   하. (24)란: 세액의 합계액은 (13)란을 한도로 하여 공제합니다.
   거. (25)란: 「조세특례제한법 시행령」 제106조의9제5항 및 제106조의13제4항에 따른 부가가치세 관리기관이 국고에 직접 입금한 부가가치세액을 세액란에 적습니다.
   너. (26)란: 해당 과세기간 중에 예정부과(신고)된 세액이 있는 경우 그 예정부과(신고)세액을 적습니다.
   더. (27)란: 해당 과세기간 중에 수시부과된 세액이 있는 경우 그 수시부과세액을 적습니다.
   러. (28)란: 신고한 내용에 가산세가 적용되는 경우가 있는 사업자만 적으며, 제3쪽 (80) 합계란의 세액을 적습니다.
4. ② 과세표준 명세란
   가. (30)란 및 (31)란: (13)란의 과세표준 합계액을 업태, 종목별로 구분하여 적습니다.
   나. (32)란: 부가가치세는 과세되나 소득세 과세 시 수입금액에서 제외되는 금액(고정자산매각, 직매장공급 등)을 적고, (33)란의 합계액이 (13)란의 금액과 일치해야 합니다.
5. ③ 면세수입금액란
   가. (34)란 및 (35)란: 부가가치세가 면세되는 매출액이 있는 경우 업태, 종목별로 구분하여 적습니다.
   나. (36)란: 면세수입금액 중 종합소득세 과세 시 수입금액에서 제외되는 금액(고정자산매각, 직매장공급 등)을 적습니다.
6. ④ 국세환급금계좌신고란: 국세환급금을 송금받으려는 거래은행과 계좌번호를 적습니다.
7. ⑤ 폐업신고란: 폐업을 하고 확정신고하는 사업자만 적습니다.
8. ⑥ 영세율 상호주의란:
   가. 「부가가치세법」 제25조 또는 같은 법 시행령 제33조제2항제1호 단서 및 제2호에 따라 영세율에 대한 상호주의가 적용되어 (10)란 또는 (11)란에 영세율 과세표준 금액이 존재하는 사업자가 적습니다.
   나. 적용 구분란에는 부가가치세법령상 근거조항(예: 법 제21조, 법 제22조, 법 제23조, 법 제24조제1항제1호, 법 제24조제1항제2호, 영 제33조제2항제1호 단서, 영 제33조제2항제2호)을 적고, 업종란에는 부가가치세 영세율이 적용된 재화·용역 또는 그 업종을 적습니다.

210mm×297mm[백상지(80g/㎡) 또는 중질지(80g/㎡)]

(4쪽 중 제3쪽)

※ 이 쪽은 해당 사항이 있는 사업자만 사용합니다.
※ 제4쪽의 작성방법을 읽고 작성하시기 바랍니다.

사업자등록번호 ☐☐☐-☐☐-☐☐☐☐☐ *사업자등록번호는 반드시 적으시기 바랍니다.

	구분				금액(공급대가)
2021. 7. 1. 이후 과세분 명세	소매업, 재생용 재료수집 및 판매업, 음식점업	(5)	세금계산서 발급분	(38)	
			매입자발행 세금계산서	(39)	
			신용카드・현금영수증 발행분	(40)	
			기타(정규영수증 외 매출분)	(41)	
			합계	(42)	
	제조업, 농・임・어업, 소화물 전문 운송업	(6)	세금계산서 발급분	(43)	
			매입자발행 세금계산서	(44)	
			신용카드・현금영수증 발행분	(45)	
			기타(정규영수증 외 매출분)	(46)	
			합계	(47)	
	숙박업	(7)	세금계산서 발급분	(48)	
			매입자발행 세금계산서	(49)	
			신용카드・현금영수증 발행분	(50)	
			기타(정규영수증 외 매출분)	(51)	
			합계	(52)	
	건설업, 운수 및 창고업(소화물 전문 운송업 제외), 정보통신업, 그 밖의 서비스업	(8)	세금계산서 발급분	(53)	
			매입자발행 세금계산서	(54)	
			신용카드・현금영수증 발행분	(55)	
			기타(정규영수증 외 매출분)	(56)	
			합계	(57)	
	금융 및 보험 관련 서비스업, 전문・과학 및 기술서비스업(인물사진 및 행사용 영상 촬영업 제외), 사업시설관리・사업지원 및 임대서비스업, 부동산 관련 서비스업, 부동산임대업	(9)	세금계산서 발급분	(58)	
			매입자발행 세금계산서	(59)	
			신용카드・현금영수증 발행분	(60)	
			기타(정규영수증 외 매출분)	(61)	
			합계	(62)	

	구분			금액	세율	세액
(28) 가산세액 명세	사업자 미등록 등		(63)		제4쪽 참조	
	세금계산서	지연발급 등	(64)		1 / 100	
		미발급 등	(65)		제4쪽 참조	
		미수취	(66)		5 / 1,000	
	전자세금계산서 발급명세 전송	지연전송	(67)		3 / 1,000	
		미전송	(68)		5 / 1,000	
	세금계산서 합계표	제출 불성실	(69)		5 / 1,000	
		지연제출	(70)		3 / 1,000	
	신고 불성실	무신고(일반)	(71)		제4쪽 참조	
		무신고(부당)	(72)		제4쪽 참조	
		과소신고(일반)	(73)		제4쪽 참조	
		과소신고(부당)	(74)		제4쪽 참조	
	납부지연		(75)		제4쪽 참조	
	결정・경정기관 확인 매입세액 공제		(76)		5 / 1,000	
	영세율 과세표준신고 불성실		(77)		5 / 1,000	
	매입자 납부특례	거래계좌 미사용	(78)		제4쪽 참조	
		거래계좌 지연입금	(79)		제4쪽 참조	
	합계		(80)			

210mm×297mm[백상지(80g/㎡) 또는 중질지(80g/㎡)]

(4쪽 중 제4쪽)

작성방법

1. (38)란부터 (62)란까지: 해당 신고대상기간에 부가가치세가 과세되는 사업실적 중 세금계산서 발급분은 (38)란, (43)란, (48)란, (53)란 또는 (58)란에, 매입자로부터 받은 매입자발행 세금계산서의 발급분은 (39)란, (44)란, (49)란, (54)란 또는 (59)란에, 신용카드매출전표등 발행분과 전자화폐수취분은 (40)란, (45)란, (50)란, (55)란 또는 (60)란에, 세금계산서 발급의무가 없는 분 등 그 밖의 매출분은 (41)란, (46)란, (51)란, (56)란 또는 (61)란에 적습니다. 이 경우 각 란에 적는 금액은 공급대가를 기준으로 적습니다.
2. (63)란부터 (79)란까지: 아래의 각 가산세 부과 사유를 참고해서 해당 란에 적습니다.

가산세 부과 사유		가산세 적용대상 금액	가산세율
(63)란	사업자등록을 하지 않은 경우	사업 개시일부터 등록을 신청한 날의 직전일까지의 공급대가(매출액)	5/1,000*
(63)란	사업자등록을 타인 명의로 한 경우 또는 타인 명의의 사업자등록을 이용한 경우	타인 명의의 사업 개시일부터 실제 사업을 하는 것으로 확인되는 날의 직전일까지의 공급대가(매출액)	1/100
(64)란	세금계산서의 발급시기가 지난 후 해당 재화 또는 용역의 공급시기가 속하는 과세기간에 대한 확정신고 기한까지 세금계산서를 발급하거나 세금계산서의 필요적 기재사항의 전부 또는 일부가 착오 또는 과실로 적혀 있지 않거나 사실과 다른 경우	공급가액	1/100
(65)란	세금계산서를 발급하지 않은 경우	공급가액	2/100
(65)란	재화 또는 용역의 공급 없이 세금계산서 등을 발급한 경우	세금계산서 등에 적힌 금액	3/100
(65)란	실제로 재화 또는 용역을 공급하는 자가 아닌 자의 명의로 세금계산서 등을 발급하거나 재화 또는 용역의 공급가액을 과다하게 기재하여 세금계산서 등을 발급한 경우	공급가액	2/100
(66)란	세금계산서를 발급하여야 하는 사업자로부터 재화 또는 용역을 공급받고 세금계산서를 발급받지 아니한 경우	공급대가	5/1,000
(67)란	전자세금계산서 발급 의무 사업자가 전자세금계산서 발급일의 다음 날이 경과한 후 재화 또는 용역의 공급시기가 속하는 과세기간에 대한 확정신고기한까지 세금계산서 발급명세를 전송한 경우	공급가액	3/1,000
(68)란	전자세금계산서 발급 의무 사업자가 전자세금계산서 발급일의 다음 날이 경과한 후 재화 또는 용역의 공급시기가 속하는 과세기간에 대한 확정신고기한까지 세금계산서 발급명세를 전송하지 않은 경우	공급가액	5/1,000
(69)란	매출처별 세금계산서합계표를 제출하지 않은 경우, 거래처별 등록번호 또는 공급가액의 전부 또는 일부가 적혀 있지 않거나 사실과 다르게 적혀 있는 경우	제출하지 않은 부분에 대한 공급가액, 기재사항이 적혀 있지 않거나 사실과 다르게 적혀 있는 부분에 대한 공급가액	5/1,000
(70)란	매출처별 세금계산서합계표를 법 제66조제6항 단서에 따라 신고를 할 때 제출하지 못하여 해당 예정부과기간이 속하는 과세기간에 확정신고를 할 때 제출하는 경우	공급가액	3/1,000
(71)란 및 (72)란	법정기한까지 신고하지 않은 경우	무신고 납부세액	20/100(부당 40/100)
(73)란 및 (74)란	법정기한까지 과소신고한 경우	과소신고 납부세액	10/100(부당 40/100)
(75)란	법정기한까지 납부세액을 납부하지 않은(과소납부한) 경우	미납부(과소납부)한 납부세액	지연납부일수 1일당 22/100,000
(76)란	결정·경정기관의 확인을 거쳐 매입세액 공제받는 경우	공급가액	5/1,000
(77)란	영세율 적용분을 신고하지 않은(과소신고한) 경우	무신고(과소신고)한 공급대가(매출액)	5/1,000
(78)란	「조세특례제한법」 제106조의4제3항, 제106조의9제3항 및 제106조의11제3항에 따라 금거래계좌, 스크랩등거래계좌 및 면세점송객용역거래계좌를 사용하지 않고 결제받은 경우	제품가액	10/100
(79)란	「조세특례제한법」 제106조의4제3항, 제106조의9제3항 및 제106조의11제3항에 따라 입금기한 내에 금거래계좌, 스크랩등거래계좌 및 면세점송객용역거래계좌에 입금하지 않은 경우	지연 입금한 부가가치세액	지연입금일수 1일당 22/100,000

* 납부의무면제자의 경우 5/1,000와 5만원 중 큰 금액

210㎜×297㎜[백상지(80g/㎡) 또는 중질지(80g/㎡)]

정리문제

제8장

1. 다음은 부가가치세법상 간이과세자에 관한 설명이다. 가장 옳지 않은 것은?

① 법인사업자는 간이과세자가 될 수 없다.
② 직전 연도의 공급대가의 합계액이 4,800만원 이상 1억 4백만원 미만인 간이과세자는 세금계산서를 발급하여야 한다.
③ 간이과세자는 사업과 관련된 매입세금계산서를 받은 경우에도 부가가치세 신고시 매입처별 세금계산서합계표제출의무가 없다.
④ 간이과세자는 해당 과세기간 공급대가가 4,800만원 미만인 경우에는 납부세액의 납부의무를 면제한다.

2. 다음 중 부가가치세법상 간이과세자에 대한 설명으로 잘못된 것은?

① 간이과세자의 과세표준은 원칙적으로 해당 과세기간의 공급대가의 합계액으로 한다.
② 세무사업은 간이과세자가 될 수 없다.
③ 간이과세 적용 신고를 한 개인사업자는 최초의 과세기간에는 간이과세자로 할 수 있다.
④ 간이과세자는 간이과세를 포기하고 일반과세를 적용받을 수 없다.

3. 다음 중 부가가치세법상 간이과세자에 대한 설명 중 틀린 것은?

① 법인사업자는 간이과세자가 될 수 없다.
② 간이과세자는 간이과세를 포기하고 일반과세자로 변경할 수 있다.
③ 변호사업을 영위하는 직전 연도의 공급대가의 합계액이 1천만원인 개인사업자는 간이과세자가 될 수 있다.
④ 간이과세자도 원칙적으로 부가가치세 신고 의무가 있다.

4. 다음 중 부가가치세법상 간이과세자에 대한 설명으로 가장 옳지 않은 것은?

① 간이과세자는 원칙적으로 세금계산서를 발급하여야 하지만, 영수증을 발급해야 하는 간이과세자도 있다.
② 간이과세자는 간이과세 포기제도를 통해서 일반과세자로 전환될 수 있다.
③ 간이과세자는 일반과세자와는 달리 의제매입세액공제 규정이 없다.
④ 간이과세자는 예정부과의 대상이 되지 않는다.

5. 부가가치세법상 간이과세자에 관한 설명 중 가장 잘못된 것은?

① 간이과세자는 원칙적으로 예정신고를 하지 않아도 되지만, 선택적으로 예정신고를 할 수 있는 간이과세자와 필수적으로 예정신고를 해야 하는 간이과세자도 있다.
② 모든 업종이 간이과세를 적용받을 수 있다.
③ 과세표준을 공급가액이 아닌 공급대가를 기준으로 한다.
④ 공제세액의 합계액이 납부세액과 재고납부세액의 합계액을 초과하는 경우 이를 환급받을 수 없다.

6. 부가가치세법상 간이과세자에 대한 설명으로 틀린 것은?

① 도매업을 영위하는 개인사업자의 경우에는 직전 과세기간(1역년) 공급대가가 1억 4백만원에 미달하는 경우에도 간이과세를 적용받을 수 없다.
② 관할 세무서장은 간이과세가 적용되거나 적용되지 않게 되는 과세기간 개시 20일 전까지 과세유형 변경통지를 하며, 사업자등록증을 정정하여 과세기간 개시 당일까지 발급하여야 한다.
③ 일반과세자인 계속사업자의 20x2년의 공급대가가 5,500만원으로 신고된 경우 간이과세가 적용되는 기간은 20x3년 7월 1일부터 20x4년 6월 30일까지로 한다.
④ 영세율은 일반과세자에게만 적용되므로 간이과세자가 영세율을 적용받으려면 간이과세를 포기하여야 한다.

7. **다음 부가가치세법상 간이과세자에 대한 설명 중 가장 틀린 것은?**

① 직전 연도의 공급대가의 합계액이 1억 4백만원 미만인 개인사업자는 간이과세자에 해당한다.

② 광업, 부동산매매업, 기획재정부령으로 정하는 전문직 서비스업을 영위하는 자는 간이과세자에 해당하지 아니한다.

③ 모든 간이과세자는 세금계산서를 발급할 수 있다.

④ 간이과세자의 해당 과세기간에 대한 공급대가의 합계액이 4,800만원 미만이면 그 과세기간의 납부세액의 납부의무를 면제한다.

8. **다음 중 부가가치세법상 간이과세자에 대한 설명으로 옳지 않은 것은?**

① 간이과세자는 세금계산서를 발행하지 않으며 세금계산서와 관련된 가산세의 적용을 받지 않는다.

② 간이과세자는 간이과세를 포기함으로써 일반과세자가 될 수 있다.

③ 간이과세자는 의제매입세액공제를 받을 수 없다.

④ 간이과세자의 납부세액은 공급대가에 업종별 부가가치율을 곱한 것에 10%의 세율을 적용해서 계산한다.

9. **부가가치세법상 간이과세자에 대한 설명으로 가장 옳은 것은?**

① 직전 연도의 공급대가가 1억 4백만원 미만인 법인사업자는 간이과세자에 해당된다.

② 모든 간이과세자는 상대방이 세금계산서를 요구하면 세금계산서를 발급해야 한다.

③ 간이과세자는 간이과세를 포기하고 일반과세자로 과세유형의 변경이 불가능하다.

④ 간이과세가 적용되지 않은 다른 사업장을 보유하고 있는 사업자는 간이과세를 적용받을 수 없다.

10. **다음 중 부가가치세법상 간이과세자에 대한 설명으로 틀린 설명은?**

① 개인사업자만 간이과세자가 될 수 있다.

② 도매업자가 소매업을 겸영하는 경우에는 간이과세자로 가능하다.

③ 직전 연도의 공급대가가 1억 4백만원 미만이어야 한다.

④ 위 '③'의 금액을 계산시 직전연도 중 휴업한 사업자는 휴업기간을 제외한 잔여기간의 공급대가를 12월로 환산한 금액을 기준으로 한다.

11. **다음 중 부가가치세법상 간이과세에 관한 설명으로 가장 옳지 않은 것은?**

① 간이과세자란 직전 연도의 공급대가의 합계액이 1억 4백만원에 미달하는 개인사업자이다.
② 과세유흥장소를 경영하는 사업으로서 기획재정부령이 정하는 것은 간이과세를 적용할 수 없다.
③ 간이과세포기신고는 일반과세를 적용받으려는 달의 말일까지 하여야 한다.
④ 해당 과세기간에 대한 공급대가의 합계액이 4,800만원 미만이면 납부의무를 면제한다.

12. **부가가치세법상 간이과세자 적용배제 대상이 아닌 것은?**

① 부동산임대업을 경영하는 사업자로서 직전 연도의 공급대가의 합계액이 4,000만원인 사업자
② 일반과세자로부터 양수한 사업
③ 일반과세를 적용받는 사업장을 보유하고 있는 사업자
④ 둘 이상의 사업장이 있는 사업자로서 그 둘 이상의 사업장의 직전 연도의 공급대가의 합계액이 1억 4백만원 이상인 사업자

13. **부가가치세법상 간이과세가 적용되지 않는 업종을 고른 것은?**

ㄱ. 건설업	ㄴ. 부동산매매업	ㄷ. 도매업	ㄹ. 음식점업

① ㄱ, ㄴ　② ㄱ, ㄹ
③ ㄴ, ㄷ　④ ㄷ, ㄹ

14. **다음 중 부가가치세법상 간이과세자가 될 수 있는 사업자는?**

① 광업
② 재생용 재료수집 및 판매업
③ 부동산매매업
④ 개별소비세법에 따른 과세유흥장소를 경영하는 사업

15. 다음 중 부가가치세법상 최초 신규사업 개시시 간이과세 배제대상 업종이 아닌 것은?

① 음식점업 ② 도매업
③ 약사업 ④ 변호사업

16. 다음 중 간이과세배제업종으로 가장 옳지 않은 것은?

① 소매업 ② 도매업
③ 전문직 사업서비스업 ④ 부동산매매업

17. 다음 중 부가가치세법상 간이과세가 적용되지 않는 업종은?

① 소매업 ② 건설업
③ 부동산중개업 ④ 도매업

18. 부가가치세법상 일반적으로 간이과세가 적용되지 않는 업종은?

① 소매업 ② 음식점
③ 부동산중개업 ④ 경영지도사

19. 다음 중 부가가치세법상 간이과세 적용 배제업종이 아닌 것은?

① 광업 ② 제조업
③ 소매업 ④ 부동산매매업

20. 다음 중 부가가치세법상 간이과세자 적용배제 업종이 아닌 것은?

① 음식점업
② 광업
③ 도매업(재생용 재료수집 및 판매업 제외)
④ 부동산매매업

21. 다음 중 부가가치세법상 간이과세를 적용할 수 있는 업종은?

① 광업
② 변호사 · 세무사업
③ 양복점업
④ 과세유흥장소를 경영하는 사업으로서 기획재정부령이 정하는 것

22. 다음 중 간이과세자가 될 수 있는 경우는?

① 음반소매업을 영위하고 직전 연도 공급대가의 합계액이 2천 4백만원인 법인사업자
② 변호사업을 영위하고 직전 연도 공급대가의 합계액이 3천 5백만원인 개인사업자
③ 소매업을 영위하고 직전 연도 공급대가의 합계액이 4천 5백만원인 개인사업자
④ 부동산매매업을 영위하고 직전 연도 공급대가의 합계액이 1천 2백만원인 개인사업자

23. 다음 중 부가가치세법상 간이과세자에 해당하는 자는?

① 직전 연도 공급대가의 합계액이 3,000만원인 부동산중개업을 하는 법인사업자
② 직전 연도 공급대가의 합계액이 4,000만원인 도매업을 영위하는 개인사업자
③ 직전 연도 공급대가의 합계액이 4,500만원인 부동산매매업을 영위하는 개인사업자
④ 직전 연도 공급대가의 합계액이 4,000만원인 의류소매업을 영위하는 개인사업자

24. 다음 중 부가가치세법상 간이과세자가 될 수 없는 경우는?

① 신규로 간이과세 사업자등록을 한 음식점
② 간이사업자로서 직전년도 매출이 3,500만원인 당구장
③ 직전 연도 매출이 4,800만원 미만인 노래연습장(간이과세 포기신고 하지 않음)
④ 직전 연도 매출이 3,600만원인 법인사업자

25. **다음 중 부가가치세법상 간이과세를 적용 받을 수 있는 사업자는? 단, 보기 외의 다른 소득은 없다.**

① 이번 과세기간에 사업을 개시한 패션 악세사리(재생용 아님) 도매 사업자 김정수씨
② 직전 연도의 공급대가 합계액이 3,000만원인 부동산 임대사업자 장경미씨
③ 직전 연도의 공급대가가 1억 6백만원에 해당하는 의류 매장을 운영하는 박민철씨가 사업확장을 위하여 당기에 신규로 사업을 개시한 두 번째 의류 매장
④ 직전 연도의 공급가액이 1억원(부가가치세 1천만원 별도)인 한식당을 운영하는 이영희씨

26. **다음 중 부가가치세법상 간이과세자에 대한 설명으로 가장 틀린 것은?**

① 직전 연도 공급대가의 합계액이 1억 4백만원에 미달하는 개인사업자로 한다.
② 모든 간이과세자는 영수증을 발행하여야 하나 상대방이 요구하는 경우에는 세금계산서를 발급할 수 있다.
③ 결정 또는 경정에 의하여 공급대가가 간이과세 기준금액 이상인 개인사업자는 결정 또는 경정한 날이 속하는 과세기간까지는 간이과세자로 본다.
④ 간이과세가 적용되지 않은 다른 사업장을 보유하고 있는 사업자는 간이과세를 적용받을 수 없다.

27. **부가가치세법상 간이과세제도에 관한 설명이다. 가장 옳지 않은 것은?**

① 간이과세자는 간이과세포기를 통해 일반과세자가 될 수 있다.
② 간이과세자는 의제매입세액공제를 적용받을 수 없다.
③ 간이과세자의 해당 과세기간에 대한 공급대가가 4,800만원 미만인 경우 해당 과세기간에 대한 납부의무를 면제한다.
④ 간이과세자는 납부세액이 공제세액보다 적은 경우 환급받을 수 있다.

28. **부가가치세법상 간이과세자에 대한 설명으로 가장 틀린 것은?**

① 제조업을 영위하는 개인사업자의 경우 직전 연도 공급대가가 1억 4백만원에 미달하는 경우에는 무조건 간이과세를 적용받을 수 없다.
② 간이과세자 중에는 세금계산서를 발급해야 하는 사업자도 있다.
③ 20x2년의 공급대가가 4,000만원으로 신고된 경우 간이과세가 적용되는 기간은 20x3년 7월 1일부터 20x4년 6월 30일까지로 한다.
④ 간이과세자도 영세율을 적용받을 수 있다.

29. 다음 중 부가가치세법상 간이과세자에 대한 내용으로 틀린 것은?

① 간이과세자는 영세율을 적용 받을 수 없다.
② 간이과세자의 경우 미등록 가산세를 적용 받는다.
③ 전자신고세액공제에 대해 환급이 불가능하다.
④ 간이과세자의 경우 대손세액 공제에 관한 규정이 없다.

30. 다음 중 부가가치세법상 설명으로 가장 잘못된 것은?

① 세금계산서를 발급 후 폐업을 한 경우 폐업 후 수정세금계산서 발급이 불가능하다.
② 영수증 발급이 가능한 간이과세자도 있다.
③ 간이과세자는 영세율이 적용되지 않는다.
④ 법인사업자인 음식점업을 경영하는 사업자의 경우 의제매입세액 공제가 가능하다.

31. 다음 중 부가가치세법상 간이과세자가 일반과세자로 변경되는 경우 간이과세 규정이 적용되는 기간으로 맞는 것은?

① 그 변경 이후 1월 1일부터 6월 30일까지
② 그 변경 이후 1월 1일부터 3월 31일까지
③ 그 변경 이전 1월 1일부터 6월 30일까지
④ 그 변경 이전 1월 1일부터 3월 31일까지

32. 다음 중 부가가치세법상 일반과세자의 20x1년 공급대가가 1억 4백만원 미만이 된 경우 간이과세자로 적용받는 기간으로 옳은 것은?

① 20x2.1.1. ~ 20x2. 6. 1.
② 20x2.1.1. ~ 20x2.12.31.
③ 20x2.7.1. ~ 20x2.12.31.
④ 20x2.7.1. ~ 20x3. 6.30.

33. 다음은 20x2년 간이과세자인 개인사업자 갑에 대한 자료이다. 다음 자료를 참고하여 일반과세자로 전환되는 연, 월, 일을 적으시오.

- 갑은 20x2년 2월 1일에 사업을 개시하였다.
- 갑의 20x2년 2월 1일부터 6월 30일까지의 공급대가는 65,000,000원이다.
- 갑의 20x2년 7월 1일부터 12월 31일까지의 공급대가는 45,000,000원이다.

34. **다음 중 부가가치세법상 간이과세자에 대한 내용으로 가장 틀린 것은?**

① 간이과세자는 영세율을 적용 받을 수 없다.
② 간이과세자의 경우 직전 연도 공급대가가 1억 4백만원 미만인 경우이다.
③ 간이과세자는 일반과세자와 부가가치세 계산 구조가 다르다.
④ 간이과세자의 경우 대손세액 공제에 관한 규정이 없다.

35. **다음은 부가가치세법에서 규정하고 있는 내용을 설명하고 있다. 가장 옳지 않은 것은?**

① 과세사업자 중 영세율적용사업자는 조기환급을 받을 수 있다.
② 간이과세자는 대손세액공제가 없다.
③ 면세사업자는 매입세액공제를 받을 수 없다.
④ 간이과세자는 법인사업자 및 개인사업자 모두 가능하다.

36. **다음은 부가가치세법상 간이과세제도에 대한 설명이다. 틀린 것은?**

① 간이과세를 포기하고 일반과세자에 관한 규정을 적용받으려는 경우에는 일반과세를 적용받고자 하는 달의 전달 마지막 날까지 '간이과세포기신고서'를 제출하여야 한다.
② 간이과세를 포기하고 일반과세자가 되더라도 언제든지 간이과세자에 관한 규정을 적용받을 수 있다.
③ 해당 과세기간 공급대가가 4,800만원에 미달하는 경우 납부의무를 면제한다.
④ 간이과세자의 경우 세금계산서를 발행할 수 없으며 간이과세자가 발행하는 증빙은 영수증으로 취급한다.

37. 부가가치세법의 간이과세포기에 대한 내용이다. 가장 잘못된 것은?

① 간이과세포기신고서를 제출한 개인사업자가 간이과세 적용 제한기간이 지난 후 다시 간이과세를 적용받으려면 그 적용받으려는 과세기간 개시 20일 전까지 간이과세적용신고서를 제출하여야 한다.

② 계속사업자로서 간이과세포기신고를 한 개인사업자는 일반과세에 관한 규정을 적용받으려는 달의 1일부터 3년이 되는 날이 속하는 과세기간까지는 일반과세자이다.

③ 간이과세를 포기하고자 하는 자는 일반과세자에 관한 규정을 적용받으려는 달의 전달 마지막 날까지 간이과세포기신고서를 제출하여야 한다.

④ 간이과세 포기시 포기신고일이 속하는 과세기간 개시일로부터 신고일이 속하는 달의 말일까지와 포기신고일이 속하는 달의 다음 달 1일부터 그 과세기간 종료일까지를 각각 1과세기간으로 한다.

38. 간이과세자가 일반과세자의 규정을 적용받기 위해서는 간이과세 포기는 언제까지 하여야 하는가?

① 일반과세자에 관한 규정을 적용받으려는 달의 전달 마지막 날까지

② 과세기간 개시 30일 전까지

③ 과세기간 종료일로부터 30일 전까지

④ 과세기간 종료일 10일 전까지

39. 다음 중 부가가치세법상 간이과세자에 대한 과세기간 설명으로 옳은 것은?

① 제1기 과세기간 : 1/1~6/30

② 신규개업(03/05)시 최초 과세기간 : 03/05~06/30

③ 간이과세포기 신고(07/10)시 : 01/01~07/31

④ 폐업(10/10)시 최종 과세기간 : 10/10~12/31

40. 다음 중 간이과세자가 받을 수 있는 세액공제가 아닌 것은?

① 전자신고세액공제

② 매입세금계산서 등 수취세액공제

③ 신용카드매출전표 등 발행세액공제

④ 대손세액공제

41. 다음 중 부가가치세법상 간이과세자에게 적용하는 규정으로 틀린 것은?

① 매입세금계산서 등 수취세액공제
② 전자신고세액공제
③ 신용카드매출전표 등 발행세액공제
④ 재고매입세액

42. 다음 중 부가가치세법상 간이과세자에 대한 설명으로 틀린 것은?

① 간이과세자도 요건을 충족하면 영세율을 적용받을 수 있다.
② 간이과세자는 신용카드매출전표등발급세액공제를 받을 수 없다.
③ 간이과세자도 직접 전자적 신고 방법으로 부가가치세 확정신고를 한 경우에는 전자신고세액공제를 받을 수 있다.
④ 간이과세자는 영수증을 발급할 수도 있다.

43. 다음 자료를 토대로 부가가치세법상 음식점을 영위하는 간이과세자인 김경인씨의 납부의무가 있는 부가가치세 납부세액은 얼마인가?

• 1월 1부터 12월 31일까지의 공급대가는 28,000,000원이다. • 업종별 부가가치율은 10%로 가정한다.

① 0원　　② 204,000원
③ 230,000원　　④ 280,000원

44. 소매업을 영위하는 간이과세자인 김경인씨의 해당 과세기간에 대한 공급대가는 50,000,000원이며, 매입세금계산서 수취 금액은 없다. 소매업의 부가가치율이 10%인 경우 납부세액은 얼마인가?

① 550,000원　　② 500,000원
③ 5,000,000원　　④ 5,500,000원

45. 부가가치세법상 다음 (㉠)에 들어갈 숫자는 무엇인가?

간이과세자 A의 해당 과세기간 납부세액이 200만원, 공제세액이 300만원인 경우 차감납부할세액(환급받을 세액)은 (㉠)원이다.

46. **다음 중 부가가치세법상 간이과세자에 대한 설명으로 잘못된 것은?**

① 과세표준의 계산 : 공급대가의 합계액

② 납부세액의 계산 : 과세표준×업종별부가가치율×세율

③ 매입세금계산서 등 수취세액공제 : 해당 과세기간에 세금계산서 등을 발급받은 재화·용역의 공급대가에 대해 0.5% 공제

④ 대손세액공제 : 적용

47. **다음 자료에 의하여 일반음식점업(과세유흥장소가 아님)을 영위하는 김정록씨(간이과세자)의 20x2년 부가가치세 차감납부할 세액은 얼마인가?(지방소비세 포함한 금액)**

- 20x2년 공급대가 : 57,000,000원(신용카드매출전표 등 발급금액 10,000,000원 포함)
- 신용카드구입분 면세농산물 등의 가액 : 1,000,000원
- 세금계산서 등을 발급받은 매입분에 대한 공급대가 : 8,000,000원
- 업종별 부가가치율은 10%로 가정
- 김정록씨가 직접 해당 과세기간분에 대해 전자신고하였음

① 160,000원 ② 290,000원

③ 390,000원 ④ 260,000원

48. **다음 간이과세자에 대한 설명 중 올바른 것은 몇 개인가?**

- 간이과세자는 원칙적으로 과세기간 1년에 1회 신고납부한다.
- 간이과세자도 세금계산서를 수취 또는 발급해야 한다.
- 요건을 만족하는 간이과세자는 신용카드매출전표 등 발행세액공제를 발급금액의 1.3%만큼 받을 수 있다.
- 간이과세자의 해당 과세기간에 대한 공급대가가 4,800만원 미만인 경우에는 해당 과세기간에 대한 납부의무를 면제해 준다.

① 0개 ② 1개

③ 2개 ④ 3개

49. 다음 (   ) 안에 들어갈 숫자는?

부가가치세법상 일반과세자와 간이과세자의 신용카드매출전표 등 발행세액공제 한도는 연 (   )만원(2027.1.1.부터는 500만원)이다.

50. 부가가치세법상 일반과세자와 간이과세자가 공통적으로 적용받을 수 있는 공제는?

① 재고납부세액
② 재고매입세액
③ 신용카드매출전표 등 발행공제
④ 대손세액공제

51. 부가가치세법상 간이과세자가 일반과세자로 전환되었을 때 과세유형 변경에 의해 적용받는 세액공제는?

① 의제매입세액
② 대손세액공제
③ 재고매입세액공제
④ 신용카드발행세액공제

52. 다음 중 부가가치세법의 내용으로 옳은 것은?

① 음식점업을 영위하는 법인사업자는 의제매입세액 공제를 받을 수 없다.
② 주로 사업자가 아닌 자에게 재화 또는 용역을 공급하는 법인사업자는 신용카드매출전표 발급 등에 대한 세액공제를 적용받을 수 있다.
③ 법인사업자는 전자신고세액공제를 적용받을 수 없다.
④ 간이과세자의 과세기간에 대한 공급대가의 합계액이 4,800만원 미만인 경우에도 재고납부세액에 대하여는 납부의무가 있다.

53. 다음 중 부가가치세법상 간이과세자의 납부의무면제에 관한 설명으로 가장 옳지 않은 것은?

① 간이과세자의 해당 과세기간에 대한 공급대가의 합계액이 4,800만원 미만이면 납부세액의 납부의무를 면제한다.

② 간이과세자에게 납부의무를 면제하는 경우에는 등록불성실가산세 규정을 적용하지 아니한다. 다만, 납부의무면제자가 사업개시 후 20일 이내에 사업자등록을 신청하지 아니한 경우에는 미등록가산세는 적용한다.

③ 해당 과세기간에 신규로 사업을 시작한 간이과세자는 그 사업개시일로부터 그 과세기간 종료일까지의 공급대가의 합계액을 12월로 환산한 금액을 기준으로 면제여부를 판단한다.

④ 휴업자·폐업자 및 과세기간 중 과세유형을 전환한 간이과세자는 그 과세기간 개시일부터 휴업일·폐업일 및 과세유형 전환일까지의 공급대가의 합계액을 기준으로 면제여부를 판단한다.

54. 다음 중 간이과세자의 신고서에 나타나지 않는 것은?

① 과세표준 및 매출세액　② 전자신고세액공제
③ 의제매입세액공제　④ 재고납부세액

55. 부가가치세법상 일반과세자이던 개인사업자 김정록씨가 20x2년 7월 1일부터 간이과세자(부가가치율 10%)로 변경되었다. 변경일 현재 상품을 보유하고 있다면 이때 김정록씨에게 적용되는 세액의 명칭, 공제 혹은 추가납부 등 여부로 옳은 것은?

	적용되는 세액	납부세액에 미치는 영향
①	재고매입세액	공 제
②	재고매입세액	소 멸
③	재고납부세액	가 산
④	재고납부세액	공 제

56. 부가가치세법상 다음의 밑줄 친 기간을 무엇이라 하는가?

관할 세무서장은 간이과세자에 대하여 직전 과세기간에 대한 납부세액의 50%에 해당하는 금액을 <u>1월 1일부터 6월 30일까지의 기간</u>에 대한 납부세액으로 결정・징수한다.

① 중간예납기간 ② 예정신고기간
③ 예정부과기간 ④ 예정납부기간

57. 부가가치세법상 일반과세자와 간이과세자를 비교한 다음의 내용 중 가장 옳지 않은 것은?

	항 목	일반과세자	간이과세자
①	과세표준	공급가액	공급대가(공급가액+VAT)
②	대손세액공제	적용받을 수 있음	적용받을 수 없음
③	영세율 적용	적용 가능	적용 가능
④	신용카드매출전표 등 수령에 따른 공제	매입세액 공제가능	납부세액에서 공제 불가능

58. 다음은 부가가치세법상 일반과세자와 간이과세자의 차이점을 비교한 것이다. 잘못된 것은?

	구 분	일반과세자	간이과세자
①	적용대상자	개인, 법인 모두	개인사업자에 한함
②	의제매입세액	업종제한 없음	업종제한 있음
③	과세기간	1, 2기의 과세기간	하나의 과세기간
④	세금계산서	세금계산서 또는 영수증발급	세금계산서 또는 영수증발급

59. 다음은 부가가치세법상 일반과세자와 간이과세자의 비교설명이다. 가장 틀린 것은?

① 영세율 적용사업자 이외의 부가가치세의 기본세율은 일반과세자 및 간이과세자 모두 10%이다.
② 미등록가산세의 경우 일반과세자는 공급가액의 1%이고, 간이과세자는 공급대가의 0.5%이다(간이과세자로서 납부의무면제자의 경우는 공급대가의 0.5%와 5만원 중 큰 금액).
③ 일반과세자는 납부의무면제가 없고 간이과세자는 해당 과세기간의 공급대가의 합계액이 4,800만원 미만이면 신고와 납부의무가 면제된다.
④ 일반과세자와는 달리 간이과세자는 환급이 없다.

60. **다음 중 부가가치세법상 일반과세자와 간이과세자에 대한 설명 중 옳지 않은 것은?**

① 일반과세자는 그 공급가액을 과세표준으로 하지만, 간이과세자는 그 공급대가를 과세표준으로 한다.

② 일반과세자의 과세기간은 6개월이지만 간이과세자의 과세기간은 1년이다.

③ 일반과세자는 신용카드매출전표 등 발행세액공제를 받을 수 없지만, 간이과세자는 받을 수 있다.

④ 일반과세자는 예외적인 경우를 제외하고는 세금계산서를 발급하여야 하지만, 간이과세자는 세금계산서를 발급할 수 없다.

61. **다음 중 일반과세자와 간이과세자의 비교 설명으로 틀린 것은?**

① 일반과세자의 과세표준은 공급가액이다.

② 간이과세자의 과세표준은 공급대가이다.

③ 일반과세자는 매입세액이 매출세액보다 클 경우 환급세액이 발생할 수도 있다.

④ 간이과세자는 공제세액이 납부세액보다 클 경우 환급세액이 발생할 수도 있다.

62. **다음 중 부가가치세법상 일반과세자와 간이과세자의 비교설명으로 틀린 것은?**

① 영세율 적용 사업자 이외의 부가가치세의 기본세율은 일반과세자 및 간이과세자 모두 10%이다.

② 미등록가산세의 경우 일반과세자는 공급가액이 1%이고, 간이과세자는 공급대가의 0.5%이다(간이과세자로서 납부의무면제자의 경우는 공급대가의 0.5%와 5만원 중 큰 금액).

③ 일반과세자는 납부의무면제가 없고 간이과세자는 해당 과세기간에 공급대가가 4,800만원 미만시 신고와 납부의무가 면제된다.

④ 간이과세자의 경우 예정부과시 징수하여야 할 금액이 50만원 미만인 경우 이를 징수하지 아니한다.

✓저자 약력

김 완 섭

부산대학교 회계학과 졸업
부산대학교 대학원 회계학과 졸업(경영학박사)
석산조세문제연구소 연구원
부산대학교, 경성대학교, 동서대학교, 부산여자대학교 강사
(현) 경인여자대학교 세무회계학과 교수

저서 및 논문

- 법인세감면제도의 변천과 법인세감면에 대한 실증연구
- 경영자에 의한 이익평준화와 그 유인에 관한 실증적 연구
- 자본시장에 근거한 이익평준화 연구
- 간접감면을 이용한 법인세평준화연구
- 법인세평준화연구에 대한 비판적 검토
- 비상장주식에 대한 국세청 평가심의위원회 평가방법의 적정성에 관한 연구
- 비전공자들의 회계교육 참여시 무형식 학습에 의한 교육 성과와 만족도 조사
- 부가가치세 핵심정리와 사례연구
- 부가가치세법
- 세법의 이해
- NCS기반의 세무실무 외 다수

이 성 구

서강대학교 경영학과 졸업
서강대학교 대학원 경영학과 졸업(경영학박사 회계전공)
세무사
동서울대학교 테크노 경영학부 조교수
구로구청 지방보조금 심의위원
(현) 동양미래대학교 경영학부 교수

저서 및 논문

- 기업특성별 조세혜택 측정치의 실증연구
- 이월결손금 소멸에 관한 연구
- 재량적 발생액과 BTD를 이용한 세법변경과 이익조정에 관한 연구
- 상장 및 공적부채 발행 여부가 재무보고의 품질에 미치는 영향
- 회계이익과 세무이익의 차이에 따른 가치평가 오류현상
- 세수부족과 이익조정에 관한 연구
- 지역별세수부족과 이익조정에 관한 연구
- 조세환경과 이익조정에 관한 연구
- K-IFRS 도입과 기타포괄손익 정보의 유용성
- 배우자 등 이월과세의 문제점과 개선방향
- 세무실무강의, 회계원리, 법인세법 강의, 부가가치세법 외 다수

핵심 부가가치세 연습

12판 발행 ▌2025년 8월 26일
저 자 ▌김 완 섭 · 이 성 구
발 행 인 ▌허 병 관
발 행 처 ▌도서출판 어울림
주 소 ▌서울시 영등포구 양산로 57 - 5, 1301호 (양평동3가)
등 록 ▌제2 - 4071호
전 화 ▌02 - 2232 - 8607, 8602
팩 스 ▌02 - 2232 - 8608
정 가 ▌24,000원
I S B N ▌978 - 89 - 6239 - 985 - 1 13320

저자와의 협의하에 인지생략